**Die Bonus-Seite**

Ihr Vorteil als Käufer dieses Buches

Auf der Bonus-Webseite zu diesem Buch finden Sie zusätzliche Informationen und Services. Dazu gehört auch ein kostenloser **Testzugang** zur Online-Fassung Ihres Buches. Und der besondere Vorteil: Wenn Sie Ihr **Online-Buch** auch weiterhin nutzen wollen, erhalten Sie den vollen Zugang zum **Vorzugspreis**.

So nutzen Sie Ihren Vorteil

Halten Sie den unten abgedruckten Zugangscode bereit und gehen Sie auf **www.galileodesign.de**. Dort finden Sie den Kasten **Die Bonus-Seite für Buchkäufer**. Klicken Sie auf **Zur Bonus-Seite / Buch registrieren**, und geben Sie Ihren **Zugangs-code** ein. Schon stehen Ihnen die Bonus-Angebote zur Verfügung.

Ihr persönlicher **Zugangscode** | vg2c-q5mx-zbjh-kutr

Robert Klaßen

Einstieg in Photoshop Elements 9

Ihre Fotos einfach bearbeiten

Galileo Press

Liebe Leserin, lieber Leser,

sicher kennen Sie das: Sie kommen aus dem Urlaub nach Hause und haben Hunderte Digitalfotos im Gepäck. Doch bei der Sichtung der Bilder am Computer fällt auf, dass das atemberaubende Bergpanorama leider im Dunst versinkt, dass der Schnappschuss der Windsurfer am Strand zwar wunderbar gelungen, der Horizont aber völlig schief ist und dass die seltenen Tiere, die Sie mit viel Mühe und Ausdauer vor die Kamera gekriegt haben, ziemlich unscharf und verwackelt sind.

Was also tun? Wegwerfen? Dazu sind die Erinnerungen viel zu schade. Bearbeiten? Ja, aber wie? Für alle, die sich diese Frage stellen, hat unser Autor Robert Klaßen seinen Bestseller auf die aktuelle Version Photoshop Elements 9 aktualisiert. Er zeigt Ihnen in diesem Buch aber nicht nur, wie schiefe Horizonte begradigt werden, wie Sie Farben im Bild intensivieren und Unschärfen eliminieren, sondern er führt Sie Schritt für Schritt in die digitale Bildbearbeitung mit der Adobe-Software ein. Dabei ist es übrigens ganz egal, ob Sie am Windows-PC oder am Mac arbeiten, denn alle Unterschiede werden genau erklärt. So erstellen Sie nicht nur perfekte Fotos, sondern erfahren zugleich, wie Sie Ihre Bilder gekonnt organisieren und verwalten. 70 Workshops, in denen Sie das Gelernte Schritt für Schritt in die Praxis umsetzen können, helfen Ihnen dabei. Das Beispielmaterial dazu finden Sie natürlich auf der Buch-DVD. Dort haben wir außerdem noch ein besonderes Plus für Sie, denn Robert Klaßen ist nicht nur Autor, sondern auch Video-Trainer: Einige seiner Filme zur aktuellen Elements-Version haben wir eigens für dieses Buch produziert.

Nun wünsche ich Ihnen viel Spaß mit diesem Buch und der Bearbeitung Ihrer Digitalfotos.

Katharina Geißler
Lektorat Galileo Design
katharina.geissler@galileo-press.de

www.galileodesign.de
Galileo Press · Rheinwerkallee 4 · 53227 Bonn

Auf einen Blick

Der Name Galileo Press geht auf den italienischen Mathematiker und Philosophen Galileo Galilei (1564–1642) zurück. Er gilt als Gründungsfigur der neuzeitlichen Wissenschaft und wurde berühmt als Verfechter des modernen, heliozentrischen Weltbilds. Legendär ist sein Ausspruch *Eppur si muove* (Und sie bewegt sich doch). Das Emblem von Galileo Press ist der Jupiter, umkreist von den vier Galileischen Monden. Galilei entdeckte die nach ihm benannten Monde 1610.

Lektorat Katharina Geißler
Korrektorat Alexandra Müller, Olfen
Herstellung Iris Warkus
Einbandgestaltung NIESNER Design
Coverfoto Istockphoto: princessdlaf 7324896; LindaYolanda 9112872; nataq 13804482
Satz SatzPro, Krefeld
Druck Himmer AG, Augsburg
Fotos im Buch © 2011 Robert Klaßen und Lizenzgeber. Alle Rechte vorbehalten.
Alle in diesem Buch und auf dem beiliegenden Datenträger zur Verfügung gestellten Bilddateien sind ausschließlich zu Übungszwecken in Verbindung mit diesem Buch bestimmt. Jegliche sonstige Verwendung bedarf der vorherigen, ausschließlich schriftlichen Genehmigung des Urhebers.

Dieses Buch wurde gesetzt aus der Linotype Syntax (9,25 pt/13 pt) in Adobe InDesign CS4. Gedruckt wurde es auf matt gestrichenem Bilderdruckpapier (115 g/m²).

Gerne stehen wir Ihnen mit Rat und Tat zur Seite:
katharina.geissler@galileo-press.de
bei Fragen und Anmerkungen zum Inhalt des Buches

service@galileo-press.de
für versandkostenfreie Bestellungen und Reklamationen

julia.bruch@galileo-press.de
für Rezensions- und Schulungsexemplare

Bibliografische Information der Deutschen Nationalbibliothek
Die Deutsche Nationalbibliothek verzeichnet diese Publikation in der Deutschen National-bibliografie; detaillierte bibliografische Daten sind im Internet über *http://dnb.d-nb.de* abrufbar.

ISBN 978-3-8362-1691-3

© Galileo Press, Bonn 2011
1. Auflage 2011

Inhalt

3   Schnellkorrektur und Assistenten kennenlernen

4   Die Grundfunktionen des Editors 89

8   Farben eindrucksvoll nachbearbeiten

9   Belichtung und Schärfe korrigieren

Workshops

Farben eindrucksvoll nachbearbeiten

Belichtung und Schärfe korrigieren

Retusche nicht nur für Profis

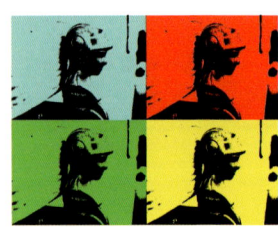

Camera-Raw-Dateien bearbeiten

Bilder ausgeben

Video-Lektionen

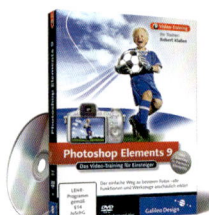

Auf der Buch-DVD finden Sie einige Video-Lektionen, die auf die Inhalte des Buchs abgestimmt sind. Im Buch wird an den entsprechenden Stellen auf die passende Video-Lektion verwiesen. Alle Lektionen wurden dem Training »Photoshop Elements 9. Das Video-Training für Einsteiger« von Robert Klaßen entnommen (ISBN 978-3-8362-1700-2).

Kapitel 1: Korrigieren und retuschieren

1.1 Kameraverzerrungen korrigieren (07:22 Min.)
1.2 Belichtungskorrektur mit Photomerge (07:19 Min.)
1.3 Gruppenbilder bearbeiten (09:43 Min.)

Kapitel 2: Mit Ebenen arbeiten

2.1 Ebenen verstehen (12:24 Min.)
2.2 Ebenenfüllmethoden einsetzen (09:24 Min.)
2.3 Eine Fotomontage mit Ebenenmasken (10:30 Min.)

Kapitel 3: Fotos präsentieren und ausgeben

3.1 Ein Online-Album erstellen (11:18 Min.)
3.2 Fotoabzüge erstellen (09:07 Min.)

Kapitel 1

Einleitung

1   Einleitung

Hallo! – Wo befinden Sie sich gerade? In der Buchhandlung Ihres Vertrauens? Das ist gut. Sie suchen ein Buch über Photoshop Elements und können sich nicht entscheiden, welches Sie nehmen sollen? Das ist schlecht. Aber ich möchte Ihnen helfen, das richtige zu finden. Das ist jetzt wiederum gut, oder? – Nein, wirklich! Ich verspreche Ihnen: Das ist keiner jener Tests, bei denen sowieso immer das Gleiche herauskommt. Möglicherweise empfehle ich Ihnen sogar, dieses Buch nicht zu kaufen. Versprochen!

1.1   Der ultimative »Ist-dieses-Buch-das-richtige-für-mich?«-Test

Prüfen Sie bitte, ob die folgenden Aussagen auf Sie zutreffen. Zählen Sie bitte mit, wie oft Sie mit »Ja« antworten. Los geht's:

▶ Ich suche ein Buch, das mir zeigt, wie ich lustige Rahmen um meine Fotos ziehen kann. Für praxisorientierte Bildbearbeitung interessiere ich mich nicht.

▶ Ich bin ein so guter Fotograf, dass meine Fotos ohnehin niemals nachbearbeitet werden müssen.

▶ Ich möchte auf gar keinen Fall mit ausgefuchsten Tricks im Zusammenhang mit Photoshop Elements konfrontiert werden. Das ist mir viel zu kompliziert.

Das Ergebnis:

1.1.1   Ich habe mehr als einmal mit »Ja« geantwortet.

Sie müssen jetzt ganz stark sein; aber leider muss ich Ihnen mitteilen, dass dieses Buch nicht das richtige für Sie ist. Seien Sie nicht traurig! Sie können sich ja für ein anderes entscheiden und dieses trotzdem mitnehmen – falls Sie den Test in wenigen Tagen wiederholen wollen (z. B. weil Sie mit dem anderen Buch doch nicht klargekommen sind).

1.1.2 Ich habe mehr als einmal mit »Nein« geantwortet.

Sie sind wirklich zu beneiden! Ein Griff – und schon haben Sie das richtige Buch gefunden. Jetzt aber ab zur Kasse! Sonst müssen Sie da wieder so lange anstehen.

1.2 Ein Buch für Mac und Win

Sie haben einen Mac und setzen Photoshop Elements ein? Das ist eine tolle Konstellation; bedeutete bislang aber auch immer: Verzicht auf den Organizer! Diese Zeiten sind aber nun vorbei. Der Organizer (also Ihr ganz persönliches Programm zur Bildarchivierung) steht jetzt auch am Mac zur Verfügung – wenn auch mit einigen kleinen Abstrichen. Die eine oder andere Routine ist auch in Version 9 noch nicht drin.

1.2.1 Tastaturbefehle

Ich möchte Ihnen in diesem Buch auch gern die Arbeit mit Tastaturbefehlen näherbringen. Das sind diese kleinen Shortcuts, mit denen Befehle über die Tastatur ausgeführt werden. Ich weiß, dass gerade Einsteiger davon zunächst nicht viel hören wollen. Ich weiß aber auch, dass eigentlich alle später so begeistert davon sind, dass sie gar nicht mehr darauf verzichten mögen. Außerdem hat das Ganze noch einen ästhetischen Effekt: Eine Hand auf der Maus, die andere lässig an der Tastatur – das sieht total cool aus!

Und da dieses Buch für Windows »und« Mac ist, sind natürlich auch die Tastenkombis für beide Plattformen angebracht. Da steht dann zum Beispiel: »Drücken Sie `Strg`/`⌘`+`Z`.« Das bedeutet dann, dass Sie als Windows-Benutzer `Strg`+`Z` drücken müssen, während Sie am Mac `⌘`+`Z` eintippen, um den zuletzt ausgeführten Befehl rückgängig zu machen. Ist das nicht ein ausgeklügeltes System?

1.2.2 Neuerungen

Ein kleines Symbol am Rand wird von Zeit zu Zeit Ihre Aufmerksamkeit erregen. Die Neuerungen im Vergleich zur Vorgänger-Version sind nämlich ebenfalls mit einem Symbol ausgestattet. Das wird Sie vor allem dann interessieren, wenn Sie schon mit

▲ **Abbildung 1.1**
Wenn Sie dieses Symbol sehen, werden Sie etwas über ganz neue Funktionen erfahren.

einer Vorgänger-Version gearbeitet haben und jetzt wissen wollen, was neu hinzugekommen ist.

1.3　Was steht noch in diesem Buch?

Dieses Buch ist mit guten Tipps und Vorgehensweisen gespickt, die Ihnen nicht nur beim Organisieren Ihrer Fotos, sondern auch bei den alltäglichen Foto-Problemen zum gewünschten Ziel verhelfen. Dabei spielt es überhaupt keine Rolle, ob Sie es mit einem farblosen Himmel, einer zu dunklen Skulptur oder Tante Elfriedes viel zu blassem Teint zu tun haben. Schritt-für-Schritt-Anleitungen informieren Sie darüber, was in solchen Fällen zu tun ist.

1.3.1　Schwierigkeitsgrade

Aber es kommt noch besser. Als Einsteiger sollen Sie auf den ersten Blick sehen können, wie schwierig es ist, den jeweiligen Workshop zu bewältigen. Deswegen finden Sie auch kleine Symbole am Rand, die etwas darüber aussagen.

Sie müssen jetzt nicht befürchten, dass Sie für anspruchsvolle Workshops spezielle Vorkenntnisse mitbringen müssen. Es wird alles Nötige in diesem Buch erklärt. Vielleicht sollten Sie lediglich nicht mit einem Level-5-Workshop beginnen, wenn Sie noch nie zuvor mit der Software gearbeitet haben.

▲ **Abbildung 1.2**
Dieses Symbol bedeutet:
mittelschwer, Level 3.

1.3.2　Die Beispielfotos

Alle Beispieldateien finden Sie
im Ordner Beispieldateien.

Jetzt brauchen Sie nur noch »fehlerhafte« Bilder. Und da Sie vielleicht gerade gar keine korrekturbedürftigen Fotos zur Hand haben, bekommen Sie die frei Haus mitgeliefert. Sie befinden sich alle auf der DVD zum Buch. Sie werden sehen: Es macht richtig Spaß, mit diesem tollen Bildmaterial zu arbeiten.

1.3.3　Hat der Autor die alle selbst geknipst?

Gut, dass Sie danach fragen. Nein, natürlich habe ich nicht alle Fotos selbst gemacht. Vielmehr haben eifrige Fotografinnen und Fotografen auf beeindruckende Weise zum Fundus beigetragen.

Deshalb gilt mein besonderer Dank auch Steffi Ehrentraut, Renate Klaßen, Leszek Schluter sowie den aktiven Usern von *pixelio.de* und *fotolia.de*.

▲ **Abbildung 1.3**
Diese und viele andere Fotos gibt's zum Üben dazu.

1.3.4   Was erwartet mich »nicht« in diesem Buch?

Klipp und klar: In diesem Buch wird nicht Seite um Seite erklärt, wie der eine oder andere simple Standardeffekt hinzugefügt wird. Wie das geht, steht in der folgenden Bildunterschrift. Das reicht auch. Wie die einzelnen Effekte wirken, können Sie nämlich anhand der Miniaturen sehen. Dazu brauchen Sie wirklich kein Buch, oder?

Abbildung 1.4 ▶
Markieren Sie zunächst die Miniatur, deren Effekt Sie zuweisen wollen ❶, und klicken Sie danach auf ANWENDEN ❷.

1.3.5 Hat dieses Buch Nebenwirkungen?

Das kann man wohl sagen! Lesen Sie dazu bitte unbedingt die Hinweise im nebenstehenden Kasten. ■ (Jetzt wissen Sie auch, was dieses kleine schwarze Quadrat zu bedeuten hat. Es kommt nämlich im Buch immer dann vor, wenn etwas Wichtiges im Kasten steht.)

1.3.6 Wann geht es denn nun endlich los?

Jetzt sofort! Legen Sie die DVD zum Buch ein, und kopieren Sie den Ordner BEISPIELDATEIEN auf Ihren Rechner. Dann ist der Transfer beendet, noch bevor Sie mit diesem Abschnitt fertig sind.

1.3.7 Was gibt es sonst noch?

Sollten Sie an irgendeiner Stelle dieses Buches einen Fehler finden, teilen Sie mir das bitte per Mail mit (*info@dtpx.de*), oder benutzen Sie das Kontaktformular auf *www.dtpx.de*. Bitte haben Sie aber Verständnis dafür, dass ich in diesem Zusammenhang keinen technischen Support leisten werde.

Und nun wünsche ich Ihnen viel Spaß mit »Photoshop Elements 9 für digitale Fotos« für Windows »und« Mac und hoffe, dass Ihnen dieses Buch einen leichten und unterhaltsamen Einstieg in die Welt der digitalen Bildbearbeitung gibt.

Robert Klaßen

Zu Risiken und Nebenwirkungen ...

Beim Lesen dieses Buches kann es durchaus zu unkontrollierbaren Bewusstseinserweiterungen kommen. Darüber hinaus ist nicht auszuschließen, dass der Wissensstand im Bereich Bildbearbeitung unverhältnismäßig stark ansteigt. Vorsicht beim Sichten von Bildmaterialien! Hier treten vermehrt Retuschierwünsche auf! Häufig kommt es auch zum Ausbruch des gefürchteten »Organize-Syndroms«, wodurch der Drang entsteht, alle Bilder übersichtlich zu ordnen und sinnvoll zu etikettieren. Möglicherweise erleidet der Leser Überempfindlichkeitsreaktionen aufgrund von Farbverfälschungen in Bilddateien. Beim Auftreten dieser Nebenwirkungen stellen Sie bitte unverzüglich den Kontakt zu Photoshop Elements her.

Kapitel 2

Fotos verwalten

Fotos mit System archivieren

- ▸ Wie werden Fotos integriert, die sich bereits auf der Festplatte befinden?
- ▸ Wie kann ich Bilder von der Kamera oder einer Speicherkarte archivieren?
- ▸ Wie können Fotos begutachtet werden?
- ▸ Wie kann ich meine Fotos in Alben ablegen?
- ▸ Wie funktionieren Smart-Alben?
- ▸ Wie kann ich gezielt nach Fotos suchen?
- ▸ Wie kann ich meinen Fotos Tags und Stichwörter zuweisen?
- ▸ Wie kann ich Personen ausfindig machen und benennen?
- ▸ Wie können Fotos automatisch analysiert werden?
- ▸ Wie gebe ich Fotos an den Editor weiter?

2   Fotos verwalten

»Ordnung ist das halbe Leben!« Wie oft haben wir diesen Satz gehört. Wer aber eigentlich gar keine halben Sachen mag, der greift zu einer Archivierungssoftware. Und diese wird mit der Installation von Photoshop Elements 9 gleich mitgeliefert – in Form des Organizers. (Erstmals gibt es den jetzt auch für Mac-Anwender.) Die Applikation kann übrigens weitaus mehr, als nur Bilder, Videos oder Musik archivieren. Überzeugen Sie sich selbst ...

2.1   Organizer starten

Früher war das ja alles viel einfacher. Man hatte jede Menge Fotos und einen riesigen Schuhkarton. Deckel auf – Fotos rein – Deckel zu. So einfach konnte Archivieren sein. Und heute? Heute ist das auch nicht wirklich anders. Organizer bzw. Bridge auf – Fotos rein – Deckel zu! Ach, wäre doch alles so leicht ...

Um dennoch zu beleuchten, wo die Unterschiede zwischen Schuhkarton und Adobe-Software liegen, starten Sie Photoshop Elements und wählen vom Startbildschirm aus ORGANISIEREN ❶.

Abbildung 2.1 ▶
Der Willkommen-Bildschirm sieht verhältnismäßig übersichtlich aus.

2.1.1   Das Bildarchiv

Der Organizer öffnet sich als eigenständiges Fenster. Betrachten Sie bitte den gerade geöffneten Bereich stets als eigenständige

Anwendung. Er agiert zunächst einmal vollkommen losgelöst vom Editor, der das Herzstück Ihrer Bildbearbeitungssoftware ist (dazu später mehr). Der Organizer ist lediglich ein Archiv, das allerdings die löbliche Eigenschaft besitzt, ganz hervorragend mit dem Photoshop-Elements-Editor zusammenzuarbeiten.

▼ **Abbildung 2.2**
Ebenfalls sachlich – die Oberfläche des Organizers

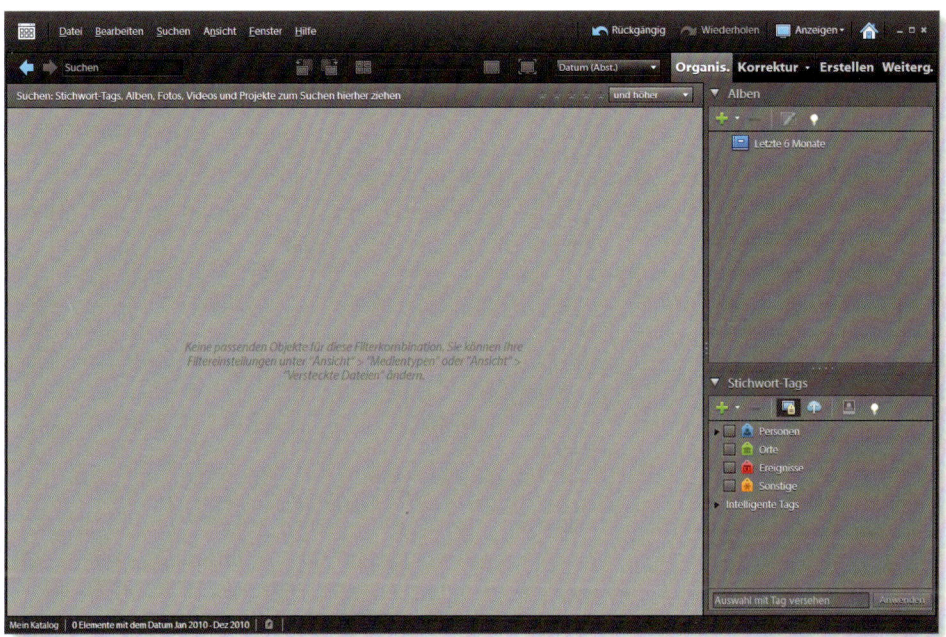

2.2   Vorhandene Datenbestände aktualisieren

Wenn Sie nach der Installation von Photoshop Elements 9 mit einem komplett neuen Datenbestand agieren wollen, wird dieser Abschnitt Sie weniger interessieren. Was aber, wenn Sie bereits eine Vorgänger-Version des Organizers installiert hatten und darin noch Fotos archiviert sind? Oder wenn Sie Ihre Bilder bisher (unter Mac OS X) mit iPhoto archiviert hatten? Dann wollen Sie die vorhandenen Datensätze ja bestimmt übernehmen, oder? Und das geht so:

2.2.1   Vorhandenen Organizer aktualisieren

Wenn Sie bereits mit einer Vorgänger-Version von Photoshop Elements gearbeitet haben (und nur dann!), präsentiert sich nach

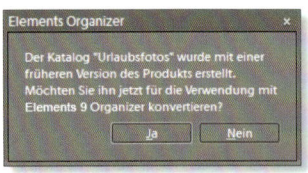

▲ **Abbildung 2.3**
Das ist Hilfsbereitschaft – diese Meldung erhalten Sie allerdings nur, wenn Sie bereits eine Vorgänger-Version installiert haben.

dem Erststart des Organizers ganz automatisch ein Dialog, der Ihnen beim »Umzug« auf die aktuelle Version behilflich ist. Sie werden in diesem Fall nämlich zunächst darauf hingewiesen, dass der auf Ihrem Rechner befindliche Katalog mit einer Vorgänger-Version erzeugt worden ist. Sie können mit JA veranlassen, dass dieser Katalog in die Photoshop-Elements-Umgebung konvertiert wird. Sie verlieren also nicht Ihren vielleicht mühevoll eingerichteten Organizer (beispielsweise aus Photoshop Elements 8) und können mit diesem Datenbestand auch in der neuesten Version weiterarbeiten.

Ganz wichtig: Der Katalog in der Vorgänger-Version wird dadurch nicht beeinträchtigt. Er bleibt weiterhin in der alten Version editierbar. Das bedeutet allerdings auch, dass eventuelle Änderungen, die Sie später dort vornehmen, keinen Einfluss mehr auf den soeben konvertierten Katalog in Photoshop Elements haben (und umgekehrt natürlich auch nicht). Aber genau das ist wirklich gut so, denn auf diese Art und Weise lassen sich von nun an beide Datenbestände ganz unabhängig voneinander pflegen.

2.2.2 Fotos aus iPhoto laden (Mac)

Abbildung 2.4 ▼
So können Sie Ihren iPhoto-Datenbestand übernehmen.

Sollten Sie auf Ihrem Mac vorab bereits ein Archiv mit iPhoto erstellt haben, kann das schnell übernommen und in den Organizer integriert werden. Hier sind Sie dem Windows-Benutzer gegenüber klar im Vorteil, denn unter DATEI • FOTOS UND VIDEOS LADEN verbirgt sich auch der Eintrag AUS IPHOTO.

2.2.3 Fotos per Drag & Drop integrieren

Das ist interessant. Wer eilig bestimmte Fotos seines Archivs in den Organizer bringen will, kann die Aufnahmen auch per Drag &

Drop in die Anwendung hineinziehen. Wenn Sie mehrere Fotos in einem Arbeitsgang transferieren wollen, markieren Sie zunächst die gewünschten Bilder, während Sie ⌷Strg⌷/⌘ gedrückt halten. Wenn Sie danach abermals eines der markierten Fotos anklicken und die Maustaste nicht mehr loslassen, können Sie alle markierten Dateien gemeinsam herüberziehen. Sollten die zu kopierenden Fotos alle nebeneinanderliegen, geht es noch einfacher. Dann reicht es auch, wenn Sie das erste Foto anklicken und im Anschluss einen Mausklick auf das letzte Foto setzen, während Sie ⌷⇧⌷ gedrückt halten. Der eigentliche Transfer läuft ab, wie zuvor beschrieben.

▼ **Abbildung 2.5**
Sie möchten lieber ziehen und fallen lassen? Dann nur zu …

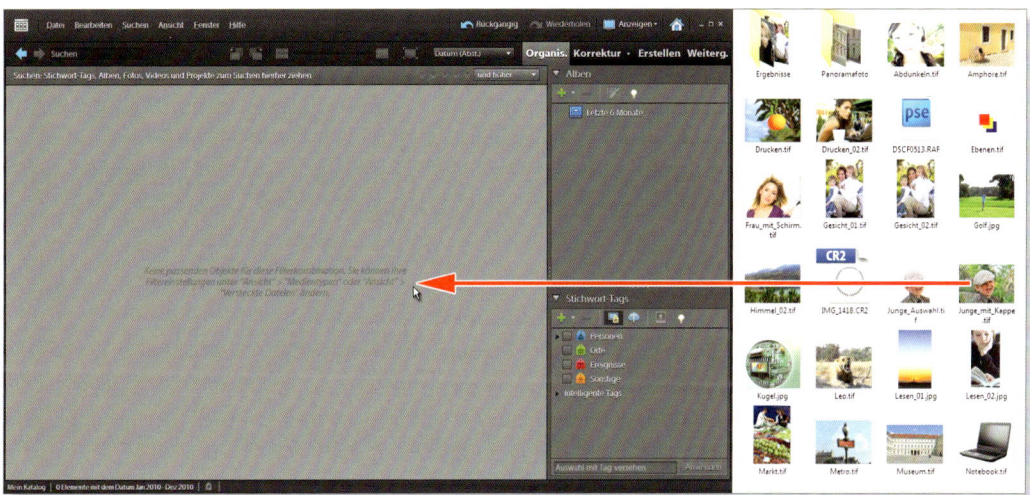

2.3   Fotos laden und anzeigen

Haben Sie vor Photoshop Elements 9 noch keinen Bildverwalter genutzt – soll der Organizer also zunächst gefüllt werden –, müssen Sie anders vorgehen, als oben beschrieben. Daher beschäftigen wir uns jetzt mit dem Import neuer Fotos ■. Was halten Sie davon, wenn wir gleich die Fotos dazu verwenden, die sich auf der DVD zum Buch befinden? Ziehen Sie den gesamten Ordner BEISPIELDATEIEN der Buch-DVD an den gewünschten Speicherort auf Ihrem Rechner.

Zur Info: Sie könnten auch darauf verzichten, die Bilder vorab auf die Festplatte zu übertragen, und die Fotos direkt von der DVD aus einbinden. Das hätte jedoch entscheidende Nachteile:

Fotos einscannen

Wer seine analogen Bilder mit Photoshop Elements archivieren und bearbeiten möchte, muss sie zuvor mit einem Scanner einscannen. Wie das geht und was Sie dabei beachten müssen, können Sie auf der Bonus-Seite zum Buch auf *www. galileodesign.de/bonus-seite* nachlesen.

DVDs archivieren

Wie Sie DVDs archivieren können, erfahren Sie auf der Bonus-Seite zum Buch unter *www.galileodesign.de/bonus-seite*.

Wann immer Sie mit einem der Fotos arbeiten wollten, müssten Sie vorab die DVD einlegen. Außerdem ließe sich das Foto auf der DVD nicht nachspeichern und, was noch viel schlimmer ist, der Zugriff auf das DVD-Laufwerk ist erheblich träger als auf eine Festplatte. Übertragen Sie die Daten also lieber. Der Organizer macht im Prinzip nichts anderes, als Verweise auf die Originale anzulegen. Deshalb sollten sich Ihre Fotos idealerweise auf dem Rechner befinden ■.

2.3.1   Dateien in den Organizer aufnehmen

Doch zurück zu unseren Beispieldateien. Wenn Sie alle Dateien auf Ihren Rechner übertragen haben, können Sie diese in den Organizer aufnehmen. Markieren Sie dazu den Menüeintrag DATEI, und entscheiden Sie sich in der Liste für FOTOS UND VIDEOS LADEN • AUS DATEIEN UND ORDNERN. Wem ein solcher Gang über das Menü viel zu umständlich ist, der kann natürlich auch die Tastenkombination [Strg]/[⌘]+[⇧]+[G] verwenden. Navigieren Sie auf der DVD zum Ordner BEISPIELDATEIEN, und markieren Sie diesen Ordner durch einen einfachen Mausklick. Wählen Sie bitte noch alle deaktivierbaren Checkboxen ab. Insbesondere FOTOS AUS UNTERORDNERN LADEN ❶ sollte nicht angewählt sein. Das bewirkt nämlich, dass Fotos, die sich innerhalb der Beispieldateien in Unterordnern befinden, von dieser Aktion ausgeschlossen werden.

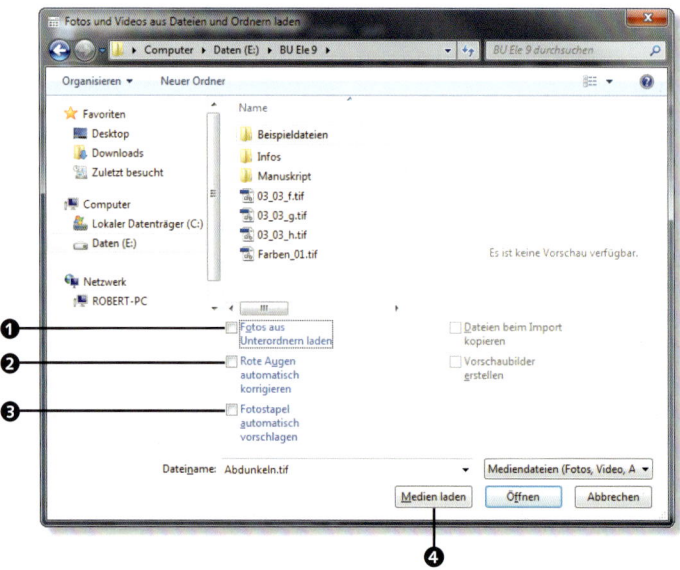

Abbildung 2.6 ▶
So greifen Sie auf Dateien zu, die sich bereits auf dem Rechner befinden.

Sie könnten sogar gleich beim Import der Bilddateien den unschönen Rote-Augen-Effekt ausgleichen, den einige Blitzgeräte hervorrufen. Alles in allem ist das eine ganz nette Sache. In unserem Fall ist das jedoch ausdrücklich nicht erwünscht, da ich in späteren Lektionen noch zeigen werde, wie Sie den Rote-Augen-Effekt manuell entfernen. Wenn Sie das jetzt beim Import schon korrigieren, können Sie diese Workshops nicht mehr machen. Deaktivieren Sie daher bitte unbedingt diese Funktion ❷, indem Sie das Häkchen entfernen. ■ Jetzt dürfen Sie auf MEDIEN LADEN ❹ klicken. Am Mac heißt das Zauberwort MEDIEN ABRUFEN.

Fotostapel automatisch vorschlagen

Unter Windows können Sie mit dieser Funktion ❸ veranlassen, dass Photoshop Elements beim Import nach Gemeinsamkeiten in den Bildern sucht. Werden diese festgestellt, schlägt die Anwendung eine Stapelung der Fotos vor. Was es damit genau auf sich hat, erfahren Sie im weiteren Verlauf dieses Kapitels. Vorerst sollten Sie die Funktion inaktiv lassen.

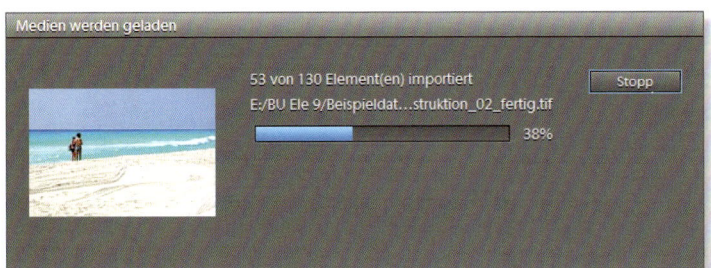

▲ **Abbildung 2.7**
Während des Ladens wird ein Fortschrittsbalken angezeigt.

Sie werden jetzt noch darauf hingewiesen, dass einige Fotos zuvor mit sogenannten Stichwort-Tags ausgestattet worden sind. Da sie nun schon einmal vorhanden sind, wollen wir sie auch übernehmen, weshalb Sie zunächst auf ALLE AUSWÄHLEN unten links klicken sollten, bevor Sie mit OK bestätigen. (Falls Sie vorhandene Tags nicht übernehmen wollen, können Sie gleich auf OK klicken.) ■

Entstehung von Tags

Software-Applikationen wie Photoshop oder Photoshop Elements sind in der Lage, Stichwort-Tags zu vergeben. Diese werden mit den Bilddateien zusammen abgelegt und bleiben stets erhalten – auch dann, wenn die Fotos, wie in diesem Beispiel geschehen, von einem Rechner zum anderen weitergegeben werden. Weitere Infos zu Stichwort-Tags erhalten Sie in Abschnitt 2.12, »Tags und Stichwörter«.

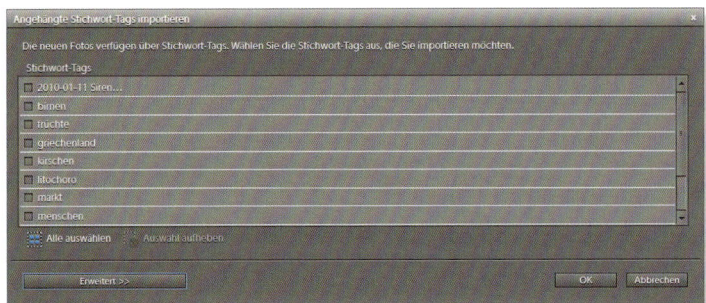

▲ **Abbildung 2.8**
Vorhandene Tags können beim Import übernommen werden.

2.3.2 Importansicht

Den folgenden Dialog können Sie mit OK verlassen. Er weist lediglich darauf hin, dass derzeit nur die neu hinzugekommenen Fotos angezeigt werden. Das ist nach jedem Import der Fall ■.

Wenn Sie alle Fotos Ihres Organizers sehen wollen, müssen Sie anschließend ALLES EINBLENDEN markieren. Sie finden den Schalter oberhalb der Miniaturen. Da das aber soeben der erste Importvorgang innerhalb Ihres Organizers gewesen ist, müssen Sie das beim ersten Mal noch nicht beachten.

Abbildung 2.9 ▼
Grundsätzlich präsentiert der Organizer zunächst nur die neu importierten Fotos.

2.3.3 Audiodateien

Sie müssen jetzt ganz tapfer sein: Der Organizer enthält Ihnen nämlich einige Dateien vor! Zunächst einmal müssen Sie sich vergegenwärtigen, dass der Organizer nicht nur für Bilder geeignet ist. Darüber hinaus dürfen auch PDFs, Videos oder Audiodateien integriert und verwaltet werden. Und genau da liegt der Hase im Pfeffer. Gehen Sie doch einmal auf ANSICHT • MEDIENTYPEN. Dann werden Sie nämlich feststellen, dass Audiodateien gar nicht angezeigt werden. Wenn Sie jetzt der Meinung sind: »Die brauche ich auch nicht.«, dann kann ich nur sagen: Weit gefehlt. Wenn

Dialog dauerhaft entfernen

Wenn Sie erst einmal verinnerlicht haben, dass nach einem Bildimport grundsätzlich nur die soeben hinzugefügten Fotos angezeigt werden, sollten Sie im Dialogfeld NICHT WIEDER ANZEIGEN aktivieren. Dann bleibt der Hinweis fortan aus.

Sie beispielsweise eine Diashow im Organizer abspielen, greift die Anwendung genau auf diese Dateien zurück. Aktivieren Sie die Funktion einmal, werden Sie sehen, dass Ihre Anwendung tatsächlich zahlreiche Sounds im Gepäck hat.

▲ **Abbildung 2.10**
Wenn Sie diesen Medientyp wählen, werden die bereits vorhandenen Sounddateien angezeigt.

2.4   Der Adobe-Foto-Downloader

Der Organizer verfügt über einen sogenannten Foto-Downloader, der seine Arbeit von Hause aus immer dann aufnehmen sollte, wenn der Organzier geöffnet ist und anschließend eine Kamera angeschlossen wird. Darüber hinaus sollte die Kamera im USB-Modus auf PC eingestellt werden (auch am Mac). Leider klappt das nicht immer. Ebenso kann es sein, dass sich gar nichts tut, wenn Sie den Speicherchip der Kamera in einen Kartenleser einstecken. Dann ist allerdings auch noch nicht alles verloren, wie der folgende Workshop beweist.

Schritt für Schritt: Fotos von einer Speicherkarte importieren

1   **Downloader manuell öffnen**
Zunächst einmal müssen Sie sicherstellen, dass die Kamera oder der Kartenleser verbunden ist. Sollte sich der Foto-Downloader nicht automatisch zeigen, gehen Sie abermals über DATEI • FOTOS

Liste aktualisieren

Sollte kein Gerät gefunden werden, klicken Sie auf LISTE AKTUALISIEREN. Bedenken Sie zudem, dass nicht alle Kameras die Zusammenarbeit mit dem Downloader unterstützen. Sollte sich die Kamera nach einer Aktualisierung nicht in der Liste befinden, benutzen Sie den Kamera-Chip in Verbindung mit einem Kartenleser.

UND VIDEOS LADEN • AUS KAMERA ODER KARTENLESER, oder drücken Sie ⌨Strg/⌘+G. Danach widmen Sie sich dem obersten Pulldown-Menü, FOTOS LADEN AUS, und selektieren darin die gewünschte Kamera bzw. den Kartenleser (sofern Sie nicht von einer Fotokamera importieren) ■.

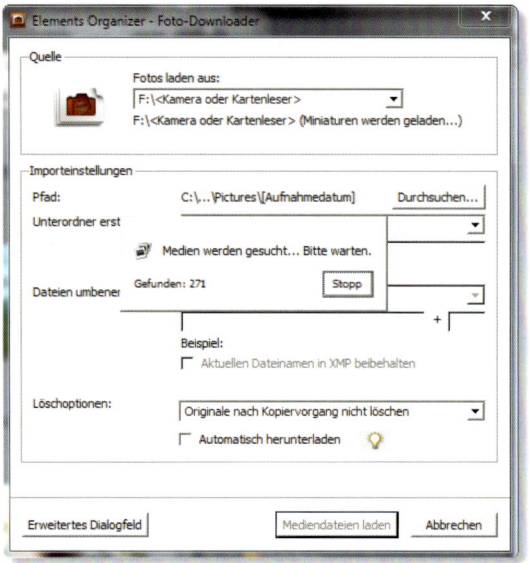

Abbildung 2.11 ▶
Jetzt beginnt der Foto-Downloader mit der Suche nach importierbaren Dateien.

2 Speicherort festlegen

Kurze Zeit später ist gleich unterhalb des erwähnten Pulldown-Menüs abzulesen, wie viele Dateien der Downloader gefunden hat. Damit ist es an der Zeit, auf DURCHSUCHEN zu klicken und einen Speicherort für die Fotos anzugeben. Am Mac verwenden Sie den Schalter AUSWÄHLEN.

3 Unterordner deaktivieren

Zudem stellt sich die Frage, ob Sie Unterordner wünschen. Standardmäßig ist diese Funktion sogar aktiv. Das bedeutet, dass die Anwendung automatisch neue Verzeichnisse anlegt, sobald Fotos mit neuem Aufnahmedatum auftauchen. Ob Sie wirklich wünschen, dass für jeden Tag ein eigener Ordner erstellt wird, ist fraglich. Wenn Sie lieber einen einzelnen Ordner für alle Fotos haben wollen, stellen Sie im Pulldown-Menü UNTERORDNER ERSTELLEN den Parameter OHNE ein.

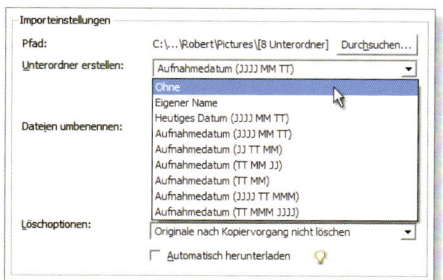

◄ **Abbildung 2.12**
Wenn Sie keine Unterordner wünschen, müssen Sie diese Funktion manuell deaktivieren.

4   **Fotos umbenennen**

Es fragt sich, ob »DSCF1004112.jpg« oder Ähnliches als Bildname wirklich sinnvoll ist. Sie können derartige Bezeichnungen zwar beibehalten; wenn Sie jedoch lieber das Aufnahmedatum oder eine Kombination aus Name und Datum haben wollen, stellen Sie das in der Liste Dateien umbenennen ein. Darüber hinaus legen Sie in den Löschoptionen fest, ob die Anwendung die heruntergeladenen Fotos anschließend vom Speicherchip entfernen soll oder nicht.

5   **Alle oder einzelne Fotos laden**

Wenn Sie alle Fotos importieren wollen, klicken Sie jetzt auf Mediendateien laden. Sollen jedoch nur einzelne Bilder von der Karte geholt werden, wählen Sie in der Fußleiste des Fensters zunächst Erweitertes Dialogfeld ❶ an. (Dieser Button mutiert dadurch zu Standard-Dialogfeld. Wenn Sie ihn abermals anklicken, gelangen Sie wieder zum »kleinen« Foto-Downloader zurück.)

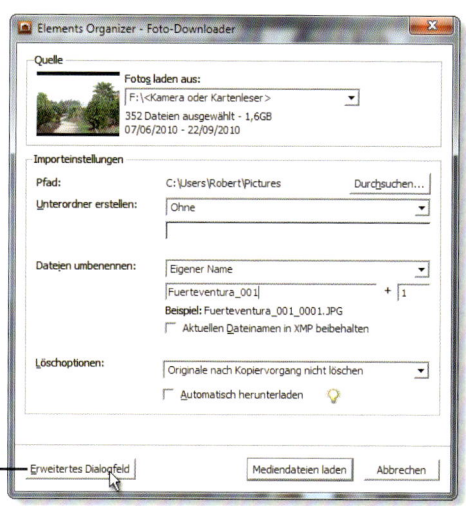

◄ **Abbildung 2.13**
Das erweiterte Dialogfeld muss explizit angewählt werden.

Abbildung 2.14 ▼
Per Klick bestimmen Sie, welche Fotos von der Speicherkarte geladen werden sollen.

Danach sollten Sie unterhalb der Miniaturen auf ALLE DEAKTIVIE-
REN ❸ klicken, damit sämtliche Häkchen entfernt werden. Scrollen Sie anschließend durch die Liste, und markieren Sie alle Fotos,
die Sie importieren möchten ❷. Die letzte Aktion ist dann der
ersehnte Klick auf MEDIENDATEIEN LADEN ❹.

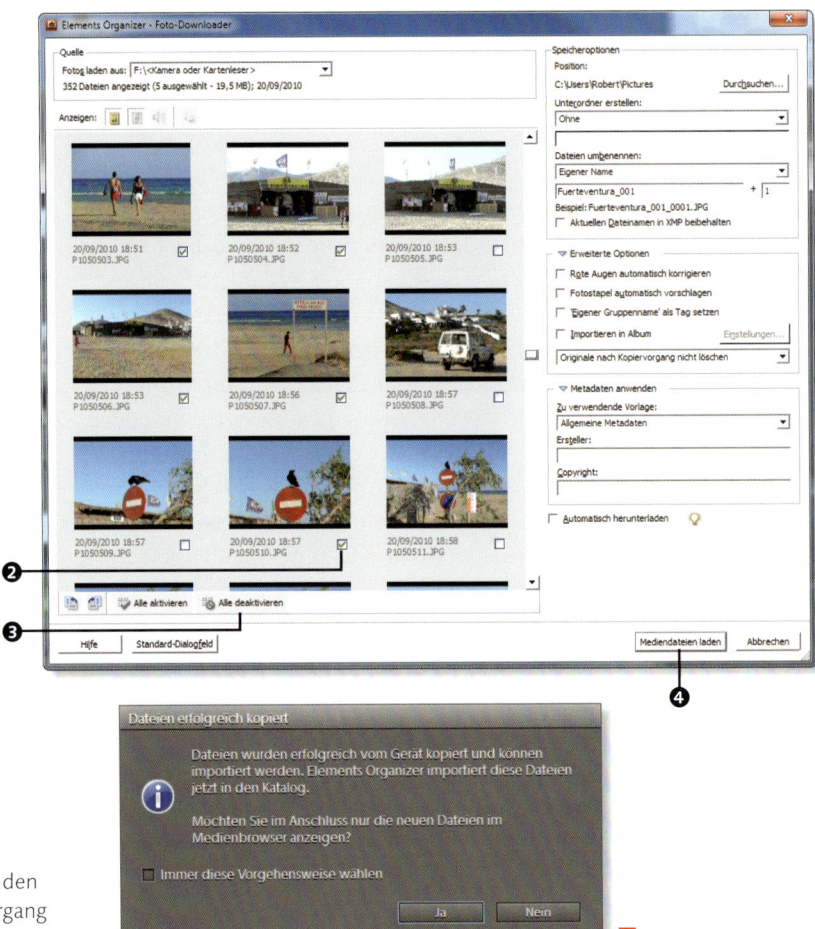

Abbildung 2.15 ▶
Ein Dialogfeld bestätigt den
erfolgreichen Importvorgang
(nur Windows).

2.5 Organizer sichern und überwachen

2.5.1 Organizer-Bestand sichern

Von Zeit zu Zeit liefert Photoshop Elements eine Hinweistafel, die
Sie dazu animieren soll, ein Backup vom Datenbestand Ihres Organizers zu machen. Dazu müssen Sie auf KATALOG SICHERN klicken.

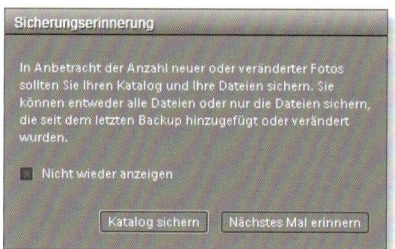

◄ **Abbildung 2.16**
Jetzt können Sie Ihren Katalog
sichern.

Aber auch ohne dieses Fenster lässt sich jederzeit ein manuelles
Backup einleiten. Dazu gehen Sie im Menü auf Datei • Katalog
auf CD, DVD oder Festplatte sichern. Am Mac heißt es lediglich Datei • Katalog auf Festplatte sichern. Die Archivierung
auf CD oder DVD ist in diesem Zusammenhang nicht möglich. In
der Folge haben Sie die Wahl zwischen einem kompletten oder
einem inkrementellen Backup. Letzteres bietet sich nur dann an,
wenn Sie zuvor bereits ein komplettes Backup erstellt hatten.
In diesem Fall werden die Sicherungsdateien über die Funktion
Inkrementelles Backup auf den neuesten Stand gebracht – bei
großen Organizer-Beständen ist das wesentlich schneller realisiert
als die komplette Neuanfertigung eines Backups. Wollen Sie Ihren
Fundus erstmals sichern, entscheiden Sie sich für Komplettes
Backup, gefolgt von Weiter.

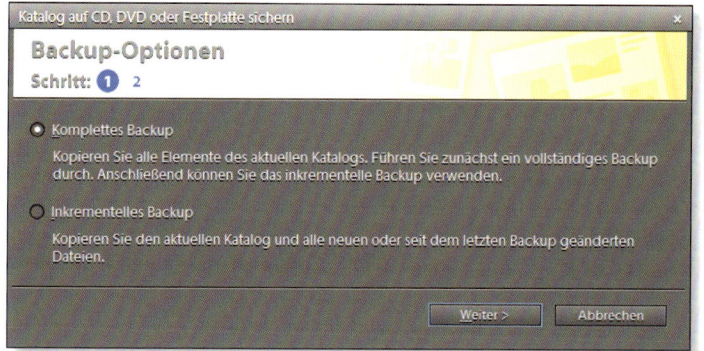

◄ **Abbildung 2.17**
Beim ersten Sichern müssen
Sie ein komplettes Backup an-
fertigen.

Danach geben Sie für das komplette Backup ein Ziellaufwerk und
den gewünschten Backup-Pfad an, indem Sie auf Durchsuchen
klicken. Legen Sie hier auf jeden Fall einen neuen Ordner an, da
die Dateien ansonsten auf der höchsten Ebene des Datenträ-
gers verstreut werden. Das Ziellaufwerk kann eine interne oder
externe Festplatte sein, unter Windows können Sie die Sicherungsdateien aber auch auf CD oder DVD brennen.

Abbildung 2.18 ►
Markieren Sie zunächst eines der angezeigten Laufwerke, und geben Sie dann den Ordner-Pfad an.

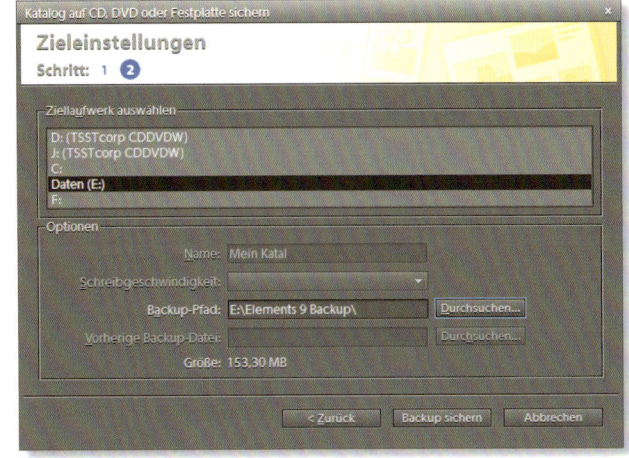

2.5.2 Multisession-Sicherung (nur Windows)

Falls Sie anstelle einer Festplatte lieber eine CD oder DVD zur Sicherung des Datenbestands verwenden wollen, steht dem natürlich nichts im Wege. Allerdings wird der Datenträger standardmäßig nicht im Multisession-Verfahren erzeugt. Das bedeutet: Sie können ihm in einer späteren Sitzung keine weiteren Daten hinzufügen. Wenn das aber ausdrücklich gewollt ist, müssen Sie die Multisession-Funktion zunächst aktivieren. Und das machen Sie über BEARBEITEN • VOREINSTELLUNGEN • DATEIEN. Die Checkbox MULTISESSION-BRENNEN AUF CD/DVD ZULASSEN ❶ ist nämlich von Haus aus deaktiviert. Bestätigen Sie die Änderung anschließend mit OK.

Abbildung 2.19 ▼
Das Brennen von Multisession-CDs oder DVDs muss manuell aktiviert werden.

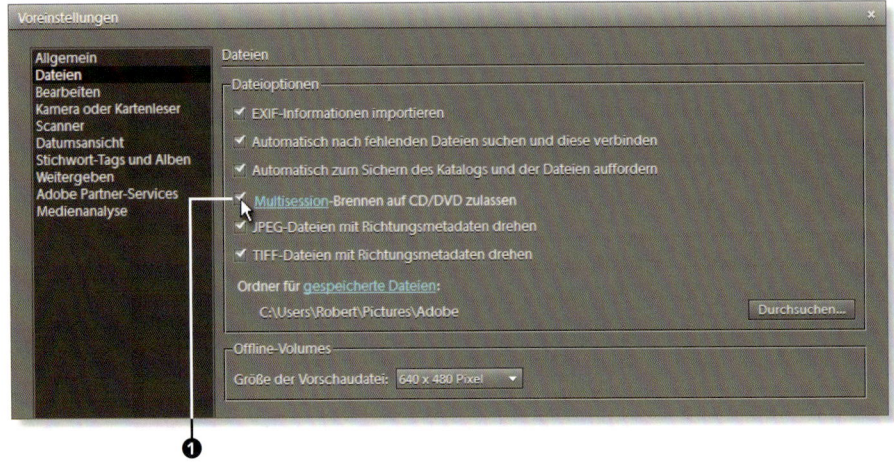

2.5.3 Organizer-Bestand wiederherstellen

Innerhalb des erstellten Ordners finden Sie dann nicht nur sämtliche Bilder, sondern auch die in Photoshop Elements 9 integrierten Sound-Dateien, nebst Backup- und Katalog-Files. Gesichert wird alles, inklusive Alben und Stichwort-Tags. Wenn Sie diesen Katalog nun irgendwann einmal wiederherstellen wollen, müssen Sie DATEI • KATALOG VON CD, DVD ODER FESTPLATTE WIEDERHERSTELLEN (Windows) bzw. DATEI • KATALOG VON FESTPLATTE WIEDERHERSTELLEN (Mac) wählen und im Bereich WIEDERHERSTELLEN VON unter Windows entscheiden, ob auf eine CD/DVD oder eine Festplatte zugegriffen werden soll. Entscheiden Sie sich für FESTPLATTE/ANDEREM LAUFWERK, ist der daneben befindliche Button DURCHSUCHEN ❷ anwählbar. Am Mac klicken Sie einfach direkt auf diesen Button. Hierüber stellen Sie den Pfad zum zuvor erstellten Ordner her. Darin wählen Sie dann die Datei mit der Endung ».tly«. Klicken Sie auf ÖFFNEN, und legen Sie zuletzt fest, ob das Backup im ursprünglichen oder in einem neuen Verzeichnis ❸ angelegt werden soll. Das ursprüngliche Verzeichnis bietet sich an, wenn Sie die Dateien (beispielsweise nach einem Datenverlust) wieder auf demselben System installieren wollen. Falls erforderlich, installiert Photoshop Elements die fehlenden Verzeichnisse gleich mit. Wenn Sie auf einen anderen Rechner »umziehen«, bietet sich auch die Erstellung eines neuen Verzeichnisses an.

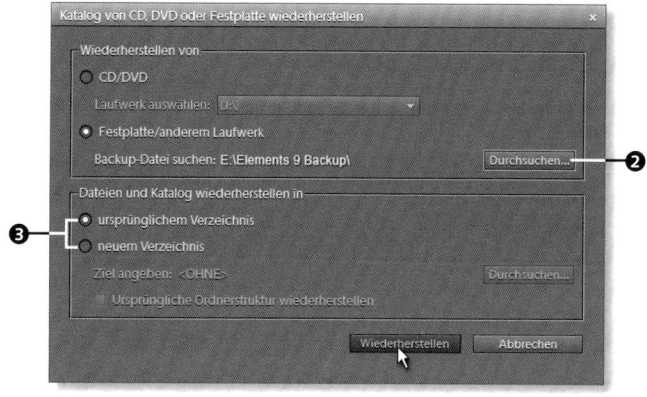

◄ **Abbildung 2.20**
So stellen Sie zuvor angefertigte Backups wieder her.

2.5.4 Ordner überwachen (nur Windows)

Eine wirklich interessante Form der permanenten Organizer-Aktualisierung können Sie erreichen, indem Sie DATEI • ORDNER

ÜBERWACHEN wählen. Über den Folgedialog können Sie Verzeichnisse Ihres Rechners festlegen, auf die Photoshop Elements ein besonderes Augenmerk legen soll. Der Hintergrund: Wann immer der Bestand des jeweiligen Ordners anwächst (z. B. wenn Sie Bilder dort hineinziehen), reagiert die Anwendung darauf. Entweder lassen Sie sich in diesem Fall BENACHRICHTIGEN ❷, oder Sie legen fest, dass Photoshop Elements die DATEIEN AUTOMATISCH DEM ORGANIZER HINZUFÜGEN ❸ soll. Bevor Sie die gewünschte Aktion aber mit OK bestätigen, sollten Sie unbedingt noch auf HINZUFÜGEN ❶ klicken. Denn erst damit können Sie die Ordner festlegen, die letztendlich überwacht werden sollen. Andernfalls wirkt sich die Überwachung nur auf den Ordner BILDER aus.

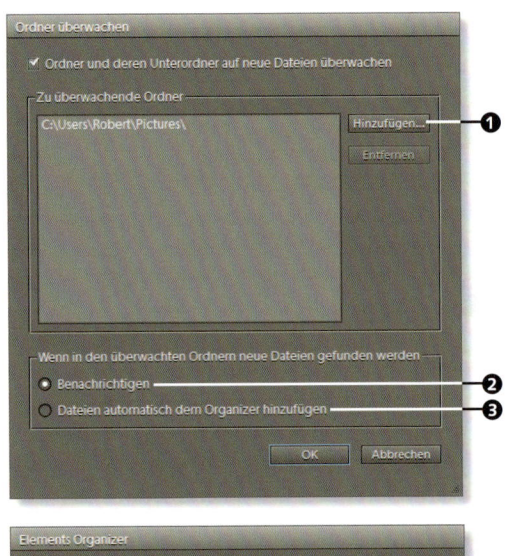

Abbildung 2.21 ▶
Lassen Sie Überwachungsaufgaben von der Software erledigen.

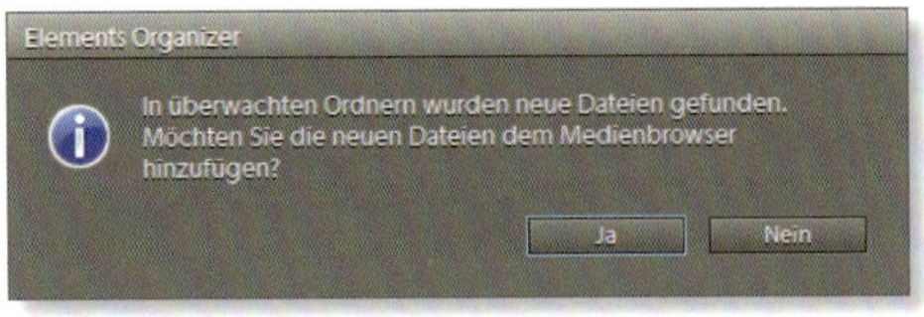

Abbildung 2.22 ▶
Die Reaktion auf neue Fotos

2.6   Die Ansichtsoptionen

Auf der Oberfläche des Organizers scheint es eine ganze Menge zu geben, das man in irgendeiner Weise schalten, drücken, klicken, aktivieren und schieben kann. Schauen wir uns das doch einmal etwas genauer an.

2.6.1 Dateinamen ein- und ausblenden

Bevor Sie sich näher mit dem Organizer und seinen Elementen beschäftigen, sollten Sie sich die Dateinamen anzeigen lassen. Das tun Sie, indem Sie im Menü ANSICHT • DATEINAMEN EIN-BLENDEN wählen. Dadurch werden die Originalbezeichnungen inklusive Dateiendungen unterhalb der Miniaturen aufgelistet. Voraussetzung dafür ist allerdings, dass auch der darüber befindliche Menüeintrag, DETAILS, aktiviert (sprich: mit einem Häkchen versehen) ist. Fortan können Sie die gesamten Informationen mit Strg / ⌘ + D aus- und wieder einschalten.

▼ **Abbildung 2.23**
Sinnvoll: Die Hinweise lassen sich sowohl über das ANSICHT-Menü als auch mit einer Tastenkombination aktivieren und wieder deaktivieren.

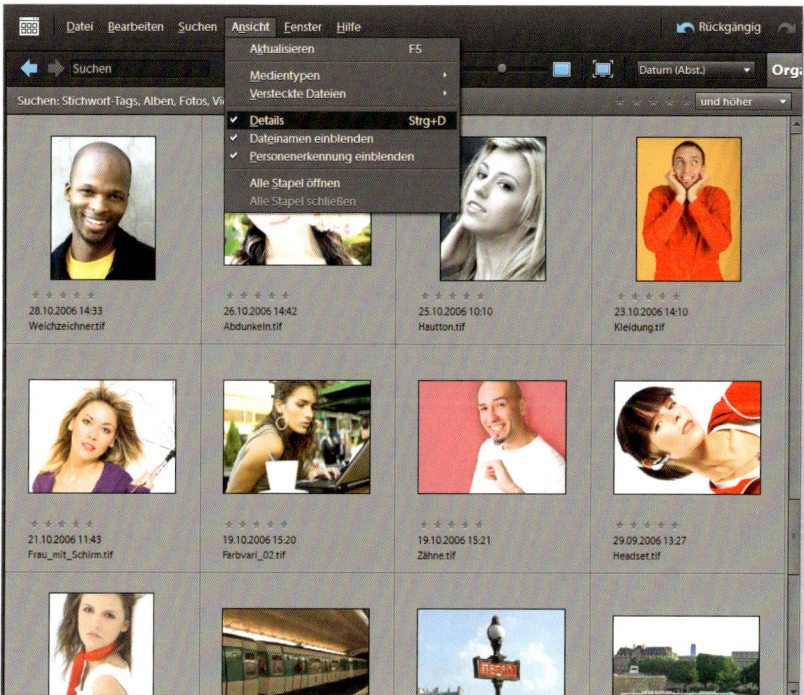

2.6.2 Miniaturgröße

Der Schieberegler, der sich oberhalb der Bildminiaturen befindet, skaliert die Ansichtsgröße der Elemente auf der Arbeitsfläche. Wenn Sie ihn ganz nach rechts stellen, werden Sie nur ein einzelnes Bild sehen können. Die Symbole links und rechts neben dem Schieber haben folgende Funktionen: Über die linke Miniatur verkleinern Sie die Ansicht der Fotos auf das Minimum. Wenn

▲ **Abbildung 2.24**
Die Größe der Miniaturen kann angepasst werden.

Sie auf das Bildsymbol direkt rechts neben dem Schieber klicken, bekommen Sie eine Einzelbildanzeige ■.

2.7   Fotos drehen

Falls Sie mit Ihrer Digitalkamera Aufnahmen im Hochformat gemacht haben, können Sie diese in 90°-Schritten drehen. Sie müssen allerdings vorab eines oder mehrere Fotos markieren. Die betreffenden Tasten finden Sie links neben den Steuerelementen zur Skalierung. Die Fotos lassen sich übrigens auch mithilfe der Tasten ⌈Strg⌉/⌈⌘⌉+⌈←⌉ bzw. ⌈Strg⌉/⌈⌘⌉+⌈→⌉ drehen.

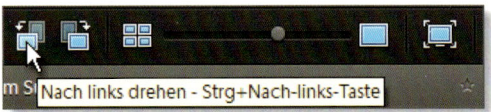

▲ **Abbildung 2.25**
Drehen im Organizer …

2.8   Versionssätze und Fotostapel

Ein Versionssatz ist prinzipiell nichts anderes als eine Sammlung übereinander angeordneter Fotos. Das Problem ist allerdings: Sie sehen zunächst nur das oberste Foto. Wollen Sie alle Bilder des Satzes sehen, müssen Sie die Liste öffnen. Das ist zum einen platzsparend, zum anderen bleibt zusammen, was zusammengehört.

2.8.1   Versionssätze erzeugen

Versionssätze werden immer dann erzeugt, wenn Sie ein im Organizer befindliches Foto im Editor überarbeiten und das Ergebnis dann mit DATEI • SPEICHERN UNTER absichern. Der Folgedialog beinhaltet die Option MIT ORIGINAL IM VERSIONSSATZ SPEICHERN ❷. Wählen Sie diese Funktionen nicht ab, wenn Sie wollen, dass Originalfoto und Nachbearbeitung im Organizer gestapelt werden sollen. ■ Voraussetzung für diese Option ist im Übrigen, dass IN ELEMENTS ORGANIZER AUFNEHMEN ❶ ebenfalls aktiv ist. Logisch, oder? Wenn das Foto nicht im Organizer aufgenommen werden darf, kann es dort selbstverständlich auch dem Original nicht beigefügt werden.

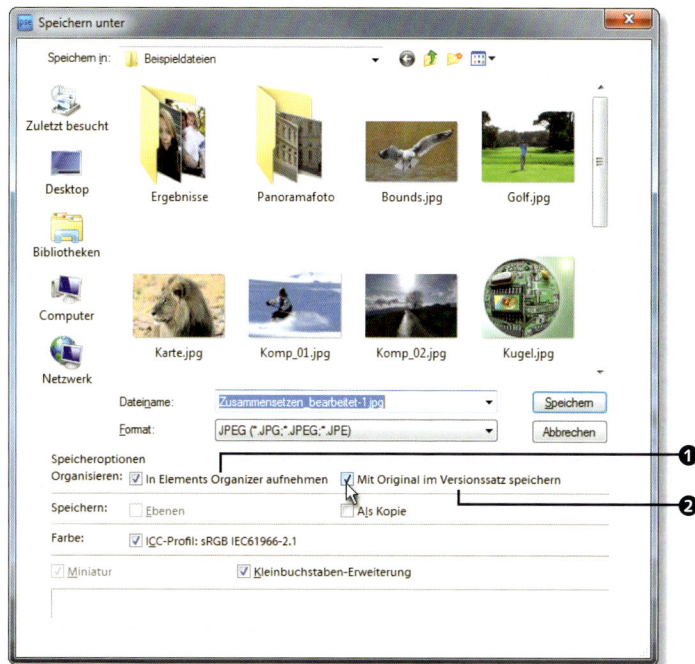

Korrektur im Organizer

Auch der Organizer stellt Korrekturfunktionen zur Verfügung (siehe das Register KORREKTUR oben rechts). Wenn Sie eine derartige Korrektur auf ein Bild anwenden, wird automatisch und ohne Rückfrage ein Versionssatz erzeugt.

◄ **Abbildung 2.26**
Hier wird eine Kopie erzeugt.

Korrekt wie Photoshop Elements nun einmal ist, wird ein entsprechender Hinweis ausgebracht. Jedes Mal. Deswegen ist es sinnvoll, unten links NICHT MEHR ANZEIGEN zu aktivieren, damit das Fenster fortan ausbleibt.

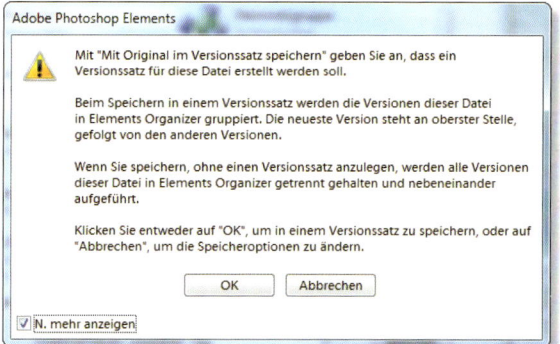

◄ **Abbildung 2.27**
Wollen Sie diesen Hinweis immer wieder sehen?

Schließen Sie das Foto im Editor, und kehren Sie zum Organizer zurück. Sie finden dann eine Miniatur vor, die anstelle des Originals die korrigierte Datei zeigt. Dieser Versionssatz wird durch eine aufgehellte Umrandung und ein Symbol in der oberen rechten Ecke entsprechend ausgewiesen. Zudem finden Sie rechts eine kleine Schaltfläche, mit der Sie den Versionssatz öffnen ❶ bzw. wieder schließen ❷ können.

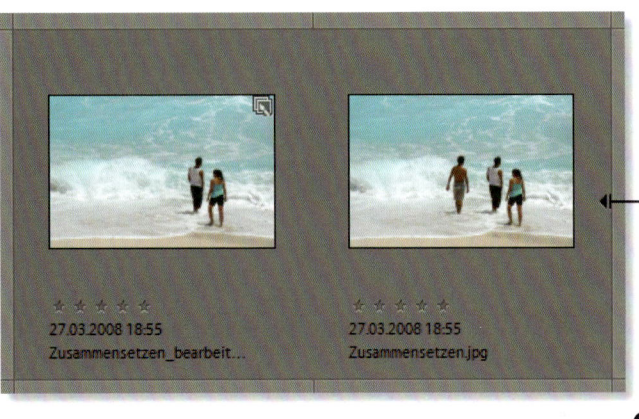

❶

❷

▲ **Abbildung 2.28**
Der geschlossene (links) und
geöffnete Versionssatz (rechts)

2.8.2 Fotostapel

Markieren Sie mehrere Bilder (diese müssen nicht unbedingt nebeneinanderliegen), und klicken Sie anschließend mit der rechten Maustaste auf eines der markierten Fotos. Wählen Sie aus dem Kontextmenü STAPEL • AUSGEWÄHLTE FOTOS STAPELN. Wie auch bei den Versionssätzen finden Sie anschließend rechts eine kleine Schaltfläche, mit der Sie den Fotostapel öffnen bzw. wieder schließen können.

Ebenso könnten Sie (leider nur in der Windows-Version) den Befehl STAPEL • FOTOSTAPEL AUTOMATISCH VORSCHLAGEN einstellen. Dann würden Sie die Anwendung nach strukturellen Gemeinsamkeiten innerhalb der Bilder suchen lassen und anhand ihrer Ähnlichkeit in Stapel packen. Sie haben ja auch beim Import von Fotos in den Organizer bereits gesehen, dass es hier eine Checkbox gibt, die FOTOSTAPEL AUTOMATISCH VORSCHLAGEN heißt. In diesem Fall wird die Untersuchung nach Gemeinsamkeiten bereits beim Bildimport vorgenommen.

Sie können einen Stapel natürlich auch wieder löschen. Dazu klicken Sie die Stapel-Miniatur mit der rechten Maustaste an und wählen STAPEL • FOTOSTAPEL AUFHEBEN. Ebenso lassen sich einzelne Fotos aus dem Stapel entfernen, indem Sie nach einem Rechtsklick auf die betreffende Miniatur STAPEL • FOTO AUS STAPEL ENTFERNEN einstellen.

Sicher haben Sie längst bemerkt, dass die Reihenfolge der Fotos auch innerhalb eines Stapels beibehalten wird. Das ist zwar zunächst löblich, bedeutet aber auch, dass stets das erste Foto einen geschlossenen Stapel repräsentiert. Bei Versionssätzen liegt dagegen das zuletzt nachbearbeitete Bild ganz oben. Wenn Sie ein anderes Stapel-Foto für geeigneter halten, markieren Sie dieses mit einem Rechtsklick und stellen STAPEL • ALS ERSTES FOTO FESTLEGEN ein. Das funktioniert bei allen Fotos – mit Ausnahme des ersten natürlich.

2.9 Bildeigenschaften und Metadaten

Nun besteht so ein Bild ja aus weit mehr als nur bunten Pixeln. Wenn Sie wissen möchten, was beim Speichern einer Datei so alles archiviert wird, klicken Sie mit der rechten Maustaste auf eine Miniatur und wählen EIGENSCHAFTEN ANZEIGEN. Das Bedienfeld können Sie übrigens auch über FENSTER • EIGENSCHAFTEN aufrufen. Zudem sei der dezente Hinweis auf [Alt]/[⌥]+[↵] erlaubt, da diese Tastenkombination die lästigen Mausklicks ersetzt. Unten rechts erscheint daraufhin ein Eigenschaftenfenster (bzw. es schließt sich, wenn es zuvor geöffnet gewesen ist), das Sie zunächst einmal durch Ziehen der Begrenzung ❽ etwas vergrößern sollten. Sonst wird es nämlich gleich eng dort.

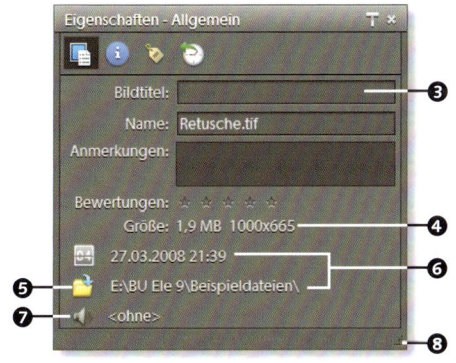

◀ **Abbildung 2.29**
Nicht gerade so spannend wie ein Hitchcock-Thriller, aber dennoch recht interessant – die Bildeigenschaften.

Wichtig ist hier vor allem die GRÖSSE ❹. Sie verrät nämlich nicht nur, wie groß die Datei in Kilobyte oder Megabyte ist, sondern gibt auch Auskunft über die Abmessungen in Pixeln (im Beispiel 1.000 × 665 Pixel). Außerdem sehen Sie eine Zeile tiefer, wann das Foto aufgenommen wurde und wo Sie es abgespeichert haben ❻. Sollten Sie den Pfad nicht komplett lesen können, skalieren Sie das Fenster noch etwas mehr. Praktisch: Durch einen Klick auf das Ordner-Symbol ❺ gelangen Sie sofort in das angezeigte Verzeichnis – für den Fall, dass sich der Speicherort des Fotos nicht mehr auf den ersten Blick erschließt. Und mit einem Klick auf das kleine Lautsprecher-Symbol ❼ können Sie sogar einen Audiokommentar zum Bild aufnehmen.

2.9.1   Bilddateien benennen

Beispieldateien nicht umbenennen!

So schön die Funktion mit der Umbenennung auch ist; Sie sollten keines der Beispielbilder im Feld NAME anders bezeichnen. Im weiteren Verlauf dieses Buches werden Sie auf die Dateien zugreifen müssen. Wenn Sie die aber jetzt umbenennen, wird es sicher mancherorts schwierig, das richtige Bild zum Workshop zu finden.

Im Eingabefeld BILDTITEL ❸ lässt sich die Datei benennen. Dabei müssen Sie jedoch bedenken, dass der hier vergebene Name nur im Organizer intern Anwendung findet. Der Dateiname (ein Feld tiefer) ist davon nicht betroffen. Dieser NAME ist jedoch die offizielle Bezeichnung Ihres Bildes – so wie es auch auf der Festplatte gekennzeichnet ist. Ändern Sie diesen Eintrag, wird auch die Originaldatei entsprechend umbenannt. Löblich: Sie können dort ruhigen Gewissens die Dateiendung mit überschreiben. Photoshop Elements fügt diese am Schluss wieder an. Das verhindert, dass die Datei durch unbeabsichtigtes Entfernen dieser Endung unbrauchbar würde. Um einen dieser Einträge nun zu verändern, reicht ein Doppelklick in das Eingabefeld. Geben Sie den gewünschten Namen ein, und bestätigen Sie anschließend mit ⏎. ∎

2.9.2   Metadaten anzeigen

Eigenschaften andocken

Ganz oben, gleich links neben dem Schließen-Button (Kreuz), befindet sich ein kleines T-Symbol ⓯. Wenn Sie daraufklicken, wird das EIGENSCHAFTEN-Feld automatisch in den Bedienfeldbereich in der rechten Spalte einsortiert. Auf die gleiche Weise lässt es sich anschließend von dort wieder entkoppeln.

Während Sie die Metadaten in der Bridge durch Aktivierung der gleichnamigen Registerkarte einsehen können, müssen Sie im Organizer die METADATEN ❾ explizit auswählen. Klicken Sie danach ganz unten auf den Radio-Button VOLLSTÄNDIG ⓮. Danach finden Sie wirklich alles, was Sie über Ihr Bild wissen »müssen«: Fakten, Fakten, Fakten ...

Bitte berücksichtigen Sie, dass sich hier keinerlei Änderungen an der Datei vornehmen lassen. Die Metadaten dienen lediglich als Informationsquelle. Mit DATEINAME ❿ wird die Bezeichnung der Datei angegeben – und zwar so, wie sie auf der Festplatte benannt ist. ERSTELLT AM ⓫ sagt etwas darüber aus, wann die Datei auf den Rechner übertragen worden ist, während BEARBEITET AM ⓬ Informationen über das Datum der letzten Änderung an diesem Bild liefert. Von besonderer Bedeutung ist hier noch die Zeile AUFLÖSUNG ⓭. Diese verrät nämlich etwas darüber, aus wie vielen Pixeln je Zoll die Datei besteht.

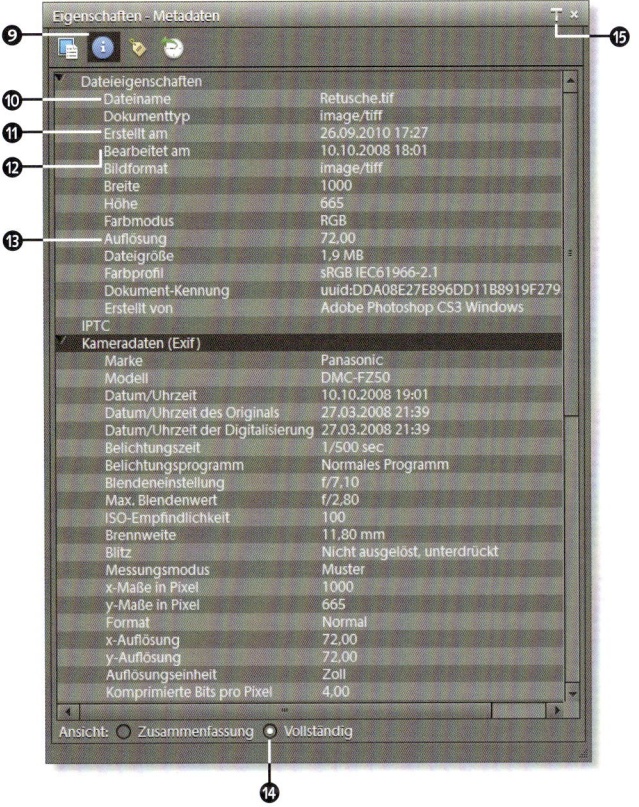

◀ **Abbildung 2.30**
Infos, so weit das Auge reicht.
Neben den Kameradaten finden Sie hier noch zahlreiche
andere Informationen.

2.10   Vollbildansicht

Ihr Organizer verfügt über eine sogenannte VOLLBILDANSICHT
sowie eine VERGLEICHSANSICHT. Beide Modi erlauben dem Anwen-
der die bildschirmfüllende Darstellung der ausgewählten Fotos.
Eine derartige Ansichts- und Präsentationsoption macht vor allem
dann Sinn, wenn Sie Dateien bekommen, deren Inhalt Sie noch
nicht kennen. Denn nur mit den Miniaturen alleine ist eine zuver-
lässige Begutachtung ja bisweilen schwierig.

2.10.1   Vollbildansicht

Klicken Sie auf den Button IN VOLLBILDANSICHT ANZEIGEN, BEAR-
BEITEN UND ORGANISIEREN, oder drücken Sie [F11]. Mac-User drü-
cken die Tastenkombination [fn]+[⌘]+[F11]. Alternativ können
Sie auch oben rechts den Weg über ANZEIGEN • IN VOLLBILDAN-
SICHT ANZEIGEN, BEARBEITEN UND ORGANISIEREN gehen.

Abbildung 2.31 ▶
Mit diesem Button gelangen
Sie in die Vollbildansicht.

Nach Aufruf dieser Aktion werden dann alle derzeit im Organizer angezeigten Fotos berücksichtigt. Wenn Sie nur einzelne ansehen wollen, müssen Sie die relevanten Dateien vorab mit der Maus selektieren.

Abbildung 2.32 ▲
In der Vollbildansicht finden
Sie eine komplett veränderte
Darstellung vor.

Die in Abbildung 2.32 gezeigten Overlay-Bedienfelder blenden sich nach wenigen Sekunden automatisch wieder aus. Immerhin sollen Sie »unverbauten« Blick auf Ihre Fotos haben. Bei Bedarf kann jedoch jedes einzelne Element eingeschaltet werden, indem Sie das kleine Overlay-Bedienfeld in der Fußleiste benutzen. Dieses blendet sich zwar ebenfalls aus, wird aber sofort wieder sichtbar, sobald Sie die Maus bewegen.

So lässt sich beispielsweise die Leiste mit den Miniaturen ⓴ über den Button FILMSTREIFEN EIN/AUS ❸ bzw. über Strg/⌘+F ein- und wieder ausschalten. Hier können die Fotos per Mausklick ausgesucht werden, die in der Bildmitte vergrößert zu sehen sein sollen. Wollen Sie die Fotos »der Reihe nach« betrachten, können Sie das mit den beiden Pfeiltasten (❻ und ❽) erledigen.

Mit dem Taster ❹ können Sie das Schnellbearbeitungsbedienfeld ❶ hinzufügen. Es gestattet Schnellkorrekturen, ohne dass Sie die Ansicht wechseln müssen (siehe hierzu auch das folgende Kapitel). Mit Schnell organisieren ❺ wird das Tag-Bedienfeld ❷ aktiviert. (Weitere Informationen zu Tags erhalten Sie in Abschnitt 2.12, »Tags und Stichwörter«.) Klicken Sie auf das »i« ⓫, wird das Eigenschaften-Bedienfeld als Overlay ⓭ angeboten. Dessen Funktionsweise haben Sie ja bereits kennengelernt.

Wenn Sie eine automatische Präsentation Ihrer Fotos wünschen, sind die Buttons Einstellungsdialogfeld öffnen ❾ und Übergänge ❿ interessant, mit deren Hilfe Sie vorab bestimmen können, wie (z. B. mit welcher Musik und mit welchen Überblendungen) die Diashow präsentiert werden soll. Ein Klick auf Wiedergabe ❼ lässt die Vorführung dann beginnen. Gleiches können Sie aber auch über die Tastatur erreichen. Drücken Sie dazu einfach die Leertaste.

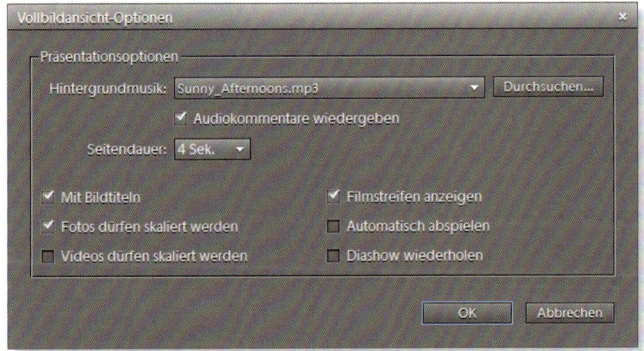

◀ **Abbildung 2.33**
Diesen Dialog erreichen Sie über den Schalter ❾.

◀ **Abbildung 2.34**
Ein kleiner Dialog erlaubt die Gestaltung der Übergänge.

Nun könnte sich trotz aller Faszination für diese Art der Darbietung der Wunsch einstellen, die Vollbildansicht zu verlassen. So etwas soll es ja geben. In diesem Fall reißen Sie einfach den Stecker Ihres Computers aus, der … nein, das ist keine gute Idee … Klicken Sie lieber auf das kleine »x« ⓬, oder drücken Sie Esc auf Ihrer Tastatur.

2.10.2 Vergleichsansicht

Zur Aktivierung der Vergleichsansicht drücken Sie `F12`. Mac-User müssen hingegen `fn`+`⌘`+`F12` drücken.

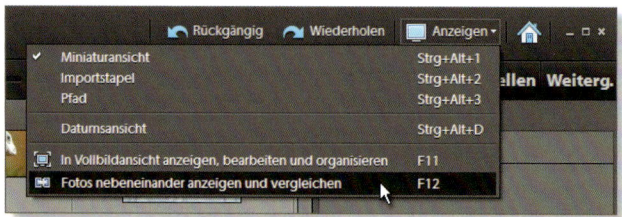

Abbildung 2.35 ▶
Über das ANZEIGEN-Menü geht es auch.

Die ausgewählten Fotos werden nun nebeneinander dargestellt. Achten Sie bitte auch hier darauf, dass sich die linke oder rechte Bilddatei markieren lässt. Auch in dieser Ansicht erscheint (wie bereits von den Miniaturen bekannt) ein farbiger Rahmen. Sollten Sie mehr als zwei Fotos zum Vergleich ausgewählt haben, empfiehlt es sich, auch hier einen FILMSTREIFEN ANZEIGEN zu lassen, indem Sie den ersten Button im Overlay-Bedienfeld anklicken. Auf diese Weise lassen sich vor allem ähnliche Fotos prima miteinander vergleichen, um das schönste herauszufinden. Da das Zoom-Werkzeug standardmäßig bereits ausgewählt ist, lässt sich das gewünschte Foto mit Klick darauf vergrößern. Mit `Esc` verlassen Sie die Fotovergleichsansicht.

Abbildung 2.36 ▼
Schalten Sie die Miniaturen ein.

2.11   Fotos ordnen und kennzeichnen

So schön der Organizer auch ist – ohne eine sinnvolle Struktur werden Sie mit der Zeit unweigerlich den Überblick verlieren. Deshalb sollten Sie von Anfang an darauf achten, dass Ihnen der Dateienfundus nicht über den Kopf wächst, und klare Strukturen schaffen.

2.11.1   Alben erstellen

Thematische Strukturen innerhalb eines Fotobrowsers werden mit Alben erreicht. Wie wäre es zum Beispiel mit einer eigenen Kategorie für Porträts, einer weiteren für Landschaftsaufnahmen usw.? Das geht ganz einfach, wie der folgende Workshop beweist.

Schritt für Schritt: Ein Album erstellen

1   **Bilder aussuchen**

Selektieren Sie zunächst die Fotos, die Sie in ein Album packen wollen. Sie wissen ja: Mehrere Fotos markieren Sie, während Sie `Strg`/`⌘` gedrückt halten. Nehmen Sie für diesen Workshop doch einmal sämtliche Fotos aus den Beispieldateien, auf denen Sie vordergründig Gebäude ausfindig machen können.

2   **Neues Album erstellen**

In der rechten Spalte der Anwendung, dem Medien-Manager, befindet sich das Bedienfeld ALBEN. Darin finden Sie oben links einen Button mit einem Plus-Symbol ❶. Klicken Sie diesen an! Entscheiden Sie sich für NEUES ALBUM ❷. Geben Sie anschließend im Bereich ALBUMNAME ❸ einen Namen ein. Hier eignet sich natürlich »Gebäude«. Danach klicken Sie auf FERTIG ❹ ganz unten.

Die Dateien, die jetzt Bestandteile des Gebäude-Albums sind, wurden übrigens nicht verschoben. Auch am ursprünglichen Speicherort der Bilder (auf Ihrer Festplatte) hat sich nichts verändert. Vielmehr werden sie hier nur noch einmal in der gewünschten, individuellen Zusammenstellung präsentiert.

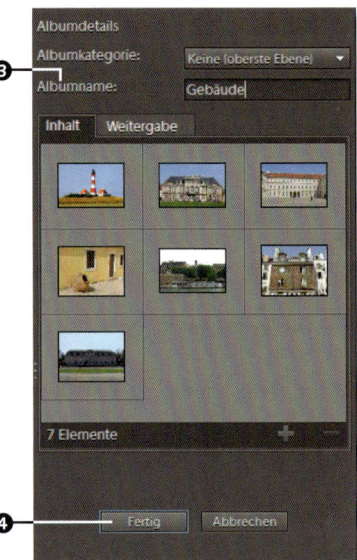

Abbildung 2.37 ▶
Ein neues Album wird erzeugt.

Abbildung 2.38 ▶▶
Die zuvor selektierten Bilder
sind jetzt Bestandteil dieses
Albums.

3 Weitere Bilder hinzufügen

Wenn Sie irgendwann einmal Fotos hinzufügen wollen, ziehen Sie
diese einfach per Drag & Drop auf das Album. Sie dürfen sogar
den umgekehrten Weg gehen und das Album auf die Bildminiatur
ziehen.

4 Bilder entfernen

Nun ist die viel zitierte Null-Fehler-Quote ja bekanntlich reine
Theorie. Wenn Ihnen also versehentlich einmal ein falsches Foto
in die Zusammenstellung geraten ist, klicken Sie auf das Album
(jetzt wird auf der Arbeitsfläche nur der Inhalt dieses Albums präsentiert), markieren das Foto dort einfach und drücken `Entf`/
`←`. Die folgende Kontrollabfrage bestätigen Sie mit OK.

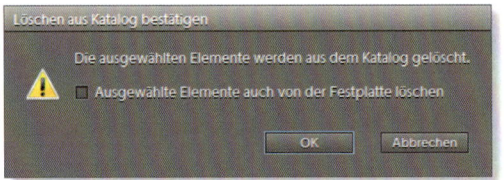

Abbildung 2.39 ▶
Mit Klick auf OK fliegt raus,
was nicht in das Album gehört.

5 Alles einblenden

Um das Album wieder zu verlassen und zum gesamten Inhalt
zurückzukehren, klicken Sie auf ALLES EINBLENDEN oberhalb des
Fotobereichs. ■

2.11.2 Smart-Alben

Im vorangegangenen Abschnitt haben Sie erfahren, was zu tun ist, wenn Sie Fotos thematisch ordnen wollen. Aber es geht noch mehr. Alben lassen sich nämlich auch automatisch anhand von Suchmustern bilden. Und das geht so:

Schritt für Schritt: Ein Smart-Album erzeugen

In diesem Workshop wollen wir versuchen, ein Foto ausfindig zu machen, das sich in den Beispieldateien befindet. Uns ist lediglich bekannt, dass es sich um eine TIFF-Datei handelt und dass im Dateinamen irgendetwas mit Augen vorkommt. Recht dürftig, diese Informationen, oder? Versuchen wir es trotzdem.

1 Suche vorbereiten
Zunächst einmal sollten Sie dafür sorgen, dass kein Foto angewählt ist. Falls Sie sich noch in einem Album befinden, klicken Sie auf ALLES EINBLENDEN.

2 Neues Smart-Album erzeugen
Klicken Sie im Bereich ALBEN wieder auf das Plus-Symbol, und selektieren Sie den Eintrag NEUES SMART-ALBUM. Vergeben Sie den Namen »Augen«.

Sie erreichen jetzt einen Dialog, der zunächst recht unspektakulär aussieht. Aber das täuscht. Denn dieses Fenster hat es wirklich in sich.

▲ **Abbildung 2.40**
Hier wird statt eines normalen Verzeichnisses ein Smart-Album erzeugt.

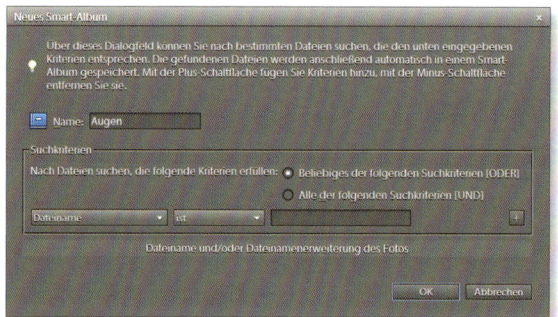

◄ **Abbildung 2.41**
Mit diesem Dialog richten Sie ein Smart-Album ein.

3 Erstes Suchkriterium festlegen
Widmen Sie sich nun den SUCHKRITERIEN. Öffnen Sie das erste Pulldown-Menü, und stellen Sie dort DATEINAME ein. Danach öff-

nen Sie das Pulldown-Menü rechts daneben und legen hier den Parameter ENTHÄLT fest. (Würden Sie IST einstellen, müssten Sie im nächsten Schritt den genauen Dateinamen angeben. Da wir den aber nicht genau wissen, geben wir uns damit zufrieden, dass unsere spätere Angabe lediglich als Teil im Namen enthalten sein muss.

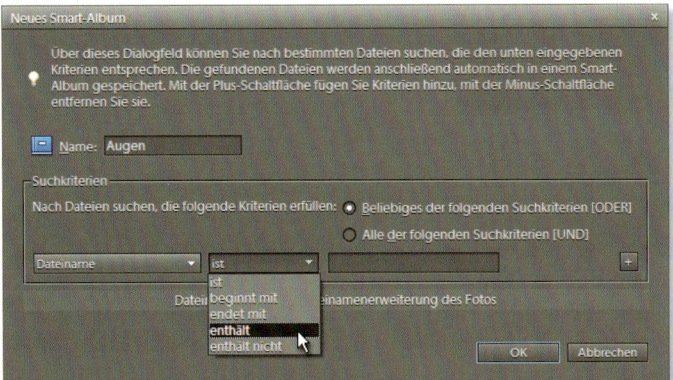

Abbildung 2.42 ▶
So »bauen« Sie ein Suchkriterium zusammen.

4 Namensfragment eingeben

Was noch fehlt, ist der eigentliche Suchbegriff. Dieser kommt jetzt in das Eingabefeld rechts daneben. Tragen Sie hier »augen« ein. (Sie dürfen Groß- und Kleinschreibung getrost ignorieren.)

5 Erste Suchoption formulieren

Wir wissen noch, dass es sich bei den gesuchten Bildern um TIFF-Dateien handeln muss. Deshalb sollten Sie einen weiteren Suchsatz hinzufügen. Klicken Sie dazu auf das kleine Plus-Symbol rechts in der Zeile.

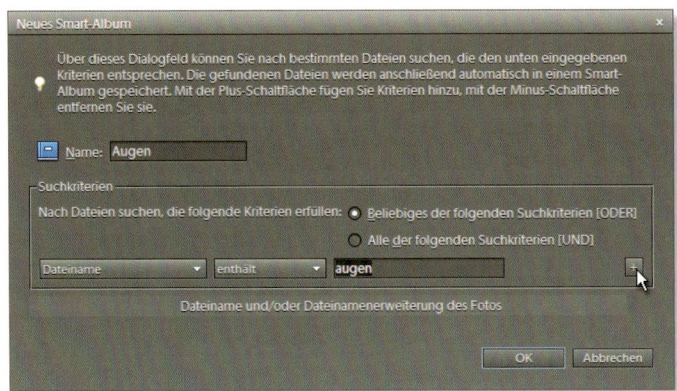

Abbildung 2.43 ▶
Durch diese Aktion wird ein weiterer Suchsatz hinzugefügt.

6   Zweite Suchoption formulieren

Jetzt können wir uns mit dem nächsten Kriterium befassen. Formulieren Sie die zweite Zeile im Organizer folgendermaßen: [DATEIFORMAT] : [IST] : [TIFF].

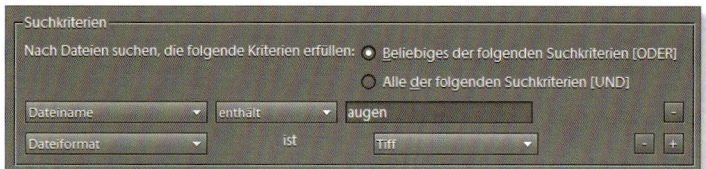

◀ **Abbildung 2.44**
Zwei Kriterien bestimmen die Suche.

7   Und-/Oder-Kriterien festlegen

Bevor Sie jetzt aber fröhlich auf OK klicken, müssen Sie unbedingt noch den Radio-Button ALLE DER FOLGENDEN SUCHKRITERIEN [UND] festlegen. Würden Sie das nicht machen, müsste nur *eine* der beiden Suchoptionen zutreffend sein – und das hätte zur Folge, dass alle Fotos gefunden würden, in denen »augen« vorkommt UND alle TIFFs. Da wäre kein nennenswertes Resultat zu erzielen. Bestätigen Sie am Schluss mit OK.

2.12   Tags und Stichwörter

Nun müssen Sie unbedingt noch mit »Tags« konfrontiert werden. Tags? Ja, Tags. Es stellt sich die Frage: Wozu werden Tags überhaupt benötigt? Die Antwort: Mit Tags hängen Sie Schildchen an jedes Bild und vergeben damit markante Aussagen. Stellen Sie sich vor, Sie haben etliche Fotos von Ihrer Finca auf Mallorca angefertigt. Dann könnten Sie ein Schildchen mit dem Namen »Finca« erzeugen und jedem Ihrer Fotos ein solches Schildchen anhängen. So weit, so gut. Das könnten Sie aber auch mit einem Album lösen. Nun sieht man auf einigen Bildern aber auch noch Ihre wunderschöne Jacht im Hintergrund. Spätestens jetzt fangen die Probleme an. Sie können nämlich die Jacht-Fotos nicht mehr allein über das Finca-Schildchen aufspüren. Ach, Sie sind da wirklich nicht zu beneiden! Glücklicherweise ist es aber möglich, einem Foto gleich mehrere Schildchen anzuhängen. Kein Grund also, Ihre Jacht oder die Finca auf Mallorca zu verkaufen.

▲ **Abbildung 2.45**
So sollte das Ergebnis jetzt aussehen. ■

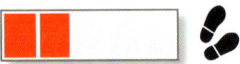

2.12.1 Tags

Grundsätzlich sind Tags vergleichbar mit Stichwörtern. Sie geben die Möglichkeit, Fotos aufgrund bestimmter Eigenschaften auszuzeichnen. Und das geht so:

Schritt für Schritt: Tags zuweisen

1 Vorhandene Tags nutzen

Zunächst widmen Sie sich der Liste STICHWORT-TAGS, die Sie unten rechts im Medien-Manager finden. Hier werden Sie bereits einige von Photoshop Elements vorbereitete Tag-Gruppen finden, die Sie natürlich nutzen können. Sie sind mit PERSONEN, ORTE usw. bezeichnet. Sie können aber auch eigene Tags und Tag-Gruppen anlegen. Dazu müssen Sie wissen: Tags können nicht frei zugewiesen werden, sondern müssen einer Kategorie angehören ■.

2 Neue Kategorie erstellen

Um eigene Kategorien zu definieren, gehen Sie zunächst auf das Plus-Symbol des Bedienfelds STICHWORT-TAGS und klicken auf NEUE KATEGORIE. Nun können Sie eine Farbe sowie einen Namen vergeben und ein geeignetes Symbol aussuchen. Nehmen Sie doch einmal den Kategorienamen TIERE, und suchen Sie als Symbol den Papagei aus. Klicken Sie anschließend auf OK.

3 Neues Stichwort-Tag vergeben

Gehen Sie noch einmal auf das Plus-Symbol, und wählen Sie NEUES STICHWORT-TAG (sofern Ihnen [Strg]/[⌘]+[N] nicht lieber ist). Achten Sie darauf, dass unter KATEGORIE der Eintrag TIERE auch markiert ist. Legen Sie jetzt einen Namen für Ihr Tag fest (im Beispiel: REPTILIEN), und lassen Sie einen Klick auf OK folgen.

▲ **Abbildung 2.46**
Hier entsteht eine Kategorie für Tierfotos.

Abbildung 2.47 ▶
Hier entsteht ein Tag innerhalb einer Kategorie.

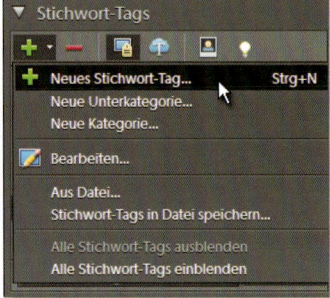

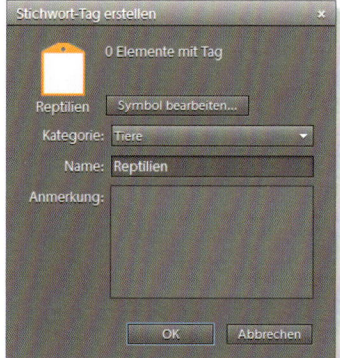

◀ **Abbildung 2.48**
Ein eigenes Schildchen für
Reptilien.

4 Zweites Tag erstellen

Erzeugen Sie ein weiteres Tag. Das zweite soll VÖGEL heißen. Vergleichen Sie anschließend Ihr Tag-Bedienfeld mit der folgenden
Abbildung.

5 Tags auf die Bilder übertragen

Gehen Sie auf ALLES EINBLENDEN, und ziehen Sie das Tag REPTILIEN
auf das Foto, das den Leguan zeigt (»Unscharf.tif«). Dort lassen
Sie es fallen. Das Tag VÖGEL ziehen Sie auf das Papageien-Foto
(»Papagei_01.tif«). Übrigens geht es auch umgekehrt. Sie dürfen
auch gern das Foto auf das Tag ziehen. Achten Sie darauf, dass
unterhalb der Miniaturen entsprechende Tag-Symbole angezeigt
werden. Wenn Sie mit der Maus daraufzeigen, lässt sich ablesen,
um welches Tag es sich handelt.

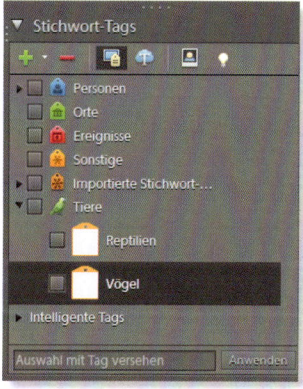

▲ **Abbildung 2.49**
In der Kategorie »Tiere« sind
zwei Tags enthalten.

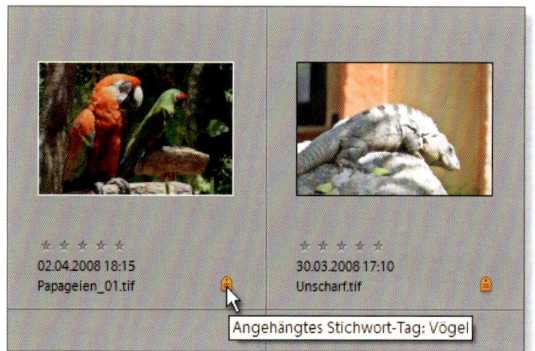

6 Tags selektieren

Schauen Sie auf das Bedienfeld STICHWORT-TAGS. Jedem dortigen
Symbol ist nämlich ein kleines, inhaltsloses Quadrat vorange-

◀ **Abbildung 2.50**
Die Tags der beiden Fotos werden unten rechts angezeigt.

stellt. Wenn Sie aber daraufklicken, wird ein Feldstecher-Symbol ❶ angezeigt – und die passenden Fotos werden im Organizer aufgelistet. Dabei spielt es überhaupt keine Rolle, ob Sie eine Tag-Gruppe oder ein bzw. mehrere Tags aktivieren. Wenn Sie auf ein Quadrat klicken, in dem sich ein Feldstecher befindet, wird dieser wieder entfernt, und es werden wieder alle Fotos eingeblendet.

Abbildung 2.51 ▶
Mit dieser Technik sind dem Archiv kaum mehr Grenzen gesetzt.

2.12.2 Stichwörter

Und dann wären da noch die Stichwörter, die mit Tags prinzipiell gleichzusetzen sind. Die Beispielfotos haben ja bereits etliche Stichwörter mitgebracht. Sie finden die Stichwörter allerdings erst, nachdem Sie auf die Tag-Wolke ❷ geklickt haben. (Mit dem Button links daneben kommen Sie übrigens jederzeit wieder zur vorherigen Ansicht zurück.)

Nun ist es so, dass Sie ein Wort ❸ anklicken können, um sich die entsprechend katalogisierten Fotos anzeigen zu lassen. Ein erneuter Klick auf das Wort deaktiviert das Stichwort wieder.

2.12.3 Neue Stichwörter vergeben

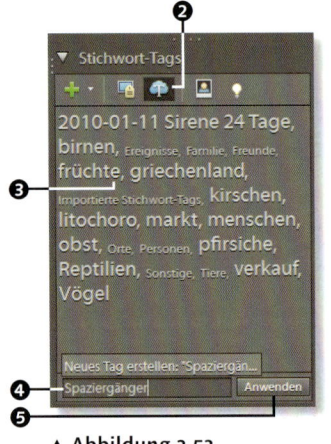

▲ Abbildung 2.52
Der Organizer ist imstande, die Stichwörter anzeigen zu lassen und neue anzulegen.

Wollen Sie selbst Stichwörter vergeben? Nichts leichter als das. Markieren Sie ein oder mehrere Fotos, und tippen Sie den gewünschten Begriff in die Eingabemaske ❹ ganz unten ein. Danach klicken Sie auf Anwenden ❺. Das Stichwort wird ab sofort auch in der Stichwortliste aufgeführt und kann wie oben beschrieben künftig auch anderen Fotos zugewiesen werden.

2.13   Personenerkennung

Mit Personen gehen Sie es in der Organizer-Umgebung auf den ersten Blick ganz entspannt an. Das Bedienfeld Stichwort-Tags ist nämlich mit einer Personenerkennung ausgestattet.

Schritt für Schritt: Personen-Fotos ausfindig machen

1   **Suche vorbereiten**

Zunächst einmal müssen Sie dafür sorgen, dass alle Beispielfotos deselektiert sind. Sonst würden nämlich nur die markierten Bilder in der Suche berücksichtigt. Falls erforderlich, klicken Sie auf Alles einblenden.

2   **Personenerkennung starten**

Danach setzen Sie einen Mausklick auf Personenerkennung starten **6**. Sicherheitshalber fragt Photoshop Elements noch einmal nach, ob Sie denn auch wirklich alle derzeit angezeigten Fotos durchsuchen wollen. Bestätigen Sie das mit Ja.

3   **Personen benennen**

Zunächst präsentiert die Anwendung stolz, was sie bislang gefunden hat. Keine Bange, das ist noch nicht alles. Bislang wird Ihnen nur der erste Teilerfolg präsentiert. Benennen Sie die Person, indem Sie einen Mausklick auf der Miniatur platzieren und danach den Namen in das Eingabefeld eintragen ■. Verfahren Sie mit allen anderen Miniaturen entsprechend, und schließen Sie die Arbeit mit Speichern ab.

▲ **Abbildung 2.53**
Der erste Schritt zur Personal-Akquise ist gemacht.

Falsches Ergebnis

Sollte anstelle einer Person einmal eine personenähnliche Struktur ausfindig gemacht worden sein, wie z. B. eine Statue, zeigen Sie auf das Foto und klicken anschließend auf das kleine daraufhin auftauchende Kreuz-Symbol in der oberen rechten Ecke.

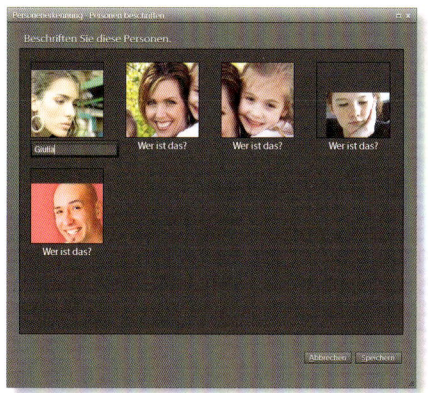

◄ **Abbildung 2.54**
Die Ausbeute hält sich noch in Grenzen. Dennoch können die vorhandenen Gesichter bereits benannt werden.

Danach werden die Personen gruppiert, die möglicherweise auf mehreren Fotos auftauchen. Sollten Sie hier das eine oder andere Bild ausschließen wollen, zeigen Sie wieder darauf und setzen das Häkchen. Speichern Sie das Ergebnis am Ende erneut ab. Die Folge: Die nächsten Ergebnisse werden präsentiert.

Abbildung 2.55 ▶
Wenn Sie hier eine falsche Zuordnung ausfindig machen würden, könnten Sie das noch korrigieren.

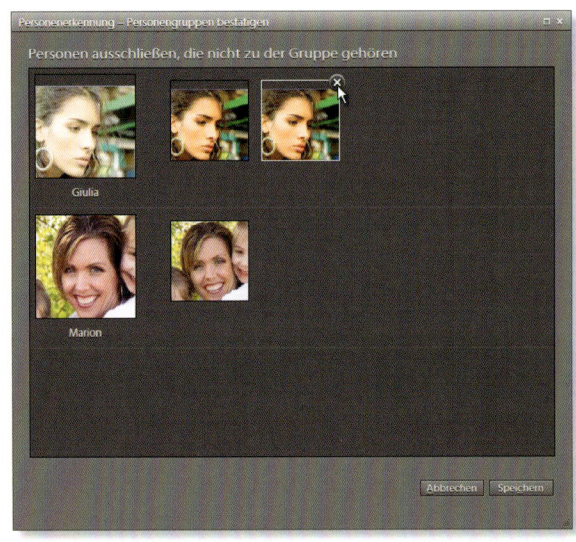

Abbildung 2.56 ▶
Langsam füllt sich die Riege.

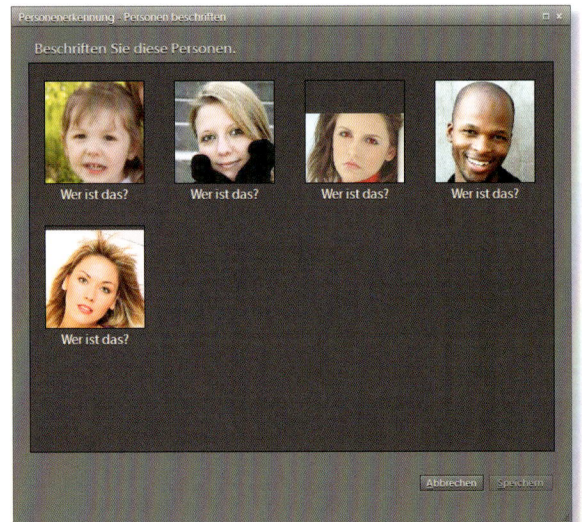

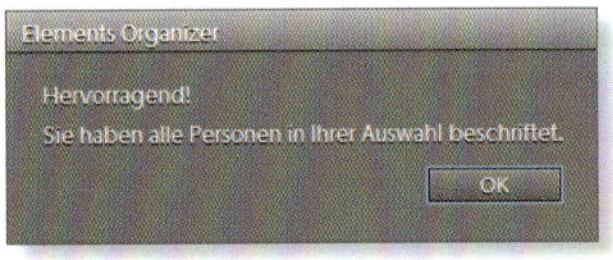

▲ **Abbildung 2.57**
Am Schluss gibt es noch ein anerkennendes Schulterklopfen.

4   Weitere Personen hinzufügen

Wissen Sie, was das Geniale ist? Dass jetzt für jede Person ein eigenes Stichwort-Tag erzeugt worden ist. Sie können also in einem reichhaltigen Fundus gezielt nach Aufnahmen einer bestimmten Person suchen. Und sollten zu einem späteren Zeitpunkt noch Fotos hinzukommen, die die gleiche Person zeigen, weisen Sie einfach das vorhandene Stichwort-Tag zu. Beim Import zahlreicher Fotos dürfen Sie auch jederzeit wieder mit der Personenerkennung starten. Ihr bisheriges Ergebnis wird dadurch nicht verworfen.

5 Person manuell kennzeichnen

Und was ist, wenn wirklich einmal eine Person nicht erkannt worden ist? (Die Datei »Komp_01.jpg« ist so ein Fall. Hier kann die Anwendung ganz bestimmt kein Gesicht ausfindig machen.) Dann setzen Sie einen Doppelklick auf das Foto (es wird dadurch in größtmöglicher Darstellung angezeigt) und klicken anschließend auf FEHLENDE PERSON HINZUFÜGEN ❹. Danach platzieren Sie den Rahmen über dem Gesicht, indem Sie hineinklicken und ihn mit gedrückter Maustaste auf den Kopf der Person ziehen. Zuletzt sollten Sie den Rahmen an den Eckanfassern (z. B. ❶) noch etwas verkleinern, damit nicht zu viel vom Hintergrund mit in die Gesichtsauswahl gerät, und die Aktion mit dem Häkchen ❷ abschließen. Vergeben Sie zuletzt den entsprechenden Namen ❸.

▲ Abbildung 2.58
Nicht erkannte Personen können ruck, zuck hinzugefügt werden.

▲ Abbildung 2.59
Die Liste der Personen-Tags ist ganz schön angewachsen. ■

2.14   Smart-Tags und Automatische Analyse

Der Organizer von Photoshop Elements bringt Möglichkeiten mit, Fotos schnell zu korrigieren. Dazu schalten Sie oben rechts von ORGANISATION auf KORREKTUR um. Bei den dort angebotenen Funktionen handelt es sich um Automatiken, die nicht unbedingt immer das bestmögliche Resultat erzielen. Führen Sie Korrekturen daher lieber im Editor durch. Wie die Fotos dorthin gelangen, erfahren Sie in Abschnitt 2.15, »Fotos weiterverarbeiten«.

Im Zusammenhang mit Tags und Korrekturen möchte ich Ihnen noch die Möglichkeit vorstellen, Fotos aufgrund ihrer Qualität bzw. des Korrekturbedarfs auszuzeichnen. Dazu müssen Sie die Liste SMART-TAGS öffnen, die Sie im Tag-Bereich des Medien-Managers finden.

2.14.1   Smart-Tags zuweisen

Wenn Sie beispielsweise allen kontrastarmen Fotos das Tag NIEDRIGER KONTRAST zuweisen, wissen Sie später genau, welches Foto im Kontrast zu korrigieren ist. Denn immerhin haben Sie später auch die Möglichkeit, sich die kontrastarmen Fotos separiert von allen anderen anzeigen zu lassen (mithilfe des Feldstecher-Symbols im Medien-Manager).

2.14.2   Automatische Analyse

Aber es kommt noch besser. Der Organizer verfügt über ein Analyse-Tool, das Ihnen »präsentiert«, was von dem einen oder anderen Foto zu halten ist. Dazu markieren Sie zunächst alle Fotos, die Sie analysieren lassen wollen. Danach klicken Sie mit rechts auf eines der markierten Fotos und entscheiden sich im Kontextmenü für AUTOMATISCHE ANALYSE AUSFÜHREN.

▲ **Abbildung 2.60**
Auch diese Tags können zugewiesen werden.

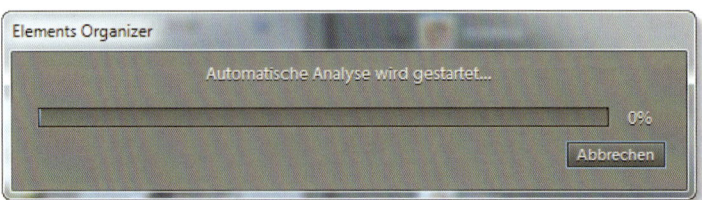

▲ **Abbildung 2.61**
Die Analyse …

▲ **Abbildung 2.62**
... wird wie gewohnt mit einer Erfolgsmeldung abgeschlossen.

Wer sich jetzt fragt, was das soll, der möge sich noch einmal die Stichwort-Tags unterhalb der Miniaturen ansehen. Die violetten weisen nämlich auf Smart- bzw. Analyse-Tags hin. Zeigen Sie mit der Maus darauf, sehen Sie, was bei der Analyse aufgefallen ist.

◄ **Abbildung 2.63**
Aha, der Anwendung ist das Foto zu hell.

Damit Sie jetzt nicht bei jedem Foto die Maus darauf platzieren müssen, empfiehlt es sich, zeitgleich das Eigenschaften-Bedienfeld geöffnet zu halten (⌈Alt⌉/⌈⌥⌉+⌈⏎⌉). Wenn Sie dort auf den dritten Reiter – Stichwort-Tags – umschalten, müssen Sie lediglich noch das Foto markieren, über dessen Tag-Eigenschaften Sie sich informieren wollen.

▲ **Abbildung 2.64**
Das Eigenschaften-Bedienfeld kann geöffnet bleiben.

2.15 Fotos weiterverarbeiten

Nun ist der Organizer durchaus sinnvoll strukturiert. Allerdings ist das Herzstück von Photoshop Elements die digitale Bildbearbeitung. Deswegen müssen Sie auch die Möglichkeit haben, ein Foto an dieses Herzstück, den Editor, übergeben zu können. Und das geht so:

2.15.1 Vom Organizer zum Editor

Nachdem Sie ein Foto markiert haben, drücken Sie ⎡Strg⎤/ ⎡⌘⎤+⎡I⎤. Sie können auch über das Menü gehen und BEARBEITEN • MIT PHOTOSHOP ELEMENTS BEARBEITEN aussuchen. Berücksichtigen Sie bitte, dass Sie das Foto im Organizer so lange nicht bearbeiten können, wie es im Editor geöffnet ist. Ein entsprechender Balken über der Miniatur verdeutlicht dies.

Abbildung 2.65 ▶
Ein im Editor geöffnetes Bild wird im Organizer solange gesperrt.

Kapitel 3

Schnellkorrektur und Assistenten kennenlernen

Eilanträge an Ihre Bilder

- ▸ Wie funktioniert die Schnellkorrektur?
- ▸ Wie ändere ich die Beleuchtung in der Schnellkorrektur?
- ▸ Wie wird die Farbe schnell korrigiert?
- ▸ Wie werden Rote-Augen-Effekte schnell behoben?
- ▸ Wie kann ich schnell Korrekturen mit dem Assistenten durchführen?
- ▸ Wie erzeuge ich einen Pop-Art-Effekt?
- ▸ Wie erzeuge ich einen Lomo-Effekt?

3 Schnellkorrektur und Assistenten kennenlernen

Das Bild zum Thema

Natürlich können Sie jedes beliebige Foto verwenden, um die folgenden Erklärungen gleich praktisch nachzuvollziehen. Wenn Sie jedoch lieber die hier im Buch abgebildete Datei benutzen möchten, greifen Sie auf »Krug.tif« zurück. Sie finden sie im Ordner BEISPIELDATEIEN der beiliegenden DVD.

Die umfangreichsten Korrekturmöglichkeiten befinden sich im Standardeditor von Photoshop Elements. Wer aber »eben mal« eine einfache Korrektur durchführen möchte, der entscheidet sich gerne für die Schnellkorrektur. Und wer »eben mal« so richtig schöne Effekte herbeizaubern möchte oder sich vielleicht noch nicht so richtig auskennt in Sachen Bildbearbeitung, der wird den integrierten Assistenten geradezu lieben.

3.1 Die Schnellkorrektur in der Übersicht

Kontextmenü verwenden

Der Befehl MIT PHOTOSHOP ELEMENTS BEARBEITEN steht im Übrigen auch im Kontextmenü zur Verfügung. Um dieses zu öffnen, müssen Sie allerdings mit rechts auf die Miniatur klicken.

Als Einsteiger sollten Sie diesen Abschnitt aufmerksam lesen. Sie erhalten hier nämlich grundlegende Hinweise zum Umgang mit Steuerelementen. So lernen Sie nicht nur die Schnellkorrektur kennen, sondern sind auch bestens gerüstet für die weiteren Kapitel. – Üblicherweise werden Sie zunächst einmal ein Foto im Organizer aussuchen. Danach müssen Sie dieses Foto an den Editor übergeben. Dort sind nämlich auch Assistent und Schnellkorrektur integriert. Der Reihe nach:

Schritt für Schritt: Foto an die Schnellkorrektur übergeben

Krug.tif

▲ **Abbildung 3.1**
Übergeben Sie diese Datei an den Editor.

1 Foto auswählen
Das erste Foto, mit dem wir arbeiten wollen, ist »Krug.tif«. Markieren Sie diese Datei in Ihrem Bildarchiv (Organizer), indem Sie sie mit einem einfachen Mausklick auswählen.

2 Foto weitergeben
Bringen Sie die Datei nun in den Editor, indem Sie BEARBEITEN • MIT PHOTOSHOP ELEMENTS BEARBEITEN einstellen oder Strg/ ⌘+I drücken.

3 **Schnellkorrektur öffnen**

Damit befindet sich das Bild schon im Editor, Ihrer leistungsfähigen »Zentralstelle für digitale Bildbearbeitung«. Jetzt müssen Sie nur noch für die richtige Benutzeroberfläche sorgen. Grundsätzlich können Sie sich oben rechts zwischen drei Kategorieren entscheiden (BEARBEITEN, ERSTELLEN, WEITERGABE). Standardmäßig ist der erste Eintrag, BEARBEITEN, aktiv, sprich: in Weiß ausgezeichnet. Wenn das nicht der Fall ist, setzen Sie einen Mausklick darauf. Gleich darunter klicken Sie danach auf SCHNELL.

▲ **Abbildung 3.2**
Wählen Sie die Ansicht SCHNELL im Bereich BEARBEITEN.

© Renate Klaßen

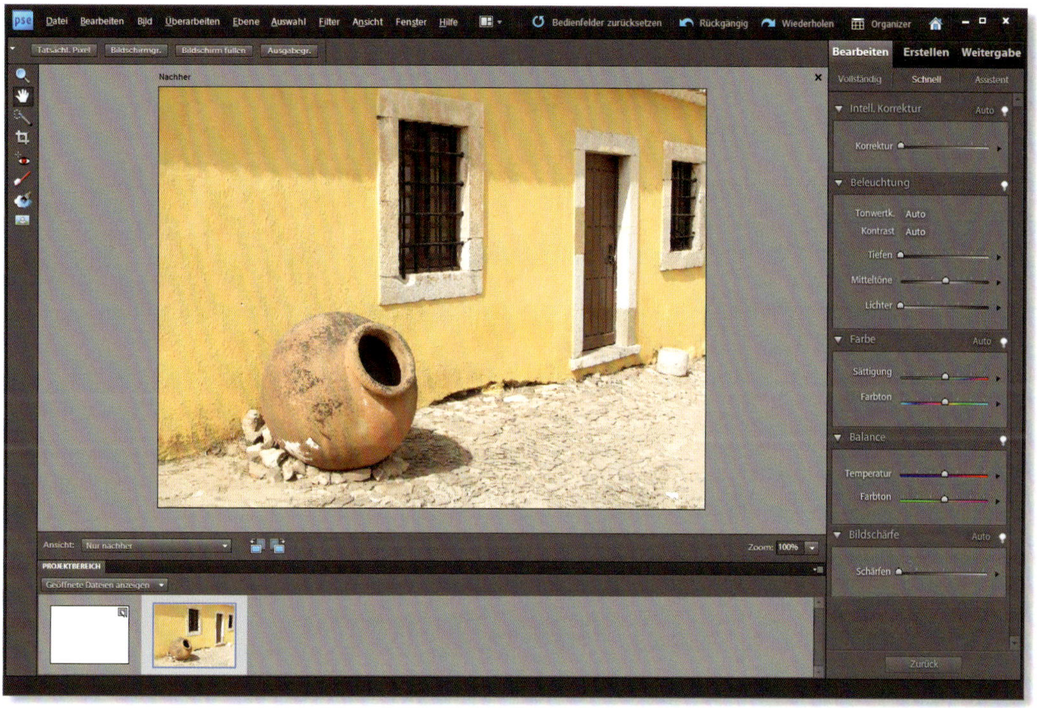

3.1.1   Der Bedienfeldbereich

Auf der rechten Seite, dem Bedienfeldbereich, finden Sie einige Schieberegler, mit deren Hilfe Sie individuelle Farb- und Beleuchtungskorrekturen im Bild vornehmen können. Wie diese Elemente bedient werden, erfahren Sie in Abschnitt 3.3, »Beleuchtung schnell korrigieren«. Zunächst wollen wir uns aber mit der kleinen Werkzeugleiste auf der linken Seite beschäftigen. Mithilfe dieser Tools werden Ansichts- und Bearbeitungsfunktionen zur Verfügung gestellt.

▲ **Abbildung 3.3**
So kommen Sie in die Schnellkorrektur. Rechts sehen Sie den Bedienfeldbereich. ■

3.1.2 Schnellkorrektur-Werkzeuge

Im Schnellkorrektur-Modus stehen längst nicht so viele Werkzeuge zur Verfügung wie in der Editor-Ansicht. Nicht nur daran ist zu erkennen, dass dieser Bereich eher für die rasche Qualitätsverbesserung von Bildern zuständig ist.

Nach dem Start der Anwendung ist die Hand aktiv. Wollen Sie das Tool wechseln, erreichen Sie das durch einen schlichten Mausklick auf das gewünschte Symbol ■. Wählen Sie zunächst einmal die Lupe an (Zoom-Werkzeug).

▲ **Abbildung 3.4**
Die Werkzeugleiste hier ist erheblich kleiner als die im Standardeditor.

▲ **Abbildung 3.5**
Ein Mausklick auf den Taster sorgt für den Werkzeugwechsel.

3.1.3 Zoom-Werkzeug

Klicken Sie mit aktiviertem Zoom-Werkzeug 🔍 auf die Arbeitsfläche, um den Bildausschnitt zu vergrößern. Halten Sie $\boxed{\text{Alt}}$/$\boxed{\text{⌥}}$ gedrückt, und klicken Sie dann, um den Ausschnitt zu verkleinern. Darüber hinaus können Sie mit gedrückter Maustaste einen Rahmen aufziehen. Dieser Bereich wird, nachdem Sie die Maustaste losgelassen haben, entsprechend vergrößert dargestellt. Ein Doppelklick auf den Werkzeug-Button (nicht auf das Bild!) bildet das Foto immer in 100 % seiner Größe ab.

3.1.4 Hand-Werkzeug

Mit diesem Werkzeug ✋ schieben Sie den Bildausschnitt per Drag & Drop an die gewünschte Stelle. Funktioniert nicht, sagen Sie? Dann wird bereits das komplette Bild auf dem Monitor angezeigt. Die Hand kommt dann zum Einsatz, wenn einzelne Bereiche des Bildes dargestellt werden. Wechseln Sie auf das Zoom-Werkzeug, vergrößern Sie den Bildausschnitt mit einem Mausklick, und benutzen Sie danach die Hand zum Verschieben.

Um von einem anderen Werkzeug aus kurzzeitig zum Hand-Tool zu wechseln, halten Sie einfach die Leertaste gedrückt. Verschieben Sie nun Ihr Bild nach Wunsch. Wenn Sie die Taste wieder loslassen, stellt sich das unmittelbar zuvor selektierte Werkzeug wieder ein.

Tastaturkürzel

Besonders beim häufig verwendeten Zoom sollten Sie versuchen, die Werkzeuge mithilfe der Tastatur zu wechseln. Zur Übung sollten Sie sich zunächst vier Shortcuts merken, die Ihnen die Arbeit beträchtlich erleichtern. Die anderen sind nicht ganz so wichtig:

▶ Schnellauswahl-Werkzeug = $\boxed{A}$
▶ Zoom = $\boxed{Z}$
▶ Hand = $\boxed{H}$
▶ Freistellen = $\boxed{C}$ (Das kann man sich gut merken, wenn man an das englische »Cut« denkt.)

3.1.5   Schnellauswahl-Werkzeug

Das Schnellauswahl-Werkzeug ![icon] ermöglicht die schnelle Auswahl und Freistellung von bestimmten Bildbereichen. Wenn Sie mit ihm über einen bestimmten Bereich zeichnen, versucht die Anwendung dabei selbstständig, angrenzende Kanten zu finden. Wischen Sie mit gedrückter Maustaste so lange über die einzugrenzende Stelle, bis die Anwendung die Kanten selbsttätig gefunden hat. (Lesen Sie bitte auch die folgenden Hinweise zum Auswahlpinsel.)

Das Schnellauswahl-Werkzeug bringt zudem noch eine Besonderheit mit. Unter diesem Tool befindet sich nämlich ein zweites – der Auswahlpinsel. Sie erreichen ihn, indem Sie die Maustaste beim Klick auf das Werkzeug gedrückt halten. Danach zeigt sich ein Untermenü. Fahren Sie jetzt (mit immer noch gedrückter Maustaste) über das Untermenü, und lassen Sie los, sobald sich die Maus über dem Eintrag AUSWAHLPINSEL befindet. Damit ist der Werkzeugwechsel vollzogen. Oder Sie lassen kurz los und setzen danach einen erneuten Mausklick auf den Werkzeug-Eintrag. Zum Schnellauswahl-Werkzeug kehren Sie zurück, indem Sie den obersten Eintrag innerhalb der Liste markieren.

▲ **Abbildung 3.6**
So öffnen Sie eine Werkzeuggruppe.

3.1.6   Auswahlpinsel

Auch der Auswahlpinsel ![icon] ermöglicht die schnelle Auswahl und Freistellung von bestimmten Bildbereichen. Da dieses Tool, genau wie das Schnellauswahl-Werkzeug, auch im Standardeditor zur Verfügung steht, soll die damit verbundene Technik erst zu einem späteren Zeitpunkt vertieft werden. Wir sprechen besser erst dann darüber, wenn Sie Auswahlen und Ebenen kennengelernt haben. Nähere Hinweise zu beiden Werkzeugen finden Sie in Kapitel 5, »Grundlegende Arbeitstechniken«.

3.1.7   Freistellen-Werkzeug

Ziehen Sie mit diesem Werkzeug ![icon] mittels Drag & Drop einen Rahmen auf, und drücken Sie anschließend ⏎ oder klicken Sie, falls Sie über jede Menge Zeit verfügen, auf das grüne Häkchen AKTUELLEN VORGANG BESTÄTIGEN unterhalb des aufgezogenen Rahmens. Das Bild wird daraufhin auf den Ausschnitt beschränkt, der durch den Freistellungsrahmen vorgegeben ist. In Kapitel 6,

»Auswahlen und Freistellungen in der Praxis«, werden wir die Feinheiten dieses Werkzeugs genauer unter die Lupe nehmen.

3.1.8 Weitere Werkzeuge

Die weiteren Werkzeuge sind sehr speziell und sollen hier zunächst keine Berücksichtigung finden. Da es um individuelle Korrekturen geht und die Werkzeuge auch in der Vollansicht des Editors enthalten sind, wollen wir uns erst zu einem späteren Zeitpunkt mit ihnen beschäftigen.

3.1.9 Werkzeug zurücksetzen

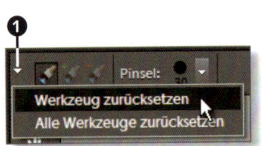

▲ **Abbildung 3.7**
Werkzeuge können immer wieder in den ursprünglichen Zustand zurückgesetzt werden.

Wenn Sie in der Steuerelementleiste (das ist die Leiste oberhalb der Werkzeuge) Änderungen an einem Tool vorgenommen haben und diese Änderungen zu einem späteren Zeitpunkt wieder verwerfen wollen, klicken Sie zunächst die Dreiecksschaltfläche ganz vorn ❶ an. Jetzt haben Sie die Wahl, ob Sie alle Werkzeuge oder nur das gerade ausgewählte zurücksetzen wollen.

3.1.10 Ansichten

Unten links im Bildfenster finden Sie ein Flyout-Menü, das verschiedene Ansichtsmodi zur Verfügung stellt, wenn Sie daraufklicken. Standardmäßig ist es auf Nur nachher eingestellt.

Farbton ändern

Wenn Sie die Farben wie im folgenden Beispiel verändern wollen, schieben Sie einfach den auf der rechten Seite befindlichen Regler Farbton im Register Farbe so weit nach links, bis der gewünschte Ton angezeigt wird. Achten Sie jedoch darauf, dass zu diesem Zeitpunkt nicht die Ansicht Nur vorher eingestellt ist, da Sie dann die Auswirkungen Ihrer Veränderung nicht im Bild verfolgen können.

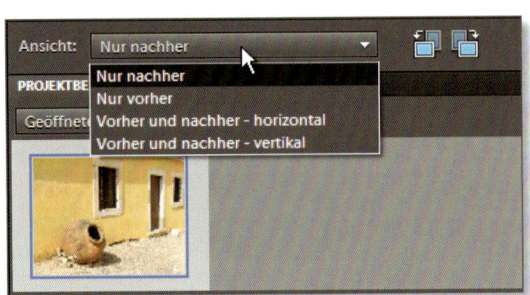

▲ **Abbildung 3.8**
Entscheiden Sie sich für eine der vier Ansichten.

▸ Nur nachher: Sie sehen am Bild gleich die Auswirkungen Ihrer Einstellungen. Das Bild verändert sich gemäß den Parametern, die Sie festlegen.

◄ **Abbildung 3.9**
Nur nachher – Änderungen
am Bild werden gleich angezeigt.

▶ Nur vorher: Egal, welche Änderungen Sie auch vornehmen –
Sie werden das Bild immer in der Einstellung »vor« den Änderungen betrachten können. Diese Funktion bringt natürlich zur
direkten Nachbearbeitung rein gar nichts. Sie dient vielmehr
als Ergänzung zu Nur nachher. Springen Sie von dort aus auf
Nur vorher, um Veränderungen besser beurteilen zu können.

◄ **Abbildung 3.10**
Nur vorher: Die Datei wird
ohne Änderungen angezeigt.

▶ Vorher und nachher – horizontal: Vergleichen Sie beide
Bilder nebeneinander. Links sehen Sie das Originalbild und

rechts die Variante mit den von Ihnen vorgenommenen Einstellungen. Diese Darstellung eignet sich besonders für Bilder im Hochformat.

▲ **Abbildung 3.11**
Vorher und nachher im Direktvergleich nebeneinander – für hochformatige Bilder ist das die optimale Ansicht.

▶ VORHER UND NACHHER – VERTIKAL: Für breitformatige Bilder ist diese Ansicht die beste. Oben sehen Sie das Original, während unten die Nachbearbeitung dargestellt wird ■.

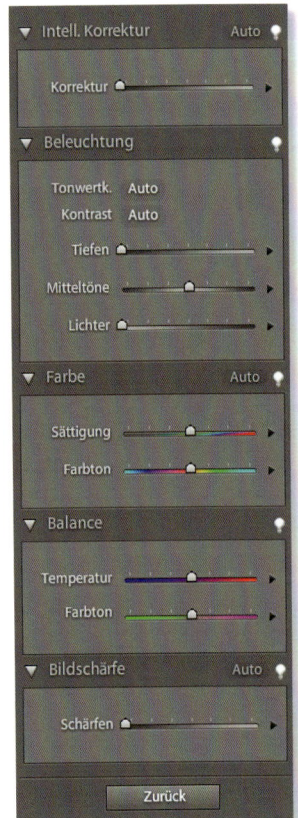

▲ **Abbildung 3.13**
Verwenden Sie für die Korrektur die Bedienfelder auf der rechten Seite der Oberfläche.

▲ **Abbildung 3.12**
Der übereinander platzierte Direktvergleich ist, wenn überhaupt, nur für querformatige Fotos empfehlenswert.

3.1.11   Bedienfelder

Die eigentliche Bildbearbeitung nehmen Sie über die Bedienfelder vor, die Sie auf der Oberfläche rechts sehen (siehe Abbildung 3.13). Gehen Sie mit den dort zur Verfügung stehenden Schieberreglern bitte »maßvoll« an die Arbeit. Gerade der Einsteiger neigt dazu, alle Steuerelemente auch einmal kräftig zu benutzen. Hier lautet jedoch der Wahlspruch: Weniger ist mehr!

3.1.12   Bedienung der Korrekturelemente

Sämtliche Optionen, die sich hinter einer Schaltfläche Auto verbergen, werden ohne Zwischenabfrage durch einen Klick darauf zugewiesen. Die Schieberegler werden entweder mittels Drag & Drop bewegt oder durch Mausklick auf einen gewünschten Bereich der Skala verstellt. Im Anschluss muss ein Klick auf das Häkchen ❶ erfolgen, um die Werte zur Anwendung zu bringen ■. Klicken Sie auf das kleine Kreuz ❷, wird die Einstellung verworfen. Das Symbol mit der Glühlampe ❸ macht nicht etwa den Monitor heller, sondern bringt Sie zur aktuellen Hilfedatei.

Bedenken Sie, dass Änderungen zwar in der Nachher-Ansicht angezeigt werden, jedoch damit noch nicht festgelegt sind. Erst eine Bestätigung auf die zuvor beschriebene Weise lässt die Einstellungen wirksam werden. – Noch ein Hinweis: Die Änderung wird auch dann wirksam, wenn Sie ohne Bestätigung zu einem neuen Steuerelement innerhalb eines anderen Bedienfelds wechseln.

3.1.13   Vorschauen einblenden

Achten Sie darauf, dass sich rechts neben den Schiebereglern kleine Dreiecke ❹ befinden. Auch dabei handelt es sich um Steuerelemente. Wenn Sie daraufklicken, vergrößert sich das Bedienfeld, und es werden Miniaturen mit alternativen Korrekturvorschlägen sichtbar. Stellen Sie die Maus nun auf eine der Miniaturen, sehen Sie in der Nachher-Ansicht die potenzielle Auswirkung im Bild. Das Bild selbst wird aber noch nicht verändert. Das passiert erst, wenn Sie daraufklicken. Sie können also in aller Ruhe ausprobieren!

Auf diesem Wege stehen Ihnen neun Alternativen zur Verfügung. Reicht das? Nein, das reicht natürlich nicht. Deswegen existiert zusätzlich noch eine Art Feineinstellung. Dazu klicken Sie auf

Korrekturbefehle mithilfe der Tastatur

Anstelle eines Klicks auf Aktuelle Schnellkorrektur bestätigen genügt auch das Drücken von ↵. Wollen Sie den Korrekturvorgang abbrechen, drücken Sie Esc.

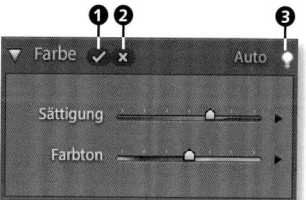

▲ **Abbildung 3.14**
Die angesprochenen Elemente, hier im Bedienfeld Farbe

eine der Miniaturen, halten die Maustaste gedrückt und schieben die Maus nach links oder rechts.

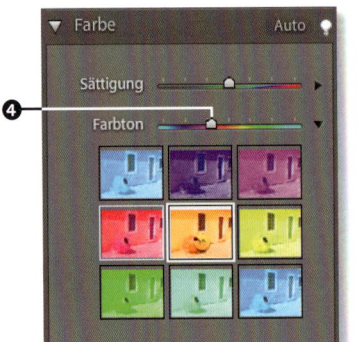

Abbildung 3.15 ►
Überfahren Sie die Miniaturen, um verschiedene Alternativen auszuprobieren.

Abbildung 3.16 ►►
Die Feinjustierung wird bei gedrückter Maustaste erledigt.

3.1.14   Rückgängig-Funktionen

Um eine bereits bestätigte Eingabe zu widerrufen, bieten sich mehrere Möglichkeiten an:

1. Gehen Sie über das Menü BEARBEITEN, und wählen Sie dort RÜCKGÄNGIG. Zum Wiederholen entscheiden Sie sich im gleichen Menü für WIEDERHOLEN. Diese Funktion steht erst zur Verfügung, wenn zuvor bereits ein Schritt rückgängig gemacht worden ist.

2. Darüber hinaus dürfen Sie auch die Schaltflächen RÜCKGÄNGIG und WIEDERHOLEN (zum Wiederherstellen eines zuvor rückgängig gemachten Schrittes) benutzen, die Sie oben rechts in der Kopfleiste der Anwendung finden.

Abbildung 3.17 ►
Wer lieber direkt auf der Oberfläche arbeitet, findet auch Schaltflächen, um vollzogene Schritte zu editieren.

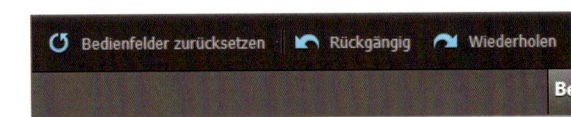

3. Sie wissen schon: Die komfortabelste Methode ist der Weg über die Tastatur. Machen Sie die letzte Aktion mithilfe von [Strg]/[⌘]+[Z] rückgängig. Durch [Strg]/[⌘]+[Y] wird der zuletzt rückgängig gemachte Schritt wiederhergestellt.

4. Wenn Sie alle vorgenommenen Aktionen auf einmal zurücksetzen möchten, klicken Sie auf den Button ZURÜCK ganz unten rechts.

3.2   Automatische Schnellkorrektur

Lassen Sie uns nun die erste wirkliche Korrektur vornehmen. Dabei soll ein Bild gedreht und anschließend von Photoshop Elements automatisch korrigiert werden. Das geht mit wenigen Mausklicks. Und hier ist die Anleitung dazu:

Schritt für Schritt: Fotos drehen und automatisch korrigieren

1 **Bild bereitstellen**
Bevor es losgehen kann, müssen wir das Bild zunächst zur Verfügung stellen, also öffnen. Dazu müssen Sie die Schnellkorrektur-Ansicht übrigens nicht verlassen. Gehen Sie auf Datei • Öffnen, und entscheiden Sie sich für »Headset.tif« aus den Beispieldateien.

Headset.tif

2 **Foto drehen**
Jetzt geht es darum, das Bild zu drehen. Hochformatig aufgenommene Bilder werden von der Digitalkamera häufig querformatig angeboten. Dann muss eine manuelle Drehung um 90° erfolgen. Benutzen Sie dazu unterhalb der Vorschauen den Button Foto um 90° im Uhrzeigersinn (nach rechts) drehen oder umgekehrt. (Jeder Klick auf die Buttons würde das Bild um weitere 90° bzw. –90° drehen.)

◄ **Abbildung 3.18**
Drehen Sie die Bilder bei Bedarf in 90°-Schritten.

Nachteile der intelligenten Korrektur

Natürlich ist es eine schöne Sache, sich die Korrekturarbeiten von der Anwendung abnehmen zu lassen. Bedenken Sie aber, dass Photoshop Elements dabei mathematisch und nicht mit realem Augenmaß an die Sache herangeht. Ab und zu sind die Berechnungen eventuell nicht zufriedenstellend. Verwenden Sie die Funktion deswegen nur für Bilder, die lediglich minimaler Korrekturen bedürfen.

3   Intelligente Korrektur anwenden

Die INTELLIGENTE KORREKTUR, die Sie ganz oben im Bedienfeldbereich finden, vereint prinzipiell alle folgenden Korrekturfunktionen – und zwar auf Basis dessen, was Photoshop Elements für korrekturwürdig erachtet ■. Dabei werden neben den hellen und dunklen Bildbereichen auch die Farbwerte ausbalanciert. Klicken Sie auf AUTO. Mit dem Schieber STÄRKE könnten Sie bei Bedarf noch etwas intensiver korrigieren. Für unser Beispielbild ist das aber nicht erforderlich.

4   Korrigiertes Foto speichern

Zuletzt sollten Sie das Ergebnis speichern. Wenn Sie das über DATEI • SPEICHERN machen, wird das Original überschrieben. Gehen Sie stattdessen über DATEI • SPEICHERN UNTER, können Sie eine Kopie des Fotos anlegen. In diesem Fall müssen Sie aber einen anderen Speicherort oder, wenn Sie es am gleichen Ort wie das Original ablegen wollen, einen neuen Bildnamen vergeben. Wie wäre es mit »Headset_fertig.tif«? Alternativ dürfen Sie auch den Vorschlag der Anwendung übernehmen (»Headset_bearbeitet.tif«) und gleich auf SPEICHERN klicken. Bestätigen Sie die folgenden Dialoge noch mit OK.

Abbildung 3.19 ▶
Hier sehen Sie das Ergebnis im Vorher-nachher-Vergleich.

3.3   Beleuchtung schnell korrigieren

Das Bedienfeld BELEUCHTUNG ist erstaunlich leistungsstark und bringt fast immer eine Verbesserung mit sich – sofern Ihr Bild über Bereiche verfügt, die zu dunkel oder zu hell ausgefallen sind.

3.3.1 Tonwert und Kontrast korrigieren

Die Tonwertkorrektur passt den Gesamtkontrast des Bildes an. Kontrast ist die Differenz zwischen dem hellsten und dem dunkelsten Punkt eines Bildes ■. Im Idealfall entsprechen die hellsten Punkte eines Bildes Weiß, während die dunkelsten Punkte schwarz sind. Sollten in dem zu korrigierenden Bild weder weiße noch schwarze Elemente vorhanden sein, werden diese erzeugt. Photoshop Elements verarbeitet dabei die hellsten Punkte zu Weiß und die dunkelsten zu Schwarz. Sie können sich vorstellen, dass dadurch auch Farbveränderungen nicht gänzlich ausgeschlossen werden können.

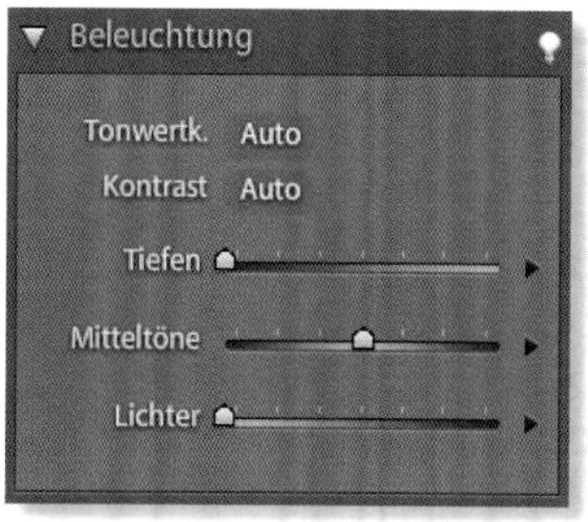

▲ **Abbildung 3.20**
Mit diesem Bedienfeld geht es an Lichter und Tiefen.

3.3.2 Tiefen aufhellen

Mit dem Schieber TIEFEN erreichen Sie meist bessere Ergebnisse als mit den Auto-Funktionen. Je mehr Sie nach rechts fahren, desto heller werden die dunklen Bereiche des Bildes. Schwarze Pixel eines Bildes sind im Übrigen von dieser Maßnahme ausgenommen.

3.3.3 Lichter abdunkeln

Über den Schieber LICHTER verringern Sie die Helligkeit der hellsten Bildteile. Bei dieser Vorgehensweise werden reinweiße Bildteile von Veränderungen ausgeklammert. Nur jene Bereiche, die nicht weiß sind, werden dunkler dargestellt.

Tiefen, Mitteltöne und Lichter

Die dunkelsten Töne des Bildes werden als Tiefen bezeichnet, während man bei den hellsten von Lichtern spricht. Dazwischen befinden sich die Mitteltöne.

3.3.4 Mitteltöne

Über den Regler MITTELTÖNE manipulieren Sie nun jene Werte, die in der Mitte zwischen Schwarz und Weiß zu finden sind. Natürlich ist dies der größte Teil des Bildes. Entscheiden Sie, ob die Mitteltöne des Bildes insgesamt heller oder dunkler erscheinen sollen ■. Dabei ist es wichtig zu wissen, dass Schwarz und Weiß auch bei dieser Methode unangetastet bleiben. Je weiter ein Ton in Richtung Tiefen oder Lichter angeordnet ist, desto weniger ist er von der Veränderung betroffen.

Mittelton-Regelung

Wenn Sie den Regler nach links verschieben, werden die mittleren Töne dunkler. Die Bewegung nach rechts bewirkt, dass die Mitteltöne heller werden.

Krug.tif

Schritt für Schritt: Kontraste korrigieren

1 Datei bereitstellen

Das Bild »Krug.tif« dürfte ja noch geöffnet sein. Setzen Sie daher einen Doppelklick auf die Miniatur unten im Projektbereich. (Wenn das Bild nicht geöffnet ist, holen Sie das zuvor über DATEI • ÖFFNEN nach.)

Abbildung 3.21 ▶
Mit einem Doppelklick wechseln Sie zum gewünschten Foto.

2 Tiefen anheben

Klicken Sie auf den Schieberegler TIEFEN ❷, den Sie im Bedienfeld BELEUCHTUNG finden, und schieben Sie ihn nach rechts, bis in der auftauchenden QuickInfo ❶ ein Wert von ca. 20 sichtbar wird. Danach lassen Sie die Maustaste los.

3 Mitteltöne und Lichter korrigieren

Verfahren Sie nach gleichem Muster jetzt auch mit den MITTELTÖNEN, die Sie auf ca. 15 stellen sollten. Zuletzt dunkeln Sie die ganz hellen Bildbereiche minimal ab. Das machen Sie, indem Sie LICHTER auf etwa 4 ziehen. Speichern Sie eine Kopie des Fotos ab.

▲ **Abbildung 3.22**
Die dunklen Bildbereiche werden etwas aufgehellt.

▲ **Abbildung 3.23**
So sieht das Foto nicht mehr so hell und ausgewaschen aus, oder?

◀ **Abbildung 3.24**
Extreme Mittelkontrast-Einstellungen sorgen meist für mäßige Ergebnisse. ■

3.4 Farbe schnell korrigieren

3.4.1 Sättigung

Mit einer Erhöhung der Sättigung sorgen Sie für mehr Leuchtkraft der Farben. Schieben Sie den Regler dazu nach rechts. Wollen Sie den Farben Leuchtkraft entziehen, schieben Sie den Regler nach links. Stellen Sie den Schieber ganz nach links, um sämtliche Farben zu entziehen. Dabei wird das Bild in Graustufen wiedergegeben, obwohl es im RGB-Modus bleibt ■.

Farbinformationen erhalten

Grundsätzlich können Sie einem Bild die Farbe entziehen, indem Sie Bild • Modus • Graustufen einstellen. Der Vorteil: Die Dateigröße schrumpft beträchtlich. Der entscheidende Nachteil ist jedoch, dass dem Bild nun keine Farben mehr hinzugefügt werden können, ohne einen erneuten Moduswechsel in RGB vorzunehmen. Wenn dies jedoch beabsichtigt ist (z. B. um auf einem Graustufenbild farbige Schrift oder eine farbige Ebene aus einem anderen Bild zu platzieren), reduzieren Sie die Farbe bitte ausschließlich über den Regler Sättigung.

◀ **Abbildung 3.25**
Entziehen Sie dem Bild die Farbe, ohne den Modus wechseln zu müssen.

3.4.2 Farbton

Durch Änderung des Farbton-Schiebers werden die Kanäle versetzt. Nähere Infos dazu finden Sie in Abschnitt 8.1.3, »Farbton und Sättigung verändern«.

3.5   Balance beeinflussen

3.5.1   Temperatur

Als »Temperatur« eines Bildes wird ein zunehmender Rot- bzw. Blauanteil bezeichnet. Man spricht bei einer Erhöhung durch Rotzugabe von wärmeren Farbtemperaturen, während die Zugabe von Blau für kältere Temperaturen sorgt. Wärmere Farben werden durch Verschiebung des Reglers nach rechts erreicht, während kältere Temperaturen links vom Regler zu finden sind.

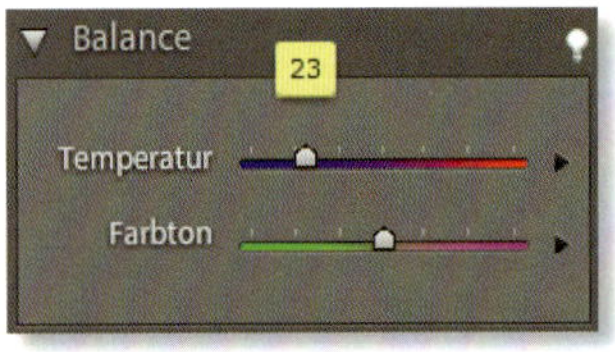

▲ **Abbildung 3.26**
Für eine kältere Farbstimmung ziehen Sie den Regler nach links.

▲ **Abbildung 3.27**
Im rechten Bild ist es schon merklich »abgekühlt«.

3.5.2   Farbton

Wenn Sie den Regler Farbton nach links schieben, erhöhen Sie damit den Grünanteil des Bildes. Die Farben wirken dann etwas kälter, wobei Sie hier (im Gegensatz zur Temperatur) eher eine Feineinstellung erreichen. Wärmere Farben erhalten Sie hingegen durch die Zugabe von Magenta. Sie müssen den Schieber in diesem Fall nach rechts ziehen. Mit dem Farbton lassen sich also noch Nuancen anpassen, nachdem Sie das Foto über den Schieber Temperatur eingestellt haben. Zudem können Sie dadurch auftretenden Farbstichen sehr schön entgegenwirken.

3.6   Bildschärfe korrigieren

Mit Scharfzeichnen können Sie (wie der Name schon sagt) nachträglich etwas an Schärfe in das Bild zurückholen. Innerhalb der Schnellkorrektur steht allerdings nur ein einzelner Schieberegler dafür zur Verfügung. Ihn zu benutzen macht eigentlich nur dann Sinn, wenn der Korrekturbedarf minimal ist. Für umfangreichere Korrekturen verwenden Sie besser den Filter UNSCHARF MASKIEREN aus dem Standardeditor (die Vorgehensweise wird in Abschnitt 9.6.1 noch genauer erläutert).

◀ **Abbildung 3.28**
Das Original (links) ist noch recht unscharf. Rechts wirken die Konturen klarer und die Flächen detaillierter.

3.7   Rote-Augen-Effekt entfernen

Eine weitere gängige Aufgabe bei der Bildnachbearbeitung ist das Entfernen des Rote-Augen-Effekts. Dieser entsteht durch Reflexion des Kcamerablitzes. Die folgende Übung gibt Ihnen einen guten Einblick in die Rote-Augen-Korrektur mit dem Werkzeug aus der Werkzeugleiste und zeigt Ihnen, wie Sie Einfluss auf die Helligkeitsdarstellung der Augen nehmen können ■.

Nur Entfärbung

Mit Korrektur der roten Augen ist lediglich das Entfärben gemeint. Dabei wird die rote Farbe entfernt, und die Pupille stellt sich gräulich bis schwarz dar. Es ist nicht möglich, die Augen in einem Arbeitsgang gleich neu zu färben.

Schritt für Schritt: Rote Augen entfernen

Grundsätzlich steht neben der manuellen Bearbeitungsmöglichkeit auch eine Auto-Korrekturfunktion bereit. Doch diese hat so ihre Tücken. Lassen Sie uns das einmal am Beispiel »Rote_Augen_01.tif« ergründen.

Rote_Augen_01.tif

1   **Werkzeug aktivieren**
Aktivieren Sie nach Bereitstellung des Fotos bitte das Rote-Augen-entfernen-Werkzeug in der Toolbox, indem Sie es anklicken ▨ oder [Y] auf Ihrer Tastatur drücken.

2 Augen automatisch korrigieren

In der Optionsleiste (oberhalb der Werkzeugleiste) finden Sie jetzt einen Schalter, der mit AUTOMATISCH betitelt ist. Wenn Sie darauf klicken, sucht Photoshop Elements selbstständig nach den roten Augen und korrigiert sie. Toll, oder?

Abbildung 3.29 ▶
Ein Klick reicht ...

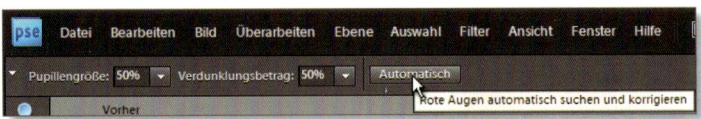

Abbildung 3.30 ▶
... und schon sind die roten Augen Geschichte.

© Marina Dyakova – fotolia.de

3 Korrektur widerrufen

Bei allem Komfort, den diese Methode bietet, bleibt jedoch eine bittere Pille zu schlucken. Sie haben nämlich keinen Einfluss darauf, wie hell oder dunkel die Korrektur ausfällt. Deshalb ist diese Vorgehensweise nur bedingt zu empfehlen (insbesondere wenn Sie die Augen später noch nachfärben wollen; siehe Workshop »Die Augenfarbe ändern« in Abschnitt 8.2.2, »Anspruchsvollere Farbveränderungen«). Machen Sie den letzten Schritt rückgängig, indem Sie ⌜Strg⌝/⌜⌘⌝+⌜Z⌝ drücken.

4 Darstellung anpassen

Für unsere Methode empfiehlt es sich, die Ansicht stark zu vergrößern, damit Sie die Pupillen gut sehen können. Aktivieren Sie dazu das Zoom-Werkzeug, und klicken Sie in Höhe der Augen (evtl. mehrfach) auf das Foto. Danach nehmen Sie, falls erforderlich, das Hand-Werkzeug und korrigieren den Bildausschnitt, indem Sie auf das Foto klicken und mit gedrückter Maustaste schieben. Zuletzt aktivieren Sie abermals das Rote-Augen-entfernen-Werkzeug.

◄ **Abbildung 3.31**
Zoomen Sie heran, um besser
arbeiten zu können.

5 Verdunklungsbetrag ändern

Setzen Sie den Wert VERDUNKLUNGSBETRAG in der Steuerelementleiste auf 10% herab. Das bewirkt, dass die Augen nach der
Korrektur nicht so stark abgedunkelt werden. Da es sich bei diesem Bedienelement um ein sogenanntes Hot-Text-Steuerelement
handelt, das unmittelbar mit der Maus eingestellt werden kann,
müssen Sie lediglich auf das Wort VERDUNKLUNGSBETRAG klicken,
die Maustaste gedrückt halten und die Maus nach links schieben.
Wenn 10% angezeigt werden, lassen Sie los. Cool, oder?

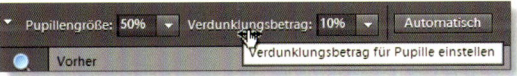

◄ **Abbildung 3.32**
Streben Sie einen Wert von
etwa 10% an.

6 Irisgröße verändern

Würden Sie die Einstellung so belassen, würde bei der anschließenden Korrektur nicht nur die Iris, sondern auch ein Bereich der
Wimpern mit entfärbt. Hier sehen Sie stark vergrößert, was passieren würde:

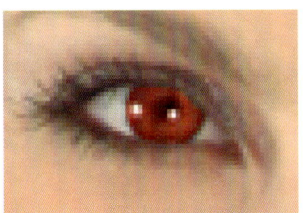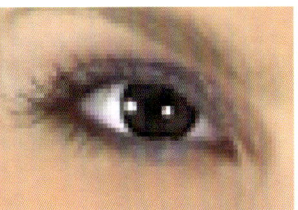

◄ **Abbildung 3.33**
Nicht nur die Iris, sondern auch
Teile der Wimpern werden mit
entfärbt.

Aus diesem kühlen Grunde müssen Sie jetzt noch die Pupillen-
größe einstellen. Streben Sie einen Wert von ca. 20% an, bevor
Sie fortfahren.

Abbildung 3.34 ▶
So ist die Optionsleiste korrekt
eingestellt.

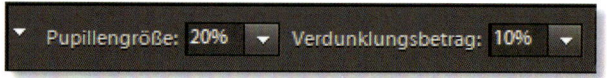

7   Augen entfärben

Denken Sie daran, dass sich in der VORHER-Ansicht keinerlei
Änderungen vornehmen lassen. Sie müssen deshalb ausschließlich in der NACHHER-Ansicht arbeiten. Stellen Sie den Mauszeiger (er präsentiert sich jetzt in Form eines Fadenkreuzes) auf die
NACHHER-Ansicht, und klicken Sie auf eines der Augen. Die Folge:
Es wird entfärbt, wobei es sich jedoch nicht so schwarz darstellt
wie bei der Auto-Korrektur. Außerdem ist die Entfärbung auf die
Iris begrenzt. Wiederholen Sie diesen Vorgang auch beim anderen Auge.

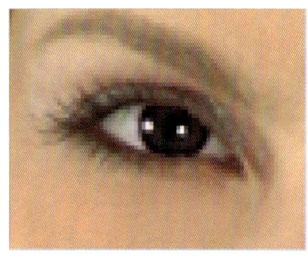

▲ **Abbildung 3.35**
Jetzt ist die Entfärbung präzise.

8   Auszoomen

Setzen Sie einen Doppelklick auf das Hand-Werkzeug, damit Sie
das Bild am Ende in Originalgröße begutachten können.

Abbildung 3.36 ▶
Hier sehen Sie das Vorher-
nachher-Ergebnis.

Der Zurück-Button

Der ZURÜCK-Button unten
rechts ermöglicht die Rück-
kehr zur unbearbeiteten
Datei. Falls das Ergebnis
nicht Ihren Wünschen ent-
spricht, klicken Sie auf
ZURÜCK und wenden den
Effekt erneut an. Wollen Sie
nur einen einzelnen Schritt
zurück, drücken Sie [Strg]/
[⌘] + [Z].

3.8   Mit dem Assistenten arbeiten

Sie haben gesehen, wie intuitiv sich Fotos in der Schnellkorrektur
bearbeiten lassen. Allerdings hat man es hier immer gleich mit
einer Fülle von Steuerelementen zu tun. Der Einsteiger ist schnell
mit der Entscheidung überfordert, welches Bedienfeld nun das
richtige ist oder an welchem Schieber das Bild einjustiert werden
muss. Ein paar Hinweise und nur die Schieber, die benötigt werden – das wäre wirklich komfortabel! Okay, wie Sie wünschen …

3.8.1   Pop-Art-Effekt

Pop-Art ist eine recht eigenwillige Kunstrichtung (oft auch Anti-Kunst genannt), die Objekte mitunter recht drastisch verfremdet. Eigentlich ist das Anfertigen eines Pop-Art-Fotos etwas für professionelle Bildbearbeiter. Seit Photoshop Elements 9 dürfen sich jedoch auch Einsteiger an das Thema heranwagen. Denn mit ein wenig Unterstützung der Software geht so etwas in Windeseile und ohne großen Aufwand.

Schritt für Schritt: Pop-Art mit dem Assistenten erzeugen

Öffnen Sie die Datei »Rahmen.tif« aus dem Beispielmaterial. Aus dieser Datei soll jetzt ein klassischer Pop-Art-Effekt erzeugt werden.

Rahmen.tif

© Leszek Schluter

◀ **Abbildung 3.37**
Dieses Foto soll nun bearbeitet werden – und zwar ganz komfortabel mithilfe des Assistenten.

1   **Funktion wählen**

Bevor es weitergehen kann, müssen Sie den Assistenzbereich öffnen. Das machen Sie, indem Sie oben rechts im Bereich Bearbeiten ❶ auf Assistent ❷ klicken. Scrollen Sie die Liste der Bedienfelder etwas herunter, und klicken Sie in der Rubrik Kreative Bearbeitungen ❸ auf Pop-Art ❹.

2   **Bedienfeld kennenlernen**

Dieses Beispiel verdeutlicht sehr gut, was die Software-Assistenz für Sie macht. Zunächst einmal stellt sie nur die Funktionen bereit, die erforderlich sind. Zum anderen ist jedes Steuerelement weiterführend beschrieben (wenn auch für den Einsteiger nicht immer so ganz verständlich). Und das Beste: Die Schritte sind durchnummeriert.

Abbildung 3.38 ▶
Wer lieber mit Anleitung korrigiert, der nimmt den Assistenten zu Hilfe.

Abbildung 3.39 ▶▶
Das Pop-Art-Bedienfeld

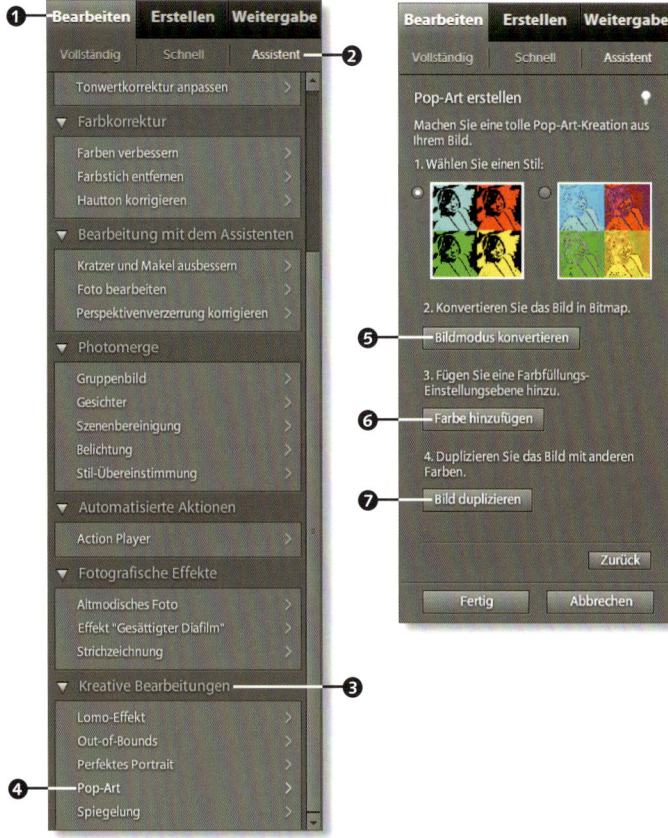

3 Stil auswählen

Klicken Sie zunächst einmal abwechselnd auf jede der beiden Vorschauminiaturen, und beobachten Sie dabei, wie sich die unterhalb befindlichen Steuerelemente ändern. Am Schluss sollten Sie die linke Miniatur auswählen (achten Sie auf den Radio-Button ❽).

Abbildung 3.40 ▶
Dieser Stil soll es sein.

4 **Weitere Einstellungen vornehmen**

Sie müssen jetzt nicht unbedingt jeden Schritt nachvollziehen. Lassen Sie einen aus, wird das Ergebnis ein anderes sein, als wenn Sie die Liste Schritt für Schritt abarbeiten. Ebenso ist es möglich, die Schritte in willkürlicher Reihenfolge auszuführen. Das würde jedoch zu einem abweichenden Ergebnis führen. Wir wollen uns vollkommen auf unseren »Assi« verlassen. Klicken Sie deswegen zunächst auf BILDMODUS KONVERTIEREN ❺, danach auf FARBE HINZUFÜGEN ❻ und zuletzt auf BILD DUPLIZIEREN ❼.

◄ **Abbildung 3.41**
So sollte Ihr Foto jetzt aussehen.

5 **Optional: Ergebnis korrigieren**

Lassen Sie sich aber nach jedem Klick ein wenig Zeit, und warten Sie die Veränderungen im Bild ab, bevor Sie den nächsten Button anklicken. Wenn Sie zu schnell sind, werden Funktionen möglicherweise übersprungen. In diesem Fall klicken Sie auf ZURÜCK und beginnen von vorn.

6 **Bearbeitung abschließen**

Zuletzt klicken Sie auf die Schaltfläche FERTIG. Das übergibt die Änderungen an die Bilddatei, die Sie jetzt noch unter einem anderen Namen speichern sollten ■.

Das Interessante ist, dass Sie jetzt im Assistenzbereich bleiben und weitere Effekte oder Korrekturoptionen anwenden können. Dazu müssten Sie dann nur erneut einen Eintrag auf der rechten Seite markieren. Für unser kleines Beispiel soll es das allerdings gewesen sein. ■

Ebenen-Hinweis

Während des Speicherns werden Sie darauf hingewiesen, dass Dateien größer sind, wenn Ebenen mit aufgenommen werden. Bestätigen Sie das mit OK. Was es mit Ebenen auf sich hat, sehen wir uns in Kapitel 5, »Grundlegende Arbeitstechniken«, an.

3.8.2 Lomo-Effekt

Lomografie bezeichnet einen Stil, der seine Herkunft einer sowjetischen Kleinbildkamera verdankt. Aufnahmen vom Kameratyp »Lomo Compact Automat« (LCA) zeichneten sich nicht nur durch heftige Kontraste, Unschärfen und dunkle Ränder aus, sondern förderten auch eine teils eigenwillige Farbgebung zutage. Alles Effekte also, die es prinzipiell zu vermeiden gilt. Nichtsdestotrotz entwickelte sich daraus eine besondere Stilrichtung, die sich heutzutage mit Photoshop Elements imitieren lässt.

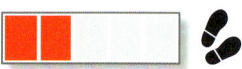

Lomo.jpg

Schritt für Schritt: Lomo-Effekt für Ihre Fotos

1 Datei öffnen

Wenn Sie den Effekt auf das Beispielfoto »Lomo.jpg« anwenden, wird die Wirkungsweise besonders deutlich. Öffnen Sie das Foto zunächst.

2 Wirkungsweise betrachten

Wählen Sie den Eintrag LOMO-EFFEKT innerhalb des Bedienfeldbereichs KREATIVE BEARBEITUNGEN. Sie befinden sich jetzt im Bereich LOMO-EFFEKT ERSTELLEN. Schauen Sie sich das dort abgebildete Foto ❶ an, und zeigen Sie mit der Maus darauf. Ziehen Sie die Maus wieder herunter, und erleben Sie anhand eines Beispiels, wie sich der Lomo-Effekt auswirkt.

Abbildung 3.42 ▶
Beim Überfahren des Vorschaubildes sieht man die Wirkungsweise des Effekts im Vorher-nachher-Vergleich.

3 Übergreifende Bildverarbeitung

Den ersten Schritt der eigentlichen Bildmanipulation nehmen Sie jetzt vor, indem Sie auf ÜBERGREIFENDE BILDVERARBEITUNG klicken. Dadurch werden die ersten Lomo-typischen Eigenschaften auf das Bild übertragen.

4 Vignettieren

Jetzt fehlen eigentlich nur noch die Lomo-typischen dunklen Ecken (die sogenannte Vignettierung). Klicken Sie deswegen auf Vignette anwenden. Wenn Sie den Effekt noch ein wenig übertreiben wollen (unser Beispielfoto kann das vertragen), dann klicken Sie noch ein zweites Mal auf die Schaltfläche – gefolgt von Fertig. Das Endergebnis auf der Buch-DVD ist mit »Lomo_fertig.jpg« betitelt.

▲ **Abbildung 3.43**
Farben, Kontraste und Unschärfen sind jetzt bereits hinzugefügt worden.

▼ **Abbildung 3.44**
Links der ursprüngliche Zustand des Fotos, rechts das Resultat.

3.8.3 Neue Wege der Bildbearbeitung

Bei der digitalen Bildbearbeitung hat es schon unzählige Versuche gegeben, dem Einsteiger komplexe Software-Strukturen und grundsätzliche Vorgehensweisen zu erklären. Das ist auch in Photoshop Elements nicht neu. Mit der Version 9 allerdings ist dieser Bereich geradezu revolutioniert worden, wie ich finde. Jetzt kann man bei der Bildbearbeitung ganz intuitiv vorgehen – auch ohne große Vorkenntnisse – und potenzielle Fehlerquellen galant umschiffen. Wir werden den Weg des Assistenten auch im weiteren Verlauf dieses Buches immer wieder einschlagen und uns von der Software unter die Arme greifen lassen. Dennoch darf man von diesem neuen Feature keine Wunder erwarten. Auch der beste Assistent wird nämlich niemals imstande sein, »Ihr« kritisches Auge zu ersetzen. Erst recht kann er nicht »Ihre« Gedanken lesen. Und genau deswegen bleibt dieses Buch auch in dieser Version dem Motto treu, eigene Ideen kreativ umzusetzen. Nur das sorgt nämlich letztlich dafür, dass Sie Photoshop Elements wirklich kennenlernen – und eben nicht nur »nachklicken«, was der Assistent Ihnen vorgibt.

Kapitel 4

Die Grundfunktionen des Editors

Lernen Sie den Standardeditor kennen

- ▸ Was muss ich über die Editor-Oberfläche wissen?
- ▸ Wie funktioniert der Startbildschirm?
- ▸ Wie arbeite ich mit den Bedienfeldern?
- ▸ Wie werden Dateien erstellt, geöffnet und gespeichert?
- ▸ Was ist das Rückgängig-Protokoll?

4   Die Grundfunktionen des Editors

Für viele Einsteiger sind Adobe-Anwendungen auf den ersten Blick ein »Buch mit sieben Siegeln«. Das vermag auch der Assistent zunächst nicht zu ändern. Irgendwie sieht hier alles ziemlich »Adobisch« aus ...

4.1   Photoshop Elements startklar machen

Begeben wir uns nun in das Herzstück von Photoshop Elements 9. Are you ready for take-off? Die Installation unter Windows sorgt dafür, dass ein Icon auf dem Desktop erzeugt wird. Über einen Doppelklick starten Sie die Anwendung – das ist ja nichts Neues, gell?

Mac-User erleben diesen Komfort nicht. Sie müssen das Startsymbol manuell ins Dock ziehen. Und das geht so: Machen Sie den Programmordner zugänglich (Macintosh HD • Programme), und öffnen Sie darin den Ordner Adobe Photoshop Elements 9.

▲ **Abbildung 4.1**
Unter Windows ist der Programmstart denkbar einfach. Das Icon befindet sich bereits auf dem Desktop.

Abbildung 4.2 ▶
Was ist denn das? Mehrere Startsymbole?

Adobe Photoshop   Adobe Photoshop   Adobe Photoshop
Elements 9   Elements ...installieren   Elements.app

Hier tauchen plötzlich zwei Startsymbole (blaue PSE-Icons) auf. Aber welches gehört ins Dock? Nun, die beiden Symbole unterscheiden sich dahingehend, dass eines »Adobe Photoshop Elements 9« und das andere nur »Adobe Photoshop Elements« heißt (ohne Versionsnummer). Zudem weist Letzteres die Dateiendung ».app« auf. Genau dieses Symbol müssten Sie ins Dock ziehen, wenn Sie fortan direkt mit dem Editor starten wollten. Nehmen Sie jetzt jedoch das erste Symbol, damit sich künftig der Startbildschirm öffnet. Auf diesem haben Sie nämlich die Wahl, ob Sie in den Editor oder in Ihr Bildarchiv, den Organizer, gehen wollen.

Preferences

Nachdem Sie Photoshop Elements geschlossen haben, wird die Stellung der Fenster und Bedienfelder gesichert. Beim nächsten Öffnen der Anwendung sind die Elemente der Arbeitsoberfläche wieder genau an der gleichen Stelle angeordnet wie zu dem Zeitpunkt, als Sie das Programm zuletzt verlassen haben.

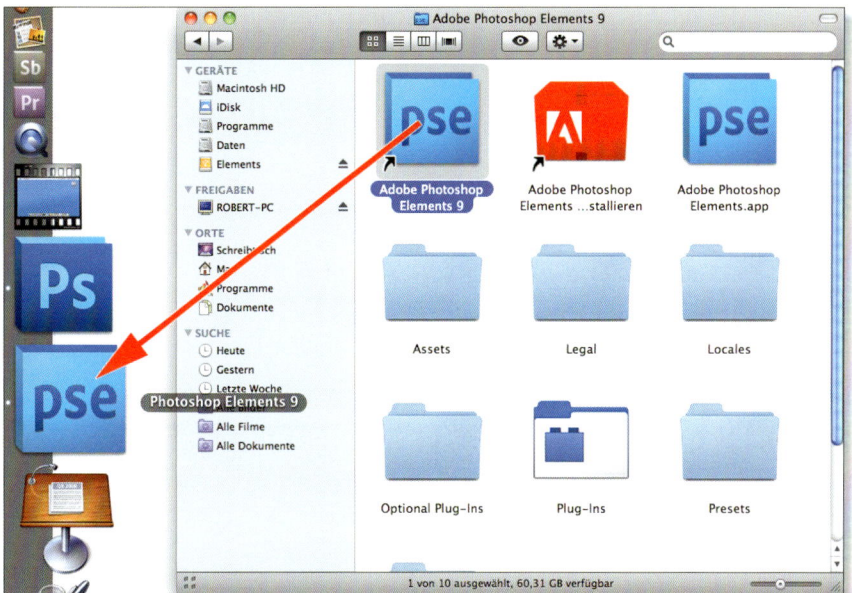

▲ **Abbildung 4.3**
Das erste Symbol soll ins Dock.

4.1.1   Der Startbildschirm

Photoshop Elements gliedert sich in zwei separat voneinander agierende Bereiche; nämlich den Bearbeitungsbereich (Editor) und den Verwaltungsbereich (Organizer). Über die links angeordneten Schaltflächen erreichen Sie die jeweilige Arbeitsoberfläche:

▶ ORGANISIEREN ❶ öffnet den Organizer. Das ist Ihr komfortables Bildarchiv, mit dessen Hilfe Sie Fotos verwalten, sortieren und kennzeichnen können.

▶ BEARBEITEN ❷ öffnet den Standardeditor. Hier können Ihre Fotos mit allen zur Verfügung stehenden Mitteln korrigiert und kreativ verändert werden.

Startoptionen festlegen

Klicken Sie auf die kleine Listenschaltfläche ❸, lässt sich per Dialog festlegen, ob künftig beim Programmstart nur der Startbildschirm oder zusätzlich der Editor bzw. Organizer geöffnet werden soll.

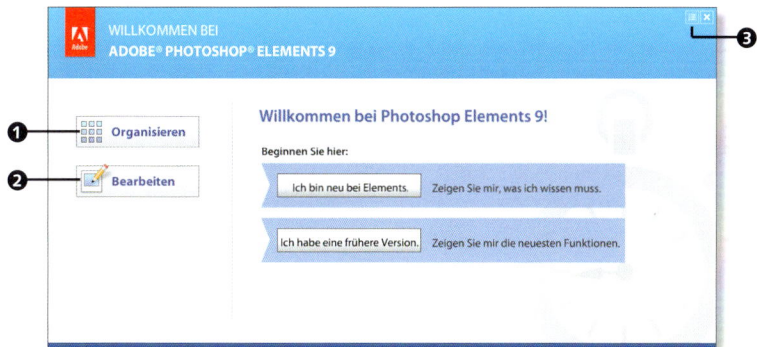

◄ **Abbildung 4.4**
Klicken Sie auf BEARBEITEN, um zum Editor zu gelangen.

4.1.2 Zurück zum Startbildschirm

▲ Abbildung 4.5
Häuschen = Startbildschirm

Sowohl im Editor als auch im Organizer finden Sie oben rechts ein kleines Haus-Symbol. Wenn Sie daraufklicken, gelangen Sie stets zurück zum Startbildschirm. Der jeweilige Anwendungsbereich bleibt dabei geöffnet.

4.2 Die Editor-Oberfläche

Die Arbeitsoberfläche sieht auf beiden Plattformen (Mac/Windows) nahezu identisch aus.

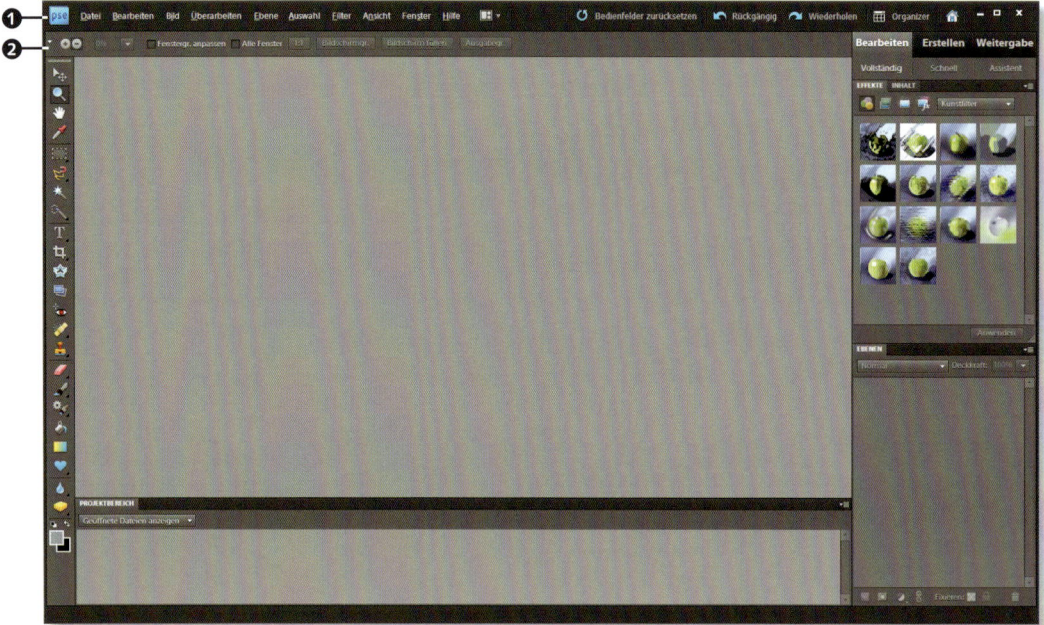

▲ Abbildung 4.6
Mit Version 9 sind praktisch keine Unterschiede mehr auszumachen zwischen Windows und der Mac-Oberfläche.

▲ Abbildung 4.7
Am Mac ist lediglich die Menüleiste ❸ vom Anwendungsfenster separiert.

4.2.1 Die Leisten

Ganz oben sehen Sie die **Menüleiste** ❶. Hinter jedem Eintrag verbergen sich spezifische Routinen, die im Verlaufe dieses Buches noch näher angesprochen werden ◼.

Eine Reihe tiefer ist die **Optionsleiste** ❷ zu finden. (Gängig sind hierfür auch Begriffe wie *Steuerelementleiste* oder *Werkzeugmenüleiste.*) Wenn Sie mit Werkzeugen arbeiten, werden Sie feststellen, dass die Leiste in diesem Zusammenhang eine große Rolle spielt. Je nach aktiviertem Werkzeug verändert sich nämlich ihr Inhalt – und damit auch die Verfügbarkeit der dort aufgelisteten Steuerelemente.

Gesperrte Symbole

Symbol-Buttons, die nicht zur Ausführung gebracht werden können, wie im Beispiel die Tasten auf der rechten Seite, sind grau hinterlegt. Ihre Verfügbarkeit wird dynamisch durch das Programm hergestellt, sobald sie benutzt werden könnten.

▲ **Abbildung 4.8**
Hier ist die Menüleiste bei aktiviertem Zoom-Werkzeug zu sehen.

4.2.2 Die Werkzeugleiste

Des einen Werkzeugleiste ist des anderen Toolbox. Welchen Namen Sie verwenden möchten, bleibt Ihnen selbst überlassen; die Funktionstüchtigkeit wird darunter gewiss nicht leiden. In diesem Bereich steht Ihnen eine Vielzahl von Elementen zur Verfügung, die zur Bildbearbeitung unverzichtbar sind. Keinen Bereich werden Sie so häufig verwenden wie diesen. Die Werkzeugleiste kann verschoben und an eine andere Stelle gesetzt werden, indem Sie die Kopfleiste (die beiden horizontalen Linien ❺; siehe Abbildung 4.9) mittels Drag & Drop verschieben. Um sie wieder an ihren gewohnten Platz zu stellen, ziehen Sie sie einfach wieder zurück ◼.

Die Werkzeuge werden durch einen einfachen Mausklick ausgewählt – danach sind sie aktiv. Wenn Sie, anstatt zu klicken, den Zeiger nur für einen Moment auf dem betreffenden Werkzeug verweilen lassen, zeigt eine **QuickInfo** dessen Bezeichnung an ◼.

Schauen Sie sich nun die Werkzeuge einmal etwas genauer an. Einige Schaltflächen zeichnen sich durch ein kleines Dreieck in der unteren rechten Ecke aus. Dies ist ein Indiz dafür, dass sich »unter« der Schaltfläche weitere, in engem Zusammenhang stehende Werkzeuge verbergen. Klicken Sie einmal eine solche Werkzeug-Schaltfläche an, und halten Sie dabei die Maustaste etwas länger gedrückt. Schließlich haben Sie ja durch die Verwendung von Shortcuts nun Zeit gewonnen. Sie sehen, dass ein Fly-

Werkzeugleiste einrasten

Um die Werkzeugleiste wieder an die Oberfläche anzuheften, müssen Sie sie ganz nach links ziehen und dort einen Moment festhalten. Sobald sich eine vertikale blaue Linie zeigt, können Sie die Maustaste wieder loslassen.

Hilfe zum Werkzeug

Benötigen Sie Hilfe oder weiterführende Informationen zum jeweiligen Werkzeug? Dann stellen Sie den Mauszeiger auf das Icon, und klicken Sie in der QuickInfo auf die angezeigte Bezeichnung. Photoshop Elements öffnet daraufhin die HILFE und leitet Sie zum jeweiligen Themenbereich weiter.

out-Menü weitere Werkzeuge offenbart. Dem aktiven Werkzeug ist stets ein kleines Quadrat ❻ vorangestellt.

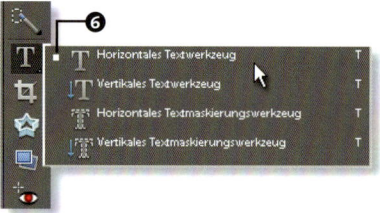

▲ **Abbildung 4.10**
Die Liste der verborgenen Textwerkzeuge

Nun müssen Sie nichts weiter machen, als das gewünschte Werkzeug in der ausgeklappten Liste durch einen Mausklick auszuwählen. Sie sehen, dass dieses bisher verborgene Werkzeug nach seiner Selektion den Platz in der Werkzeugleiste eingenommen hat. Die Liste schließt sich wieder. Möchten Sie dem ursprünglichen Werkzeug wieder den Platz in der Werkzeugleiste zuteilen, müssen Sie es über die Liste anwählen.

Beachten Sie in diesem Zusammenhang auch die Buchstaben, die hinter dem Namen in Klammern stehen. Diese geben nämlich die sogenannten **Tastaturkürzel** an, mit denen Sie das Werkzeug einfach und wesentlich schneller mithilfe der Tastatur wechseln können. Drücken Sie also beispielsweise ⒞ auf Ihrer Tastatur, ist somit das Freistellungswerkzeug aktiviert.

Natürlich ist die Nutzung der Tastatur für solche Zwecke zunächst gewöhnungsbedürftig. Aber Sie können sicher sein: Wenn Sie sich erst einmal daran gewöhnt haben, macht es richtig Spaß und spart darüber hinaus noch jede Menge Zeit. Prägen Sie sich zunächst nur wenige Shortcuts ein, und versuchen Sie, diese konsequent zur Aktivierung zu verwenden. Mit der Zeit lassen Sie dann andere hinzukommen. Wenn Sie das nächste Mal einem Freund oder Kollegen dabei zusehen, wie dieser zur Maus greift, um den Zauberstab zu aktivieren, sagen Sie ihm doch, dass dazu ein lässiger »Push« auf ⒲ reicht ∎.

Noch ein Wort zu den Shortcuts: Vielleicht ist Ihnen aufgefallen, dass allen Werkzeugen einer Liste stets ein und dasselbe Kürzel zugeteilt worden ist, d.h., alle Stempelwerkzeuge sind mit ⒮ zu erreichen. Wenn Sie während Ihrer Arbeit die betreffende Taste drücken, werden Sie stets das Werkzeug auswählen, das in der Werkzeugleiste dargestellt wird. Möchten Sie also beispiels-

▲ **Abbildung 4.9**
Die Werkzeugleiste als abgelöstes Bedienfeld. Ein Klick auf den Doppelpfeil ❹ ordnet die Tools zweispaltig an.

▲ **Abbildung 4.11**
Wählen Sie die Werkzeuge per Mausklick oder Shortcut aus.

weise über ⊤ nicht das horizontale, sondern das vertikale Textwerkzeug aktivieren, können Sie entweder das Flyout-Menü verwenden, oder Sie drücken einfach den jeweiligen Buchstaben so oft, bis das gewünschte Tool in der Werkzeugleiste erscheint.

4.3   Bedienfelder

Die Bedienfelder von Photoshop Elements sind sehr nützlich, da sie wichtige Funktionen versammeln und diese leicht zugänglich präsentieren.

4.3.1   Arbeiten mit Bedienfeldern und Registern

Die rechte Seite des Editors nennt sich **Bedienfeldbereich**. Auch hier seien die alternativen Bezeichnungen **Registerkarten** oder **Paletten** erwähnt. Der Ausdruck **Registerkarte** beschreibt auch wesentlich treffender, um was es geht. Wie im Register eines Aktenschranks befinden sich dort mehrere kleine Reiter, die über das vorangestellte Dreieckssymbol geöffnet oder geschlossen werden können. Weist das Symbol nach unten, ist das Register geöffnet. Nach rechts zeigt es, wenn der Inhalt des Registers verborgen ist. Probieren Sie das Öffnen und Schließen einmal aus ■.

Die wichtigsten Shortcuts

Ⓐ = Auswahl
Ⓥ = Verschieben
Ⓦ = Zauberstab
Ⓒ = Freistellen
⊤ = Text
Mehrmaliges Drücken der betreffenden Shortcuts bewirkt, dass die Reihe der versteckten Werkzeuge eines Tools durchgeblättert wird.

Register skalieren

Wenn Sie den Mauszeiger genau zwischen zwei Bedienfeldern auf einen der Stege ❶ stellen, können Sie den Zwischenraum mittels Drag & Drop verschieben. Das Fenster, das in Richtung der Bewegung angeordnet ist, wird dabei kleiner, während die gegenüberliegende Seite gleichzeitig vergrößert wird.

◀ **Abbildung 4.12**
Die Bedienfelder beherbergen zum Teil recht interessante Funktionen.

Um eine bestimmte Funktion innerhalb eines Bedienfelds auszuwählen, klicken Sie diese einfach an. Bedenken Sie, dass einige Bedienfelder noch keinen Inhalt haben. Dies wird sich ändern, sobald ein Bild geöffnet ist.

Die gerade angesprochenen Register können jederzeit in **eigenständige Bedienfelder** umgewandelt werden. Ziehen Sie dazu einfach das Register mit gedrückter Maustaste an eine freie Stelle der Arbeitsfläche, und lassen Sie es dort fallen (Drag & Drop).

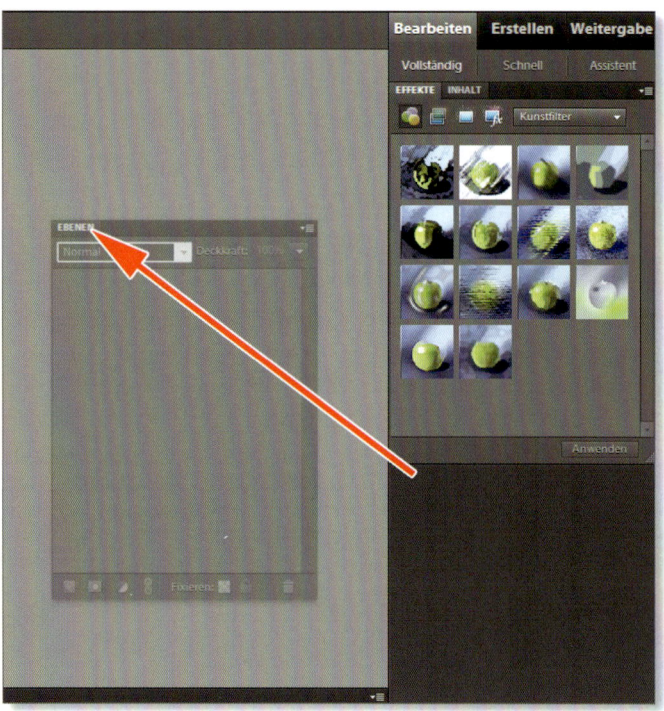

Abbildung 4.13 ▶
Verwandeln Sie ein Register in ein Bedienfeld.

4.3.2   Bedienfelder verkleinern

▲ **Abbildung 4.14**
So sieht das verkleinerte Bedienfeld aus.

Wenn Sie ein herausgelöstes Bedienfeld verkleinern wollen, klicken Sie doppelt auf dessen schwarze Kopfleiste ❶. Es wird dann so weit »zusammengefahren«, dass nur noch ein einziger Schalter übrig bleibt. Über diesen Schalter lässt sich das Bedienfeld aber jederzeit wieder zugänglich machen. Ein Mausklick ❷ darauf reicht, und das Bedienfeld wird wieder bedienbar. Klicken Sie abermals auf die erwähnte Schaltfläche, fährt das Bedienfeld wieder auf die minimale Größe zurück. Praktisch, oder? So versperren Sie sich nicht so schnell den Blick auf Ihre Fotos.

◀ **Abbildung 4.15**
Wenn Sie auf den noch verbliebenen Taster klicken, öffnet
sich das Bedienfeld.

Bedienfelder sortieren

Gefällt Ihnen die Anordnung
der Bedienfelder nicht?
Dann sortieren Sie diese
doch einfach um. Per Drag &
Drop, gezogen am Register,
ist das kein Problem. Sie
merken beim Ziehen, dass
die Bedienfelder an einem
Punkt einrasten, an dem sie
abgelegt werden können.

Möchten Sie das Bedienfeld wieder als Register **in den Bedienfeldbereich zurückbefördern**, ziehen Sie diese einfach wieder
dorthin zurück. Sie müssen allerdings darauf achten, dass sich ein
blauer Balken zeigt. Das wiederum erreichen Sie nur, wenn Sie
mit der Maus weit genug nach oben fahren.

◀ **Abbildung 4.16**
Jetzt lässt sich das Bedienfeld
wieder einsortieren.

Sollte sich anstelle des horizontalen blauen Balkens ein blaues
Rechteck zeigen, können Sie das Bedienfeld ebenfalls fallen
lassen. Das hat dann aber zur Folge, dass das Bedienfeld nicht
»über«, sondern »neben« dem bereits vorhandenen Bedienfeld
eingeordnet wird.

Der Vollständigkeit halber sei noch erwähnt, dass Sie ein
Bedienfeld auch ganz nach unten in den Bedienfeldraum ziehen
können. Wenn sich dort ein horizontaler Balken zeigt, kann das
gezogene Bedienfeld unter einem vorhandenen angeordnet werden. Egal, für welche Option Sie sich auch entscheiden – Sie können damit Ihre ganz persönliche Arbeitsoberfläche gestalten.

Bedienfelder vergrößern

Möchten Sie ein herausge-
löstes Bedienfeld vergrö-
ßern, lässt sich die untere
rechte Ecke, sie sieht aus wie
eine Grifffläche, anklicken
und mit gedrückter Maus-
taste nach unten ziehen.

4.3.3 Standardansicht wiederherstellen

Nun können Sie nach Herzenslust gestalten und sortieren. Wenn
Ihnen aber ganz am Ende wider Erwarten doch in den Sinn kom-

men sollte, alles wieder auf die Ausgangsposition zurückzuzubefördern, können Sie das mit einem einzigen Mausklick auf BEDIENFELDER ZURÜCKSETZEN erledigen. Sie finden diesen nützlichen Button übrigens in der Kopfleiste der Anwendung.

Abbildung 4.17 ▶
Wer »back to the roots« möchte, kann das mit einem einzigen Mausklick tun.

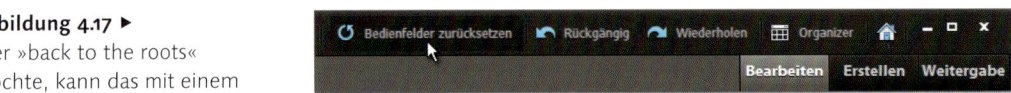

4.3.4 Bedienfeldmenü

Das Bedienfeldmenü ist eine Erweiterung des Bedienfelds mit zusätzlichen Befehlen und Optionen (die je nach gewähltem Bedienfeld ganz unterschiedlich sein können). Dieses Menü erreichen Sie über einen Button ganz rechts neben dem Register ➊. Leider ist diese Schaltfläche in der normalen Oberflächenfarbe sehr schlecht zu sehen.

▲ **Abbildung 4.18**
Hier verbergen sich weitere Befehle.

4.3.5 Das Navigator-Bedienfeld

Es soll nicht verschwiegen werden, dass die Anwendung im Standardeditor über ein Bedienfeld verfügt, das das Zoomen mit weit mehr Komfort unterstützt als mit dem Zoom-Werkzeug selbst. Es wird über FENSTER • NAVIGATOR zugeschaltet und zeigt durch einen Auswahlrahmen an, welcher Bereich des Bildes gerade angezeigt wird. Dieser Bereich lässt sich prima verschieben. Wenn Sie den Mauszeiger über den Rahmen stellen, wird er zur Hand – der Rest ist Drag & Drop (natürlich nur, wenn das Bild bereits über 100 % eingezoomt ist). Klicken Sie doppelt in das Eingabefeld, um den Zoomwert für das Bild über die Tastatur einzugeben. ⏎ führt dann das Zoomen aus. Die Schaltflächen AUSZOOMEN und EINZOOMEN (das sind die Lupen mit dem Plus- bzw. Minus-Symbol) sorgen für Größenveränderungen in verschiedenen Schritten. Feiner sind die Abstufungen über den Schieberegler zwischen den Lupen.

Abbildung 4.19 ▶
Der Navigator – das Leitsystem für Ihre Bilder

4.3.6   Projektbereich

Schließlich wäre da noch der Container am unteren Bildrand der Anwendung. Er beherbergt alle geöffneten Dateien und stellt Miniaturen zur Verfügung. Markieren Sie das Bild, das Sie bearbeiten möchten. Ein Rahmen verdeutlicht, welches Bild ausgewählt ist. Der Container lässt sich schließen, indem Sie im Menü Fenster • Projektbereich wählen.

Natürlich können Sie in Photoshop Elements gleich mehrere Dateien öffnen – Sie können jedoch immer nur an »einem« Bild arbeiten. Um ein Bild zur Bearbeitung nach vorne zu stellen, reicht ein Doppelklick auf die entsprechende Miniatur. Das jeweils aktive Bild wird mit einem blauen Rahmen versehen. Außerdem können Sie bereits geöffnete Bilder auch gleich wieder schließen. Das machen Sie aber über das Kontextmenü (Rechtsklick) ■.

> **Bildregister benutzen**
>
> Alternativ dürfen Sie auch gerne eine der oben angeordneten Registerkarten verwenden, um das Foto zu schließen oder nach vorne zu stellen.

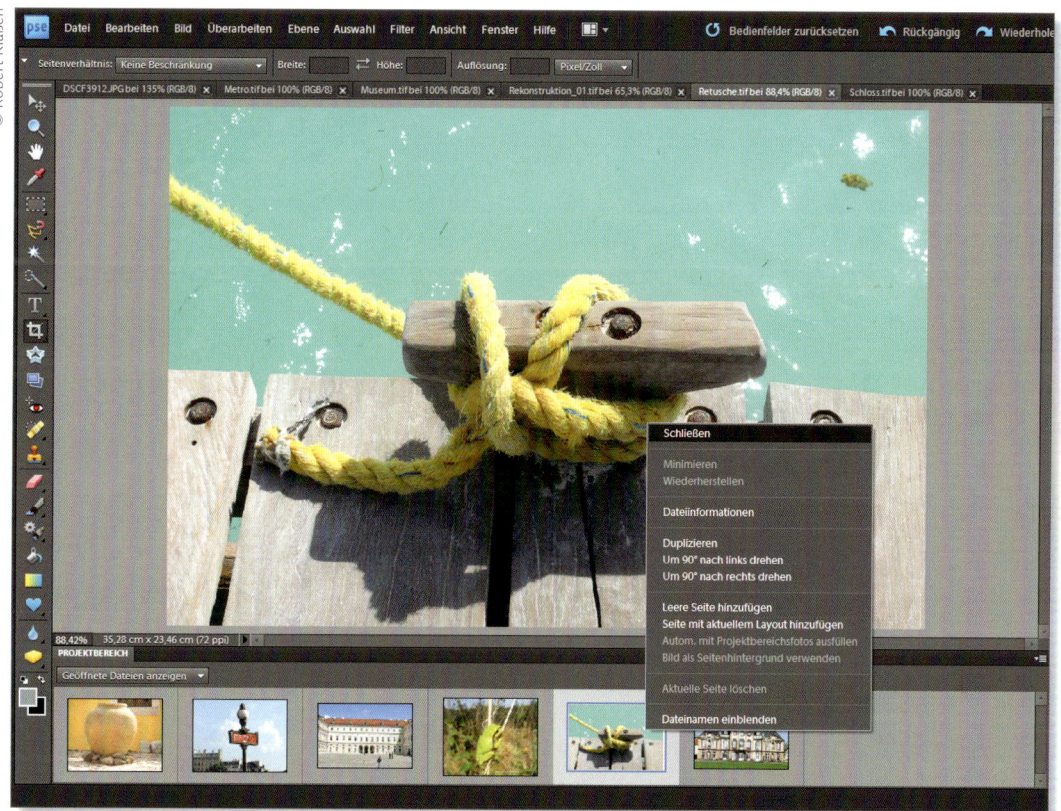

▲ **Abbildung 4.20**
Geöffnete Bilder können über das Kontextmenü geschlossen werden.

Photoshop Elements stellt oben im Projektbereich ein Pulldown-Menü zur Verfügung. Hier können Sie festlegen, ob die derzeit im Editor befindlichen Dateien oder die des Organizers (unterster Eintrag) angezeigt werden sollen. Berücksichtigen Sie, dass in diesem Fall nur Fotos angezeigt werden, die zuvor im Organizer-Bestand markiert worden sind ■.

▲ **Abbildung 4.21**
Sie können auch zuvor im Organizer markierte Dateien hier anzeigen lassen.

4.3.7   Projektbereich herauslösen

> **Mehrere Dateien markieren**
>
> Sie markieren mehrere Dateien, indem Sie [Strg]/[⌘] gedrückt halten und die Fotos dort nacheinander anklicken. Wollen Sie mehrere zusammenliegende Dateien aussuchen, markieren Sie das erste Foto, halten dann [⇧] gedrückt und setzen einen erneuten Klick auf das letzte Foto.

Falls Sie der Projektbereich einmal stört, kann dieser auch aus der Oberfläche herausgezogen und als Fenster separiert werden. Dazu klicken Sie auf das Register und ziehen es mit gedrückter Maustaste etwas nach oben. Lassen Sie die Maustaste anschließend los. Wollen Sie ihn wieder an seinen ursprünglichen Ort zurücksetzen, ziehen Sie das Register wieder so weit an den unteren Rand der Anwendung, dass eine horizontale blaue Linie erscheint. Wenn Sie jetzt loslassen, ist der Projektbereich wieder verankert.

4.3.8   Anordnung der Fotos

Wie Sie sehen, ist es kein Problem, mehrere Fotos im Editor geöffnet zu haben. Allerdings ist die Anordnung der Fotos auf der Arbeitsfläche nicht so ganz individuell, wie man sich das vielleicht wünschen würde. Sie sehen nämlich immer nur »ein« Foto. Was tun Sie aber, wenn Sie einmal mehrere Fotos nebeneinander oder auf der Arbeitsfläche verteilt betrachten wollen? Vielleicht möchten Sie auch gern einmal alle derzeit geöffneten Fotos sehen. Dann klicken Sie in der Kopfleiste der Anwendung auf die Schaltfläche ANORDNEN (Windows) ❶ bzw. DOKUMENTE ANORDNEN (Mac). Im Pulldown-Menü selektieren Sie beispielsweise ALLE IM RASTER.

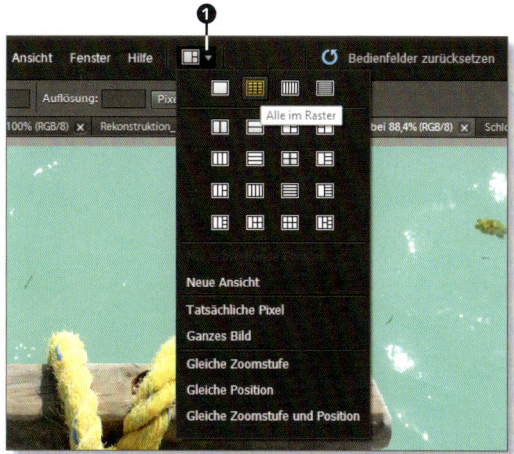

◀ **Abbildung 4.22**
Das Pulldown-Menü offenbart
zahlreiche Optionen.

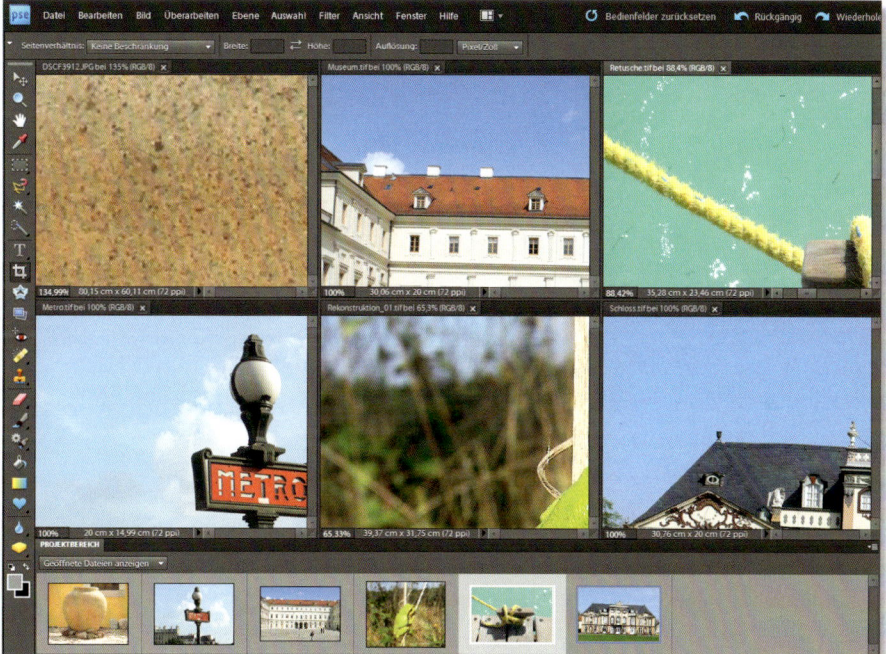

▲ **Abbildung 4.23**
Das Sortieren der Fotos auf
der Arbeitsfläche wird so zum
Kinderspiel.

4.3.9 Dateien schließen

Nicht mehr benötigte Dateien können Sie über DATEI • SCHLIESSEN
verschwinden lassen. Alternativ verwenden Sie eine Tastenkombination, nämlich Strg/⌘+W. Zu dumm nur, wenn Sie gerade
jede Menge Fotos geöffnet haben. In diesem Fall sollten Sie sich
für Strg/⌘+Alt/⌥+W oder für DATEI • ALLE SCHLIESSEN entscheiden. Sollten Sie zuvor Änderungen an einem oder mehre-

ren Fotos vorgenommen haben, werden Sie gefragt, ob Sie diese Änderungen speichern wollen. Lesen Sie dazu auch bitte den folgenden Abschnitt.

4.4   Dateien öffnen, erstellen und speichern

4.4.1   Dateien öffnen

Um Bilder im Editor von Photoshop Elements bearbeiten zu können, müssen sie logischerweise dort zunächst zur Verfügung gestellt werden. Dies geschieht entweder über die Weitergabe vom Organizer aus ([Strg]/[⌘]+[I]), durch einen Doppelklick auf die inhaltslose Arbeitsfläche, das Menü Datei • Öffnen oder mithilfe des Shortcuts [Strg]/[⌘]+[O]. Hier ist der Buchstabe **O** und nicht die Zahl Null gemeint ■.

Elements beherbergt bereits einige Fotos, die Sie zu Übungszwecken öffnen können. Wählen Sie zunächst eine der vorgenannten Methoden, und folgen Sie dann einem dieser Pfade:

▶ Windows: [Laufwerksbezeichnung] • Programme • Adobe • Photoshop Elements 9 • Sample Files.

▶ Mac: [Laufwerksbezeichnung] • Programme • Adobe • Adobe Photoshop Elements 9 • Tutorials.

Der Buchstabe O und die Zahl 0

Mit [Strg]/[⌘] und dem Buchstaben **O** erreichen Sie den Öffnen-Dialog, während Sie bei Verwendung der Zahl **Null** das aktive Bild auf seine maximal darstellbare Größe innerhalb des Anwendungsfensters bringen. Dass beide Tasten auch noch dicht beieinanderliegen, fördert zusätzlich die Verwechslungsgefahr.

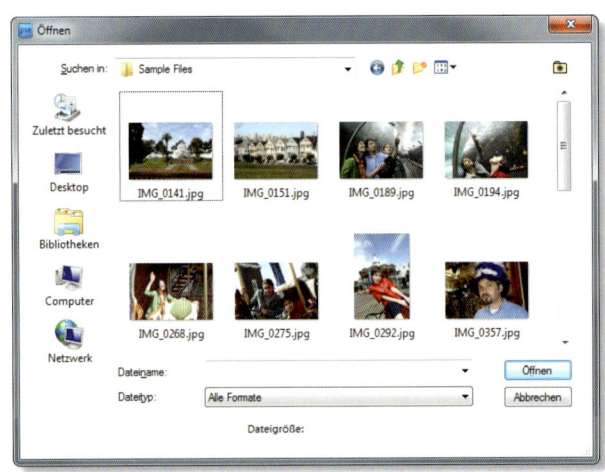

Abbildung 4.24 ▶
Photoshop Elements bringt bereits einige nette Fotos mit.

4.4.2   Zuletzt verwendete Dateien öffnen

Die Anwendung verfügt außerdem über eine Funktion, die sich Zuletzt bearbeitete Datei öffnen nennt. Sie erreichen sie über das DATEI-Menü. Hier listet Photoshop Elements die zehn zuletzt verwendeten Dateien auf. Die Funktion ist besonders dann hilfreich, wenn Sie nicht mehr wissen, wo Sie ein kürzlich bearbeitetes Bild gespeichert haben. Holen Sie es über diese Option zurück in den Editor, ohne im Organizer nach ihm suchen zu müssen.

4.4.3   Eine neue Bilddatei erstellen

Wählen Sie über DATEI • NEU • LEERE DATEI oder über den Shortcut [Strg]/[⌘]+[N] den Bilddialog zum Erstellen einer neuen Datei. Vergeben Sie im obersten Eingabefeld ❶ einen Namen (optional), und stellen Sie über VORGABE ❷ das gewünschte Maß ein. Hier werden zahlreiche vordefinierte Abmessungen aufgelistet, und Sie können auf den Inhalt der Zwischenablage zugreifen.

4.4.4   Zoll oder Zentimeter?

Bitte beachten Sie, dass Photoshop Elements die Auflösung in der Maßeinheit Pixel pro Zoll (PIXEL/ZOLL) angibt. Das ist zwar im europäischen Raum kein Standard, doch werden Zoll (= Inch) im Zusammenhang mit der Bildbearbeitung auch hierzulande zumeist als übliche Maßeinheit angesehen. Wenn Sie das nicht wollen, könnten Sie auf Pixel pro Zentimeter (PIXEL/CM) umschalten. Allerdings weisen wir darauf hin, dass wir auch in diesem Buch weiterhin Pixel pro Zoll verwenden.

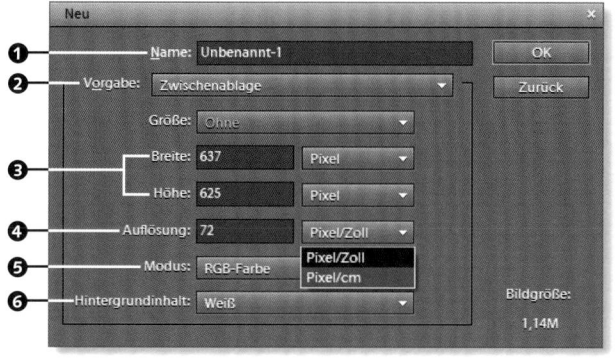

◀ **Abbildung 4.25**
Legen Sie neben den Eigenschaften des neuen Bildes erstmalig auch die Einheit für die Auflösung fest.

4.4.5   Bildeigenschaften festlegen

Die **Bildgröße** ❸ lässt sich über die Breite und Höhe individuell festlegen, sofern Ihnen die Maße in der Combo-Box VORGABE nicht zusagen. Bedenken Sie aber, dass Sie zunächst die **Maßeinheiten** korrigieren müssen. Stellen Sie dort, falls gewünscht, von Pixel auf Millimeter oder Zentimeter um, und legen Sie anschließend in den vorangestellten Eingabefeldern die Maße fest. Der Grund: Die Anwendung rechnet! Haben Sie damit gerechnet? Wenn Sie die Einheit ändern, werden die Werte ebenfalls korrigiert. Denken Sie daher bitte immer daran: zuerst die Maßeinheit, dann die Abmessungen!

Die Auflösung ❹ entscheidet darüber, wie viele Bildpunkte auf einer bestimmten Strecke angeordnet werden. Bei der Bemaßung Pixel/Zoll werden im obigen Beispiel 72 Quadrate pro 2,54 cm (2,54 cm = 1 Zoll) erzeugt. Trotz *DIN* und *Euro-Norm* ist hier die Verwendung von *Zoll* immer noch aktuell.

Der Modus ❺ eines Bildes sagt etwas über seine Verwendung aus. Ein Bild für die Darstellung an Monitoren wird im RGB-Modus erzeugt, während für den professionellen Druck CMYK vorgesehen ist. Das sollte Sie zum gegenwärtigen Zeitpunkt aber nicht sonderlich berühren, da Sie ohnehin fast immer in RGB arbeiten werden. Was es mit RGB auf sich hat, wird in Abschnitt 5.2.1, »Farben am Bildschirm«, behandelt.

Entscheiden Sie bei Hintergrundinhalt ❻, welchen Inhalt die Hintergrundebene erhalten soll. Wenn Sie Transparent wählen, wird der Hintergrund kariert dargestellt. Dabei handelt es sich jedoch lediglich um eine Darstellungsoption, wie Sie im weiteren Verlauf noch sehen werden. Wo Karos sind, ist in Wirklichkeit gar nichts, könnte man sagen. Die Karos zeigen nur an, dass da nichts ist. Ob sich dazu gerade grau-weiße Karos besonders eignen, mag dahingestellt sein. Andererseits muss ja eine Stelle, an der »nichts« ist, auch irgendwie grafisch dargestellt werden.

Speichern vs. Speichern unter

Wenn Sie eine Datei speichern, wird die bisher verwendete Datei überschrieben. Wählen Sie stattdessen Speichern unter, kann eine Kopie angelegt werden, sofern Sie deren Namen und/oder Speicherort verändern.

4.4.6 Dateien speichern

Alle geöffneten und nachbearbeiteten Bilder müssen natürlich gespeichert werden, bevor die Änderungen dauerhaft wirksam werden können. Um die Datei auf dem Rechner zu sichern, wählen Sie Datei • Speichern unter. Das Dateiformat Photoshop (PSD) bietet sich hier ebenso an wie TIFF, obwohl beide Formate recht große Dateien erzeugen. Der Vorteil: Textebenen bleiben als Text editierbar, Masken und Vektoren werden erhalten. Dies alles ermöglicht eine komfortable Weiterverarbeitung des Bildes ∎.

4.4.7   Organizer-Dateien speichern

Sollte das Foto, das Sie geöffnet und nachbearbeitet haben, auch im Organizer von Photoshop Elements gelistet sein, werden im SPEICHERN-Dialog automatisch zwei Funktionen angewählt – nämlich IN ELEMENTS ORGANIZER AUFNEHMEN und MIT ORIGINAL IM VERSIONSSATZ SPEICHERN. Die Checkboxen befinden sich beide in der Zeile ORGANISIEREN. Darüber hinaus wird dem Dateinamen automatisch der Zusatz »_bearbeitet« hinzugefügt. Klicken Sie jetzt auf SPEICHERN, wird das geänderte Foto nicht nur als Kopie angelegt (das Original bleibt dadurch erhalten), sondern diese Kopie wird zusammen mit dem Original in einen Versionssatz umgewandelt und im Organizer eingebettet.

Prinzipiell ist das auch sinnvoll. Möchten Sie die Kopie aber nicht in den Organizer aufnehmen, deaktivieren Sie diese Option. Dabei wird dann übrigens auch gleich MIT ORIGINAL IM VERSIONSSATZ SPEICHERN inaktiv. Wenn Sie jetzt auf SPEICHERN klicken, wird das nachbearbeitete Bild nicht ins Archiv von Photoshop Elements aufgenommen.

> **Ebenen-Warnung**
>
> Beim Speichern einer aus mehreren Ebenen bestehenden TIFF-Datei gibt die Anwendung jedes Mal einen Hinweis aus. Dieser soll Sie daran erinnern, dass die Dateigröße sich erhöht, wenn Sie Fotos mit mehreren Ebenen speichern. Gut zu wissen ist das allemal. Aber man muss sich das nicht jedes Mal vergegenwärtigen, weshalb Sie vor dem Bestätigen der Dialogbox NICHT WIEDER ANZEIGEN anwählen können. Das hat dann zur Folge, dass der Hinweis künftig ausbleibt.

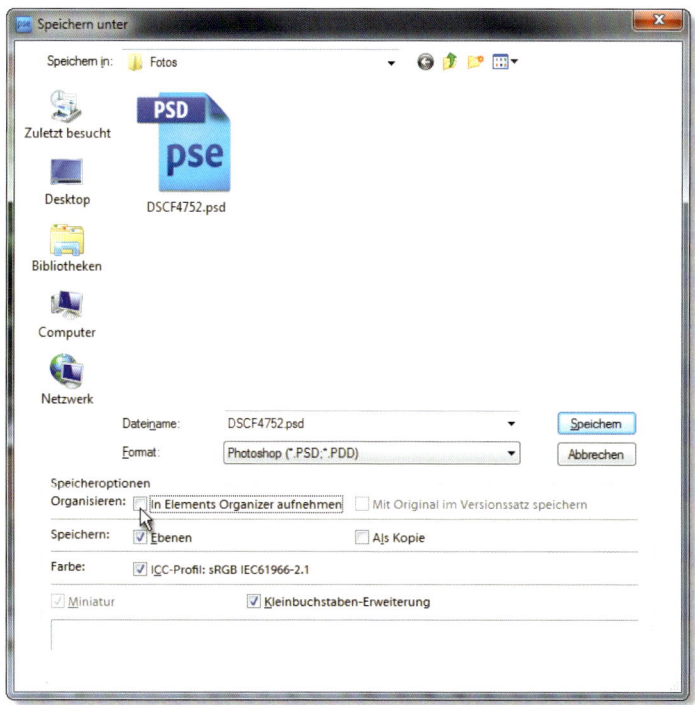

◄ **Abbildung 4.26**
Wenn das Bild nicht integriert werden soll, müssen Sie die entsprechende Funktion manuell abwählen.

4.5   Das Rückgängig-Protokoll

Bevor wir anfangen, erste Schritte mit Werkzeugen zu unternehmen, müssen Sie wissen, dass jeder Schritt, den Sie vornehmen, nachträglich noch zurückgenommen werden kann. Nicht auszudenken, wie schön sich so etwas ins tägliche Leben integrieren ließe, oder? Bei Photoshop Elements gehört dies hingegen zum Standard. Neben den Rückgängig- und Wiederholen-Buttons gibt es auch noch ein sogenanntes Rückgängig-Protokoll, das Sie über das Fenster-Menü erreichen. Das entsprechende Bedienfeld wird, wie gewohnt, im Bedienfeldbereich abgelegt. Wenn Sie wollen, ziehen Sie es auf die bereits bekannte Art und Weise dort hinaus. Vergrößern Sie das Fenster zudem vertikal etwas, indem Sie die untere rechte Griffläche herunterziehen.

Was in Überwachungsstaaten eher tragisch ist, kommt hier als hervorragendes Hilfsmittel zum Einsatz: Jeder Ihrer Schritte wird akribisch protokolliert. Das allein würde aber noch keinerlei Arbeitserleichterung bringen. Interessant wird das Ganze erst durch die Möglichkeit, Schritte in umgekehrter Reihenfolge ihrer Ausführung zurückzugehen. Markieren Sie einfach einen Listeneintrag, oder schieben Sie den Pfeil an der linken Seite nach oben. Von dort aus arbeiten Sie dann weiter, und die Schritte werden widerrufen.

Bei dieser Vorgehensweise ist allerdings ein Umstand besonders zu berücksichtigen. Einzelne Schritte aus der Protokollmitte lassen sich nicht entfernen, ohne unterhalb dieses Schrittes aufgeführte Aktionen ebenfalls zu löschen. Wenn ein Schritt markiert und mit einer neuen Aktion widerrufen wurde, sind auch alle nachfolgenden Schritte aufgehoben.

Schneller geht das Aufheben von Schritten übrigens mit dem Tastaturkürzel [Strg]/[⌘]+[Z]. Bei jedem Tastendruck wird in umgekehrter Reihenfolge seiner Anwendung ein Schritt gelöscht. Drücken Sie [Strg]/[⌘]+[Y], wird der zurückgenommene Schritt wiederhergestellt.

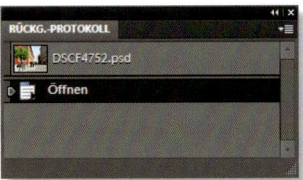

▲ **Abbildung 4.27**
Hier wird später alles zu Protokoll gebracht.

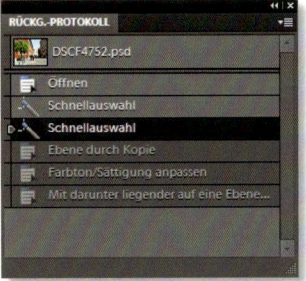

▲ **Abbildung 4.28**
Die Schritte lassen sich im Protokoll editieren.

Kapitel 5

Grundlegende Arbeitstechniken

Der Einsatz von Werkzeugen, Auswahlen und
Ebenen in der kreativen Bildbearbeitung

- ▸ Wie erstelle ich eine Auswahl?

- ▸ Wie kann ich eine Auswahl färben?

- ▸ Wie erzeuge ich Auswahlkombinationen?

- ▸ Wie funktionieren die übrigen Auswahlwerkzeuge?

- ▸ Was muss ich über Farben wissen?

- ▸ Wie werden die Malwerkzeuge eingesetzt?

- ▸ Wie arbeite ich effektiv mit Ebenen?

- ▸ Wie kann ich einen tristen Himmel austauschen?

- ▸ Wie werden Füllmethoden eingesetzt?

- ▸ Wie funktionieren Ebenenmasken?

- ▸ Wie lassen sich Fotos ineinandermontieren?

5   Grundlegende Arbeits-
techniken

In diesem Kapitel werden Sie grundlegende, aber äußerst effektive Anwendungsmethoden kennenlernen. Mit diesen sind Sie dann in der Lage, interessante Kompositionen zu erstellen. Darüber hinaus lernen Sie das grundsätzliche Handling von Werkzeugen, Auswahlen und Ebenen kennen. Sie sollten auf gar keinen Fall darauf verzichten, sich mit diesen Techniken zu beschäftigen, denn Sie werden bei Ihren Arbeiten mit Photoshop Elements immer wieder darauf zurückgreifen können. Wenn Sie nach möglichst vielen Freiheiten in der Gestaltung streben, führt kein Weg an diesen Themen vorbei.

Deshalb soll es auch gleich losgehen, Sie wissen ja bereits, dass viele Funktionen innerhalb der Anwendung erst dann zur Verfügung stehen, wenn eine Bilddatei geöffnet ist. Sie sind aber nicht unbedingt auf Bildmaterial angewiesen, um gleich Gas geben zu können. Eigenkompositionen sind »in«.

5.1   Auswahl erstellen

Mithilfe von Auswahlen lässt sich im Bild ein bestimmter Bereich selektieren, der dann isoliert von allen anderen bearbeitet werden kann.

5.1.1   Auswahlwerkzeuge: Rechteck und Ellipse

Auswahlwerkzeuge dienen – wie der Name schon sagt – dazu, Bereiche eines Bildes auszuwählen. Die Elements-Software stellt zunächst einmal zwei grundlegende Auswahlwerkzeuge zur Verfügung: das **Auswahlrechteck** und die **Auswahlellipse**.

Schritt für Schritt: Einen Auswahlbereich erstellen

1 Auswahlwerkzeug aufrufen

Erstellen Sie ein neues leeres Dokument ([Strg]/[⌘]+[N]). Stellen Sie die VORGABE auf WEB ❶, und übernehmen Sie den MODUS RGB-FARBE ❷. Zuletzt bestätigen Sie mit OK.

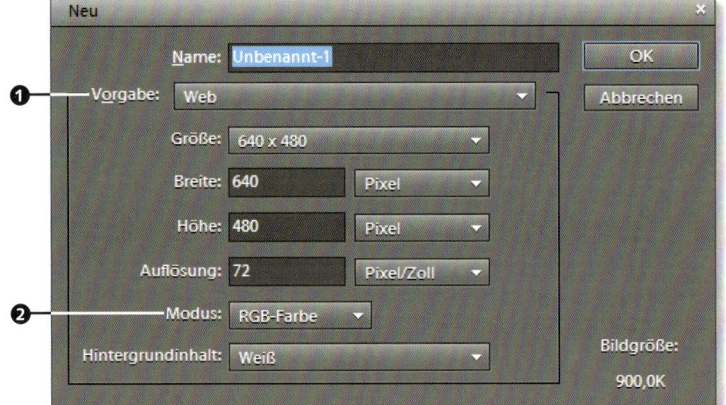

◄ **Abbildung 5.1**
Das sind die Einstellungen für die neue Datei.

Drücken Sie [M] auf Ihrer Tastatur, um das zuoberst angezeigte Auswahlwerkzeug in der Werkzeugleiste zu aktivieren. Drücken Sie abermals [M], um zwischen beiden Werkzeugen zu wechseln. Zuletzt sollten Sie dafür sorgen, dass das Rechteck in der Werkzeugleiste aktiv ist.

▲ **Abbildung 5.2**
Aktivieren Sie das Auswahlrechteck.

2 Rahmen aufziehen

Im Anschluss daran stellen Sie den Mauszeiger auf Ihr Bild und ziehen mit gedrückter Maustaste einen Rahmen auf. Dabei wird das Maus-Symbol zum Kreuz. Sobald Sie loslassen, ist die Auswahl erzeugt, und der Auswahlrahmen wird mit einer blinkenden Strichlinie angezeigt.

▲ **Abbildung 5.3**
Das Füllwerkzeug erreichen Sie über die Taste [K].

3 Rahmen füllen

Drücken Sie jetzt [K], um das Füllwerkzeug in der Werkzeugleiste zu aktivieren, und klicken Sie damit in die Auswahl.

4 Auswahl aufheben

Damit die Auswahlkante wieder verschwindet, drücken Sie [Strg]/[⌘]+[D] oder entscheiden sich im Menü für AUSWAHL • AUSWAHL AUFHEBEN.

▲ **Abbildung 5.4**
Voilá, Ihre erste gefüllte Auswahl – hier bei noch aktiver Auswahlkante. ▪

Als Füllfarbe wird stets die Vordergrundfarbe eingesetzt, die in der Werkzeugleiste eingestellt ist. Wenn Sie also eine bestimmte Farbe wünschen, bestimmen Sie zuerst die Farbe und füllen erst danach die Auswahl.

Wie das genau geht, erfahren Sie sofort. Vorab möchte ich Ihnen aber noch drei Dinge über Auswahlen verraten, die Sie sich unbedingt merken müssen:

▸ Wenn Sie beispielsweise, nachdem Sie mit dem Auswahlwerkzeug auf das Bild geklickt haben, ⌂ gedrückt halten, erzeugen Sie exakte **Kreise** bzw. exakte **Quadrate**.

▸ Die zusätzliche Verwendung von Alt/⌦ erlaubt das Erzeugen der Auswahl aus der Mitte heraus.

▸ Das Ziehen ohne Tasten bewirkt, dass die Auswahl stets von einem Eckpunkt aus erstellt wird.

Probieren Sie die verschiedenen Techniken ruhig einmal aus. Was Ihnen nicht gefällt, können Sie ja mithilfe des Rückgängig-Buttons oder des Protokolls wieder editieren.

5.1.2   Farben für eine Auswahl

Wie Sie bereits erfahren haben, spielt die Farbe, die im unteren Bereich der Werkzeugleiste aktiviert ist, eine bedeutende Rolle. Hier stellt nämlich das oberhalb angeordnete Farbfeld die Vordergrundfarbe ❷ dar, während das untere Feld die Hintergrundfarbe ❹ bestimmt. Über den Button Standardfarben für Vorder- und Hintergrund ❶ können Sie stets auf Schwarz und Weiß zurückschalten. Die gleiche Funktion erfüllt übrigens auch das Tastenkürzel Ⅾ. Wenn Sie auf den kleinen 90°-Pfeil ❸ klicken, werden beide Farben (Vorder- und Hintergrund) miteinander vertauscht. Verwenden Sie für diese Funktion auch die Taste Ⅹ. Wenn Sie diese mehrmals hintereinander drücken, sehen Sie, wie die Farbfelder permanent wechseln.

Um eine **Farbe zu verändern**, klicken Sie auf das zu verändernde Farbfeld der Werkzeugleiste. Es öffnet sich der Farbwähler. Treffen Sie nun durch Selektion des Spektralrahmens ❻ eine Vorauswahl der Farbe, indem Sie auf den gewünschten Ton klicken. Anschließend wählen Sie im großen Selektionsfeld ❺ ebenfalls durch Anklicken einen Farbton. Prinzipiell kann eine Farbe auch über die Eingabefelder RGB ❼ angegeben werden ∎. Nach der Selektion klicken Sie auf OK.

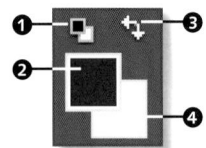

▲ **Abbildung 5.5**
Der Farbwähler im Fuß der Werkzeugleiste

RGB-Werte

Wenn Sie RGB-Werte festlegen, verwenden Sie für jeden Kanal **Rot-**, **Grün-** oder **Blauwerte** von 0 (Farbe ist nicht vorhanden) bis 255 (Farbe ist vollständig vorhanden). Auf diese Weise lassen sich 2553 Farben auswählen.

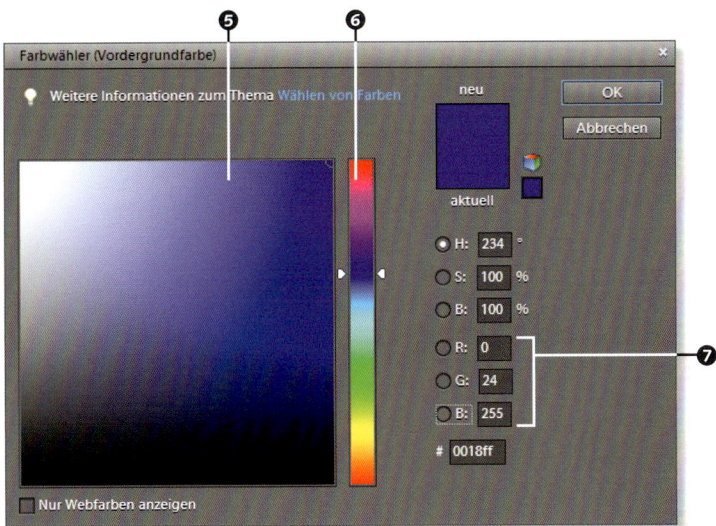

◄ **Abbildung 5.6**
Der Farbwähler präsentiert
über 16,7 Millionen Kombinationen.

Weiterführende Hinweise zu den Farben finden Sie in Abschnitt
5.3, »Mit Buntstift und Pinsel arbeiten«.

5.1.3 Auswahlkombinationen

Die Optionsleiste bietet vielfältige Möglichkeiten im Zusammenhang mit der Auswahl. Stellen Sie hier vorab die gewünschten
Optionen ein.

Ganz links wird das gewählte Werkzeug symbolisiert. Daneben befinden sich vier Buttons, die ausschlaggebend für die Kombination der Auswahloptionen sind. Die folgenden Abbildungen
verdeutlichen die möglichen Kombinationen mithilfe von Quadrat und Kreis, wobei das Quadrat jeweils die erste, der Kreis die
zweite Auswahl darstellt.

▼ **Abbildung 5.7**
Die Optionsleiste bei aktiviertem Auswahlrechteck

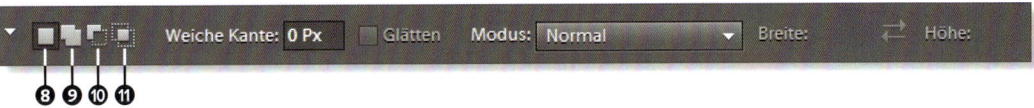

▶ NEUE AUSWAHL ❽: Erzeugen Sie mit jedem Rahmen, den Sie
aufziehen, eine neue Auswahl. Eine eventuell bereits vorhandene Auswahl wird aufgehoben.

▶ DER AUSWAHL HINZUFÜGEN ❾: Erzeugen Sie mehrere Auswahlbereiche innerhalb eines Bildes. Die Bereiche können getrennt
voneinander oder aber überlappend angeordnet werden.

▶ VON AUSWAHL ABZIEHEN ❿: Erzeugen Sie zunächst eine Auswahl durch NEUE AUSWAHL, und schalten Sie anschließend auf

diese Option um, um Bereiche der vorhandenen Auswahl zu entfernen.

▶ SCHNITTMENGE BILDEN ⓫: Erzeugen Sie zunächst eine Auswahl durch NEUE AUSWAHL, und schalten Sie anschließend auf diese Option um, um nur Bereiche auszuwählen, die in beiden Auswahlbereichen übereinanderliegen.

  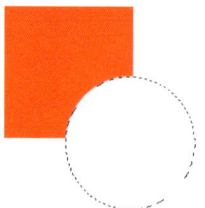 

▲ **Abbildung 5.8**
Es wird immer nur eine Auswahl erzeugt.

▲ **Abbildung 5.9**
Mehrere Auswahlbereiche bilden eine Einheit.

▲ **Abbildung 5.10**
Die neue Auswahl wird von der alten abgezogen.

▲ **Abbildung 5.11**
Nur die übereinanderliegenden Bereiche bleiben erhalten.

5.1.4 Weiche Auswahlkante erzeugen

Wenn Sie eine weich verlaufende Auswahl brauchen, stellen Sie vor dem Aufziehen einer Auswahl WEICHE KANTE in der Optionsleiste ein, indem Sie den Wert für die Anzahl der Pixel angeben, über die die Deckkraft nach außen hin verringert werden soll.

Abbildung 5.12 ▶
Die Auswahl wird am Rand weicher.

5.1.5 Auswahl glätten

Bei Auswahlellipsen kann zusätzlich noch die Funktion GLÄTTEN aktiviert werden. Sie sorgt dafür, dass die Farben zwischen Auswahlkante und Hintergrund miteinander verrechnet werden.

Optisch ergibt sich so ein harmonischerer Übergang zwischen der Auswahl und dem Objekt, das sich hinter ihr befindet.

5.1.6   Auswahlarten

Bisher war die Größe einer Auswahl ja mehr oder weniger dem Zufall überlassen. Um aber genauere Bereiche definieren zu können, wird die Auswahlliste MODUS zur Verfügung gestellt.

◀ **Abbildung 5.13**
Legen Sie die Größe oder das Seitenverhältnis vorher fest.

▶ NORMAL: Die Auswahl wird frei von Größe und Seitenverhältnis erzeugt.

▶ FESTES SEITENVERHÄLTNIS: Tragen Sie in die nebenstehenden Eingabefelder das Verhältnis BREITE zu HÖHE ein. Die Auswahl kann nun lediglich unter Einhaltung der Proportionen erzeugt werden.

▶ FESTE GRÖSSE: Legen Sie über die Eingabefelder BREITE und HÖHE fest, wie groß die Auswahl werden soll. Danach reicht ein Klick auf das Bild, und die Auswahl wird mit diesen Maßen erzeugt.

Bewegung mit den Pfeiltasten
Zur Feinabstimmung lässt sich der Auswahlrahmen auch mit den Pfeiltasten Ihrer Tastatur bewegen. Wollen Sie die Strecke erhöhen, die mit jedem Druck auf die Tasten zurückgelegt wird, halten Sie zusätzlich ⬚ gedrückt.

Bei der Maßangabe für die FESTE GRÖSSE müssen nicht zwingend *Pixelmaße* (Px) angegeben werden. Es ist durchaus erlaubt, auch Größenordnungen wie *Zentimeter* oder *Millimeter* zu verwenden. In diesem Fall müssen Sie jedoch die korrekten **Abkürzungen** für die Maßeinheiten zusätzlich zum Wert eintragen. Lassen Sie die Einheiten weg, geht Photoshop Elements standardmäßig von Pixelmaßen aus.

◀ **Abbildung 5.14**
Verwenden Sie Maßeinheiten!

Auswahlrechteck und Auswahlellipse sind noch längst nicht alle Werkzeuge, mit denen man eine Auswahl erstellen kann. Es stehen Ihnen noch weitere Tools zur Verfügung, die es Ihnen erlauben, sich bei der Auswahl nicht nur auf geometrische Formen und harte Kanten zu beschränken.

5.1.7 Auswahl aufheben

Über das Menü Auswahl • Auswahl aufheben oder durch $\boxed{\text{Strg}}$/
$\boxed{⌘}$+$\boxed{D}$ wird die Auswahl gelöscht.

5.1.8 Lasso-Werkzeuge

Wenn Sie beim Wort »Lasso« assoziieren, dass sich damit für gewöhnlich etwas einfangen lässt, liegen Sie goldrichtig. In der Tat werden auch damit Auswahlbereiche selektiert – allerdings auf andere Art und Weise, als Sie es von den anderen Auswahl-Tools her kennen.

Leider ist das erste der drei Tools nur mit Lasso betitelt. Klicken Sie auf einen beliebigen Bereich der Arbeitsfläche, und ziehen Sie die Linie mit gedrückt gehaltener Maustaste. Sobald Sie die Taste loslassen, wird der Kreis geschlossen. Das Werkzeug eignet sich besonders für nicht symmetrische Auswahlkanten, also Bereiche, die nicht so ohne Weiteres mit Rechtecken, Quadraten, Kreisen oder Ellipsen erzeugt werden können.

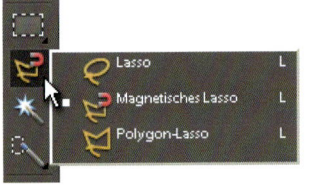

▲ **Abbildung 5.15**
Das Flyout-Menü mit den drei Lasso-Tools

Mit dem Polygon-Lasso werden Geraden bzw. mehr oder weniger regelmäßige Objekte eingekreist und in eine Auswahl umgewandelt. Wenn Sie eine Richtungsänderung vornehmen möchten, setzen Sie durch Mausklick einen Eckpunkt. Das Ziel einer Polygon-Lasso-Auswahl ist stets der Ausgangspunkt. Kehren Sie zum ersten Punkt zurück. Wenn Sie an der richtigen Position angelangt sind, wird das Maussymbol um einen kleinen Kreis erweitert. Dies ist das Indiz dafür, dass der Kreis geschlossen werden kann. Klicken Sie ein weiteres Mal, und die Auswahl ist erzeugt.

Mithilfe des Magnetischen Lassos sucht die Anwendung selbstständig nach kontrastierenden Kanten (z. B. dunklen Bereichen auf hellem Hintergrund). Um eine Auswahl mit dem Magnetischen Lasso zu starten, klicken Sie auf einen Grenzbereich und führen das Werkzeug langsam (ohne Maustaste) möglichst dicht an den Kanten entlang, bis Sie wieder am Ausgangspunkt angelangt sind. Klicken Sie dort erneut, oder führen Sie an einer anderen Stelle einen Doppelklick aus, um die Auswahl zu schließen.

Abbildung 5.16 ▼
Verändern Sie bei Bedarf den Kontrast.

Bei diesem Lasso-Typ ist besonders die Optionsleiste erwäh-
nenswert. Neben der zu berücksichtigenden Auswahlbreite, die
als Fläche zum Vergleich herangezogen wird, kann hier auch ein
Kontrast ❶ eingegeben werden. Damit ist der Kontrast zwischen
Kante und Hintergrund gemeint, der sogenannte Kantenkontrast.
Falls Sie also einen Bereich eingrenzen möchten, der im Verhält-
nis zum Hintergrund keinen hohen Kontrast darstellt, kann dieser
Wert verringert werden.

5.1.9 Zauberstab

Wenn der Hintergrund eine ebenmäßige Farbgebung aufweist,
bietet sich der Zauberstab ✳ an. Wenn Sie auf einen Farbbereich
klicken, wandelt Photoshop Elements diesen Bereich in eine Auswahl um. Wollen Sie dennoch mehrfarbige Bereiche mithilfe des
Zauberstabs auswählen, müssen Sie auch mehrfach klicken, um
die unterschiedlichen Farben aufnehmen zu können. Leider legt
der Zauberstab aber in der Standardeinstellung nach jedem Klick
eine neue Auswahl an (die vorhandene wird aufgehoben). Damit
Sie aber im Bedarfsfall auch eine Mehrfach-Anwahl vornehmen
können, lässt sich das Tool in der Optionsleiste über verschiedene
Schaltflächen ❷ individuell einstellen.

▼ **Abbildung 5.17**
Die Zauberstab-Optionsleiste

Der Wert Toleranz ❸ gibt an, wie groß der farbliche Unterschied
zwischen der aufgenommenen Objektfarbe und dem nicht auf-
zunehmenden Grenzbereich sein darf. Das heißt: Je höher der
Wert ist, desto größer ist der Farbbereich der Aufnahme. Wählen Sie Benachbart ❹ ab, wenn alle Pixel des Bildes, die dem
gleichen Farbspektrum entsprechen, ausgewählt werden sollen.
Möchten Sie hingegen, dass nur ein räumlich zusammengehören-
der Bereich selektiert werden darf, muss Benachbart angewählt
bleiben. Alle Ebenen aufnehmen ❺ schalten Sie dann ein, wenn
Sie die Auswahl aus dem gesamten Bild und nicht nur aus der
gerade aktiven Ebene erzeugen möchten. (Weitere Hinweise zum
Thema Ebenen finden Sie in Kapitel 5, »Grundlegende Arbeitstechniken«.)

Mithilfe des Buttons Kante verbessern ❻, der im Übrigen
erst dann aktiv ist, wenn Sie bereits eine Auswahl erzeugt haben,

▲ Abbildung 5.18
Bei aktivierter Checkbox
BENACHBART (oben) werden nur
angrenzende Bildbereiche aufgenommen. Ist die Funktion
inaktiv (unten), werden ähnliche Farbwerte aus dem gesamten Bild aufgenommen.

können Sie auf weitere Schieberegler zugreifen, die das genauere Anpassen der Auswahlkante zulassen. Diese Funktionen sind
vor allem dann sinnvoll, wenn die Trennung von Vordergrund und
Hintergrund ein unzureichendes Ergebnis liefert. (Einen Workshop dazu finden Sie in Abschnitt 6.1.3, »Komplexe Freistellungen«.)

5.1.10   Auswahl umkehren

Mitunter ist es einfacher, das Objekt selbst aufzunehmen. Auch
das können Sie natürlich machen – selbst dann, wenn Sie eigentlich Bereiche jenseits des Objekts auswählen wollen; denn über
AUSWAHL • AUSWAHL UMKEHREN oder [Strg]/[⌘]+[⇧]+[I] lassen
sich alle »nicht« ausgewählten Bereiche in ausgewählte umwandeln – und umgekehrt natürlich.

5.1.11   Auswahlpinsel

Dieses gute Stück befindet sich standardmäßig in einer Gruppe
mit dem Schnellauswahl-Werkzeug und kann zudem schlicht
über [A] aktiviert werden. Und das funktioniert so: Pinseln Sie
Ihre Auswahl mit gedrückter Maustaste auf. Wie dabei die Auswahl selbst beschaffen sein soll, regelt einmal mehr die Optionsleiste.

Abbildung 5.19 ▶
Auswahlpinsel und Schnellaus-
wahl-Werkzeug bilden eine
Werkzeuggruppe.

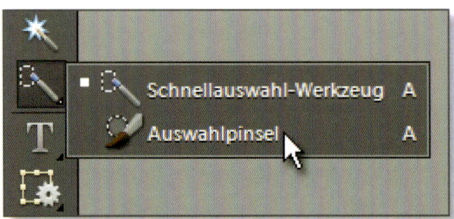

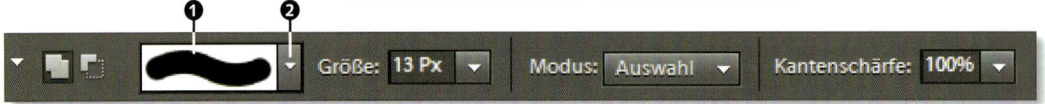

▲ Abbildung 5.20
Die Auswahlpinsel-Optionen

Im ersten Feld wird die Pinselspitze selbst gewählt. Öffnen Sie die
Pulldown-Liste über das kleine Dreieck ❷. Das aktive Tool wird
durch eine schwarze Umrandung ❹ gekennzeichnet. Markieren
Sie eine andere Spitze (die Grafik ❶ zeigt an, wie die jeweilige
Spitze zeichnet), indem Sie einen Mausklick darauf ausführen.

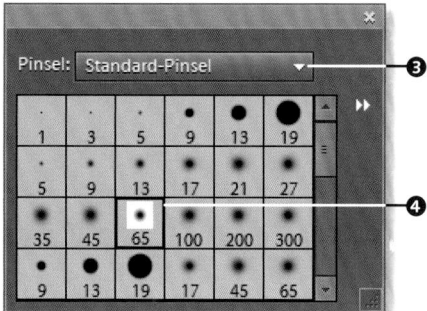

◀ **Abbildung 5.21**
Selektion einer Pinselspitze

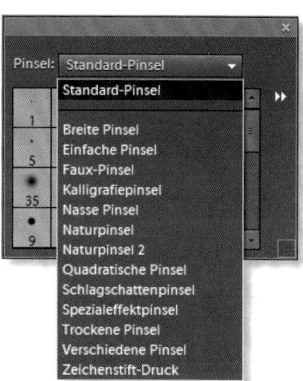

▲ **Abbildung 5.22**
Eine wirklich beeindruckende
Pinselsammlung

Zunächst werden Ihnen Standardpinsel angeboten. Wenn Sie aber aus dem reichhaltigen Sortiment andere Pinselspitzen einstellen möchten, öffnen Sie die Pinselliste ❸. Das Sortiment ist schier unerschöpflich.

Vorher sollten Sie jedoch entscheiden, ob eine weiche oder harte Spitze zum Einsatz kommen soll. Anhand der abgebildeten Umrisse im Flyout-Menü sehen Sie, wie ein Pinselstrich aussehen wird – und ob die Kanten mit dieser Spitze hart oder weich werden. GRÖSSE gibt an, wie groß die Pinselspitze sein soll, mit der die Auswahl letztendlich gezeichnet werden soll. Über die kleine Schaltfläche neben dem Eingabefeld kann die Größe der Spitze eingestellt werden. Es empfiehlt sich auch hier, die Hot-Text-Eigenschaft des Steuerelements zu nutzen und die Bezeichnung GRÖSSE anzuklicken. Wenn Sie während des Ziehens ⬆ gedrückt halten, werden die Werte zusätzlich noch in größeren Schritten verändert. ■ Einfach schön, wenn alles um einen herum interaktiv ist, oder?

Die KANTENSCHÄRFE legt fest, wie groß die Schärfe prozentual im Verhältnis zur Pinselgröße ist. Bei 100% Kantenschärfe wird ein absolut scharfer Pinselrand erzeugt. Je geringer die Kantenschärfe ist, desto größer werden die Übergänge zwischen dem maskierten und dem nicht maskierten Bereich.

Wenn Sie den MODUS auf AUSWAHL stehen lassen, wird wie gewohnt ein Auswahlbereich erzeugt, der mit einer gestrichelten Linie angezeigt wird. Stellen Sie hingegen auf MASKIEREN um, kann mit dem Pinsel-Werkzeug ein **Maskenbereich** aufgezeichnet werden.

Der maskierte Bereich wird als rötliche Fläche dargestellt. Der Vorteil: Das darunterliegende Motiv bleibt noch sichtbar. Zur Ansicht eignet sich der Maskierungsmodus ebenfalls besser. Legen Sie hier Ihre Auswahl an, und schalten Sie anschließend auf

Größenänderung über die Tastatur

Noch schneller gelingt die Größenänderung mithilfe der Raute-Taste. Sie müssen dann noch nicht einmal die Maus auf die Optionsleiste bewegen. Drücken Sie zum Verkleinern der Spitze ⌗ und zum Vergrößern ⬆+⌗.

Auswahlmaske korrigieren

Wenn Sie einmal mehr ausgewählt haben, als in die Auswahl gehört, halten Sie Alt/⌥ gedrückt. Jetzt lassen sich zu viel ausgewählte Bereiche wegmalen. Lassen Sie die Taste los, wenn Sie der Auswahl wieder Bereiche hinzufügen möchten.

MODUS • AUSWAHL um, damit maskierte Bereiche mit der Auswahlkante versehen werden.

Abbildung 5.23 ▼
Wer Rot nicht mag, wechselt die Farbe.

Wenn Sie sich im Modus MASKIEREN befinden, ergänzt sich die Optionsleiste des Auswahlpinsels um zwei weitere Einträge: ÜBERLAGERUNG ❶ und ÜBERLAGERUNGSFARBE ❷.

Bestimmen Sie mit ÜBERLAGERUNG, wie stark die rötliche Farbe sein soll, die als maskierter Bereich aufgetragen werden soll. Auf die eigentliche Auswahl hat diese Funktion keine Auswirkungen. Bei 100 % tragen Sie komplett deckende Farbe auf.

Mit der ÜBERLAGERUNGSFARBE wird letztendlich festgelegt, welche Farbe für den Maskierungsmodus verwendet wird. Klicken Sie auf das Farbfeld, und selektieren Sie, falls gewünscht, eine andere Farbe als das voreingestellte Rot. Die Farbe selbst hat ebenfalls keine Auswirkungen auf die Maskierung, sondern nur auf die Darstellung. Bei der Maskierung rötlicher Objekte ist eine andere Maskenfarbe als Rot ja mit Sicherheit besser geeignet.

5.1.12   Schnellauswahl-Werkzeug

Das Schnellauswahl-Werkzeug wird prinzipiell genauso bedient wie der Auswahlpinsel. Im Gegensatz zum Auswahlpinsel liegt seine große Stärke aber in der Fähigkeit, die Kanten selbst aufzuspüren. Wenn Sie es also mit Objekten zu tun haben, die sich nur schwer vom Hintergrund abheben, ist das Schnellauswahl-Werkzeug allererste Wahl.

▲ **Abbildung 5.24**
Objekte bewegen Sie meist mit dem Verschieben-Werkzeug.

5.1.13   Verschieben-Werkzeug

Dieses Werkzeug erlaubt die Positionierung von Objekten mittels Drag & Drop und bietet zudem einige Ausrichten-Funktionen. Sowohl Ebenen als auch Begrenzungsrahmen werden im folgenden Abschnitt näher erläutert.

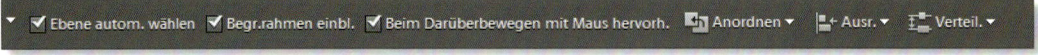

▲ **Abbildung 5.25**
Die Optionsleiste des Verschieben-Tools

▸ EBENE AUTOMATISCH WÄHLEN: Wenn mehrere Bildobjekte auf verschiedenen Ebenen platziert sind, wird stets das Objekt ausgewählt, das mithilfe des Verschieben-Tools angeklickt wird. Ist das Steuerelement EBENE AUTOMATISCH WÄHLEN deaktiviert, können Sie die aktuell eingestellte Ebene nicht verlassen.

▸ BEGRENZUNGSRAHMEN EINBLENDEN: Um das aktive Objekt wird ein Rahmen mit Anfassern angezeigt, der ein komfortableres Handling gestattet.

Die Funktionen weiter rechts möchte ich noch einen Moment zurückstellen. Dazu ist es nämlich vorab wichtig, sich mit dem Thema Ebenen vertraut zu machen.

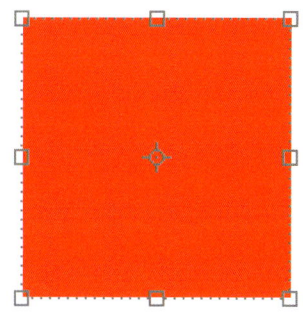

▲ **Abbildung 5.26**
Rechteck mit Begrenzungsrahmen

5.2 Farben

5.2.1 Farben am Bildschirm

Am Monitor kommt stets der RGB-Modus zum Einsatz. Das Bild setzt sich dort aus Anteilen von Rot, Grün und Blau zusammen. Jede einzelne dieser drei Grundfarben stellt einen **Farbkanal** dar. Nun kann wiederum jeder der drei Kanäle mit unterschiedlicher Intensität vorhanden sein. Bei einem Wert von 0 ist die jeweilige Farbe nicht vorhanden. Der Maximalwert eines Kanals beträgt 255, wobei in diesem Fall die Farbe voll vorhanden ist. Daraus ist abzuleiten, dass jeder Kanal in 256 unterschiedlichen Farbabstufungen dargestellt werden kann (255 plus »Farbe nicht vorhanden« = 256 Möglichkeiten). Somit stehen Ihnen 16.777.216 Farbkombinationen (256 × 256 × 256) zur Verfügung. Eine ganze Menge, oder?

Alle drei Grundfarben ergeben, wenn sie zusammen in voller Intensität vorliegen, reines **Weiß**. Ist keine der drei Farben vorhanden, liegt reines **Schwarz** vor. Um diese Tatsache zu verinnerlichen, kann man sich eine effektive »Eselsbrücke« bauen: Nennen wir die RGB-Farben einfach **Bildschirmfarben**, da dieses Farbsystem ja dort, wie wir bereits wissen, zum Einsatz kommt. Stellen Sie sich also einen ausgeschalteten Bildschirm vor – er ist schwarz. Erst wenn wir ihn einschalten, zeigt er Farben.

▲ **Abbildung 5.27**
Der additive Farbkreis

5.2.2 Farben ausdrucken

Aber was ist nun mit dem Druck? Hier wird nicht das additive, sondern das **subtraktive Farbsystem** benutzt, bei dem (von

Schmuckfarben einmal abgesehen) Cyan, Magenta, Gelb (Yellow) und Schwarz (Key) zum Einsatz kommen. Das Farbsystem heißt deshalb auch CMYK. Spätestens hier sind die Fähigkeiten von Elements ausgereizt. Wenn Sie sich mit diesem Bereich intensiver befassen möchten, werden Sie wohl auf den »großen Bruder« Photoshop CS5 umsatteln müssen. Für Sie als Elements-User gibt es dennoch eine gute Nachricht zum Schluss: Sie müssen sich um Farbraumumwandlungen zum Druck keinerlei Gedanken machen. Das erledigt nämlich Ihr heimischer Drucker für Sie. Belassen Sie alle Bilder zum Druck in **RGB**. Das druckereigene Farbmanagement wandelt alles vorab in CMYK um.

5.3   Mit Buntstift und Pinsel arbeiten

▲ **Abbildung 5.28**
Pinsel ❶ und Buntstift ❷ liegen in einem Fach in der Werkzeugleiste.

Mit dem Buntstift und dem Pinsel lassen sich Formen und Farben zu Papier bringen. Als Beispiel arbeiten wir zunächst mit dem Buntstift.

5.3.1   Mit dem Buntstift malen

Wählen Sie das Buntstift-Werkzeug in der Werkzeugleiste aus, oder drücken Sie [N] auf Ihrer Tastatur. Die vorgegebene Größe des Stiftes beträgt **1 Pixel**. Das dürfte manchmal zu wenig sein. Stellen Sie daher eine andere GRÖSSE ❹ über die Optionsleiste ein, oder entscheiden Sie sich für eine der vorgegebenen Werkzeugspitzen im Flyout-Menü ❸ links neben GRÖSSE. Achten Sie darauf, dass ganz oben auf dem Bedienfeld im Menü PINSEL die Standardpinsel eingestellt sind.

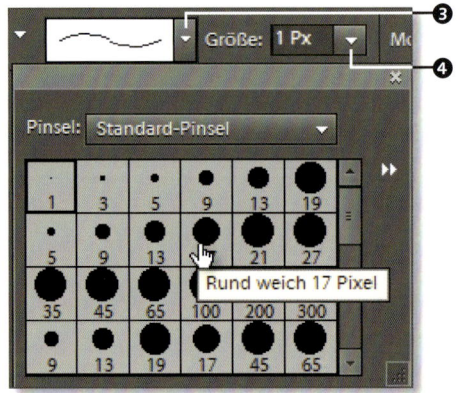

Abbildung 5.29 ▶
Vordefinierte Pinselspitzen aus dem Flyout-Menü der Optionsleiste

Die einfachste Form des Malens mit dem Buntstift ist natürlich die, mit einer Mausbewegung und gleichzeitig gedrückter Maustaste eine Form zu ziehen. Lassen Sie die Taste los, wenn die gewünschte Form erreicht ist.

⬦ spielt beim Zeichnen eine bedeutende Rolle. Klicken Sie zunächst auf die Arbeitsfläche, halten Sie dann die Maustaste gedrückt, ohne jedoch eine Bewegung auszuführen. Nun halten Sie ⬦ gedrückt und bewegen die Maus. Damit erreichen Sie exakt horizontal oder vertikal angeordnete gerade **Linien**.

Halten Sie ⬦ während des gesamten Zeichenvorgangs gedrückt, und klicken Sie dann mehrmals kurz auf unterschiedliche Stellen der Arbeitsfläche, um **Verbindungen** zu erzeugen.

Wollen Sie die Kanten eines Strichs zu den Seiten hin weich auslaufen lassen, kommen Sie mit dem Buntstift allerdings nicht weiter. Hier sollten Sie den Pinsel zum Einsatz bringen. Die Abbildung zeigt übrigens eine harte Buntstiftspitze sowie eine weiche Pinselspitze bei ansonsten gleicher Größe.

▲ **Abbildung 5.30**
Die Buntstift-Freiform

▲ **Abbildung 5.31**
Linien lassen sich auch gerade miteinander verbinden.

▲ **Abbildung 5.32**
Gerade Linien mit ⬦

▲ **Abbildung 5.33**
Weiche Spitzen sorgen für verblassende Konturen.

Setzen Sie vor dem Zeichnen die DECKKRAFT über den Schieber in der Optionsleiste herunter, um mit verringerter Deckkraft malen zu können. Unterhalb befindliche Ebenen oder Objekte würden dadurch teilweise sichtbar bleiben.

5.3.2 Mit dem Pinsel malen

Der Pinsel funktioniert prinzipiell genauso wie der Buntstift, mit der bereits erwähnten Ausnahme, dass auch weiche Spitzen zur Verfügung stehen. Sein Tastenkürzel lautet Ⓑ.

▲ **Abbildung 5.34**
Zeichnen Sie mit verringerter Deckkraft.

5.4   Mit Smartpinseln arbeiten

Zwei interessante Werkzeuge sind der Smartpinsel und der Detail-Smartpinsel. Beide finden Sie (in einer Gruppe zusammengefasst) unterhalb der »normalen« Pinselgruppe.

Wenn Sie einen der beiden Pinsel aktivieren, öffnet sich zeitgleich ein Pulldown-Menü in der Optionsleiste. Hier können Sie dann auch gleich festlegen, welchen Aufgabenbereich das Werkzeug abdecken soll. Zunächst einmal lässt sich die Liste durchscrollen und die gewünschte Operation per Mausklick anwählen.

Das ist aber noch längst nicht alles. Vielmehr lässt sich die Ansicht dieses Menüs einstellen. So können Sie sich einen viel besseren Überblick über die gesamten Funktionen verschaffen. Klicken Sie dazu auf den kleinen Doppelpfeil oben rechts ❸, und entscheiden Sie sich für eine Darstellungsform. Das Fenster selbst lässt sich zudem unten rechts ❹ per Drag & Drop nach Wunsch in Form ziehen.

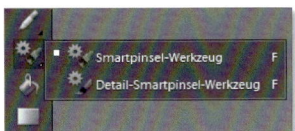

▲ **Abbildung 5.35**
Smartpinsel für komplexe Aufgaben

Abbildung 5.36 ▶
Stellen Sie die Miniaturdarstellung nach Wunsch ein.

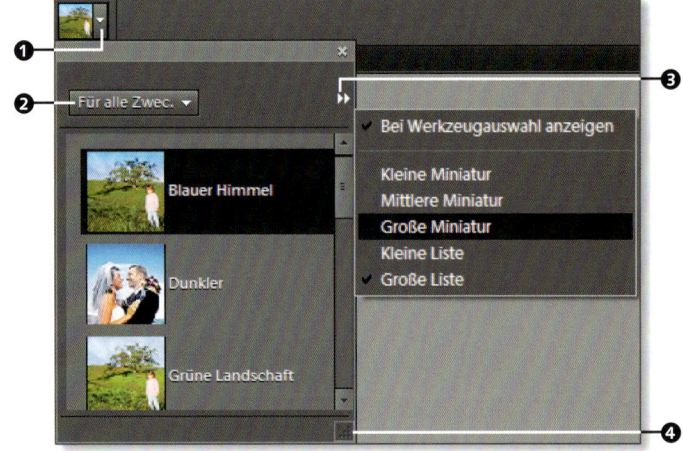

Richtig interessant wird das Ganze aber erst, wenn Sie das Pulldown-Menü ❷ nutzen. Im ursprünglichen Zustand ist der Eintrag FÜR ALLE ZWECKE gelistet. Dass dort aber noch viel mehr möglich ist, können Sie in Abschnitt 8.2.3, »Farben ersetzen«, nachlesen.

Das Fenster selbst schließt sich automatisch, nachdem Sie das Werkzeug erstmals verwendet haben (sprich: auf das zu bearbeitende Bild geklickt haben). Gut so, denn bei der weiteren Bearbeitung würde es ja nur stören. Wollen Sie das Fenster erneut öffnen, müssen Sie auf die Dreiecksschaltfläche ❶ klicken. Zudem öffnet sich das Menü auch dann, wenn Sie ein anderes Werkzeug anwählen und dann zum Smartpinsel zurückkehren. Ein praktisches Beispiel zum Smartpinsel finden Sie in Abschnitt 8.2.3, »Farben ersetzen«, und in Abschnitt 10.3.1, »Zahnkosmetik«.

5.5   Ebenen

Ebenen sind die Basis von Fotomontagen. Stellen Sie sich Ebenen als übereinanderliegende Folien vor. Dort, wo die Folien unbedruckt sind, ergeben sich Transparenzen, die freie Sicht auf die darunter befindliche Folie gewähren. So lassen sich natürlich interessante Bildkompositionen erzeugen.

Ebenen.tif

◀ **Abbildung 5.37**
Ebenen liegen wie Folien übereinander.

Im Ebenen-Bedienfeld ist für jede dieser Folien nun ein eigener Eintrag aufgelistet. Dabei entspricht die Reihenfolge der Einträge dem Zustand im Bild: Was im Bedienfeld ganz oben angezeigt wird, ist auch auf dem Bild zuoberst bzw. vorne. Die Datei dazu finden Sie unter dem Namen »Ebenen.tif« in den Beispieldateien.

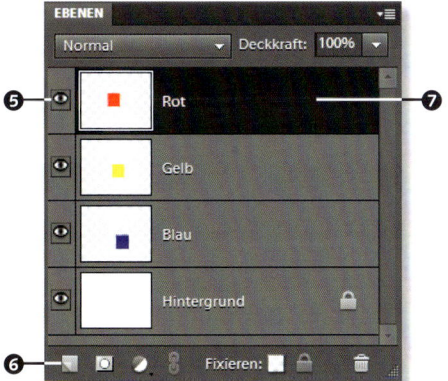

◀ **Abbildung 5.38**
Jede Ebene wird mit einer Vorschauminiatur angezeigt.

▲ **Abbildung 5.39**
Am Augen-Symbol ist zu erkennen, ob die Ebene unsichtbar (links) oder sichtbar ist (rechts).

Die jeweils schwarz markierte Ebene ❼ ist ausgewählt und kann somit bearbeitet werden. Wollen Sie eine andere Ebene bearbeiten, müssen Sie diese vorab markieren. Die kleinen **Augen-Symbole** ❺ vor der jeweiligen Ebene symbolisieren die Sichtbarkeit. Klicken Sie das Auge an, um die Ebene auszublenden – das Auge verschwindet. Ein erneuter Klick auf die nun freie Stelle lässt die Ebene wieder erscheinen. Achten Sie in diesem Zusammenhang darauf, dass die Ebene auch im Bild selbst unsichtbar wird, wenn sie im Ebenen-Bedienfeld deaktiviert wird.

Wussten Sie eigentlich, dass Sie in diesem Buch bereits selbst Ebenen erzeugt haben? Das ist zumindest dann der Fall, wenn Sie den Workshop »Pop-Art mit dem Assistenten erzeugen« in Abschnitt 3.8.1 gemacht haben. Schauen Sie sich einmal das Ergebnis, »Rahmen_fertig.tif« aus dem Ergebnisordner der Beispieldateien an. Bei Anwendung des Effekts sind neue Ebenen im Hintergrund produziert worden.

Abbildung 5.40 ▶
Jedes der vier Bildelemente ist eine eigenständige Ebene.

5.5.1   Neue Ebene erzeugen

Erzeugen Sie eine neue Ebene, indem Sie das Symbol NEUE EBENE ERSTELLEN ❻ markieren oder EBENE • NEU • EBENE wählen. Bestätigen Sie den Folgedialog mit OK. Vorab können Sie der neuen Ebene noch einen Namen geben (optional).

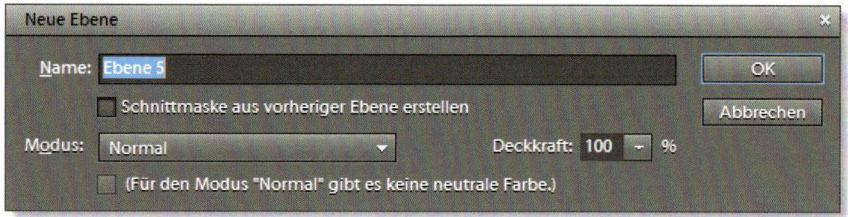

▲ **Abbildung 5.41**
Den MODUS belassen Sie in der Regel bei NORMAL.

5.5.2 Hintergrund und Ebene

Sie haben ja bereits erfahren, dass Ebenen wie übereinander-
liegende Folien wirken, die in der Gesamtheit das Bild ergeben.
Grundsätzlich muss aber unterschieden werden zwischen einer
Ebene und dem *Hintergrund*. Hintergründe sind nicht so ohne
Weiteres editierbar. Ist Ihnen das Schloss-Symbol an der rechten
Seite des Hintergrunds schon aufgefallen? Es ist ein Indiz dafür,
dass die Ebene nicht als solche bearbeitet werden kann.

Sie könnten nun z. B. das Pinsel-Werkzeug aktivieren und eine
Farbe auftragen. Darüber hinaus lassen sich Inhalte löschen. An
den Stellen, an denen Sie beispielsweise eine Auswahl entfernen
(BEARBEITEN • LÖSCHEN), entsteht ein Loch – gefüllt mit der aktuell eingestellten Hintergrundfarbe. Doch wirklich nützlich ist das
nicht, denken Sie nicht auch?

Nützlicher ist da schon die Umwandlung des Hintergrunds in
eine Ebene. Dann nämlich stehen Ihnen alle Optionen der her-
kömmlichen Ebenenbearbeitung zur Verfügung. Oder noch besser: Sie arbeiten gleich mit mehreren Ebenen. Und da Sie jetzt
schon viel zu lange mit blanker Theorie konfrontiert worden sind,
möchte ich Ihnen für dieses Thema auch viel lieber wieder einen
Workshop anbieten. Sie werden dabei eine Menge Neues lernen
– versprochen.

> **Eigenständiges Ebenen-Bedienfeld**
>
> Das Ebenen-Bedienfeld kön-
> nen Sie, wie alle anderen
> Bedienfelder auch, aus dem
> Bedienfeldbereich heraus-
> nehmen, indem Sie es an
> der Registerkarte markieren
> und mit gedrückt gehaltener
> Maustaste auf den Arbeits-
> bereich ziehen. Das Bedien-
> feld kann zudem über den
> Schließen-Button von der
> Oberfläche entfernt werden.
> Wenn Sie es erneut zur Ver-
> fügung stellen wollen, müs-
> sen Sie über das FENSTER-
> Menü das betreffende
> Bedienfeld erneut auswählen
> (z. B. FENSTER • EBENEN).

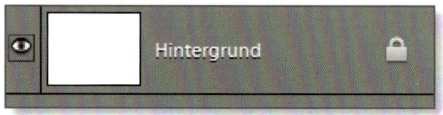

▲ **Abbildung 5.42**
Die umgewandelte Hintergrundebene

Bateau.tif

Schritt für Schritt: Einen Himmel austauschen

Bevor Sie sich so richtig in die Arbeit stürzen, soll nicht unerwähnt bleiben, dass es zur Optimierung des Himmels eigentlich den Smartpinsel gibt. Da dieser aber beim Foto »Bateau.tif« überhaupt nichts ausrichten kann (Sie können es gern versuchen!), muss der Himmel komplett ausgetauscht werden ■.

Solche Aufnahmen sind übrigens keine Seltenheit. Oft wird das Gegenlicht, das der Himmel produziert, bei einsetzender Dämmerung vollkommen unterschätzt. Fotografiert man jetzt im Automatik-Modus, kann der blaue Himmel schnell in Richtung Weiß »überstrahlen«.

Die Funktionsweise des Smartpinsels

Das Smartpinsel-Tool versagt hier, weil der Himmel reinweiß ist – der Pinsel benötigt nämlich ein Minimum an Farbe, um überhaupt wirken zu können. Deswegen muss der Himmel hier ausgetauscht werden.

Abbildung 5.43 ▶
Der Himmel in diesem Bild ist reinweiß und soll deshalb ausgetauscht werden.

© Renate Klaßen

1   Hintergrund in eine Ebene umwandeln

Wandeln Sie den Hintergrund in eine Ebene um. Am schnellsten erreichen Sie das, indem Sie auf den freien Bereich des Ebenen-Bedienfelds zwischen dem Wort »Hintergrund« und dem Schloss doppelklicken. (Alternative: Stellen Sie im Menü EBENE • NEU • EBENE AUS HINTERGRUND ein.) Im folgenden Dialog können Sie, falls gewünscht, einen sinnvolleren Namen als **Ebene 0** vergeben. Mit OK oder ⏎ wird der Hintergrund danach in eine Ebene umgewandelt.

Abbildung 5.44 ▶
Sinnvolle Ebenennamen helfen Ihnen, den Überblick in Ihrer Datei zu behalten.

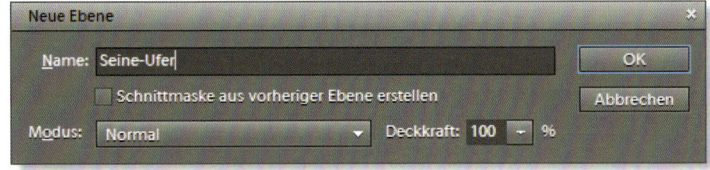

Die Ebene selbst ist im Ebenen-Bedienfeld schwarz hinterlegt und symbolisiert so, dass sie ausgewählt ist – Kunststück, denn sie ist ja die einzige im Bild. Aber was erfreulich ist: Das Schloss ist verschwunden – und die Ebene ist somit editierbar.

◄ **Abbildung 5.45**
Die umgewandelte
Hintergrundebene

2 Eine neue Ebene hinzufügen

Fügen Sie eine neue Ebene hinzu, indem Sie das kleine Blatt-Symbol in der Fußleiste des Ebenen-Bedienfelds markieren. Es ist mit NEUE EBENE ERSTELLEN betitelt. Anschließend werden Sie sehen, dass nun nicht mehr die Ebene SEINE-UFER, sondern EBENE 1 markiert ist. Die kleinen Karos deuten auf Transparenzen hin, da die Ebene selbst noch über keinen Inhalt verfügt.

◄ **Abbildung 5.46**
Photoshop Elements benennt
die neue Ebene automatisch
mit EBENE 1.

3 Ebene selektieren

Standardmäßig ist eine neu hinzugekommene Ebene markiert, was bedeutet, dass Sie nun mit ihr arbeiten können. Wenn Sie allerdings lieber auf der unteren Ebene arbeiten wollen, klicken Sie diese einfach im Bedienfeld an. Die schwarze Markierung geht nun auf diese Ebene über. Genau das sollten Sie jetzt wieder mit der Seine-Ebene machen.

Abbildung 5.47 ▸
Die untere Ebene soll markiert
werden.

4 Den Zauberstab einstellen

Drücken Sie jetzt ⓦ auf Ihrer Tastatur, um den Zauberstab aus
der Werkzeugleiste zu aktivieren. Er wird dazu verwendet, Farbbereiche aus einem Bild aufzunehmen und in eine Auswahl umzuwandeln. Damit soll jetzt der triste Himmel entfernt werden.
Kontrollieren Sie die Einstellungen in der Steuerelementleiste.
Stellen Sie eine TOLERANZ von 32 ein, und aktivieren Sie, sofern
dort nicht bereits Häkchen gesetzt sind, sowohl die Funktion
GLÄTTEN als auch BENACHBART.

Abbildung 5.48 ▾
Zunächst wird das Werkzeug
eingestellt.

5 Optional: Zauberstab mehrfach benutzen

Klicken Sie jetzt mit dem Zauberstab auf die Fläche des Fotos,
die den Himmel ausmacht. Damit ist bereits der gesamte Himmel
aufgenommen, und Sie können zum nächsten Schritt wechseln.
An dieser Stelle sei noch erwähnt, was Sie tun müssen, wenn
nicht alle Bereiche des Himmels aufgenommen werden. Das
könnte nämlich ganz oben links der Fall sein. Dann nämlich sollten Sie noch auf den zweiten Button innerhalb der Optionsleiste
klicken. Die dazugehörige QuickInfo zeigt DER AUSWAHL HINZU-
FÜGEN, wenn Sie den Mauszeiger einen Moment darauf ruhen lassen. Dadurch ist gewährleistet, dass Sie den Zauberstab mehrfach
benutzen können. Ist hingegen der erste Button NEUE AUSWAHL
aktiv, werden Sie nach jedem Mausklick mit dem Zauberstab eine
neue Auswahl generieren – die vorhandene wird dann nämlich
verworfen. Klicken Sie zuletzt auf die Stelle, die noch nicht in die
Auswahl integriert worden ist.

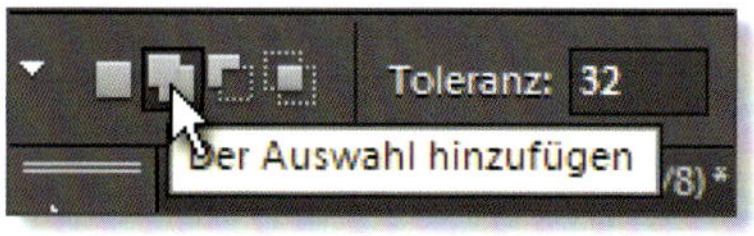

◀ **Abbildung 5.49**
Um der Auswahl weitere Bereiche hinzufügen, müssen Sie
die entsprechende Option des
Zauberstabs aktivieren.

6 **Ebeneninhalte mit dem Zauberstab entfernen**

Jetzt müssen Sie nichts weiter tun, als die Taste ⎡Entf⎤/⎡←⎤ auf
Ihrer Tastatur zu drücken (Alternative: Bearbeiten • Löschen).
Damit wird der gesamte Himmel entfernt – und zurück bleibt das
nette Karo-Muster, das stets Indiz für Transparenzen ist, also für
inhaltslose Ebenenbereiche.

◀ **Abbildung 5.50**
Der Himmel wurde entfernt –
zurück bleibt ein Karo-Muster.

7 **Auswahl aufheben**

Na, gefällt Ihnen der neue Himmel? Sieht doch schick aus, oder? –
Nein, mal im Ernst: Natürlich müssen wir jetzt noch einen neuen
Himmel erschaffen. Bevor wir das aber machen, müssen zunächst
einmal diese lästigen Ameisen-Linien weg, die unsere Auswahl
repräsentieren. Dazu drücken Sie ⎡Strg⎤/⎡⌘⎤+⎡D⎤ oder entscheiden sich im Menü für Auswahl • Auswahl aufheben.

> **Transparenzansicht**
>
> Dieses unschöne Karo-Mus-
> ter weist lediglich darauf hin,
> dass es sich um transparente
> Ebenenbereiche handelt,
> und dient lediglich zur Visu-
> alisierung dieser Gegeben-
> heit. Sie müssen also nicht
> befürchten, dass die Karos
> später, beispielsweise im
> Druck, noch vorhanden sind
> und mit ausgegeben wer-
> den.

8 **Farbe für den Himmel einstellen**

Setzen Sie zunächst die Farben, die Photoshop Elements verwenden soll, auf den voreingestellten Standard. Das erreichen Sie,
indem Sie ⎡D⎤ auf Ihrer Tastatur drücken. Dann nämlich ist Weiß
als Hintergrundfarbe definiert. Die benötigen wir. Wählen Sie
jetzt allerdings noch eine passende Vordergrundfarbe aus. Dazu
klicken Sie in der Werkzeugleiste auf die obere der beiden Farbflächen am Ende der Werkzeugleiste.

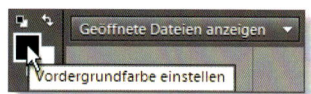

▲ **Abbildung 5.51**
Ein Klick auf die Farbfläche
öffnet den Farbwähler.

Natürlich wäre ein strahlend blauer Himmel ganz nett. Der würde aber nicht zur allgemeinen Farbstimmung des Fotos passen. Geben Sie deshalb folgende Werte in die RGB-Eingabefelder ein: R = »90«, G = »100«, B = »155« ❶, indem Sie in das erste Eingabefeld doppelklicken und jeweils nach einer Eingabe Tab drücken, bevor Sie den nächsten Wert eingeben. Anschließend bestätigen Sie mit OK.

Abbildung 5.52 ▶
Das Blau für den Himmel soll nicht ganz so kräftig werden.

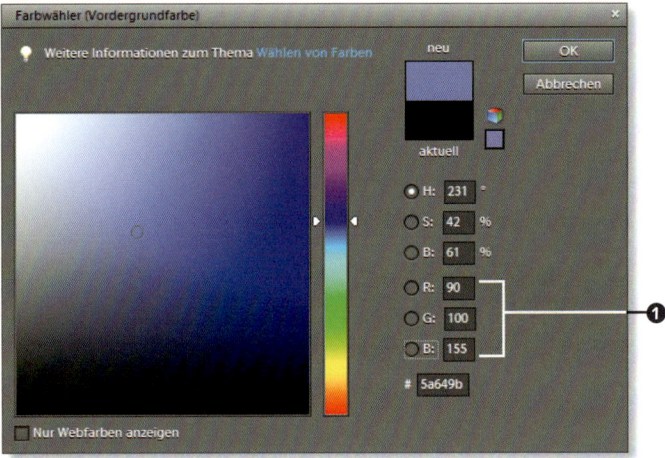

9   Himmel-Ebene mit Farbe füllen

Widmen Sie sich jetzt noch einmal dem Ebenen-Bedienfeld, und aktivieren Sie die Transparenzebene (EBENE 1). Drücken Sie K, um das Füllwerkzeug zu aktivieren, und klicken Sie damit einmal auf das Bild. Verzagen Sie nicht, wenn jetzt alles einheitlich blau ist.

Abbildung 5.53 ▶
Die oberste Ebene ist komplett mit der Vordergrundfarbe gefüllt worden. Sie verdeckt zudem das Foto.

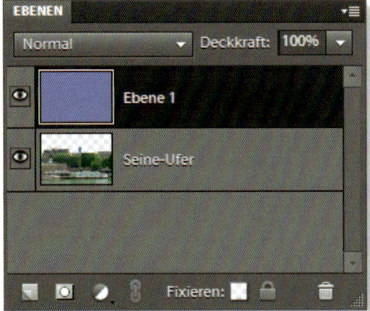

10   Wolken-Filter integrieren

Jetzt werden Sie Ihren ersten Filter zum Einsatz bringen. Ich sagte ja: Sie erfahren in diesem Workshop eine Menge Neues.

Entscheiden Sie sich in der Menüleiste der Anwendung jetzt für Filter • Renderfilter • Wolken.

11   Ebenen vertauschen

Aktivieren Sie das Verschieben-Werkzeug ($\boxed{V}$ drücken!), und wählen Sie aus der Menüleiste Ebene • Anordnen • Nach hinten stellen. (Für Fans des Ebenen-Bedienfelds: Ziehen Sie mit gedrückter Maustaste die Ebene 1 im Ebenen-Bedienfeld »unter« die Bildebene. Im Anschluss an diesen Workshop wird diese Technik noch einmal genauer erklärt.) Übrigens gibt es auch in der Steuerelementleiste eine Anordnen-Schaltfläche, mit der Sie ebenfalls zum Ziel gelangen.

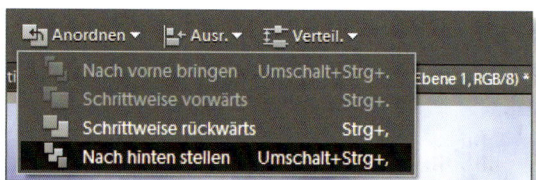

◄ **Abbildung 5.54**
Die Himmel-Ebene wird hinter die Bildebene gestellt.

12   Optional: Filter erneut anwenden

Zurück zum Wolken-Filter: Es ist nämlich so, dass dessen Struktur nach einem Zufallsprinzip generiert wird. Das sorgt natürlich dafür, dass eine Wolkenstruktur niemals der anderen gleicht. Das bedeutet aber auch: Wie der Himmel letztendlich aussehen soll, darauf haben Sie gar keinen Einfluss. Gefällt Ihnen die aktuelle Struktur nicht, können Sie den letzten Filter wiederholen, indem Sie die Tastenkombination $\boxed{\text{Strg}}$/$\boxed{\cmd}$+$\boxed{F}$ drücken. Dadurch wird dann ein anderes, vielleicht schöneres Muster erzeugt. Wiederholen Sie den Schritt so oft, bis Ihnen die Blau-Weiß-Anteile zusagen.

13   Optional: Ebene strecken

Eine weitere Möglichkeit, das Muster zu verändern, ist folgende: Ziehen Sie die Rahmen der Bildebene mit gedrückter Maustaste nach Wunsch in Form. (Dazu muss Begrenzungsrahmen einblenden bei gewähltem Verschieben-Werkzeug aktiv sein.) Vor allem das Verziehen in die Breite lohnt sich hier. Wenn Sie mit dem Ergebnis zufrieden sind, bestätigen Sie mit $\boxed{\hookleftarrow}$. Denken Sie bitte auch hier daran, dass Sie die Größe der Ansicht jederzeit ändern können, indem Sie $\boxed{\text{Strg}}$/$\boxed{\cmd}$+$\boxed{+}$ bzw. $\boxed{\text{Strg}}$/$\boxed{\cmd}$+$\boxed{-}$ drücken.

Abbildung 5.55 ▶
Durch das Verzerren der
Himmel-Ebene wirken
die Wolken noch realis-
tischer.

14   Auf Hintergrundebene reduzieren

Im letzten Schritt ist das Foto horizontal gedehnt worden. Das
bedeutet: Es sind jetzt Bildbereiche jenseits der Begrenzung vorhanden – sprich: nicht sichtbar. Zudem besteht das Bild noch aus
mehreren Ebenen. Beides führt zu unnötigen Aufblähungen der
Dateigröße. Deswegen ist es sinnvoll, Ergebnisse, die nicht mehr
weiterbearbeitet werden müssen, vor dem Speichern auf die Hintergrundebene zu reduzieren. Klicken Sie auf die Fenstermenü-
Schaltfläche des Ebenen-Bedienfelds, und entscheiden Sie sich
für AUF HINTERGRUNDEBENE REDUZIEREN.

Abbildung 5.56 ▶
So sorgen Sie dafür, dass die
Ebenen zu einem einheitlichen
Hintergrund verschmelzen.

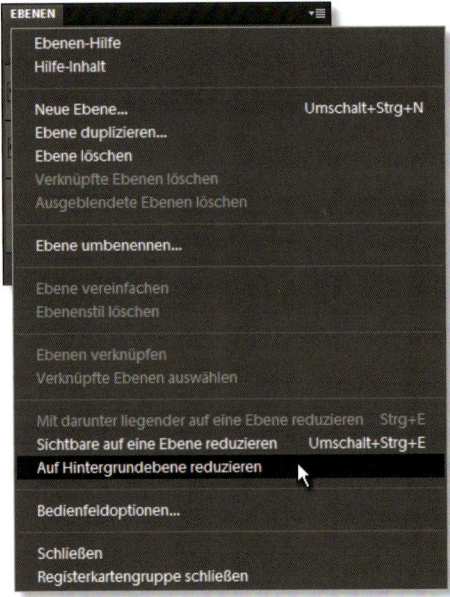

Das fertige Bild finden Sie zum Vergleich im Ordner ERGEBNISSE, Dateiname: »Bateau_fertig.tif«.

▲ **Abbildung 5.57**
Mit Photoshop Elements sorgen Sie für Ihr eigenes Wetter. ■

5.6   Weitere Ebenenoptionen

Nun hat das Ebenen-Bedienfeld noch weit mehr zu bieten. Und auch auf diese Funktionen sollten Sie natürlich nicht verzichten. Das Ebenen-Bedienfeld ist das Herzstück Ihrer Bildbearbeitungssoftware. Je routinierter Sie mit ihm arbeiten, desto besser werden auch Ihre Bildergebnisse sein.

5.6.1   Ebenen verschieben und ausrichten

Wie Sie Ebenen verschieben können, haben Sie ja bereits im vorangegangenen Workshop erfahren. Allerdings gibt es noch weitere, ebenfalls effektive Möglichkeiten. Zum Verschieben einer Ebene innerhalb des Ebenen-Bedienfelds wählen Sie diese zunächst an und ziehen sie dann mittels Drag & Drop an die gewünschte Stelle. Auf diese Weise lassen sich die unterschiedlichen »Folien« Ihres Bildes anordnen.

Mehrere Ebenen gleichzeitig verschieben Sie, indem Sie diese mit ⌈Strg⌉/⌘ markieren und dann mit gedrückter Maustaste verschieben. Ein horizontaler schwarzer Balken zeigt an, wo Sie eine Ebene fallen lassen können. Zudem können Sie die zu verschiebenden Ebenen zwischen zwei vorhandenen Ebenen – oberhalb der obersten oder unterhalb der untersten – anordnen. Letzteres gilt allerdings nur, sofern es sich bei der untersten Ebene nicht um einen gesperrten Hintergrund handelt. Wenn Sie Ebenen markieren, während Sie ⌨ gedrückt halten, werden im Übrigen alle dazwischenliegenden Ebenen mit ausgewählt.

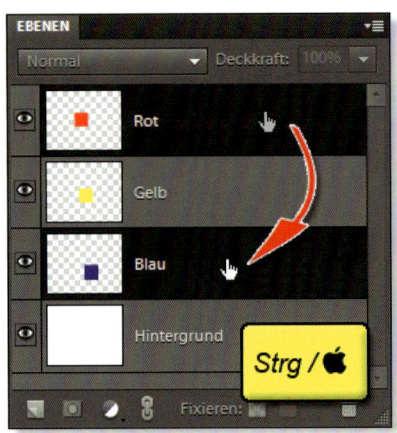 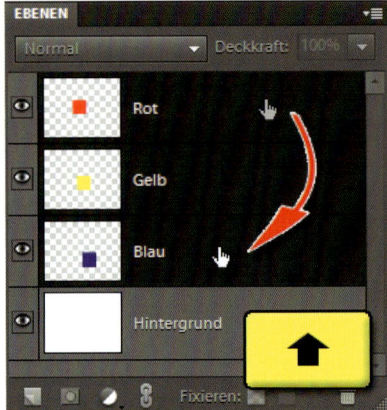

▲ **Abbildung 5.58**
Mit Strg/⌘ bzw. ⌨ können mehrere Ebenen gleichzeitig markiert werden.

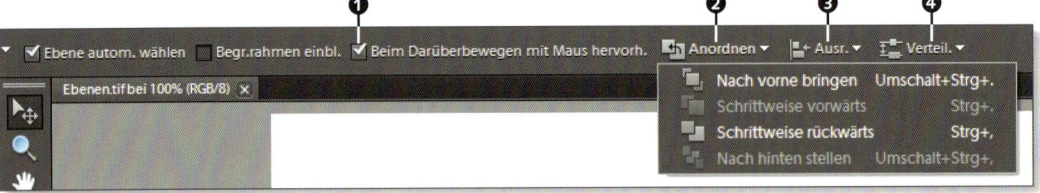

▲ **Abbildung 5.59**
Bereits nach vorn gestellte Objekte können nur weiter bzw. ganz nach hinten gestellt werden.

Ach, ja: Ich schulde Ihnen ja noch Erklärungen zu den weiteren Funktionen der Verschieben-Steuerelementleiste. Damit haben Sie nämlich die Möglichkeit, ebenenübergreifend zu arbeiten:

▸ BEIM DARÜBERBEWEGEN MIT MAUS HERVORHEBEN ❶: Wenn Sie mit der Maus über ein Ebenenobjekt fahren, wird es optisch herausgestellt. Das ist im Prinzip die gleiche Funktion, die oftmals für Schaltflächen einer Webseite verwendet wird. Wenn Sie den Mauszeiger über ein Ebenenobjekt hinwegführen, werden einzelne Elemente hervorgehoben (Highlight-Funktion). Sie sehen dann schnell, ob Sie sich mit dem Mauszeiger auf einem Objekt befinden, das nicht auf der aktuell ausgewählten Ebene liegt. Bereits ausgewählte Ebenen werden nämlich nicht markiert, wenn Sie mit dem Mauszeiger über sie fahren.

▸ ANORDNEN ❷: Hier können Sie die Ebenenreihenfolge durch einen Klick auf ANORDNEN ändern. Markieren Sie ein Objekt, und ändern Sie die Reihenfolge innerhalb des Bildes. Funktionen, die aktuell nicht anwendbar sind, werden innerhalb der Liste ausgegraut angezeigt (beispielsweise wenn sich das Objekt bereits ganz vorne bzw. zuoberst befindet und somit nicht mehr höher bzw. weiter nach vorne angeordnet werden kann).

▸ AUSRICHTEN ❸: Markieren Sie, während Sie ⧉ gedrückt halten, mehrere Objekte auf unterschiedlichen Ebenen, um diese in Abhängigkeit voneinander auszurichten. (Auch hier stehen die Steuerelemente nur dann zur Verfügung, wenn zuvor mindestens zwei Objekte selektiert worden sind.)

▸ VERTEILEN ❹: Hier können Sie mehrere Objekte gleichmäßig auf der Bildfläche verteilen. Das gewährleistet eine saubere Ausrichtung der Objekte zueinander. Auch diese Funktionen stehen nur dann zur Verfügung, wenn zuvor mindestens zwei Objekte auf unterschiedlichen Ebenen selektiert worden sind.

▲ **Abbildung 5.60**
Die Symbole vor den Bezeichnungen verdeutlichen, wie die Objekte zueinander ausgerichtet werden.

5.6.2 Ebenen verknüpfen

Ebenen lassen sich aber auch miteinander verknüpfen. Der wesentliche Unterschied zur Selektion: Die verknüpften Ebenen bleiben auch dann noch miteinander verbunden, wenn Sie bereits andere Ebenen markiert haben. Wählen Sie eine verknüpfte Ebene an, werden automatisch alle dazugehörigen Ebenen mit ausgewählt. Bitte beachten Sie auch hier: Das Verknüpfen-Symbol steht nur dann zur Wahl, wenn zuvor mindestens zwei Ebenen markiert worden sind.

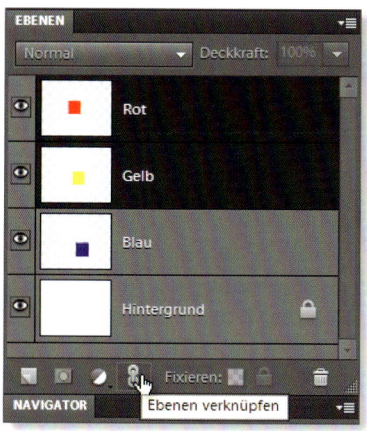

◀ **Abbildung 5.61**
Mehrere markierte Ebenen können miteinander verknüpft werden.

Und was ist nun der Zweck des Ganzen? Nun, wenn Sie ein Bild mit vielen Ebenen haben (und das wird schon bald der Fall sein), können Sie die Ebenen gemeinsam markieren und deren Inhalte z. B. mit dem Verschieben-Werkzeug gemeinsam verschieben. Stellen Sie sich vor, Sie müssten das alles einzeln machen!

Welche Ebenen miteinander verknüpft sind, sehen Sie (sofern eine der Ebenen markiert ist) an den Ketten-Symbolen ganz rechts. Ich vermute stark, dass jetzt doch noch eine Frage offen geblieben ist: »Und wie werde ich die Verknüpfung wieder los?« Ganz einfach: Indem Sie eine der verketteten Ebenen anwählen und danach abermals auf Ebenen verknüpfen klicken.

5.6.3 Ebenen löschen

Natürlich können Ebenen auch wieder gelöscht werden, wenn Sie sie nicht mehr benötigen. Ein Klick auf das Papierkorb-Symbol ruft einen Kontrolldialog auf, über den Sie das Löschen bestätigen müssen ∎.

Kontrollabfrage umgehen

Möchten Sie den Kontroll-dialog übergehen? Dann halten Sie [Alt]/[⌥] gedrückt, wenn Sie auf den Papierkorb klicken. Die Ebene wird dann ohne zusätzliche Abfrage entfernt. Sollten Sie versehentlich die falsche Ebene gelöscht haben, ist diese keineswegs verloren. Mit [Strg]/[⌘]+[Z] holen Sie die Ebene wieder zurück.

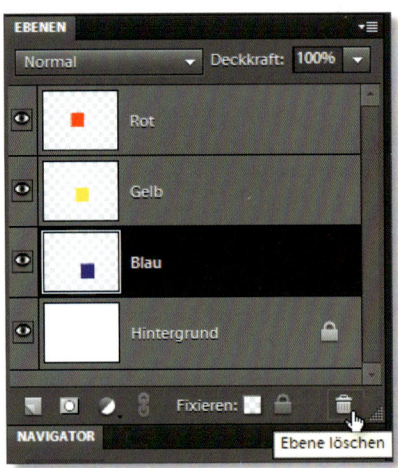

Abbildung 5.62 ▶
Die markierte Ebene kann jetzt gelöscht werden.

Hintergründe lassen sich grundsätzlich nicht löschen. Möchten Sie einen Hintergrund aus Ihrer Bildkomposition entfernen, müssen Sie ihn zunächst in eine Ebene umwandeln.

5.6.4 Transparente Pixel schützen

Schützen Sie transparente Bereiche Ihrer Ebene, indem Sie Transparente Pixel fixieren ▨ wählen. Damit lassen sich dann lediglich Bereiche innerhalb der Ebene bearbeiten, die über Objekte verfügen oder entsprechend gefüllt sind. Leere Pixel bleiben geschützt.

5.6.5   Ebenen schützen

Auch ganze Ebenen können vor unbeabsichtigten Veränderungen geschützt werden. Markieren Sie zuvor die Zielebene, und klicken Sie dann auf das Schloss ALLES FIXIEREN ▨. Ein erneuter Klick auf das Symbol öffnet die Ebene wieder und macht sie somit auch wieder editierbar.

5.6.6   Füll- und Einstellungsebenen

Hierüber ▨ haben Sie die Möglichkeit, weitere Spezialebenen hinzuzufügen, die meist in der Farb- oder Beleuchtungskorrektur zum Einsatz kommen. Weiterführende Hinweise zu diesem Thema finden Sie in Abschnitt 9.5.1, »Tonwertkorrektur mit Einstellungsebenen«.

5.6.7   Ebenenmasken

Dieses neue Feature ▨ war bislang nur Benutzern der Profi-Software Photoshop vorbehalten. Jetzt endlich sind die Ebenenmasken auch in Photoshop Elements angekommen. Mit ihnen können Sie wahre Wunderwerke in Sachen Bildkomposition vollbringen. Immerhin lassen sich wie mit einem Pinsel Bereiche einer Ebene abdecken und auch wieder freilegen. Mit Ebenenmasken werden wir in diesem Buch noch sehr häufig zu tun bekommen. Die Grundlagen werden in Abschnitt 5.8, »Montage mit Ebenenmasken«, vorgestellt.

5.6.8   Ebenendeckkraft

Über den Deckkraftregler lässt sich die Sichtbarkeit der Ebene verringern. Dazu klicken Sie entweder doppelt in das Eingabefeld und geben den gewünschten Wert über die Tastatur ein oder markieren die kleine Pfeil-Schaltfläche rechts davon, um den Schieber zu öffnen. Verstellen Sie diesen anschließend nach Wunsch.

Noch einfacher funktioniert das über das **Hot-Text-Steuerelement** ■. Bei Reduktion der Deckkraft bleiben alle Ebeneninhalte komplett erhalten. Sie können also jederzeit die Deckkraft wieder heraufsetzen und müssen nicht befürchten, Inhalte der Ebene verloren zu haben.

▲ **Abbildung 5.63**
Auch die Sichtbarkeit einer Ebene lässt sich über das Bedienfeld verändern.

5.7 Montage mit Füllmethoden

Links neben der DECKKRAFT befindet sich ein Pulldown-Menü, das die Füllmethode für die aktuelle Ebene regelt (siehe Abbildung 5.65). Füllmethoden werden grundsätzlich dann verwendet, wenn sich übereinanderliegende Ebenen als Komposition ergänzen sollen. So lassen sich beispielsweise die Farben der oberen Ebene zur darunter befindlichen hinzurechnen. Das Resultat ist ein zwar verfremdetes, aber stimmungsvolles Bild.

Auch in Sachen Bildkorrektur wird die eine oder andere Füllmethode ein verbessertes Ergebnis bringen. Zunächst ist all dies noch ziemlich verwirrend, aber mit der Zeit werden Sie die Methoden besser kennenlernen. In den folgenden Workshops werden immer wieder solche Effekte eingesetzt.

Leider kann nicht generell gesagt werden, welche Methode sich für welches Bild eignet. Je nach Beschaffenheit der einzelnen Ebenen ergeben sich andere Kompositionen ■.

Komp_01.tif und
Komp_02.tif

Schritt für Schritt: Eine Bildkomposition aus mehreren Ebenen gestalten

Wollen Sie die angesprochenen Techniken gleich einmal Realität werden lassen? Na, gut. Dann werden Sie jetzt zwei Fotos effektvoll miteinander verschmelzen. Dazu ist eine Ebenenmaske sowie die Änderung einer Füllmethode nötig. Außerdem wird noch ein

Effekt eingesetzt. Und auf die eingangs erwähnten Auswahltechniken wollen wir ebenfalls nicht verzichten. Ach ja, und eine Freistellung gibt es auch noch. Auf geht's …

▲ **Abbildung 5.64**
Diese beiden Fotos sollen eine gemeinsame Komposition ergeben.

1 Ansicht optimieren

Schließen Sie alle geöffneten Fotos, und stellen Sie anschließend die beiden Beispieldateien bereit. Als Nächstes öffnen Sie das ANORDNEN-Menü (Mac = DOKUMENTE ANORDNEN) und stellen auf 2 ÜBEREINANDER um. (Lassen Sie sich nicht davon beirren, dass in der QuickInfo eigentlich »nebeneinander« stehen müsste!) Benutzen Sie den ersten Button in der zweiten Zeile.

▲ **Abbildung 5.66**
So erreichen Sie, dass beide Fotos nebeneinander platziert werden.

2 Bilder verbinden

Aktivieren Sie das Verschieben-Werkzeug, und klicken Sie damit auf das Bild mit dem Skiläufer. Halten Sie die Maustaste gedrückt, und ziehen Sie dieses Foto auf das andere. Sobald Sie dort angekommen sind, lassen Sie die Maustaste wieder los. Das Foto »Komp_01.tif« können Sie danach wieder schließen.

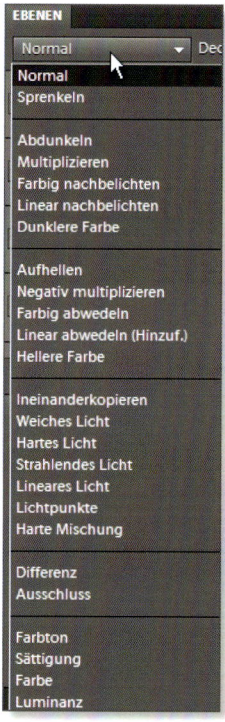

▲ **Abbildung 5.65**
Das FÜLLMETHODEN-Menü bietet Optionen ohne Ende.

Abbildung 5.67 ▶
Beide Fotos sind jetzt bereits
miteinander verbunden.

3 Auswahl erzeugen

Aktivieren Sie das Auswahlrechteck. Bevor Sie es anwenden,
legen Sie in der Optionsleiste eine WEICHE KANTE von 30 Px fest.
Danach setzen Sie einen Mausklick auf das überlagernde Bild.
Wählen Sie eine Position ziemlich weit oben links. Halten Sie die
Maustaste gedrückt, ziehen Sie nach unten rechts, und lassen Sie
anschließend los. Das erzeugt eine Auswahl, die sich innerhalb
des überlagernden Fotos befindet.

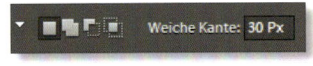

▲ **Abbildung 5.68**
Für diesen Schritt wird eine
weiche Kante benötigt.

Abbildung 5.69 ▶
Der Pfeil verdeutlicht die
Bewegung der Maus.

4 Bildbereiche löschen

Die Auswahlkante ist erzeugt worden, um alle Bereiche jenseits
zu entfernen. Allerdings erstreckt sich die Auswahl jetzt auf den
Teil, der eigentlich erhalten bleiben soll. Deswegen müssen wir
die Auswahl umkehren – also ausgewählte und nicht ausgewählte
Bereiche miteinander vertauschen. Das machen Sie so: Drücken

Sie ⌷Strg⌷/⌷⌘⌷+⌷⇧⌷+⌷I⌷, oder gehen Sie in das Menü AUSWAHL, und entscheiden Sie sich dort für AUSWAHL UMKEHREN.

◄ **Abbildung 5.70**
Jetzt sind plötzlich zwei Auswahlkanten vorhanden – ein Indiz dafür, dass jetzt der Bildrand und eben nicht die Bildmitte ausgewählt ist.

5 **Auswahlbereich entfernen**

Das Entfernen des jetzt ausgewählten Bereichs ist gar kein Problem. Drücken Sie einfach ⌷Entf⌷ auf Ihrer Tastatur. Sollten Sie keine Entfernen-Taste haben, das trifft ja nicht selten den Mac-User, dann entscheiden Sie sich für ⌷←⌷. Die Alternative: BEARBEITEN • LÖSCHEN. Heben Sie die Auswahl auf. Drücken Sie dazu ⌷Strg⌷/⌷⌘⌷+⌷D⌷, oder wählen Sie AUSWAHL • AUSWAHL AUFHEBEN.

◄ **Abbildung 5.71**
Das obere Foto läuft an den Kanten weich aus.

6 **Füllmethode ändern**

Jetzt kommt das Entscheidende: Werfen Sie einen Blick auf das Ebenen-Bedienfeld. Sie sehen, dass die oberste Ebene aktiv ist. Das soll auch so sein. Setzen Sie jetzt einen Mausklick auf das

Füllmethode: Dunklere Farbe

Bei dieser Methode werden die Helligkeitsinformationen des unteren Bildes mit dem oberen verglichen. Die Farbe, die dunkler ist, setzt sich durch.

Abbildung 5.72 ▶
Hier kommt eine Füllmethode zum Einsatz.

Füllmethoden-Steuerelement (hier steht derzeit noch NORMAL), und selektieren Sie den Eintrag DUNKLERE FARBE ■.

7 Foto positionieren

Nun macht das noch nicht sonderlich viel her. Das obere Foto ist nämlich noch nicht am richtigen Platz. Deswegen aktivieren Sie jetzt wieder das Verschieben-Werkzeug ([V]) und ziehen das überlagernde Bild mit gedrückter Maustaste in die obere linke Ecke. Sorgen Sie dafür, dass es so aussieht, als käme der Junge hinter dem Felsen hervor. Orientieren Sie sich an der folgenden Abbildung.

Abbildung 5.73 ▶
Positionieren Sie den Jungen gleich neben dem Baum.

8 Freistellungsrahmen aufziehen

Es ist an der Zeit, das Foto zu beschneiden. Wir wollen nämlich nur relevante Inhalte behalten. Suchen Sie das Freistellungswerkzeug ([C]) aus, und klicken Sie damit ziemlich weit oben links auf

Ihr Bild. Orientieren Sie sich an der Abbildung, und visieren Sie Punkt **❶** dazu an. Lassen Sie die Maustaste nicht los, sondern ziehen Sie diagonal über das Foto, bis Sie an Punkt **❷** angelangt sind. Dort dürfen Sie loslassen.

> **Freistellungstechnik**
>
> Die unterschiedlichen Möglichkeiten und verschiedenen Techniken, die sich hinter der Freistellung verbergen, werden wir im folgenden Kapitel noch ausführlich behandeln.

◄ **Abbildung 5.74**
Unser Foto soll in etwa auf diesen Bereich begrenzt werden.

9 Optional: Freistellung korrigieren

Der soeben erzeugte Rahmen kann jetzt noch nach Belieben verschoben werden, wenn Sie dort hineinklicken und mit gedrückter Maustaste ziehen. An den kleinen quadratischen Ecken lässt sich der Rahmen zudem noch größer oder kleiner ziehen. Auch das erledigen Sie mit gedrückter Maustaste. Hier haben Sie also die Möglichkeit, den Bereich noch zu korrigieren, bevor Sie den Befehl endgültig übergeben ■.

10 Freistellung bestätigen

Wenn Ihr Ergebnis mit der oben gezeigten Eingrenzung in etwa übereinstimmt, drücken Sie entweder ⏎ oder klicken auf das kleine grüne Häkchen, das sich am unteren rechten Rand des Rahmens befindet. Es nennt sich AKTUELLEN VORGANG BESTÄTIGEN.

11 Ersten Effekt hinzufügen

Zuletzt soll noch ein schöner Effekt hinzugefügt werden. Dieser soll simulieren, dass der Skifahrer in Bewegung ist. Gehen Sie deshalb im Menü auf FILTER • STILISIERUNGSFILTER • WINDEFFEKT. Entscheiden Sie sich im Folgedialog für die METHODE WIND und die RICHTUNG LINKS. Schließen Sie die Aktion mit Klick auf OK ab.

> **Aktuellen Vorgang abbrechen**
>
> Sie können den aktuellen Freistellungsvorgang jederzeit abbrechen (das Bild bleibt dann unverändert, und der Rahmen wird gelöscht), indem Sie das kleine Halt-Symbol neben dem Häkchen anklicken. Alternativ drücken Sie Esc auf Ihrer Tastatur.

▲ **Abbildung 5.75**
Mit dieser Aktion wird das Bild endgültig beschnitten.

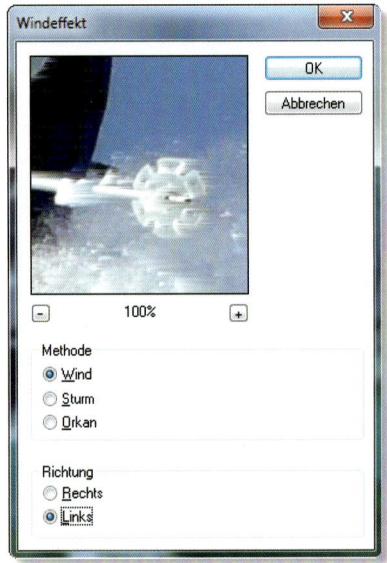

Abbildung 5.76 ▶
Der Wind kommt von links.

12 **Optional: Filter erneut anwenden**

Um den Effekt jetzt noch ein wenig zu verstärken, kann er, wenn Sie es wünschen, erneut angewendet werden. Allerdings wollen wir diesmal die Richtung ändern. Wählen Sie also abermals FILTER • STILISIERUNGSFILTER • WINDEFFEKT, und ändern Sie die Richtung, indem Sie RECHTS aktivieren, bevor Sie mit OK bestätigen.

Abbildung 5.77 ▶
So sieht das Ergebnis bis jetzt aus.

13 **Optional: Füllmethode erneut ändern**

Das Schöne bei der Verwendung von Füllmethoden ist die Tatsache, dass diese sich zu jeder Zeit ändern lassen. Sie dürfen also auch jetzt noch andere Methoden ausprobieren. Wie das geht, haben Sie ja bereits erfahren. Stellen Sie doch beispielsweise einmal HARTES LICHT ein. Auch ein schöner Effekt, oder? Entscheiden Sie selbst, was besser ist.

5.8   Montage mit Ebenenmasken

Der vorangegangene Workshop war ein gutes Beispiel dafür, wie man zwei Fotos mit den Füllmethoden ineinanderwirken lassen kann. Wir wollen jetzt aber noch einen Schritt weitergehen und die Ebenenmasken ins Spiel bringen. Wenn Sie sich mit dieser Technik erst einmal auseinandergesetzt haben, sind Ihrer eigenen Kreativität keinerlei Grenzen mehr gesetzt.

▲ **Abbildung 5.78**
Schluss mit Beschaulichkeit. Hier ist jetzt Ski-Action angesagt.

Schritt für Schritt: Fotos mit Ebenenmasken kombinieren

1   Fotos anordnen
Öffnen Sie bitte beide Beispielbilder, und stellen Sie diese über das Anordnen-Menü (Mac = Dokumente anordnen) nebeneinander (siehe Schritt 1 des vorangegangenen Workshops).

Lesen_01.tif und Lesen_02.tif

© Peter Dehn – pixelio.de und Rainer Sturm – pixelio.de

◄ **Abbildung 5.79**
Zwei hochformatige Fotos bilden den Grundstock für die nächste Montage.

2   Fotos zusammenfügen

Jetzt aktivieren Sie erneut das Verschieben-Werkzeug V und klicken auf das Foto des lesenden Mädchens. Halten Sie die Maustaste gedrückt, und ziehen Sie dieses Foto auf das andere. Bevor Sie jedoch die Maustaste loslassen, drücken Sie ⇧ und halten diese Taste fest. Lassen Sie zunächst die Maustaste und erst im Anschluss ⇧ los. Das sorgt dafür, dass das überlagernde Foto nicht willkürlich, sondern genau zentriert auf dem unteren angeordnet wird.

3   Ebene verschieben

Schließen Sie jetzt das Foto »Lesen_02.tif«. Setzen Sie danach abermals einen Mausklick auf das zusammengesetzte Foto. Halten Sie zusätzlich ⇧ gedrückt, und schieben Sie die obere Ebene (das Bild des Mädchens) mit der Maus nach oben. Stoppen Sie, wenn der Leuchtturm des unteren Bildes frei zu erkennen ist. Lassen Sie erneut zunächst die Maustaste, danach die Taste Ihrer Tastatur los. Durch das Halten der Taste haben Sie bewirkt, dass die Ebene sich beim Hochschieben nicht gleichzeitig auch zur Seite bewegen kann. Das war in diesem Fall besonders wichtig, da beide Fotos die gleiche Breite haben.

4   Gesamtes Bild einblenden

Möglicherweise werden Sie jetzt den Umstand beklagen, dass das Gesicht der Leserin einfach abgeschnitten worden ist. Doch keine Sorge; das wird sogleich korrigiert. Entscheiden Sie sich im Menü für BILD • SKALIEREN • ALLES EINBLENDEN. Zommen Sie gegebenenfalls noch etwas aus dem Bild heraus. – Ah, da ist es ja wieder.

Abbildung 5.80 ▶
Sorgen Sie dafür, dass dieser Bereich der unteren Ebene wieder sichtbar wird.

Abbildung 5.81 ▶▶
Das Gesicht soll selbstverständlich erhalten bleiben.

5 Ebenenmaske hinzufügen

Aktivieren Sie jetzt die oberste Ebene (EBENE 1), indem Sie diese mit einem Mausklick versehen, und klicken Sie anschließend auf das Symbol EBENENMASKE HINZUFÜGEN ❷ in der Fußleiste des Bedienfelds. Die Folge: Neben der Ebenenminiatur wird eine weiße Fläche ❶ angezeigt. Das ist die Ebenenmaske.

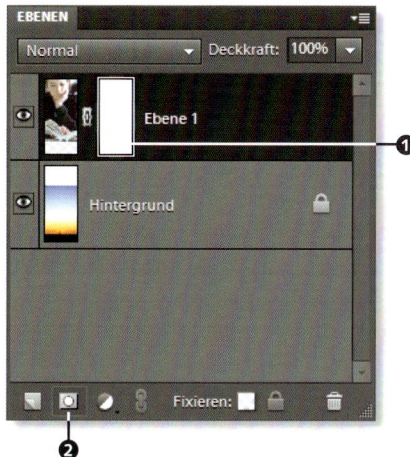

◄ **Abbildung 5.82**
Die Voraussetzungen für die Teilmaskierung einer Ebene sind somit erfüllt.

6 Pinsel aktivieren

Selektieren Sie jetzt den Pinsel ❸ innerhalb der Werkzeugleiste. Achten Sie bitte genau darauf, das oberste Werkzeug in der Gruppe zu erwischen, da die anderen nicht zum gewünschten Ergebnis führen würden.

▲ **Abbildung 5.83**
Der oberste Pinsel muss es sein!

7 Farben vertauschen

Achten Sie einmal auf die Steuerelemente für die Vorder- und Hintergrundfarbe innerhalb der Werkzeugleiste. Bei aktivierter Ebenenmaske werden diese Felder nämlich automatisch auf Schwarz und Weiß zurückgesetzt. Und jetzt kommt etwas sehr Wichtiges: Sie können mit Ihrem Pinsel über das Bild malen. Dabei werden Sie allerdings keine Farbe auftragen, wie vielleicht zu erwarten wäre. Vielmehr werden Sie, je nachdem, ob Schwarz oder Weiß im Vordergrund steht, Bildbereiche buchstäblich wegwischen (Schwarz), oder unsichtbare Bereiche mit Weiß wieder sichtbar machen. Beide Farben können Sie ganz schnell miteinander vertauschen, indem Sie X drücken. Aber das wissen Sie ja längst. Versuchen Sie es einmal und lassen Sie am Schluss Schwarz als Vordergrundfarbe stehen.

▲ **Abbildung 5.84**
Mit Erzeugung einer Ebenenmaske werden die Farben auf Standard (Schwarz und Weiß) zurückgesetzt.

8 Pinsel einstellen

Stellen Sie jetzt noch eine weiche Pinselspitze mit einem Durchmesser von rund 200 Px ein. Das sorgt für fließende Übergänge.

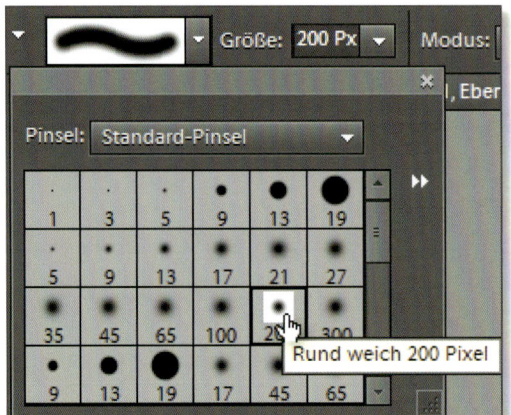

Abbildung 5.85 ▶
Diese Spitze soll es sein. Sie sorgt für weiche Ränder.

9 Ebene maskieren

Fahren Sie anschließend über die Bereiche, die Sie entfernen wollen (unterhalb des Buches). Sollten Sie versehentlich einmal etwas zu viel weggeputzt haben – kein Problem. Drücken Sie ⊠, um auf Weiß umzuschalten, und überwischen Sie die fehlerhafte Stelle. Danach drücken Sie abermals ⊠ und maskieren fröhlich weiter ∎.

Pinsel-Deckkraft verringern

Bedenken Sie auch die Möglichkeit, die Deckkraft des Pinsels über die Optionsleiste vorübergehend herabzusetzen. Dadurch erreichen Sie Teilmaskierungen.

Abbildung 5.86 ▶
Die Bildbereiche unterhalb des Buches verschwinden mit jedem Pinselstrich etwas mehr.

Abbildung 5.87 ▶▶
So einfach lassen sich Bereiche einer Ebene entfernen.

5.8.1   Und der Radiergummi?

In diesem Zusammenhang soll nicht verschwiegen werden, dass Sie das Entfernen von Ebenenbereichen auch mit dem Radiergummi erledigen könnten. Allerdings können Sie ausradierte Bereiche nicht wieder hinzufügen. Deswegen sind Ebenenmasken so sinnvoll.

5.8.2   Wann malen und wann maskieren?

Einen Pferdefuß gibt es bei der ganzen Sache noch: Sie müssen nämlich stets darauf achten, ob Sie sich gerade auf der Bildebene oder auf der Maske befinden. Werfen Sie noch einmal einen Blick auf das Ebenen-Bedienfeld. Nur wenn dort die rechte Miniatur ❶ aktiv ist (sie ist mit einem kleinen weißen Rahmen versehen), können Sie auch tatsächlich mit dem Pinsel maskieren. Befinden Sie sich auf dem Foto ❷, werden Sie hingegen Farbe auf das Bild auftragen. Darauf müssen Sie in Zukunft unbedingt achten!

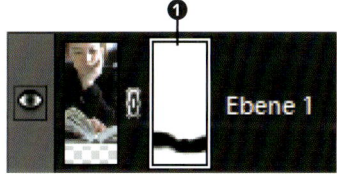 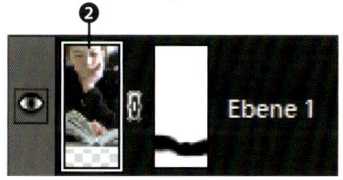

◄ **Abbildung 5.88**
Achten Sie immer darauf, ob gerade die Bildebene oder die Ebenenmaske aktiv ist (weißer Rahmen).

5.8.3   Was passiert beim Verschieben?

Wenn Sie eine maskierte Ebene verschieben, verhalten sich Bildebene und Ebenenmaske grundsätzlich synchron zueinander. Das bedeutet: Beides wird gleichermaßen verschoben. Wenn Sie das einmal nicht wollen, müssen Sie das kleine Ketten-Symbol zwischen den beiden Miniaturen deaktivieren. Danach entscheiden Sie per Mausklick, ob die Bildebene oder die Maskierung verschoben werden soll. Die eigentliche Verschiebung erledigen Sie dann per Drag & Drop auf dem Foto.

◄ **Abbildung 5.89**
Bei deaktivierter Verknüpfung lassen sich Bildebene und Ebenenmaske unabhängig voneinander bewegen.

Kapitel 6

Auswahlen und Freistellungen in der Praxis

Bildinhalte exakt herausstellen

- ▸ Wie werden Freistellungen in der Praxis realisiert?
- ▸ Wie trenne ich Motive von ungleichmäßigen Hintergründen?
- ▸ Wie werden Fotos auf Maß und nach Drittelregel beschnitten?
- ▸ Wie lassen sich Bildgröße und Arbeitsfläche verändern?
- ▸ Wie werden Fotos neu zusammengesetzt?
- ▸ Wie können Objekte gespiegelt werden?

6   Auswahlen und Freistellungen in der Praxis

Eine grundlegende, aber äußerst effektive Methode, ansprechende Bildkompositionen zu erzeugen, ist der Einsatz von Auswahlen. Mit dieser Technik haben Sie im vorangegangenen Kapitel ja bereits einen tristen Himmel auswechseln können. Doch jetzt gehen wir noch einen Schritt weiter – denn nicht immer sind die Hintergründe so ebenmäßig und schnell einzukreisen.

6.1   Auswahl- und Freistelltechniken

In diesem Abschnitt werden Sie nun mit unterschiedlichen Techniken konfrontiert, die alle ihre Daseinsberechtigung haben. Den »einen« Königsweg gibt es nämlich leider nicht. Beginnen wir mit dem ursprünglichsten dieser Werkzeuge, dem Auswahlwerkzeug.

6.1.1   Mit Auswahl-Grundformen arbeiten

Wenn Sie noch nie mit Auswahlen gearbeitet haben, sollten Sie mit einer geometrischen Grundform beginnen (Weitere Hinweise zu Grundformen der Auswahl finden Sie in Kapitel 5, »Grundlegende Arbeitstechniken«.)

Schritt für Schritt: Objekte von ungleichmäßigem Hintergrund trennen

 **Aufgabe**

Lupe.tif

Wenn sich weder der Auswahlpinsel noch der Zauberstab eignen, sollten Sie prüfen, ob Sie vielleicht mit einer der Grundformen (Rechteck oder Ellipse) zum Ziel kommen. Bei der Datei »Lupe. tif« ist das der Fall.

2 Problem

Das größte Problem ist, dass der Hintergrund aufgrund der hellgrauen Schrift einfach zu ungleichmäßig ist, als dass Sie hier mit dem Zauberstab etwas ausrichten könnten. Auch das Magnetische Lasso würde nicht ohne Probleme zum gewünschten Ergebnis führen.

◄ **Abbildung 6.1**
Der Kranz der Lupe soll jetzt vom Hintergrund getrennt werden.

3 Auswahlkreis anlegen

Aktivieren Sie die Auswahlellipse. Stellen Sie das Kreuz etwa in die Mitte des Lupenbereichs, und führen Sie einen Mausklick aus, wobei Sie die Maustaste noch nicht loslassen. Machen Sie sich keine Sorgen, wenn Sie nicht genau die Mitte treffen. Das wird später noch korrigiert. Nun drücken Sie zusätzlich zur gehaltenen Maustaste noch [Alt]/[⌥]+[⇧] und ziehen anschließend den Auswahlkreis auf, indem Sie die Maus von der Mitte der Lupe wegbewegen. Versuchen Sie, die Auswahl in etwa so groß zu ziehen, wie der Außendurchmesser der Lupe ist. Danach lassen Sie zunächst die Maustaste, anschließend [Alt]/[⌥]+[⇧] los.

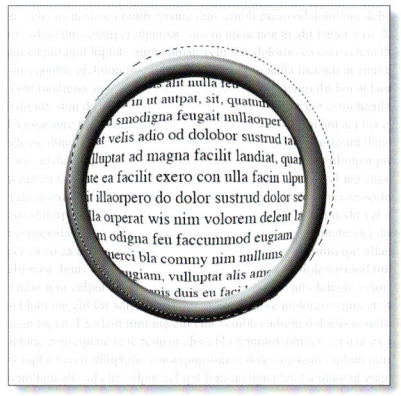

◄ **Abbildung 6.2**
Erstellen Sie mit der Auswahlellipse zunächst eine grobe Auswahl.

4   Auswahl korrigieren

Es wäre wirklich verwunderlich, wenn Sie zufällig genau die Mitte getroffen hätten – wenn also die Auswahlkante genau mit den Umrissen der Lupe übereinstimmen würde. Aber das muss auch gar nicht sein. Denn derartige Ungenauigkeiten können Sie nachträglich noch angleichen. Wenn Sie die gesamte Auswahl verschieben wollen, können Sie das prima mit den Pfeiltasten Ihrer Tastatur machen.

5   Optional: Auswahl verkleinern

Vielleicht ist die Auswahl aber auch zu groß oder zu klein geraten. Dann müssen Sie den Durchmesser mithilfe des Menüs korrigieren. Sollte sie insgesamt zu groß sein, wählen Sie AUSWAHL • AUSWAHL VERÄNDERN • VERKLEINERN. Im Folgedialog legen Sie fest, um wie viele Pixel die Auswahl verändert werden soll, bevor Sie mit OK bestätigen. Ein Pixel reicht in vielen Fällen schon. Falls das dennoch nicht genug ist, wiederholen Sie den Vorgang einfach, bis die Auswahl passt.

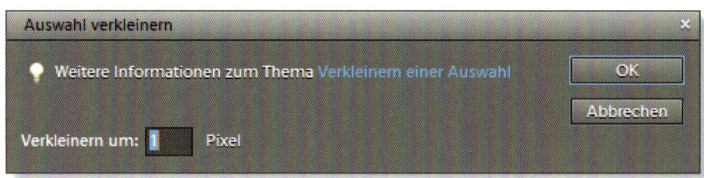

Abbildung 6.3 ▶
Die Ausmaße der Auswahl werden um 1 Pixel verkleinert.

6   Optional: Auswahl vergrößern

Falls Ihre Auswahl zu klein ist, gehen Sie stattdessen über AUSWAHL • AUSWAHL VERÄNDERN • ERWEITERN. Belassen Sie es auch hier bei 1 Pixel. Wiederholen Sie den Vorgang, bis die Auswahl groß genug ist. Auch nach einer Skalierung der Auswahl lässt sich diese übrigens noch mit den Pfeiltasten verschieben.

7   Auswahl fein abstimmen

Es existiert aber noch eine weitere Problematik. Die Lupe selbst ist nämlich nicht genau kreisrund, wie Sie sicher schon festgestellt haben. Deshalb müssen Sie die Auswahl zunächst einmal links und rechts angleichen. Dass sie nun aber oben und unten etwas von der Lupe entfernt ist, sollte Sie nicht stören. Dazu folgt gleich mehr. Jedenfalls sollte es jetzt gelingen, den Rahmen links und rechts sauber anzupassen.

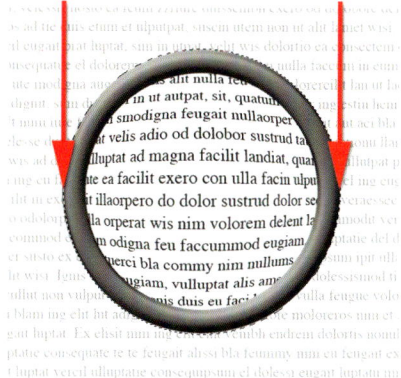

◀ **Abbildung 6.4**
An den Seiten sitzt die Auswahl perfekt, oben und unten ist sie jedoch zu groß.

8 Hintergrund umwandeln

Wandeln Sie danach den Hintergrund in eine Ebene um, indem Sie EBENE • NEU • EBENE AUS HINTERGRUND einstellen. Alternativ reicht auch ein Doppelklick in einen Bereich des Ebenen-Bedienfelds zwischen dem Wort HINTERGRUND und dem Schloss-Symbol. Den folgenden Dialog verlassen Sie mit OK.

◀ **Abbildung 6.5**
Der Hintergrund wird in eine Ebene umgewandelt.

9 Unterkante anpassen

Manövrieren Sie nun mit ↑ die Auswahl so weit hoch, dass sie auch mit dem unteren Ende der Lupe identisch ist. Wenn Sie diesen Punkt erreicht haben, wandeln Sie die Auswahl um. Mit AUSWAHL • AUSWAHL UMKEHREN bzw. über Strg/⌘ + ⇧ + I werden die ausgewählten und nicht ausgewählten Bereiche miteinander vertauscht.

10 Auswahlbereich entfernen

Im nächsten Schritt stellen Sie BEARBEITEN • LÖSCHEN ein. Tippen Sie im Anschluss daran auf die ↓ -Taste, bis der obere Rand der Lupe mit dem Auswahlrand übereinstimmt. Wiederholen Sie den Löschvorgang (BEARBEITEN • LÖSCHEN), und entfernen Sie zuletzt

die Auswahl über $\boxed{\text{Strg}}$/$\boxed{\text{⌘}}$+$\boxed{\text{D}}$ bzw. AUSWAHL • AUSWAHL AUF-
HEBEN.

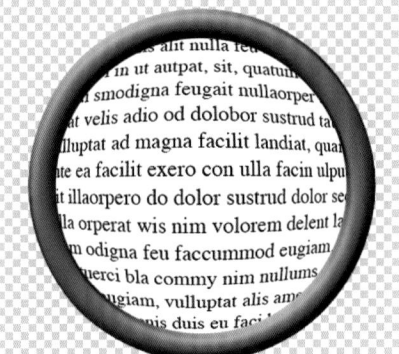

Abbildung 6.6 ▶
Durch das Verschieben der
Auswahl wurde der Hinter-
grund korrekt entfernt.

Die grau-weiß karierte Fläche verdeutlicht, wie Sie ja wissen, dass
es sich um eine Transparenz handelt. Über EBENE • AUF HINTER-
GRUNDEBENE REDUZIEREN erhalten Sie einen einfarbigen Hintergrund zurück. (Falls Sie bislang noch keine Veränderungen an den
Farbeinstellungen vorgenommen haben, ist der Hintergrund jetzt
weiß.)

Abbildung 6.7 ▼
Die freigestellte Lupe

6.1.2 Mit dem Schnellauswahl-Werkzeug arbeiten

In Sachen Schnelligkeit und Anwenderkomfort kann die Auswahlellipse nicht im Geringsten mit dem Schnellauswahl-Werkzeug
mithalten. Bevor Sie dieses Tool allerdings einsetzen, muss eines
klar gesagt werden: Das Schnellauswahl-Werkzeug ist nur dann

wirklich gefahrlos anzuwenden, wenn die Unterschiede zwischen Objekt und Hintergrund gut zu erkennen sind. Wenn Sie beispielsweise zwei fast identische Blautöne voneinander trennen wollen oder sogar einen unruhigen Hintergrund haben, werden Sie mit dieser Methode eventuell nicht zum Ziel kommen. Doch dazu später mehr.

Schritt für Schritt: Eine Orange mit dem Schnellauswahl-Werkzeug freistellen

Lassen Sie uns zunächst ein Beispiel aufgreifen, bei dem die Arbeit mit dem Schnellauswahl-Werkzeug klappen sollte. Die Feinheiten müssen Sie dann aber mit einem anderen Werkzeug erledigen: Für diese Übung benötigen Sie das Bild »Orange.tif«. Nach dem Öffnen wandeln Sie den Hintergrund in eine Ebene um (EBENE • NEU • EBENE AUS HINTERGRUND).

Orange.tif

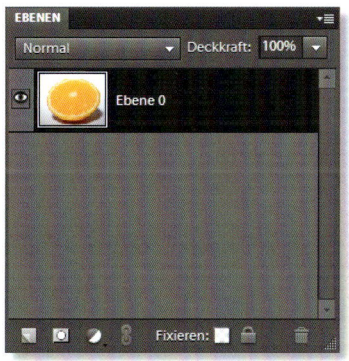

◄ **Abbildung 6.8**
Der Hintergrund muss in eine Ebene umgewandelt werden.

1 **Schnellauswahl erzeugen**
Aktivieren Sie das Schnellauswahl-Werkzeug, und stellen Sie eine Pinselgröße von ca. 30 Px ein.

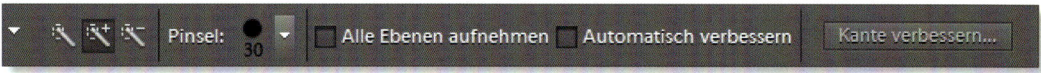

▲ **Abbildung 6.9**
Die Checkboxen müssen nicht aktiviert werden.

Danach stellen Sie das Werkzeug auf die Hintergrundfläche. Am besten fangen Sie oben links in der Ecke an. Setzen Sie außerhalb der Orange an, indem Sie einen Mausklick auf den Hintergrund setzen. Die Maustaste muss danach gedrückt bleiben! Jetzt fahren Sie ganz langsam (lassen Sie die Maustaste nicht los!) um die

Orange herum, ohne diese jedoch zu berühren. Wenn Sie einmal eine Pause machen wollen, lassen Sie die Maustaste los. Anschließend klicken Sie erneut in den Bereich, der bereits aufgenommen worden ist, halten die Maustaste weiterhin gedrückt und fahren weiter um die Frucht herum, bis der komplette Hintergrund aufgenommen worden ist. Vergessen Sie den Schatten nicht!

Abbildung 6.10 ▶
Die Auswahl sieht schon recht gut aus.

2 Ansicht vergrößern

Das sieht doch schon ganz gut aus, oder? Na ja, bei genauerem Hinsehen werden Sie feststellen, dass die Auswahl nicht ganz so perfekt ist, wie sie auf den ersten Blick aussieht. Schalten Sie doch einmal kurzzeitig auf das Zoom-Werkzeug um [Z], und vergrößern Sie den Bereich um die rechte Kante. Sind da vielleicht einige »Ausreißer« auszumachen?

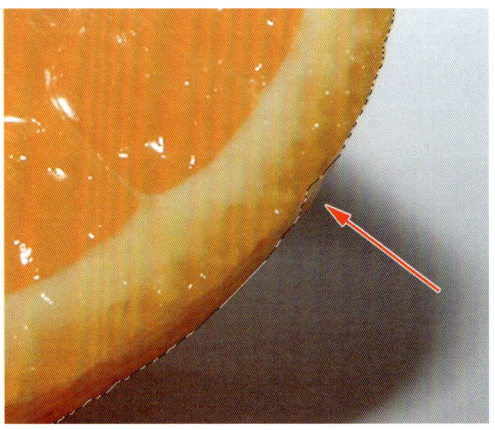

Abbildung 6.11 ▶
Hier verläuft die Auswahl nicht exakt.

3 Auswahlpinsel einstellen

So etwas müssen Sie unbedingt manuell korrigieren. Dazu verwenden Sie aber nicht das Schnellauswahl-Werkzeug, sondern den Auswahlpinsel. Schalten Sie um, indem Sie ihn entweder in der Werkzeugleiste selektieren oder indem Sie einmal A drücken. Achten Sie darauf, dass der MODUS auf AUSWAHL steht, und schalten Sie in der Optionsleiste unbedingt auf VON AUSWAHL ABZIEHEN um.

◄ **Abbildung 6.12**
Sie müssen jetzt Bereiche der Auswahl entfernen.

Sie fragen sich, warum Sie von der Auswahl abziehen müssen, obwohl doch ein Teil der Orange hinzugefügt werden muss? Dann bedenken Sie bitte, dass Sie ja zuvor nicht die Orange, sondern den »Hintergrund« aufgenommen haben. Und von dem müssen Sie Bereiche abziehen, damit der Orange Teile hinzugefügt werden.

4 Auswahl verbessern

Stellen Sie das Werkzeug nun auf die Orange, klicken Sie einmal darauf, und halten Sie die Maustaste gedrückt. Jetzt nähern Sie sich der Auswahlkante und versuchen so, die Auswahl im wahrsten Sinne des Wortes »zurückzudrängen«.

◄ **Abbildung 6.13**
Nähern Sie sich behutsam der Auswahlkante, um diese besser anzupassen.

5 Optional: Auswahl korrigieren

Das Problem dabei ist natürlich, dass die Kante jetzt nicht mehr selbstständig gefunden wird, sondern dass Sie sehr exakt arbeiten müssen. Sollten Sie einmal etwas zu viel des Guten getan haben und sollte die Kante nun über den Hintergrund laufen, schalten

Sie einfach in der Optionsleiste auf DER AUSWAHL HINZUFÜGEN um und fahren vom Hintergrund aus über die Kante. Danach stellen Sie wieder VON AUSWAHL ABZIEHEN ein.

6   Hintergrund entfernen

Wenn alles erledigt ist, drücken Sie einfach `Entf` oder `←` bzw. wählen aus dem Menü BEARBEITEN • LÖSCHEN. Dadurch wird der Hintergrund komplett entfernt. Überall dort, wo Sie jetzt ein grauweißes Schachbrettmuster sehen, handelt es sich in Wahrheit um Transparenzen, also um komplett inhaltslose Bildbereiche.

7   Auswahl aufheben

Abbildung 6.14 ▼
Mit Photoshop Elements lassen sich auch nicht geometrische Objekte perfekt freistellen.

Zuletzt entscheiden Sie sich noch für AUSWAHL • AUSWAHL AUF-HEBEN oder drücken `Strg`/`⌘`+`D`, damit Sie die Ameisenlinien auch wieder loswerden.

6.1.3   Komplexe Freistellungen

Die folgende Übung greift die grundsätzliche Vorgehensweise noch einmal auf. Aber diesmal gehen wir noch einen Schritt weiter. Wir wollen uns nämlich beim Kantenergebnis von Photoshop Elements noch unter die Arme greifen lassen.

Schritt für Schritt: Ein Porträt freistellen

Junge_mit_Kappe.tif

Sie benötigen jetzt die Datei »Junge_mit_Kappe.tif«. Hier haben wir es mit einem strukturell sehr ungleichmäßigen Hintergrund zu tun. Wenn Sie die Kontur des Jungen mühevoll mit dem Auswahlpinsel nacharbeiten wollten, würde das wohl ewig dauern – und wäre am Ende wahrscheinlich nicht wirklich gut gelungen. Auch das »Umfahren« der Kontur mit dem Magnetischen Lasso wäre eine ziemliche Plackerei.

◄ **Abbildung 6.15**
Nicht ganz einfach: In diesem Workshop stellen Sie den Jungen frei.

1 Werkzeug einstellen

Suchen Sie aus der Toolbox das Schnellauswahl-Werkzeug Ⓐ aus, und wählen Sie einen DURCHMESSER ❹ von etwa 40 Px. Sie können das einstellen, nachdem Sie das entsprechende Pull-down-Menü ❸ geöffnet haben. Zudem sollten Sie darauf achten, dass die Pinselspitze recht hart ist. Kontrollieren Sie, ob die KANTENSCHÄRFE ❺ auf 100 % steht.

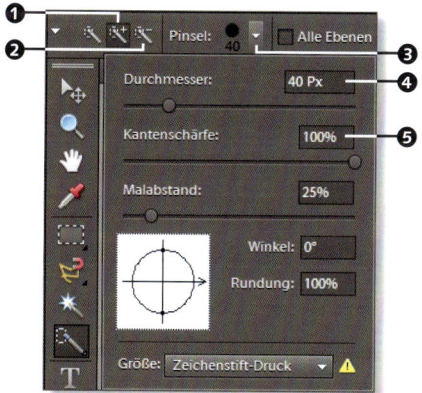

◄ **Abbildung 6.16**
Die benötigten Einstellungen für das Schnellauswahl-Werkzeug

2 Schnellauswahl treffen

Standardmäßig ist DER AUSWAHL HINZUFÜGEN ❶ in der Options-leiste aktiv. Sollte das bei Ihnen nicht der Fall sein, holen Sie das jetzt nach. Setzen Sie den Pinsel auf Gesicht und Kappe des Jungen, und wischen Sie darüber. Nehmen Sie auch die Kleidung mit auf. Falls erforderlich, können Sie zwischenzeitlich absetzen und einen erneuten Wisch folgen lassen.

❸   Optional: Aufgenommene Bereiche entfernen

Sollten Sie dadurch Teile des Hintergrunds mit aufgenommen haben, reparieren Sie das, indem Sie kurzzeitig VON AUSWAHL ABZIEHEN ❷ einschalten und die zu viel aufgenommenen Bereiche vorsichtig mit kurzen Mausklicks versehen. Danach müssen Sie dann aber wieder DER AUSWAHL HINZUFÜGEN aktivieren. Alternativ dazu können Sie übrigens auch hier Alt/⌥ gedrückt halten. Das schaltet (solange die Taste gedrückt ist) VON AUSWAHL ABZIEHEN ein. Wenn Sie loslassen, stellt sich automatisch wieder DER AUSWAHL HINZUFÜGEN ein. Zum Schluss sollte die Person schon recht zufriedenstellend ausgewählt sein.

Abbildung 6.17 ▶
Die Auswahl ist schon recht zufriedenstellend.

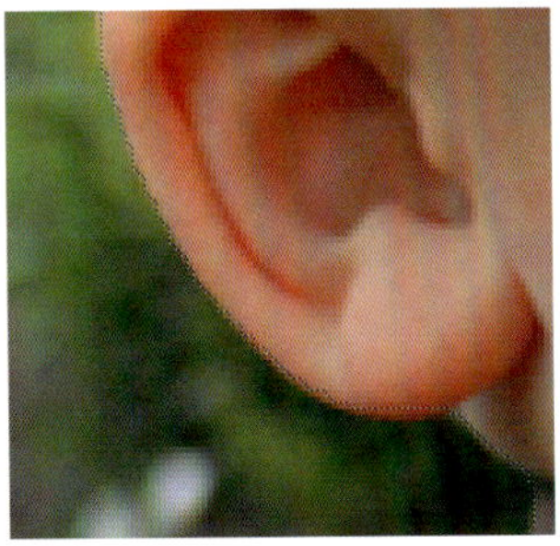

▲ **Abbildung 6.18**
Details sollten Sie in einer vergrößerten Ansicht bearbeiten.

❹   Schwierige Bereiche freistellen

An manchen Stellen, wie z. B. den Ohren, ist es sinnvoll, vorab die Werkzeugspitze zu verkleinern. Denken Sie daran, dass sich der Durchmesser mit ⌗ verkleinern bzw. mit ⇧+⌗ vergrößern lässt. Mit all diesen Funktionen sollten dann die Feinarbeiten prima gelingen. Zoomen Sie bei Bedarf an die schwierigen Stellen heran.

❺   Hintergrundfarbe einstellen

Jetzt müssen Sie sich für eine Hintergrundfarbe entscheiden, vor der Sie den jungen Mann platzieren wollen. Klicken Sie deshalb auf den Button HINTERGRUNDFARBE EINSTELLEN ❻ in der Werkzeugleiste.

Vergeben Sie die gewünschte Farbe, indem Sie zunächst mit den Schiebereglern ❽ eine grobe Auswahl treffen und anschließend einmal in das große Farbfeld klicken ❼, bevor Sie mit OK bestätigen.

▲ **Abbildung 6.19**
Klicken Sie auf das Quadrat unten rechts.

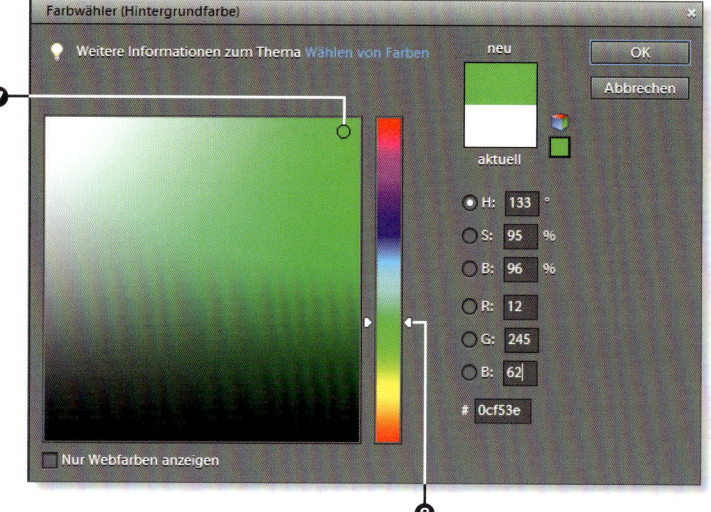

◄ **Abbildung 6.20**
Ich entscheide mich für ein helles Grün.

❻ Hintergrund entfernen

Sie könnten jetzt das Verschieben-Werkzeug ⌷V⌷ aktivieren und den ausgewählten Bereich auf ein anderes Bild ziehen. Wenn es Ihnen aber nur darum geht, den Hintergrund zu verändern, erreichen Sie das, indem Sie ⌷Strg⌷/⌷⌘⌷+⌷⇧⌷+⌷I⌷ drücken. Die Alternative wäre AUSWAHL • AUSWAHL UMKEHREN. Das vertauscht den ausgewählten Bereich mit dem nicht ausgewählten – also mit dem Hintergrund. Jetzt drücken Sie schlicht ⌷Entf⌷/⌷←⌷, und der Hintergrund wird in die Zielfarbe konvertiert, die Sie zuvor festgelegt hatten. Heben Sie die Auswahl auf, indem Sie ⌷Strg⌷/⌷⌘⌷+⌷D⌷ drücken bzw. AUSWAHL • AUSWAHL AUFHEBEN wählen.

❼ Kanten begutachten

Das ist ja schon ganz nett. Wenn Sie jedoch die Kante einmal etwas genauer betrachten, werden Sie feststellen, dass diese nicht wirklich sauber gelungen ist. Aktivieren Sie einmal das Zoom-Werkzeug ⌷Z⌷.

▲ **Abbildung 6.21**
Hier scheint noch alles in Ordnung zu sein, aber …

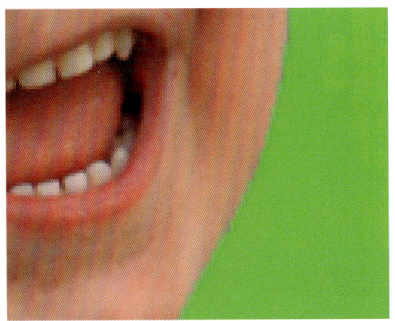

▲ **Abbildung 6.22**
… in der vergrößerten Ansicht fallen die unsauberen Kanten auf.

Deshalb ist es jetzt erforderlich, die Auswahl zu säubern. Und damit auch das ohne Probleme gelingt, gibt es einen weiteren Workshop dazu. ■

Schritt für Schritt: Auswahlkanten verbessern

1 Optional: Auswahl laden

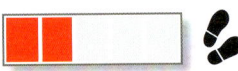

Junge_Auswahl.tif

Als Grundlage für diesen Workshop benötigen Sie die Auswahlbereiche des vorangegangenen Workshops. Laden Sie deswegen bitte »Junge_Auswahl.tif«, und entscheiden Sie sich anschließend für AUSWAHL • AUSWAHL LADEN. Bestätigen Sie den folgenden Dialog mit OK. Die Auswahl ist im Vorfeld zusammen mit der TIFF-Datei gesichert worden (AUSWAHL • AUSWAHL SPEICHERN). Fahren Sie bitte anschließend mit dem Schritt »Kante verbessern« fort.

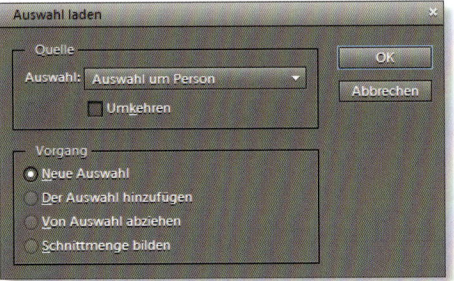

Abbildung 6.23 ▶
Auswahlen lassen sich in einer Datei speichern und auch wieder laden.

2 Letzte Schritte rückgängig machen

Sollten Sie den vorangegangenen Workshop durchgeführt haben, müssen Sie lediglich noch die letzten Schritte ungeschehen machen. Dazu gibt es wieder einmal mehrere Möglichkeiten. Entweder Sie drücken insgesamt dreimal ⌨Strg/⌘+⌨Z, oder Sie öffnen das Rückgängig-Protokoll (über das Menü FENSTER) und editieren alle Schritte, die dem Schnellauswahl-Werkzeug gefolgt sind. Klicken Sie dazu einfach den untersten aller Schnellauswahl-Einträge ❶ an.

3   **Kante verbessern**

Vergrößern Sie die Ansicht so, dass Sie die Kontur gut einsehen können. Jetzt kommt ein Dialog ins Spiel, der das Anpassen einer Auswahlkante wirklich zum Erlebnis macht. Klicken Sie in der Optionsleiste auf KANTE VERBESSERN. (Sie wissen ja, dass nicht jedes Auswahl-Werkzeug über einen entsprechenden Button verfügt. Sollte die Schaltfläche nicht angezeigt werden, wechseln Sie zuvor das Werkzeug. Wählen Sie z. B. das Schnellauswahl-Werkzeug.)

4   **Ansicht ändern**

Schieben Sie den Dialog etwas zur Seite, sodass Sie das Foto gut einsehen können. Widmen Sie sich anschließend der Zeile mit den fünf Bildminiaturen. Der linke ❷ ist standardmäßig angewählt. Wenn Sie daraufzeigen, erscheint die QuickInfo STANDARD. Diese Einstellung sorgt dafür, dass die Auswahlkante im Foto angezeigt wird.

▲ **Abbildung 6.24**
Über das Rückgängig-Protokoll gelangen Sie zum gewünschten Bearbeitungsstand der Datei.

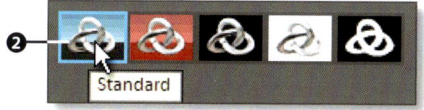

◀ **Abbildung 6.25**
Bei dieser Einstellung ist die Auswahlkante zu sehen.

Standardmäßig verdeutlicht die Auswahlkante, welche Bereiche aufgenommen worden sind. Wenn Sie auf die sogenannte Maskierungsansicht umstellen wollen (besonders für nicht rote Motive geeignet), dann müssen Sie einmal den rechts daneben befindlichen Button, BENUTZERDEFINIERTE ÜBERLAGERUNGSFARBE ❸, anklicken. Alle Bereiche jenseits der Auswahl werden daraufhin teiltransparent rot überlagert. Die anderen drei Buttons erlauben, den Hintergrund temporär schwarz, weiß oder das gesamte Foto maskiert darzustellen (Weiß = sichtbar, Schwarz = unsichtbar). Für unser Beispiel sollten Sie den mittleren ❹ der fünf Buttons wählen. Sie sehen den Jungen dann im Foto auf einem schwarzen Hintergrund ■.

Nur zur Darstellung

Bitte beachten Sie, dass Sie damit das Foto nicht verändern. Sie beeinflussen mit dieser Einstellung lediglich die Darstellung von ausgewählten und nicht ausgewählten Bildbereichen. Wenn Sie auf OK klicken, bleibt das Bild unverändert.

▲ Abbildung 6.26
Wechseln Sie zur Darstellung
Auf Schwarz.

Abbildung 6.27 ▶
Innerhalb der Auswahl befindliche Bildbereiche werden
vor schwarzem Hintergrund
präsentiert.

5 Auswahl erweitern

Kommen wir jetzt zur eigentlichen Optimierung der Auswahlkante. Ziehen Sie den Schieberegler Verkleinern/Erweitern ❼
so weit nach links, bis Sie bei etwa –25 % angelangt sind. Das
sorgt dafür, dass die Auswahl insgesamt verkleinert wird. Darüber hinaus sollten Sie die Auswahlkante selbst jetzt noch etwas
weicher gestalten. Ziehen Sie dazu den Regler Weiche Kante ❻
vorsichtig bis auf etwa 1,0 Px. Zuletzt stellen Sie Abrunden ❺
noch auf 2, was zur Folge hat, dass die Treppchenbildung in der
Auswahlkante etwas geglättet – sprich: begradigt – wird. Jetzt
klicken Sie auf OK.

Abbildung 6.28 ▶
Die Kante der Auswahl
wird über diesen Dialog
verbessert.

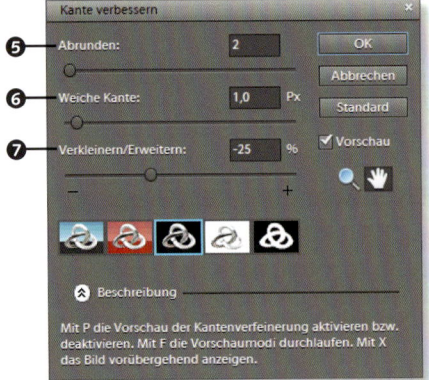

6 Hintergrund färben

Wie der Hintergrund eingefärbt wird, haben Sie ja im vorangegangenen Workshop bereits erfahren. Stellen Sie doch für diese
Übung einmal ein kräftiges Rot ein. Mit $\boxed{\text{Strg}}$/$\boxed{⌘}$+$\boxed{⇧}$+$\boxed{\text{I}}$ kehren Sie die Auswahl um, und mit $\boxed{\text{Entf}}$ oder $\boxed{←}$ eliminieren

Sie den Originalhintergrund zugunsten der eingestellten Hintergrundfarbe.

◄ **Abbildung 6.29**
Im Vergleich zu Abbildung
6.21/6.22 fällt der Übergang an
den Kanten hier wesentlich
sanfter aus. ■

6.2   Freistellungen auf Maß

Bislang haben wir bestimmte Bereiche eines Bildes bearbeitet, während andere unangetastet blieben. Jetzt erfahren Sie, wie Sie die Größen einzelner oder mehrerer Bilder individuell anpassen können.

So kann es (gerade für eine Diashow oder die Verwendung von Bildern auf einer Homepage) erforderlich sein, allen Bildern die gleiche Größe bzw. das gleiche Seitenverhältnis zu geben. Photoshop Elements unterstützt Sie auch dabei nach Kräften.

Schritt für Schritt: Gleiche Abmessungen für mehrere Bilder

1   **Freistellungsmaße für die Bilder festlegen**
Öffnen Sie zunächst ein Bild, mit dem Sie die gewünschten Seitenmaße festlegen. Das muss keines der Bilder sein, die Sie später verwenden wollen, sondern dient lediglich als »Master«.

2   **Werkzeug aktivieren**
Aktivieren Sie das Freistellungswerkzeug aus der Werkzeugleiste, indem Sie c drücken. Sollte stattdessen das Neu-zusammensetzen-Werkzeug aktiv werden (in diesem Fall öffnet sich ein Fenster), schließen Sie das Fenster und drücken abermals c ■.

Mit dem Assistenten freistellen

 Der Assistent ist ebenfalls in der Lage, Fotos freizustellen – und zwar mit erhöhtem Komfort. Da wir in diesem Workshop jedoch Abmessungen eingeben müssen, was der Assistent jedoch nicht unterstützt, muss das Werkzeug eingesetzt werden.

3   Werkzeug einstellen

Achten Sie zunächst einmal darauf, dass in der Optionsleiste KEINE BESCHRÄNKUNG oder EIGENES für das SEITENVERHÄLTNIS ❶ angegeben ist. Geben Sie im Eingabefeld BREITE ❷ der Optionsleiste das Maß ein. Wenn Sie Zentimeter verwenden wollen, können Sie die Maßeinheit weglassen. Für alle anderen Fälle gehört die Maßeinheit zwingend dazu, da Photoshop Elements ansonsten immer von Zentimetern ausgeht. Im Anschluss an diesen Workshop erhalten Sie weitere Informationen zu diesem Thema. Springen Sie mit ⇥ in das Feld HÖHE, und legen Sie auch dort den gewünschten Wert fest. Falls Sie die Auflösung ebenfalls ändern wollen, drücken Sie erneut ⇥ und geben die relevante Auflösung ein.

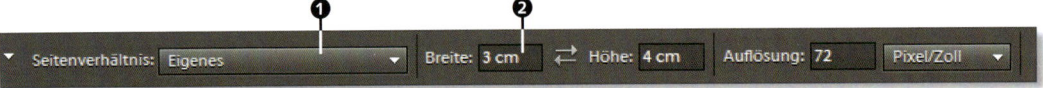

▲ **Abbildung 6.30**
Geben Sie Ihr eigenes Freistellungsmaß an.

4   Master freistellen

Stellen Sie anschließend den Cursor auf das Bild, und ziehen Sie wie gewohnt einen Rahmen auf. Alles, was sich innerhalb dieses Rahmens befindet, wird nun in der angegebenen Auflösung auf die vorgegebenen Maße gebracht. Der Rahmen lässt sich nun noch verschieben. Allerdings (und das konnten Sie ja bereits beim Aufziehen des Rahmens feststellen) lässt sich das Seitenverhältnis nicht beeinflussen. Gut so, denn schließlich ist es ja auch das Ziel, als Ergebnis ein Bild im angegebenen Seitenmaß zu erhalten. Nach Fertigstellung drücken Sie ↵ oder bestätigen mit dem Häkchen unterhalb des Freistellungsrahmens.

Abbildung 6.31 ▶
Das Freistellungswerkzeug arbeitet nun mit dem vorgegebenen Seitenverhältnis.

5 Weitere Bilder freistellen

Stellen Sie nun, ohne Änderungen in der Optionsleiste vorzunehmen, alle gewünschten Bilder frei, indem Sie entsprechende Freistellungsrahmen aufziehen.

6 Freistellungsgröße löschen

Nach dem Beenden der Aktion müssen Sie aber daran denken, die Werte zu entfernen. Anderenfalls könnten Sie nie wieder irgendwelche anderen Maße freistellen. Selektieren Sie dazu schlicht den Eintrag KEINE BESCHRÄNKUNG im Flyout-Menü SEITENVERHÄLTNIS. Die Einträge der anderen Steuerelemente werden daraufhin gelöscht. Bislang verfügt nämlich leider nur Photoshop, also die Profi-Variante der Bildbearbeitungssoftware, über einen LÖSCHEN-Button.

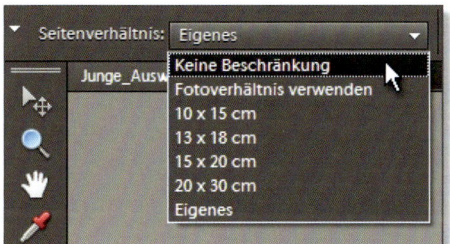

◀ **Abbildung 6.32**
Um wieder frei arbeiten zu können, stellen Sie KEINE BESCHRÄNKUNG ein. ■

6.2.1 Individuelle Maßeinheiten

Tragen Sie in jedes Eingabefeld hinter dem Zahlenwert auch die zugehörige Maßeinheit ein. Dabei sind *mm* = Millimeter, *px* = Pixel und *pt* = Punkt möglich.

Wenn Sie Ihrer Zahleneingabe keine Maßeinheit folgen lassen, geht Photoshop Elements automatisch von Zentimeter (cm) aus. Das bedeutet: Wenn Sie nur die Zahl fünf eingeben, wird der Wert als 5 cm interpretiert.

Wenn Sie es jedoch lieber hätten, dass beim Fehlen der Bemaßung eine andere Einheit vorausgesetzt wird, beispielsweise Millimeter, müssen Sie das in den Voreinstellungen ändern. Über BEARBEITEN/PHOTOSHOP ELEMENTS • VOREINSTELLUNGEN • EINHEITEN & LINEALE öffnen Sie das Pulldown-Menü LINEALE und selektieren dort den Wert MM. Bestätigen Sie mit OK. Alle Werte, die Sie fortan ohne Maßeinheit eingeben, werden daraufhin in Millimeter umgesetzt.

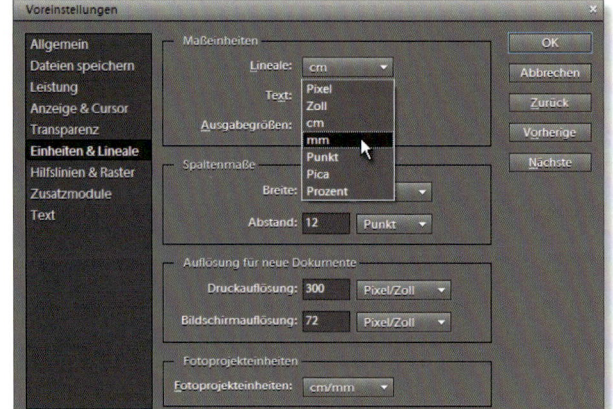

Abbildung 6.33 ▶
Über die Voreinstellungen legen Sie Ihre bevorzugte Maßeinheit fest.

6.2.2   Fotoverhältnis verwenden

Im folgenden Workshop wollen wir ein Foto individuell anpassen. Bevor wir das jedoch machen, müssen wir uns ein wenig mit der Bildaufteilung beschäftigen. Fotos, in denen das Hauptobjekt in der Mitte ist sind mitunter ziemlich langweilig (zumindest wenn viele weitere Bildinhalte auszumachen sind). Deswegen ist man bemüht, relevante Inhalte auf eine gedachte Linie zwischen zwei Bilddritteln zu stellen. Viele Kameras unterstützen derartige Vorgehensweisen, indem sie entsprechende Fotografierhilfen zur Verfügung stellen. Die Linien werden dann während des Fotografierens im Sucher bzw. Monitor sichtbar.

Abbildung 6.34 ▶
Bei diesem Foto ist die Bildaufteilung nicht nach der Drittelregel erfolgt.

Nun ist auch die **Drittelregel** kein Dogma. Es gibt zahlreiche Motive, denen die uneingeschränkte Bildmitte gehören darf. Doch wäre es gerade bei der Beispielaufnahme aus Abbildung 6.34 durchaus denkbar, diese nach der Drittelregel anzuordnen. Bleibt die Frage: Auf welche Drittellinie gehört denn nun die Golferin? Ohne Zweifel auf die linke. Warum? Weil sie nach rechts schaut. So geben Sie ihr Raum in Blickrichtung. Das Ergebnis könnte also in etwa so aussehen:

◄ **Abbildung 6.35**
Die Blickrichtung ist rechts. Deswegen sollte die Person links stehen.

Schritt für Schritt: Freistellen nach Drittelregel

1 **Freistellung aktivieren**
Diesmal setzen wir den Assistenten ein. Sie sollten aus diesem Grund oben rechts auf dem Register BEARBEITEN die Option ASSISTENT wählen. Danach entscheiden Sie sich im Bedienfeld GRUNDLEGENDE FOTOBEARBEITUNGEN für FOTO FREISTELLEN.

Golf.jpg

2 **Ansicht optimieren**
Bevor Sie weitermachen, müssen Sie eines unbedingt beachten: Möglicherweise sehen Sie jetzt nicht das gesamte Bild, sondern nur einen Ausschnitt. Deswegen drücken Sie in der NUR NACH-HER-Ansicht einmal `Strg`/`⌘`+`0` (Zahl: Null). Dadurch wird das gesamte Foto auf seinem zur Verfügung stehenden Platz angezeigt.

▲ **Abbildung 6.36**
Der Assistent ist bei der Freistellung behilflich.

3 Ausschnittrahmen einstellen

Als Nächstes sollten Sie sich auf ein Format festlegen (es sei denn, Sie wollen ein für Fotos ganz untypisches Maß verwenden und den Rahmen selbst in Form ziehen). Um ein Foto-Format festzulegen, klicken Sie auf das Pulldown-Menü AUSSCHNITTRAHMEN. Dort ist jetzt noch KEINE BESCHRÄNKUNG gelistet.

Leider klappt die Liste nicht vollständig aus. Deswegen müssen Sie zunächst den Scrollbalken nach unten bewegen, um anschließend auf 20 X 30 CM klicken zu können. Dadurch erhalten Sie übrigens auch ein Foto im schicken Kleinbild-Format (Seitenverhältnis = 3:2).

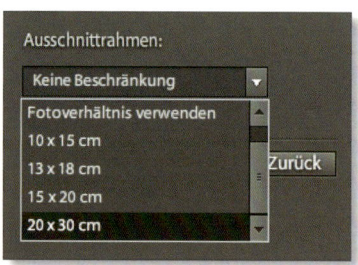

Abbildung 6.37 ▶
Entscheiden Sie sich für das unterste Maß.

4 Rahmen einstellen

Klicken Sie in den Rahmen hinein, und ziehen Sie ihn mit gedrückter Maustaste so weit nach unten rechts, bis die Ameisenlinien an den Bildrändern einrasten. Vergleichen Sie die Stellung des Rahmens mit der Abbildung.

Abbildung 6.38 ▶
So ist der Rahmen zunächst korrekt angeordnet.

5 Ausschnitt verändern

Würden Sie sagen, dass die Golferin jetzt auf einer Drittellinie angeordnet ist? Eher nicht, oder? Der Bildausschnitt müsste noch ein wenig nach rechts verschoben werden. Aber das geht nicht, da der Rahmen ansonsten aus dem Bild hinauslaufen würde. Die Folge wäre, dass der überstehende Bereich mit der aktuell eingestellten Hintergrundfarbe gefüllt würde. Und wie sieht das denn aus?

◄ **Abbildung 6.39**
Das kann man als Resultat ja wohl kaum durchgehen lassen.

Um die Drittelregel einzuhalten, sind Sie also gezwungen, den Ausschnitt zu skalieren. Klicken Sie dazu den oberen linken Anfasser an und ziehen Sie ihn mit gedrückter Maustaste ein wenig nach innen. Orientieren Sie sich an der Abbildung.

◄ **Abbildung 6.40**
So wird die obere linke Ecke verzogen.

6 **Bild freistellen**

Wenn Sie mögen, können Sie noch einmal in den Rahmen hineinklicken und ihn ein wenig nach oben schieben. Halten Sie dabei
⬙ gedrückt, verhindern Sie, dass sich der Rahmen gleichzeitig
horizontal verschieben kann. Zuletzt klicken Sie auf das grüne
Häkchen unten rechts am Rahmen oder beenden die Freistellung
mit ↵.

▲ **Abbildung 6.41**
So soll das Ergebnis aussehen. ■

6.3 Bildgröße und Arbeitsfläche ändern

Nun bleibt die Frage: »Wie kann ich die Bildgröße ändern, **ohne**
etwas abzuschneiden?« Hier die Antwort:

6.3.1 Bildgröße ändern

Über BILD • SKALIEREN • BILDGRÖSSE können Sie alle erdenklichen
Abmessungen und Auflösungen eingeben. Allerdings setzt eine
Änderung der Bildgröße voraus, dass Sie im folgenden Dialogfeld die unterste Checkbox, BILD NEU BERECHNEN MIT ❹, aktiviert haben. Danach lassen sich dann neue Abmessungen über
die Eingabefelder BREITE und HÖHE ❶ festlegen. Auch die AUF-
LÖSUNG (Pixel pro Zoll) lässt sich ändern. Benutzen Sie dazu das
Eingabefeld ❷. Wenn Sie mögen, können Sie dabei das Bild sogar
verzerren. Wenn Sie nämlich die Checkbox PROPORTIONEN BEI-

BEHALTEN ❸ deaktivieren, stehen Breite und Höhe nicht mehr in Abhängigkeit zueinander, und das Bild kann unproportional skaliert werden.

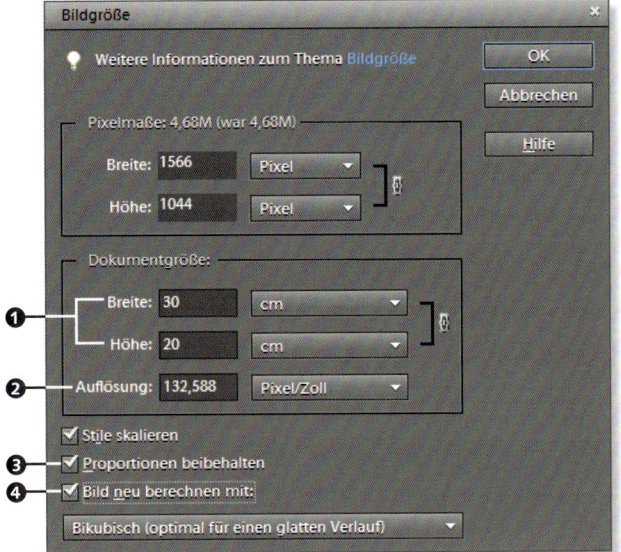

◀ **Abbildung 6.42**
Neue Bildgrößen lassen sich über diesen Dialog vergeben.

6.3.2   Bildgröße in Serie ändern

So weit, so gut – aber was machen Sie, wenn Sie mit Hunderten von Bildern aus dem Urlaub zurückkommen und diese alle in der Größe ändern wollen – beispielsweise, um die schönsten Fotos der vergangenen Tour im Web oder in einer Präsentation vorstellen zu können? Damit Sie für diese Aktion nicht Ihren kostbaren Resturlaub verpulvern, sollten Sie folgendermaßen vorgehen:

Schritt für Schritt: Automatische Größenänderung mehrerer Fotos

Dieser kurze Workshop gibt Aufschluss darüber, was zu tun ist, wenn Sie mehrere Fotos auf dieselbe Größe skalieren wollen. Dabei spielt es keine Rolle, ob das Ergebnis größer oder kleiner werden soll. Achten Sie jedoch darauf, dass jede Neuberechnung mit Qualitätsverlusten einhergeht. Deshalb sollten zumindest starke Vergrößerungen eher vermieden werden.

1 Maße auslesen

Zunächst einmal müssen Sie eines der Bilder, die Sie skalieren wollen, im Editor von Photoshop Elements öffnen. Danach wählen Sie BILD • SKALIEREN • BILDGRÖSSE. Lesen Sie hier das Maß ab, das Sie verändern wollen (entweder die Breite oder die Höhe). Im Beispiel entscheiden wir uns für die BREITE ❶. Wichtig ist auch, dass dieses Maß in PIXEL ❷ vorliegt. Zuletzt ist die AUFLÖSUNG ❸ noch relevant. Wenn Sie sich diese drei Werte gemerkt (oder besser noch aufgeschrieben) haben, können Sie diesen Dialog mit einem Klick auf ABBRECHEN verlassen.

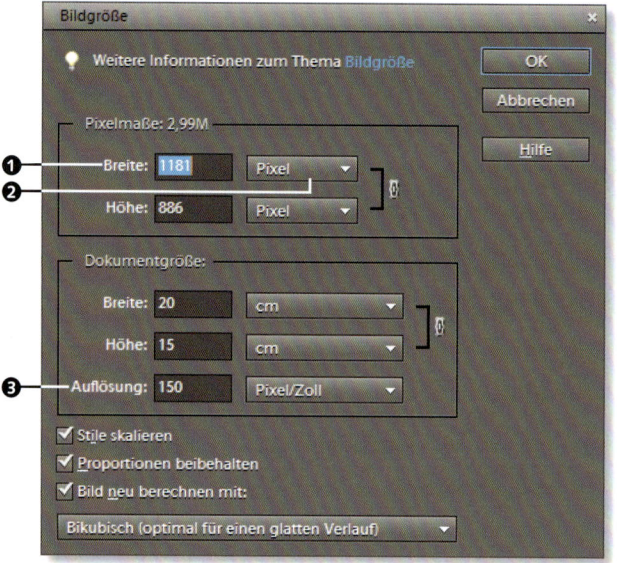

Abbildung 6.43 ▶
Der Dialog gibt Auskunft über Bildmaße und Auflösung.

2 Stapelverarbeitung vorbereiten

Im nächsten Schritt sollten Sie alle Fotos, deren Größe Sie ändern wollen, in einen separaten Ordner auf Ihrer Festplatte kopieren. Das machen Sie über die Zwischenablage des Betriebssystems. (Drücken Sie Strg/⌘+C zum Kopieren und Strg/⌘+V zum Einfügen in den neuen Ordner.) Wenn das erledigt ist, entscheiden Sie sich für das Menü DATEI und wählen darin den Eintrag MEHRERE DATEIEN VERARBEITEN. (Dieser Befehl steht nicht in der Assistent-Ansicht zur Verfügung. Kehren Sie also gegebenenfalls vorab in den Bereich VOLLSTÄNDIG zurück!) Dort sollten Sie zunächst die Checkbox BILDER SKALIEREN ❽ im Bereich BILDGRÖSSE aktivieren.

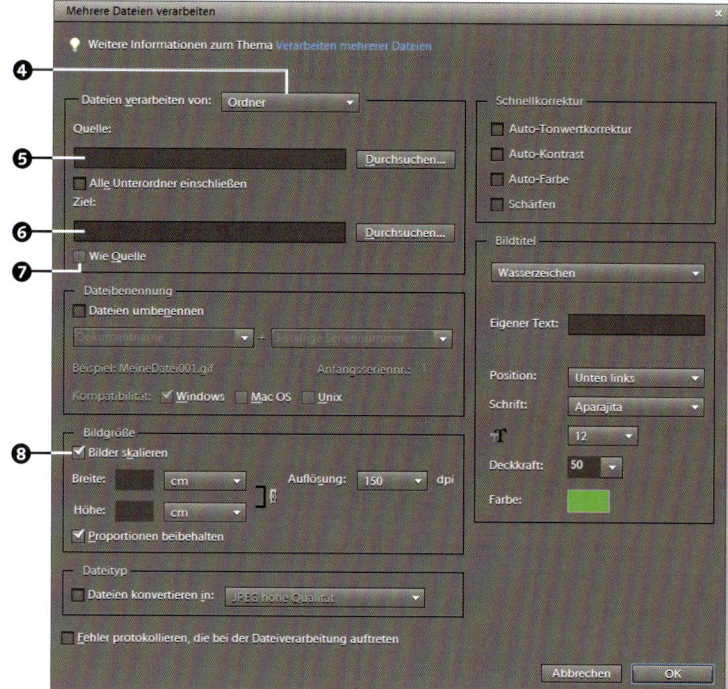

◄ **Abbildung 6.44**
Die Stapelverarbeitung bietet
zahlreiche automatische Bear-
beitungsmöglichkeiten an.

3   **Abmessungen eintragen**

Daraufhin stehen die unterhalb befindlichen Steuerelemente
(BREITE, HÖHE und AUFLÖSUNG) zur Verfügung. Hier sollten Sie
zunächst einmal die korrekte Maßeinheit wählen. Öffnen Sie deshalb die Liste ❿, und stellen Sie PIXEL ein. Da wir uns vorab für
die Änderung der Breite entschieden hatten, bleibt das Eingabefeld HÖHE unangetastet. Tragen Sie deshalb im Feld BREITE ❾ das
neue Maß ein. Schließlich wollen wir die Fotos ja nicht verzerren,
was durch die Checkbox PROPORTIONEN BEIBEHALTEN ⓫ letztendlich auch erreicht wird. Nun fehlt noch die AUFLÖSUNG ⓬, die Sie
ja prinzipiell nicht verändern, sondern beim eingangs abgelese-
nen Maß belassen wollen.

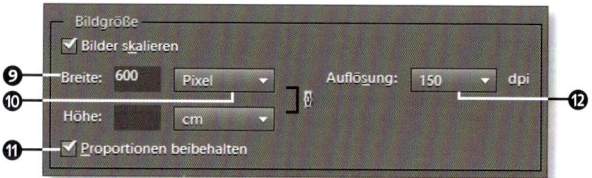

◄ **Abbildung 6.45**
Tragen Sie die neuen Maße ein.

4 Ordner wählen

Jetzt, wo Photoshop Elements weiß, was mit den Dateien passieren soll, müssen Sie nur noch festlegen, welche Fotos bearbeitet werden sollen. Das machen Sie ganz oben im Dialog, indem Sie unter DATEIEN VERARBEITEN VON ❹ den Parameter ORDNER angeben und anschließend auf den obersten der beiden DURCHSUCHEN-Buttons klicken. Hier legen Sie den Quellordner ❺ fest, also den Ordner, der Ihre sämtlichen Bildkopien enthält.

Im Bereich ZIEL ❻ können Sie nun über die zweite DURCHSUCHEN-Schaltfläche einen Ordner angeben, in dem die verkleinerten Kopien angelegt werden sollen; oder Sie entscheiden sich für die Checkbox WIE QUELLE ❼. In diesem Fall werden die Dateien des Quellordners ganz einfach mit den neuen, verkleinerten Dateien überschrieben, was Photoshop Elements auch noch einmal per Dialog bestätigt.

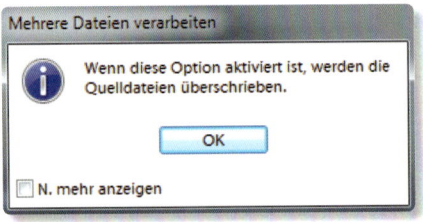

Abbildung 6.46 ▶
Nach einem Klick auf OK geht es den Originalen an den Kragen.

Das ist in den meisten Fällen auch die beste Wahl, da der Quellordner ja bereits mit Kopien und eben nicht mit den Originalen gefüllt ist. Und die großen Kopien werden ja gar nicht mehr gebraucht. Ein anschließender Klick auf OK leitet den Vorgang ein. Lehnen Sie sich entspannt zurück, und schauen Sie der Anwendung bei der Arbeit zu. ■

6.3.3 Weitere Stapelverarbeitungen

Sicher ist Ihnen nicht entgangen, dass Sie Fotos über diesen Dialog auch umbenennen, in einen anderen Dateityp konvertieren, mit den Schnellkorrektur-Funktionen bearbeiten und sogar mit Bildtiteln versehen können. Die Vorgehensweise ist mit der vorangegangenen prinzipiell identisch. Geben Sie einfach Quelle und Ziel der Dateien an, und entscheiden Sie sich per Checkbox für die jeweilige Routine. Sobald diese Checkboxen aktiv sind, werden auch die jeweils zugehörigen Steuerelemente bedienbar.

6.3.4 Größe der Arbeitsfläche ändern

Beim Skalieren müssen Sie grundsätzlich unterscheiden, ob Sie die Bildgröße oder die Arbeitsfläche skalieren wollen. Bei der Änderung der Bildgröße wird das Bild größer oder kleiner. Bei der Änderung der Arbeitsfläche verändert sich die Größe der zur Verfügung stehenden Bildfläche, nicht aber die Größe des Bildes selbst. Kompliziert? Nein, eigentlich gar nicht. Wie wäre es mit einem kleinen Workshop dazu?

Schritt für Schritt: Eine Postkarte selbst gemacht

Photoshop Elements 9 stellt richtig gute Möglichkeiten zur Verfügung, wenn es darum geht, Postkarten zu gestalten. In Kapitel 12 können Sie sich ausgiebig damit befassen. Hier geht es jedoch eher um die Erweiterung der Arbeitsfläche, weswegen wir jetzt einen anderen Weg gehen werden als den in Kapitel 12 beschriebenen. Unsere Karte soll von einem Rand umgeben sein, auf dem später ein Text abgebildet wird.

Karte.jpg

© Siegbert-Heinecke – pixelio.de

◄ **Abbildung 6.47**
Leo soll einen Rahmen bekommen.

1 **Arbeitsflächen-Dialog öffnen**

Zunächst zur Arbeitsfläche. Diese muss erweitert werden, um einen Rahmen um das Bild herum erzeugen zu können. Bildbereiche zu entfernen kommt für uns nämlich nicht infrage. Gehen Sie in der Bearbeitungsansicht VOLLSTÄNDIG in das Menü BILD, und entscheiden Sie sich dort für SKALIEREN • ARBEITSFLÄCHE.

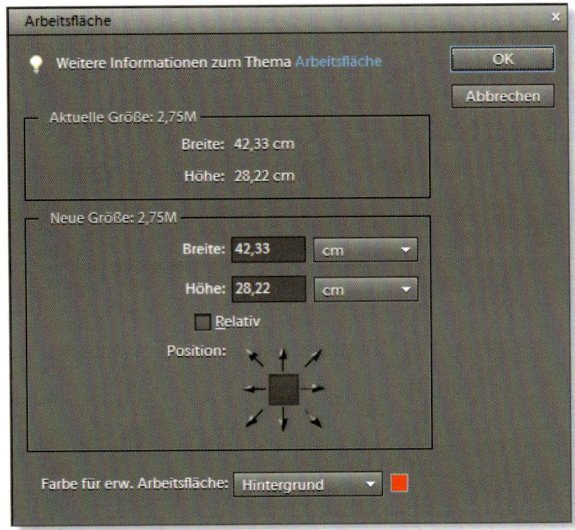

▲ **Abbildung 6.48**
Dieser Dialog hilft bei der Erweiterung der Arbeitsfläche weiter.

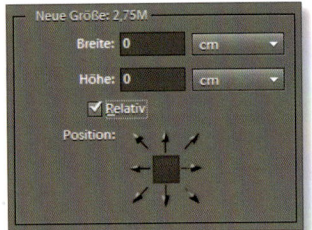

▲ **Abbildung 6.49**
Die Abmessungen für Breite und Höhe springen auf »0«, wenn RELATIV angeklickt wird.

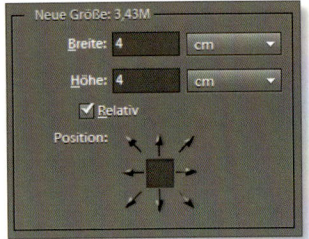

▲ **Abbildung 6.50**
Breite und Höhe werden um je vier Zentimeter vergrößert – zwei Zentimeter zu jeder Seite.

2 Relatives Maß einstellen

Die aktuellen Maße der Datei werden unter BREITE und HÖHE angezeigt. Das Foto ist rund 42 × 28 cm groß. Unsere Aufgabe besteht nun darin, die Arbeitsfläche nach unten hin um 6 cm zu vergrößern, damit hier Text platziert werden kann. Alle anderen Seiten sollen um 2 cm erweitert werden. Diese Aufgabe wird in zwei Schritten erledigt. Zunächst sorgen Sie für eine Erweiterung um 2 cm zu allen vier Seiten. Nun wäre es möglich, auszurechnen, wie groß die Fläche sein muss, und den entsprechenden Wert in die Eingabefelder einzutippen. Noch einfacher ist aber diese Alternative: Aktivieren Sie den Radio-Button RELATIV.

3 Größe verändern

Ausgehend von 0, können Sie jetzt die Erweiterung eingeben. Tragen Sie in beide Eingabefelder »4« ein. So erreichen Sie, dass jede der vier Seiten um 2 cm erweitert wird.

4 Hintergrundfarbe einstellen

Bevor Sie jetzt auf OK klicken, sollten Sie noch die Farbe des Rahmens einstellen. Was halten Sie davon, wenn wir eine Farbe aus dem Foto nehmen? Öffnen Sie das Pulldown-Menü FARBE FÜR ERW. ARBEITSFLÄCHE, das Sie ganz unten finden ■.

◀ **Abbildung 6.51**
Hier befinden sich die Optionen für die mögliche Farbvergabe.

Selektieren Sie ANDERE, was zur Folge hat, dass der Farbwähler geöffnet wird. Hier könnten Sie jetzt die gewünschte Farbe einstellen. Wir werden jedoch, wie versprochen, eine Farbe aus dem Bild »herauspicken«. Verlassen Sie deswegen den Farbwähler mit der Maus, und stellen Sie ihn auf das Foto. Beachten Sie, dass der Mauszeiger zur Pipette mutiert. Stellen Sie die Spitze der Pipette auf einen ziemlich hellen Bereich der Löwenmähne, und führen Sie dort einen Mausklick aus. Der Farbwähler nimmt diese Farbe dann auf.

Hintergrundfarbe

Rechts neben diesem Steuerelement wird eine Farbfläche angezeigt (hier rot ❶). Diese entspricht stets der aktuell eingestellten Hintergrundfarbe. Sie können diese per Farbwähler ändern, indem Sie auf die Fläche klicken.

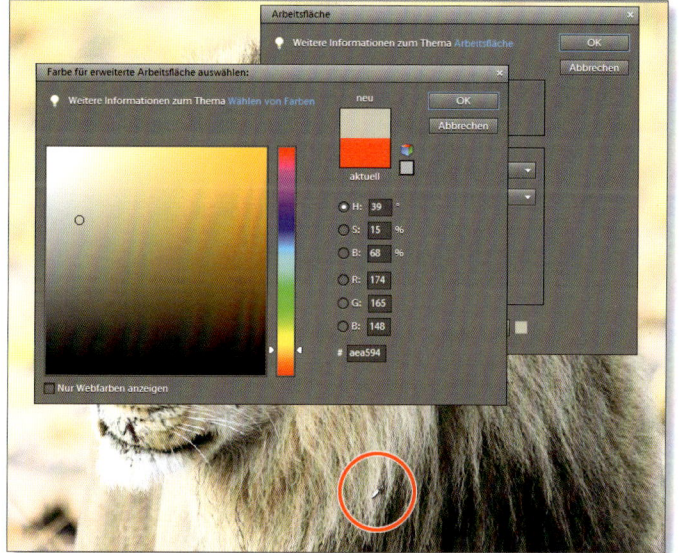

◀ **Abbildung 6.52**
Ein Mausklick auf die Mähne sichert den Farbwert.

Jetzt brauchen Sie nichts weiter zu tun, als im Farbwähler und anschließend im Arbeitsflächen-Dialog auf OK zu klicken und das Ergebnis zu betrachten. Sollte nicht der gesamte Bereich eingeblendet werden, drücken Sie ⌨Strg/⌘+⓪ oder klicken bei aktiviertem Zoom-Werkzeug auf den Button BILDSCHIRMGRÖSSE in der Optionsleiste.

Abbildung 6.53 ▶
Jetzt wird das gesamte Bild
angezeigt, inklusive des soeben
zugewiesenen Rahmens.

5   Ausdehnungsrichtung festlegen

Nun ist die Arbeitsfläche aber gleichmäßig nach oben und unten
vergrößert worden (an jeder Seite um 2 cm). Also muss noch ein
zweiter Schritt folgen, der die Fläche ganz unten noch einmal um
weitere vier Zentimeter erweitert. Öffnen Sie also noch einmal
den Dialog (BILD • SKALIEREN • ARBEITSFLÄCHE). Erweitern Sie die
HÖHE um die erforderlichen 4 cm.

Abbildung 6.54 ▶
Es müssen noch einmal 4 cm
zugegeben werden.

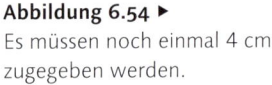

6   Position festlegen

Würden Sie jetzt auf OK klicken, würden die obere und untere
Seite um jeweils 2 cm erweitert. Aber das ist ja nicht das
gewünschte Resultat. Deshalb müssen Sie sich jetzt noch um das
Steuerelement POSITION kümmern. Sie müssen der Anwendung
noch mitteilen, in welche Richtung die Ausdehnung erfolgen soll.
Klicken Sie auf den mittleren Button der obersten Zeile. Dadurch,
dass anschließend keine Pfeile mehr nach oben weisen, ist die

mögliche Ausdehnungsrichtung definiert. Sie dürfen die Aktion mit OK abschließen.

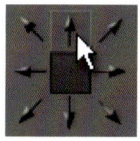 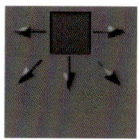

▲ **Abbildung 6.55**
Wenn Sie diesen Pfeil anklicken, kann nach oben hin keine Ausdehnung mehr erfolgen.

◄ **Abbildung 6.56**
Der Rahmen ist damit fertig.

7 **Textwerkzeug einstellen**

Aktivieren Sie das horizontale Textwerkzeug (T), und klicken Sie auf das erste Steuerelement in der Optionsleiste ❶. Suchen Sie eine Schriftart aus, die Sie für geeignet halten (im Beispiel BOOKMAN OLD STYLE). Außerdem sollten Sie den SCHRIFTGRAD ❷ mit 60 Pt und die TEXTFARBE ❸ mit Schwarz festlegen. Wenn Sie mögen, definieren Sie zusätzlich noch einen STIL ❹. Wie wäre es mit EINFACH RELIEF?

▼ **Abbildung 6.57**
Passen Sie die Parameter an.

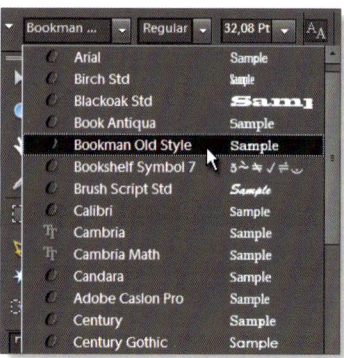

▲ **Abbildung 6.58**
Legen Sie eine geeignete Schriftart fest.

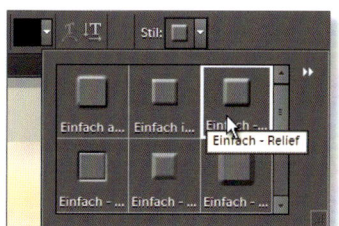

▲ **Abbildung 6.59**
Erhabene Texte machen viel her.

8 **Text verfassen**

Zuletzt setzen Sie einen Mausklick mitten unter das Foto und geben einen Text Ihrer Wahl ein. Schließen Sie die Aktion mit einem Klick auf das grüne Häkchen in der Optionsleiste ab. Die Alternative wäre ⟨Strg⟩/⟨⌘⟩+⟨↵⟩. (Die Eingabetaste allein würde lediglich eine Zeilenschaltung hervorrufen.)

Abbildung 6.60 ▶
Die Bestätigung erfolgt innerhalb der Optionsleiste.

9 **Optional: Text ausrichten**

Sollte der Text noch nicht die richtige Position haben, schalten Sie auf das Verschieben-Werkzeug um. Klicken Sie damit auf den Text, und ziehen Sie ihn mit gedrückter Maustaste an den richtigen Platz.

Abbildung 6.61 ▶
Der Text ist zugewiesen.

Don't look back!

6.3.5 Dateien mit Text weitergeben

Der Text bleibt im Übrigen editierbar. Das bedeutet: Sie können jederzeit mit dem Textwerkzeug daraufklicken und Änderungen oder Erweiterungen durchführen. Schauen Sie auch einmal auf das Ebenen-Bedienfeld. Dort bleibt der Text als eigenständige Ebene erhalten.

Ein Problem ergibt sich aber daraus: Wenn Sie das Foto als TIFF oder PSD weitergeben, muss die gewählte Schriftart beim Empfänger ebenfalls installiert sein. Anderenfalls wird sie dort nicht korrekt angezeigt und muss durch eine andere ersetzt werden. Da sich das negativ auf die Gestaltung auswirken kann, ist zu empfehlen, das Foto vor der Weitergabe auf die Hintergrundebene zu reduzieren (Fenstermenü-Schaltfläche des Ebenen-Bedienfelds). Dann ist der Text zwar nicht mehr editierbar, bleibt aber optisch so erhalten, wie Sie ihn vorgesehen haben. – Und noch ein Hinweis: Sollten Sie das Foto als JPEG abspeichern, müssen Sie sich darum keine Gedanken machen. JPEG unterstützt keine Ebenen, und die Textebene wird automatisch auf das Foto reduziert.

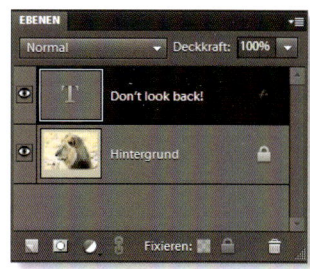

▲ **Abbildung 6.62**
Der Text bildet eine eigenständige Ebene.

6.4   Fotos neu zusammensetzen

Sie haben ja bereits mehrfach mit dem Freistellungswerkzeug gearbeitet. Da ist Ihnen ja auch sicher schon das Neu-zusammen-setzen-Werkzeug aufgefallen. Sobald Sie es aktivieren, taucht ein Hinweis auf. Und das jedes Mal! Dabei soll die Tafel selbst lediglich eine Anleitung zum Umgang mit dem Werkzeug sein. Es ist zu empfehlen, unten links Nicht mehr anzeigen ❶ zu aktivieren, bevor Sie die Tafel mit OK verlassen – zumindest, wenn Sie lieber mit dem Werkzeug arbeiten als mit dem eigens dafür ausgestatteten Assistenten.

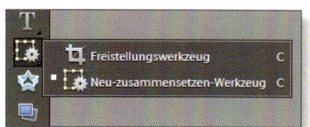

▲ **Abbildung 6.63**
Das hier angesprochene Tool bildet eine Gruppe mit dem Freistellungswerkzeug.

◀ **Abbildung 6.64**
Sobald es aktiviert wird, erscheint eine Hinweistafel.

6.4.1 Mit dem Assistenten zusammensetzen

Prinzipiell lassen sich mit der »Zusammensetzung« Bereiche kurzerhand aus dem Foto verdrängen. Das bietet sich besonders dann an, wenn Sie den einen oder anderen Zeitgenossen aus Ihren Fotos ausschließen wollen. Der folgende Workshop zeigt, wie es geht.

Zusammensetzen.jpg

Schritt für Schritt: Eine Person durch Verschiebung der Arbeitsfläche entfernen

Werfen Sie doch einmal einen Blick auf das Beispielfoto. Stellen Sie sich vor, Sie sind der junge Mann links im Bild. Und stellen Sie sich darüber hinaus noch vor, Sie wären mit der Dame rechts im Bild viel lieber alleine an diesem Traumstrand. Da hilft nur eines: Der Typ in der Mitte muss weg! Sie könnten das nun mit ihm ausdiskutieren oder Photoshop Elements bemühen.

Abbildung 6.65 ▶
Drei sind einer zu viel.

© Renate Klaßen

1 Assistenten öffnen

Entscheiden Sie sich im Register BEARBEITEN für ASSISTENT. Im Bedienfeld GRUNDLEGENDE FOTOBEARBEITUNGEN klicken Sie auf FOTO NEU ZUSAMMENSETZEN.

▲ **Abbildung 6.66**
Öffnen Sie den Assistenten.

2 Pinsel einstellen

Wie üblich, finden Sie auch hier einige kurze Erklärungen zum Umgang mit dieser Routine. Achten Sie einmal auf die Steuerelemente weiter unten. Der Schutzpinsel ❶ ist automatisch aktiviert.

Schalten Sie jetzt allerdings um auf den darunter befindlichen Löschpinsel ❷ und ziehen Sie anschließend den Schieberegler PINSELGRÖSSE ❹ so weit nach rechts, bis in der QuickInfo ❸ ein Wert um 50 angezeigt wird. Damit bestimmen Sie, wie groß der Pinseldurchmesser sein soll.

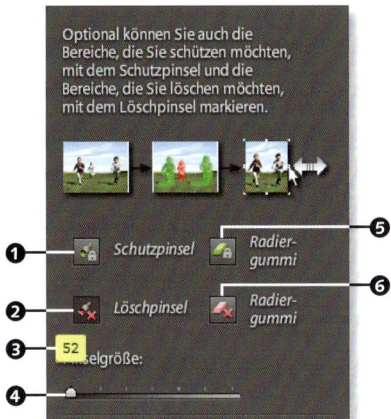

◀ **Abbildung 6.67**
Wir benötigen für diese Aufgabe nur den Löschpinsel.

▋ 3 Löschung markieren

Stellen Sie die Maus auf das Foto, und wischen Sie vorsichtig über den Herrn in der Mitte. Er wird mit teiltransparenter, roter Farbe überdeckt. Sorgen Sie dafür, dass die Person vollständig überpinselt wird, und gehen Sie sogar noch ein wenig darüber hinaus.

◀ **Abbildung 6.68**
Zu entfernende Bildelemente werden mit dem roten Löschpinsel übermalt.

▋ 4 Optional: Auswahl korrigieren

Sollten Sie versehentlich zu viel übermalt haben, könnten Sie den Lösch-Radiergummi ❻ aktiveren und damit bereits rot markierte

Stellen im Foto wieder wegradieren. Ebenso wäre es möglich, Elemente mit dem Schutzpinsel grün zu markieren, die auf gar keinen Fall angetastet werden dürfen. Das ist bei unserem Foto allerdings nicht erforderlich, da die Anwendung Personen in der Regel erkennt und diese ohnehin nicht löscht oder verzerrt – es sei denn, sie sind rot markiert (hihi).

Schutz-Radiergummi

Mit dem Schutz-Radiergummi ❺ entfernen Sie bereits zum Schutz mit grüner Farbe markierte Elemente im Foto.

❺   Bild verziehen

Halten Sie nach dem in der Mitte des linken Bildrandes befindlichen Anfasser Ausschau. Klicken Sie ihn an, und ziehen Sie ihn mit gedrückter Maustaste so weit nach rechts, bis der unliebsame Zeitgenosse in der Bildmitte verschwunden ist. Wenn das der Fall ist, lassen Sie los und klicken auf das kleine Häkchen unten rechts. Sie wissen schon: aktuellen Vorgang bestätigen.

Abbildung 6.69 ▶
Dieser Anfasser …

Abbildung 6.70 ▶
… muss nach rechts gezogen werden.

❻   Optional: Foto wieder ausdehnen

Sie können jetzt durchaus mit der Transparenz auf der linken Seite leben und diesen Part am Schluss mit dem Freistellungswerkzeug abschneiden. Doch wir wollen die Originalgröße zurück. Ziehen

Sie den Anfasser deswegen wieder an seine ursprüngliche Position zurück, und bestätigen Sie abermals mit dem Häkchen.

Bereichsreparatur-Pinsel

Mehr über dieses Werkzeug erfahren Sie in Abschnitt 10.2.5.

◄ **Abbildung 6.71**
So, das wäre geschafft. Den Herrn in der Mitte sind wir los.

7 **Schnittkante reparieren**

Nun sieht die Stelle zwischen den verbliebenen Personen noch nicht so galant aus. Klicken Sie deswegen oben rechts im Register BEARBEITEN wieder auf VOLLSTÄNDIG, und aktivieren Sie den Bereichsreparatur-Pinsel (☐J☐). Wischen Sie in kurzen Abständen Stück für Stück über diese Stelle und beobachten Sie, wie der Makel ausgebessert wird ■.

▼ **Abbildung 6.72**
Jetzt sind die Rollen klar verteilt. Der Nebenbuhler ist eliminiert.

6.4.2 Beim Zusammensetzen strecken

Im letzten Workshop wurde die Arbeitsfläche zusammengeschoben, um Bildinhalte zu entfernen. Sie dürfen aber auch gerne den umgekehrten Weg gehen und ein Bild auseinanderziehen. Dazu ist es allerdings erforderlich, Bereiche, die erhalten bleiben sollen, zu markieren. Fahren Sie mit dem Schutzpinsel gründlich über die

Personen, und ziehen Sie außerdem noch einige Kurven über das Gewässer. Das reicht.

Abbildung 6.73 ▶
Hier soll ausschließlich der Bereich zwischen den Personen gestreckt werden. Deswegen müssen die anderen Bereiche geschützt werden.

Abbildung 6.74 ▶
Hier sieht man, wo das Foto gezogen worden ist. (Schade, jetzt waren die beiden gerade zusammen.)

6.4.3   Auf Strukturen achten

Bitte erwarten Sie keine Wunder von diesem Tool; zumindest dann nicht, wenn Sie riesengroße Strecken in einem einzelnen Arbeitsgang bewältigen wollen. Dann kommt es nicht selten zu regelmäßigen Strukturen, die den kleinen Trick auffliegen lassen. In der Regel ist der Korrekturbedarf jedoch gering. Und dann lässt sich das Ergebnis allemal sehen.

6.5   Raffinierte Spiegelungen

Objekte zu spiegeln ist in der Bildbearbeitung nichts Neues. Auch mit Photoshop Elements kann man so etwas seit jeher realisieren. Allerdings war diese Aktion bislang mit Aufwand und vor allem Sattelfestigkeit in der Bedienung der Software verbunden. Vorbei die Zeit, denn jetzt hilft der Assistent. Erfahren Sie im folgenden Workshop, wie Sie schnell und intuitiv zur Spiegelung gelangen.

Schritt für Schritt: Ein Foto spiegeln

1   Assistent bereitstellen

Zum Schluss dieses Kapitels soll eine Spiegelung am Fuß der Beispieldatei integriert werden. Dazu klicken Sie erneut im Register BEARBEITEN auf ASSISTENT. Wählen Sie den untersten Eintrag des Bedienfeldbereichs, SPIEGELUNG, den Sie unter KREATIVE BEARBEITUNGEN finden.

Spiegelung.jpg

2   Spiegelung hinzufügen

Anhand des Beispielfotos ganz oben rechts sieht man schon, wie sich das Ergebnis gestalten wird. Die eigentliche Produktion der Spiegelung gelingt, indem Sie auf die Schaltfläche SPIEGELUNG HINZUFÜGEN ❶ klicken.

▼ **Abbildung 6.75**
Bei großen Fotos kann es einen Moment dauern, bis die Spiegelung angezeigt wird.

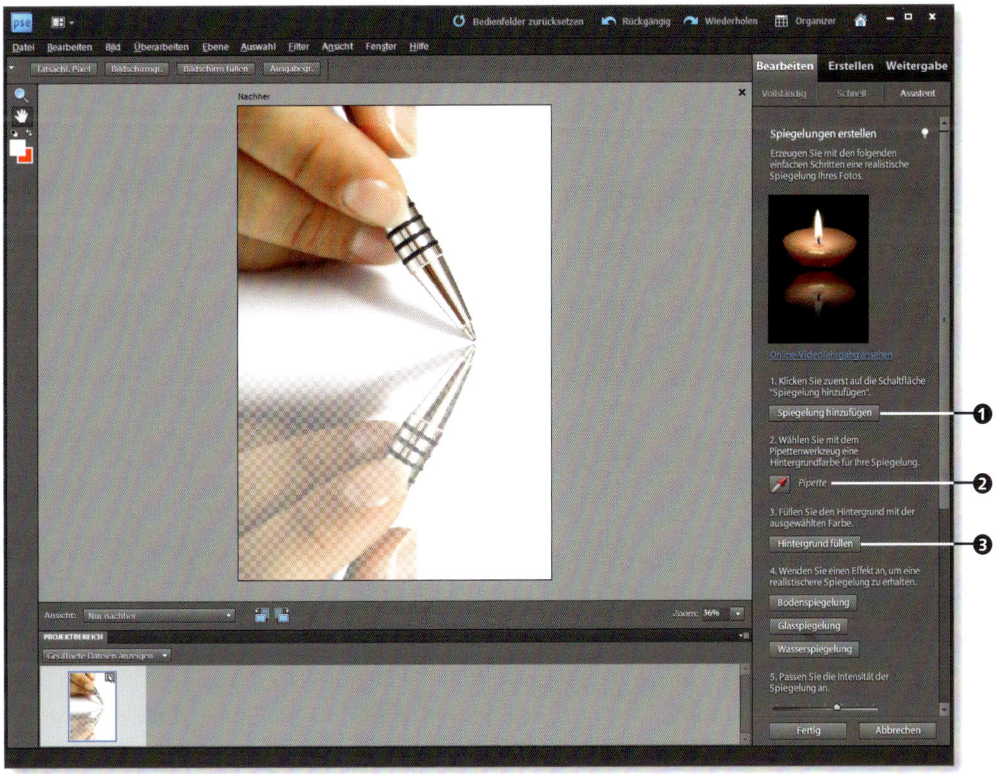

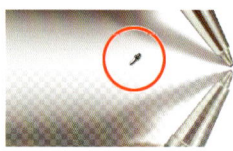

▲ **Abbildung 6.76**
Nehmen Sie die Farbe von
diesem Bereich auf. Die Über-
gabe der Farbe erfolgt mithilfe
von Hintergrund füllen.

3 **Hintergrund füllen**

Die Schachbrett-Muster, die in der Spiegelung zu erkennen sind,
deuten auf Transparenzen hin. Damit die Fläche unterhalb der
Spiegelung gefüllt wird, müssen Sie zunächst einmal eine Farbe
definieren. Das geht, indem Sie die Pipette ❷ aktivieren und
damit einmal auf einen Bereich ziemlich weit unten am Originalfoto klicken. Danach wählen Sie Hintergrund füllen ❸.

4 **Art der Spiegelung einstellen**

Im nächsten Schritt wird festgelegt, um welche Art von Spiegelung es sich handeln soll. Für unser Beispiel soll die Bodenspiegelung herhalten. Wenn Sie den gleichnamigen Button anklicken,
öffnet sich der Dialog Gaußscher Weichzeichner. Klicken Sie
mehrfach auf die Minus-Schaltfläche ❹, um den Bildausschnitt zu
optimieren. Danach ziehen Sie den Regler ❻ so weit nach rechts,
bis der Radius ❺ mit etwa 4,5 Pixel angegeben wird. Verlassen
Sie den Dialog mit OK.

Abbildung 6.77 ▶
Die Bodenspiegelung hat eine
»Gaußsche Weichzeichnung«
zur Folge.

5 **Intensität einstellen**

Sie können jetzt noch die Intensität der Spiegelung mithilfe des
Schiebereglers einstellen. Je weiter Sie ihn nach links verstellen,
desto schwächer wird die Spiegelung ausfallen. Streben Sie einen
Wert um 60 an (QuickInfo) ■.

Abbildung 6.78 ▶
Hier wird die Deckkraft der
Spiegelung eingestellt.

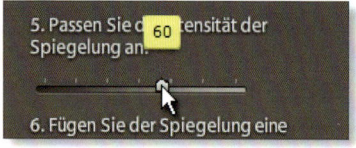

6   Optional: Foto freistellen

Häufig möchte man gar nicht den gesamten Bildinhalt spiegeln, sondern nur einen bestimmten Bereich. Deshalb ist es sinnvoll, das Foto jetzt freizustellen. Aktivieren Sie das gleichnamige Freistellungswerkzeug ❽ auf der rechten Seite, klicken Sie damit ganz oben links in die Ecke des Fotos, und ziehen Sie diagonal nach unten rechts herüber. Falls erforderlich, korrigieren Sie den Freistellungsrahmen mithilfe der Anfasser. Bevor Sie auf das grüne Häkchen ❼ klicken, sollten Sie den Rahmen so eingestellt haben, wie es in der folgenden Abbildung zu sehen ist.

> **Verzerrung hinzufügen**
>
> Wenn Sie VERZERRUNG HINZUFÜGEN betätigen, wird das Bild vertikal gestaucht. Wenden Sie den Befehl erneut an, wird das Ergebnis dahingehend weiter verstärkt.

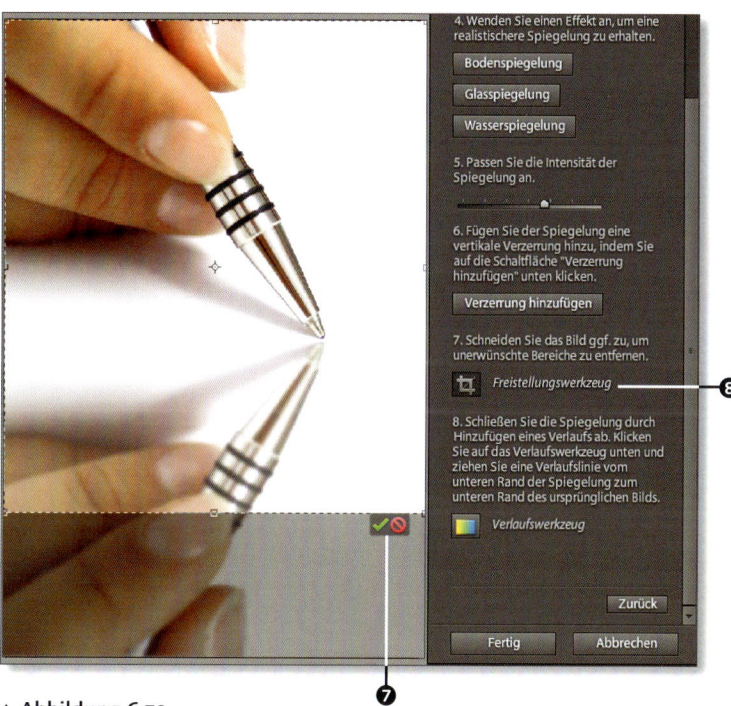

▲ **Abbildung 6.79**
So muss der Freistellungsrahmen sitzen.

7   Verlauf hinzufügen

Der letzte Schritt besteht darin, einen Verlauf zu erzeugen. Das sorgt dafür, dass die Spiegelung nicht durchgängig sichtbar ist, sondern nach unten hin immer mehr abnimmt. Dazu aktivieren Sie zunächst das Verlaufswerkzeug, klicken dann am unteren Rand (am besten ziemlich in der Mitte) ❿ auf das Foto, halten die Maustaste gedrückt und verschieben die Maus nach oben. Lassen Sie los, wenn Sie etwa an Position ❾ angekommen sind ∎.

> **Verlauf wiederholt anwenden**
>
> Sie können den Verlauf noch einmal anwenden. Dann wird das Ergebnis allerdings auf Grundlage des bereits vorhandenen Verlaufs erzeugt. So lässt sich das Ganze vielleicht noch optimieren. Wollen Sie jedoch mit einem komplett neuen Verlauf beginnen, müssen Sie vorab Strg/⌘+Z drücken. Das macht die Zuweisung des ursprünglichen Verlaufs rückgängig.

Abbildung 6.80 ▶
Ziehen Sie eine Verlaufslinie von unten nach oben durch.

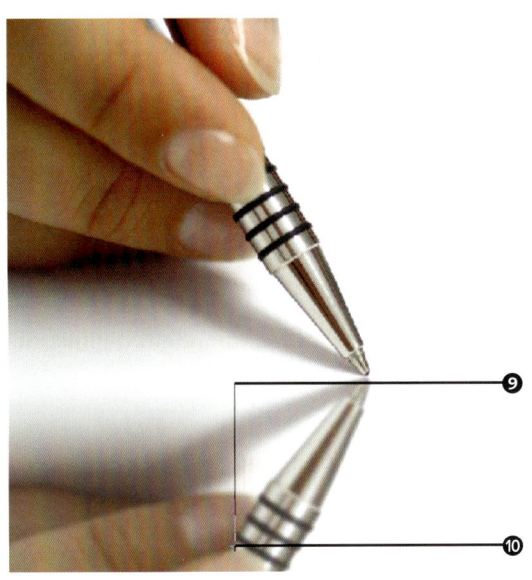

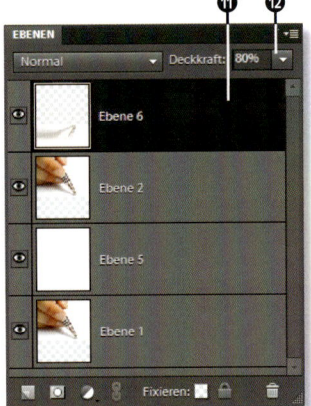

▲ **Abbildung 6.81**
Das macht Photoshop Elements aus: jederzeit Zugriff auf einzelne Ebenen. Perfekt.

8 **Optional: Weitere Korrekturen vornehmen**

Zuletzt klicken Sie auf FERTIG und gehen dann im Register BEARBEITEN wieder auf VOLLSTÄNDIG. Das gibt Ihnen die Möglichkeit, das Foto noch weiter zu bearbeiten. Werfen Sie einen Blick auf das Ebenen-Bedienfeld. Wenn Sie beispielsweise die DECKKRAFT ⓬ der Spiegelung jetzt noch herabsetzen wollen (im Beispiel auf 80 %), können Sie das tun, nachdem Sie die oberste Ebene aktiviert haben ⓫.

Abbildung 6.82 ▲▶
Das ebenenbasierte Endergebnis ist mit »Spiegelung_fertig.psd« betitelt und befindet sich im ERGEBNISSE-Ordner.

Kapitel 7

Bilder ausrichten und Verzerrungen korrigieren

Was tun, wenn die Geometrie des Bildes nicht stimmt?

- ▸ Wie werden Fotos gerade ausgerichtet?
- ▸ Wie wird die Perspektive korrigiert?
- ▸ Wie gleiche ich eine perspektivische Verzerrung aus?
- ▸ Wie werden Panoramabilder erzeugt?
- ▸ Wie werden Fotos verzerrt?
- ▸ Wie kann ich Teile eines Fotos aus dem Rahmen herausstehen lassen?

7   Bilder ausrichten und Verzerrungen korrigieren

Manchmal sind Fotos ja im wahrsten Sinne des Wortes richtig »schräg«. Das ist auch in Ordnung, wenn es dem Bild einen entsprechenden Ausdruck verleihen soll. Doch was ist, wenn die Perspektive nicht stimmt? Was das Auge in der freien Natur niemals als störend empfinden würde, sieht auf dem zweidimensionalen Foto leider schief aus. Und das sollten Sie korrigieren. Umgekehrt kann es aber auch gut möglich sein, dass Sie ein Foto verzerren »müssen« damit es realistisch aussieht. Beide Themen kommen in diesem Kapitel zur Sprache. Und die funkelnagelneue Out-of-Bounds-Technik darf natürlich auch nicht fehlen.

7.1   Bilder gerade ausrichten – Teil I

Praxis ist Trumpf! Also wollen wir gleich loslegen und dabei eine überaus interessante Funktion kennenlernen. Das horizontale oder vertikale Ausrichten eines Fotos ist wirklich ein Kinderspiel. Was Sie dazu benötigen? Einen Mausklick – eine Mausbewegung – und schon stimmt die Sache. Einfacher geht es wirklich nicht.

7.1.1   Mit dem Werkzeug ausrichten

Photoshop Elements macht es Ihnen wirklich leicht, wenn es darum geht, schiefe Aufnahmen zu begradigen, denn die Software bietet eigens dafür das Gerade-ausrichten-Werkzeug .

Schritt für Schritt: Ein Bild gerade ausrichten

Schloss.tif

Für diesen Turbo-Workshop benötigen Sie die Datei »Schloss.tif« – ein nettes Häuschen, wäre es doch nur nicht so »windschief«.

◄ **Abbildung 7.1**
Das etwas »windschiefe«
Ausgangsbild

1   **Gerade-ausrichten-Werkzeug aktivieren**

Was für ein Name: Gerade-ausrichten-Werkzeug. Sie aktivieren
es durch ⌐P⌐ auf Ihrer Tastatur – oder natürlich durch Anwahl in
der Werkzeugleiste.

2   **Werkzeug einstellen**

In der Optionsleiste stellen Sie die ARBEITSFLÄCHENOPTIONEN auf
ZUSCHNEIDEN, UM HINTERGRUND ZU ENTFERNEN. Warum das die
beste Einstellung ist? Das verrate ich Ihnen im Anschluss an diesen Workshop, okay?

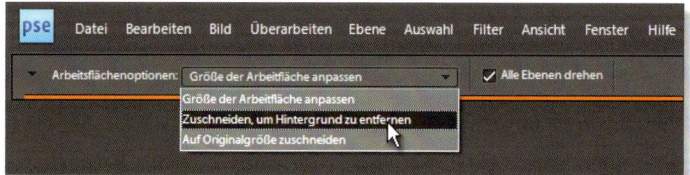

◄ **Abbildung 7.2**
Die Optionsleiste des Gerade-
ausrichten-Werkzeugs

3   **Ausrichten**

Nun haben Sie nichts weiter zu tun, als dort eine Linie zu erzeugen, wo das Bild auf jeden Fall horizontal ausgerichtet sein soll.
Die Stufen, das Dach – eben alles, was im Bild eigentlich gerade
sein »sollte«, würden sich dazu eignen. Ich habe mich für die
Giebel links und rechts entschieden. So etwas sollte ja eigentlich
immer Garant für Geraden sein. Klicken Sie im Bild auf Punkt ❶,
und ziehen Sie mit gehaltener Maustaste bis ❷ herüber. Dort lassen Sie los.

Abbildung 7.3 ▶
Die beiden Punkte markieren
die neue Horizontale im Bild.

Das macht doch Spaß, oder? Nur schade, wenn man nicht noch mehr schiefe Fotos hat. Grund genug, die Kamera demnächst absichtlich schief zu halten!

Abbildung 7.4 ▶
Hier hängt höchstens noch der
Haussegen schief.

7.1.2   Die Arbeitsflächenoptionen

Wie jedes Werkzeug müssen Sie auch das Gerade-ausrichten-Werkzeug vor seiner Anwendung in der Optionsleiste einstellen. Aber das wissen Sie ja längst. Je nachdem, welche Arbeitsflächenoptionen Sie hier festlegen, differiert das Ergebnis aber ganz gewaltig:

▶ GRÖSSE DER ARBEITSFLÄCHE ANPASSEN: Photoshop Elements vergrößert beim Ausrichten auch die Arbeitsfläche. Dadurch wird kein Detail des Bildes entfernt.

◀ **Abbildung 7.5**
Vom Original wird nichts abgeschnitten.

▶ ZUSCHNEIDEN, UM HINTERGRUND ZU ENTFERNEN: Nach dem Ausrichten des Bildes werden dessen Randbereiche teilweise abgeschnitten. Hintergrundbereiche werden komplett entfernt.

◀ **Abbildung 7.6**
Ein sauberes Bild, das jedoch an den Rändern abgeschnitten worden ist

▶ AUF ORIGINALGRÖSSE ZUSCHNEIDEN: Die Abmessungen des Bildes werden nicht verändert. Das Bild wird teilweise beschnitten. Darüber hinaus bleiben Hintergrundflächen erhalten. Hier entsteht gewissermaßen eine Mischung aus den beiden zuvor genannten Methoden.

▶ ALLE EBENEN DREHEN: Wenn das Bild aus mehreren Ebenen besteht, werden diese alle gedreht. Deaktivieren Sie die Checkbox, wenn Sie nur die aktive Ebene drehen und alle anderen im ursprünglichen Zustand belassen wollen.

Abbildung 7.7 ▶
Ein Kompromiss aus den beiden zuerst genannten Methoden – die Außenmaße bleiben erhalten, obwohl das Bild gerade ausgerichtet worden ist.

7.1.3 Mit dem Assistenten begradigen

Seit der Version Photoshop Elements 9 gibt es für derartige Vorhaben auch einen Assistenten. Wechseln Sie dazu in den Bearbeitungsbereich ASSISTENT, und aktivieren Sie das Gerade-Ausrichten-Werkzeug ❶ rechts in der Spalte. Bevor Sie das Tool jetzt wie bereits beschrieben anwenden, können Sie noch festlegen, ob Sie dabei die BILDGRÖSSE ERHALTEN oder die ARBEITSFLÄCHE ERHALTEN ❷ wollen. Aber mal ehrlich: Braucht es dafür einen Assistenten?

Abbildung 7.8 ▼
In der Assistenzumgebung ist die Vorgehensweise prinzipiell identisch.

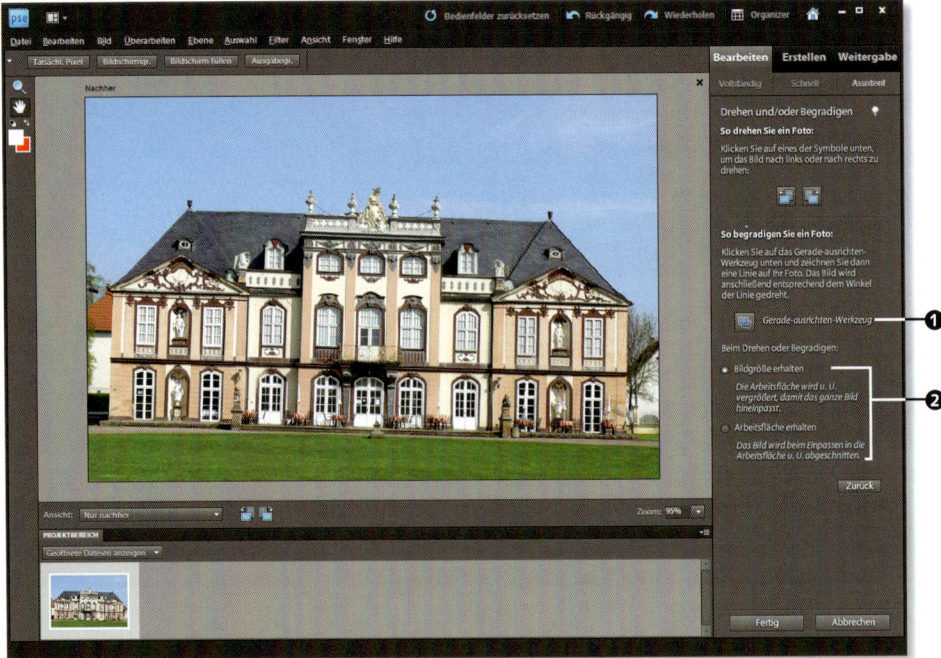

7.2   Perspektive korrigieren

Sicher haben Sie schon selbst des Öfteren an Objekten hochge-schaut und beeindruckt festgestellt, was Bildhauerei und Archi-tektur doch so alles hervorgebracht haben. Die Enttäuschung folgte dann aber auf dem Fuße, als die fertigen Fotos vor Ihnen lagen. Das war ja gar kein Vergleich mehr mit dem Original: Entwe-der gewann man den Eindruck, als kippe das pompöse Gebäude jeden Moment nach hinten, oder aber die Mauern wirkten ver-zerrt und irgendwie aneinandergestellt. Wieder einmal dürfen wir bei solchen Gelegenheiten feststellen, wie unterschiedlich doch die Ansichtsweisen einer Kamera im Vergleich zum menschlichen Auge sind. Das Objektiv, so ausgereift es auch sein mag, sieht letztendlich doch nur zweidimensional; und das wenig befriedi-gende Ergebnis wird alsdann schonungslos präsentiert.

© Robert Klaßen

▲ **Abbildung 7.9**
Hier wurde mit wenig Abstand zum Objekt von unten nach oben fotografiert, und das Ganze bei leicht zur Seite ver-setzter Kameraposition. Die Folge: stürzende Linien.

7.2.1   Bilder durch Verzerrung korrigieren

Doch unsere widerborstige Kamera mit ihrer unqualifizierten Sichtweise hat die Rechnung ohne unseren ständigen Wegbe-gleiter, Photoshop Elements, gemacht. Die Technik, die Sie in derartigen Fällen anwenden sollten, nennt sich PERSPEKTIVISCHE VERZERRUNG, und damit werden wir Johann Gottfried von Herder wieder aufrecht stehend präsentieren. Öffnen Sie dazu die Bild-datei »Herder.tif«.

Schritt für Schritt: Perspektive durch Verzerren korrigieren

Unser Ziel ist es, die Perspektive ins rechte Licht zu rücken und die stürzenden Kanten optisch auszugleichen.

Herder.tif

1   Raster aktivieren
Zur besseren Beurteilung des Bildes werden nun Raster benötigt, die Sie über ANSICHT • RASTER ein- und auch wieder ausschalten können. Die Rasterweite ist übrigens vorgegeben und beträgt standardmäßig 2 cm. Im Anschluss an die folgenden Schritte erfahren Sie, wie die Rasterweite sowie die Farbe des Rasters geändert werden können.

Abbildung 7.10 ►
Mit eingeblendetem Raster
können Sie die Verzerrung
besser beurteilen.

2 Verzerren

Wählen Sie BILD • TRANSFORMIEREN • VERZERREN, worauf ein kleiner Rahmen mit den bereits bekannten quadratischen Anfasser-
Punkten am Rand des Bildes entsteht. Ebenso tauchen am unteren rechten Ende die beiden Steuerelemente zum Bestätigen bzw.
Abbrechen des Vorgangs auf ■.

3 Bild verzerren

Klicken Sie auf den Anfasser oben links (das kleine Quadrat in
der oberen linken Bildecke), und ziehen Sie ihn noch weiter nach
links in den Graubereich, der das eigentliche Foto umgibt. Orientieren Sie sich bei den Verzerrungen an den Fenstern und dem
Gemäuer im Hintergrund. Versuchen Sie, diese Kanten, die ja nun
mal gerade sein müssen, mit den Rasterlinien ins Lot zu bringen.
Bedenken Sie, dass Sie genau in das Quadrat klicken müssen, um
die Ecke verziehen zu können. Wenn Sie danebenklicken, verschieben Sie lediglich das Bild.

Wiederholen Sie den Schritt nun mit dem Anfasser oben
rechts, und ziehen Sie diesen weiter nach rechts. Beachten Sie
aber, dass sich bei einer einseitigen Verzerrung die gegenüberliegende Seite ebenfalls wieder etwas neigt. Gleichen Sie das durch

---

**Hintergrund in Ebene
umwandeln**

In älteren Versionen von
Photoshop Elements war es
erforderlich, den Hinter-
grund zunächst in eine
Ebene umzuwandeln (EBENE
• NEU • EBENE AUS HINTER-
GRUND). Vergaßen Sie das,
meldete sich die Anwen-
dung mit einer Hinweistafel.
Seit Photoshop Elements 8
wird Ihnen diese Arbeit jetzt
abgenommen. Die Um-
wandlung wird automatisch
durchgeführt, sobald Sie den
VERZERREN-Befehl aktivieren.

wechselweises Verziehen aus, und bewegen Sie auch den unteren rechten Eckpunkt etwas. Der Sockel ist nämlich auch geringfügig schief ■.

Falls das Bild nun gestaucht erscheint, können Sie es am oberen mittleren Anfasser (also über dem Kopf der Statue) noch etwas nach oben schieben. Dadurch wird es auch vertikal wieder in Form gebracht. Dass der Kopf dadurch eventuell nicht mehr komplett im Bild zu sehen ist, sollte Sie zum gegenwärtigen Zeitpunkt nicht weiter stören. Das reparieren Sie später noch.

Verzerrung in eine Richtung

Um unbeabsichtigte Bewegungen in vertikaler Richtung zu verhindern, können Sie während des Ziehens ⇧ gedrückt halten.

◄ **Abbildung 7.11**
Ziehen Sie das Foto ganz einfach in Form.

▋4 Optional: Ansichtsgröße verändern

Nun ist es gut möglich, dass Ihnen die graue Fläche, die das Bild umgibt, gar nicht ausreicht, und Sie einen der Anfasser möglicherweise nicht mehr erreichen können. Sie müssten die Ansicht des Fotos also verkleinern, damit der Verzerrungsrahmen wieder komplett sichtbar wird. Das stellt Sie allerdings vor ein Problem: Während einer aktiven Freistellung können Sie nämlich das Werkzeug nicht wechseln. Also können Sie auch nicht auf das Zoom-Werkzeug zugreifen. Wenn Sie allerdings die Tastenkombinationen Strg/⌘+＋ sowie Strg/⌘+－ benutzen, lässt sich die Ansichtsgröße auch während einer aktiven Freistellung jederzeit anpassen – zumindest stufenweise.

5 Verzerrung abschließen

Nach erfolgter Verzerrung bestätigen Sie mit dem überlagernden Häkchen unten rechts im Bild oder mit ⏎. Schalten Sie das Raster über ANSICHT • RASTER wieder aus. Mithilfe von BILD • SKALIEREN • ALLES EINBLENDEN erhalten Sie die Gesamtansicht.

Abbildung 7.12 ▶
Das kann doch unmöglich schon das Endergebnis sein, oder?

Jetzt müssen Sie nur noch, wie bereits beschrieben, die unschönen Transparenzen entfernen. Das machen Sie mit dem Freistellungswerkzeug Ⓒ – aber wie das geht, wissen Sie ja längst.

Abbildung 7.13 ▶
Im Vorher-nachher-Vergleich zeigt sich, wie groß der Unterschied zwischen den beiden Versionen des Bildes ist.

Im vorstehenden Beispiel wurde ein verzerrtes Bild durch eine erneute Verzerrung wieder in Form gebracht. Photoshop Elements bietet aber auch eine ganz eigene Funktion, die sich immer dann anbietet, wenn der Korrekturbedarf nicht ganz so extrem ist wie im vorgenannten Beispiel. Aufgerufen wird sie über FILTER • KAMERAVERZERRUNG KORRIGIEREN.

Wo die Stärken und Schwächen dieser Funktion liegen, die übrigens auch über den Assistenten aufgerufen werden kann, erfahren Sie im Zusatzangebot auf der Bonus-Seite im Netz: *www.galileodesign.de/bonus-seite.*

> **Montage mit Verzerrungen**
>
> Verzerrungen sind nicht immer unerwünscht: Lesen Sie im Zusatzangebot »Das künstliche Monitorbild«, wie sich mit der Technik geschickte Montagen erstellen lassen; siehe *www.galileo-design.de/bonus-seite.*

7.2.2 Perspektivische Verzerrung

Sicher ist Ihnen der Menüeintrag PERSPEKTIVISCH VERZERREN aufgefallen, der sich ebenfalls hinter BILD • TRANSFORMIEREN verbirgt. Bei der perspektivischen Verzerrung werden sogar beide Seiten gleichzeitig in einem einzigen Arbeitsgang verzerrt. Das ist zwar eine Arbeitserleichterung, jedoch nur dann geeignet, wenn beide Seiten zu gleichen Teilen gezogen werden müssen.

In unserem Bild war das leider nicht der Fall; beide Seiten mussten unterschiedlich stark ausgeglichen werden.

7.2.3 Rasterweite ändern

Sie haben gesehen, wie hilfreich das Raster sein kann, das Sie über ANSICHT • RASTER erreichen. Falls Ihnen die vorgegebenen Werte nicht zusagen, können Sie diese in den Voreinstellungen ändern.

Wählen Sie dazu BEARBEITEN/PHOTOSHOP ELEMENTS • VOREINSTELLUNGEN • HILFSLINIEN & RASTER, und ändern Sie im Eingabefeld ABSTAND die Parameter entsprechend Ihren Wünschen. Das rechts daneben befindliche Farbfeld (standardmäßig grau) repräsentiert die Farbe des Rasters. Klicken Sie darauf, lässt sich die Farbe ändern.

Die Funktion RASTER ist eine übergreifende Funktion. Einmal eingeschaltet, taucht sie in jedem Bild auf, das Sie in Photoshop Elements öffnen. Darüber hinaus wirkt das Raster lediglich als Hilfsfunktion. Es besteht also keine Gefahr, dass es etwa beim Druck mit ausgegeben würde.

> **Voreinstellungsparameter**
>
> Bedenken Sie, dass sämtliche Voreinstellungen grundsätzlich nicht in das Protokoll-Bedienfeld aufgenommen werden. Änderungen an den Voreinstellungen können nicht im herkömmlichen Sinne rückgängig gemacht werden. Ändern Sie die Einstellungen manuell, indem Sie die alten Parameter wieder anwenden.

7.2.4 Hilfslinien

Nullpunkt verstellen

Benutzen Sie allerdings nicht den Schnittpunkt zwischen beiden Linealen, um eine Hilfslinie zu positionieren. Das ist nämlich nicht von Erfolg gekrönt. Klicken Sie auf diesen Punkt, und ziehen Sie anschließend mit gedrückter Maustaste auf das Bild, wird der Nullpunkt des Fotos entsprechend verändert. Dieser ist aber standardmäßig immer oben links, was die Skala der Lineale ebenfalls verrät.

Wer es noch individueller mag, der kann auch sogenannte Hilfslinien verwenden. Dabei handelt es sich um schmale Linien, die sich ganz individuell positionieren lassen. Damit eine Positionierung allerdings überhaupt erst möglich wird, müssen Sie zunächst einmal die Lineale einschalten. Sie erreichen das über ANSICHT • LINEALE oder mit der Tastenkombination [Strg]/[⌘]+[⇧]+[R].

Danach klicken Sie ganz einfach auf eines der Lineale (entweder das horizontale oder das vertikale) und ziehen mit gedrückter Maustaste eine derartige Linie auf das Bild. Wenn Sie die gewünschte Position erreicht haben, lassen Sie die Maustaste los ∎.

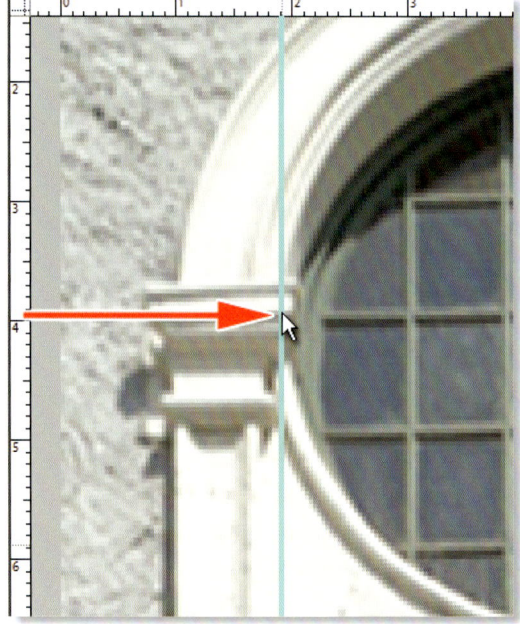

Abbildung 7.14 ▶
Ziehen Sie ganz einfach eine Hilfslinie aus dem Lineal heraus.

Bereits platzierte Hilfslinien können auch jederzeit neu positioniert werden. Dazu müssen Sie allerdings das Verschieben-Werkzeug aktiviert haben und die Hilfslinie mit gedrückter Maustaste entsprechend verziehen. Bedenken Sie dabei, dass Hilfslinien magnetisch sind. Sollten Sie sich also mit einem Objekt oder einer Auswahlkante in der Nähe einer Hilfslinie befinden, springt das Objekt an die Hilfslinie heran.

Und was ist zu tun, wenn Sie die Hilfslinien nicht mehr benötigen? Dann ziehen Sie diese einfach mit gedrückter Maustaste (bei aktiviertem Verschieben-Werkzeug) aus dem Bild heraus. Sollten Sie zuvor jedoch mit einer ganzen Hilfslinien-Armada gearbeitet haben, könnte das ganz schön anstrengend werden. Für solche Fälle hat Photoshop Elements im Menü Ansicht einen Befehl mit der Bezeichnung Hilfslinien löschen integriert. Cool, oder? ∎

7.3 Bilder gerade ausrichten – Teil II

In Photoshop Elements bietet sich noch eine weitere Möglichkeit an, Bilder auszurichten – und zwar ohne dass Sie selbst allzu viel machen müssten. Die Anwendung kann selbstständig analysieren, wie ein Bild gedreht werden muss. Ich weiß schon, was Sie sagen wollen: »Das hätte der Klaßen ja auch gleich zu Anfang des Kapitels schreiben können!« Recht haben Sie. Nur bleibt dabei der etwas bittere Beigeschmack, dass die Anwendung klare Konturen finden muss, die horizontal oder vertikal ausgerichtet werden können. Dass sich bei perspektivisch verzerrten Bildern zudem nicht immer der gewünschte Erfolg einstellt, versteht sich von selbst, oder? Das ist übrigens der einzige Grund, warum ich erst jetzt mit dieser Option herausrücke. Aber ansehen sollten Sie sie dennoch.

Schritt für Schritt: Bilder gerade ausrichten (und freistellen)

Museum.tif

Vielleicht haben Sie sich ja schon einmal im Menü Bild • Drehen umgeschaut. Dann werden Ihnen dort zwei Einträge aufgefallen sein, die auf den ersten Blick die ganze »Handarbeit« beim Drehen und Verzerren überflüssig zu machen scheinen. Gemeint sind die Funktionen Bild gerade ausrichten sowie Bild gerade ausrichten und freistellen. Wenn Photoshop Elements so etwas doch ganz allein kann, warum muss ich denn ein Foto überhaupt manuell entzerren? Die Antwort darauf sollen die folgenden Schritte geben.

Öffnen Sie zunächst »Museum.tif«. Wenn Sie das Foto nun in Augenschein nehmen, werden Sie schnell feststellen, dass das gesamte Bild zunächst einmal etwas gegen den Uhrzeigersinn gedreht werden muss. Aber nicht nur das – auch die Kanten stürzen.

Abbildung 7.15 ▶
Typisch für Gebäudeaufnahmen: stürzende Linien, hier noch gepaart mit einer leichten Neigung.

1 **Bild ausrichten**

Entscheiden Sie sich im ersten Schritt für Bild • Drehen • Bild gerade ausrichten. Achten Sie auf die horizontalen Linien, wie zum Beispiel die Dachkrone. Die Ausrichtung hat demnach also recht gut funktioniert. Leider wird das Foto jetzt aber von einem unschönen Rand umgeben, der die aktuelle Hintergrundfarbe repräsentiert. (Das kann bei Ihnen eine ganz andere Farbe sein als die hier abgebildete.)

Abbildung 7.16 ▶
Das Bild ist gerade, hat jedoch einen unschönen Rand bekommen.

2 **Bild ausrichten und freistellen**

So etwas wollen wir natürlich nicht haben. Deshalb müssen Sie jetzt entweder das Bild noch manuell freistellen oder ⌃Strg/⌘+Z drücken, um den letzten Schritt rückgängig zu machen. Danach gehen Sie abermals in das Menü Bild und stellen diesmal Drehen • Bild gerade ausrichten und freistellen ein.

Nanu – wo ist denn plötzlich der Himmel geblieben? Wie Sie sehen, kann Photoshop Elements durchaus einmal ein unbeabsichtigtes Ergebnis liefern. Der Himmel ist nämlich jetzt als einfarbiger Hintergrund interpretiert worden – und die Anwendung war der Meinung, das müsse weg. Und zu allem Überfluss sind die unschönen Farbflächen an den übrigen Rändern auch noch da. Keine adäquate Lösung also.

◄ **Abbildung 7.17**
Hier hat es Photoshop Elements etwas zu gut gemeint und auch gleich den Himmel beschnitten.

Das ist natürlich nicht hinnehmbar, weshalb Sie auch diesen Schritt wieder rückgängig machen sollten. Sie sehen, dass diese Methode schnell an ihre Grenzen stößt. Dennoch wollte ich sie Ihnen nicht vorenthalten. Und außerdem: Die Datei müsste ja zusätzlich noch verzerrt werden, weshalb Sie sich auch hier lieber für BILD • TRANSFORMIEREN • VERZERREN entscheiden sollten. Und wie das geht, wissen Sie ja längst. Um die Ergebnisse zu vergleichen, können Sie übrigens »Museum_fertig.tif« aus dem ERGEBNISSE-Ordner heranziehen.

◄ **Abbildung 7.18**
Wenn Sie das Bild manuell bearbeiten, erreichen Sie das gewünschte Ergebnis. ■

7.4 Photomerge: Panoramen erstellen

Ein weiteres interessantes Verfahren, bei dem mehrere Dateien gemeinsam verarbeitet werden, ist Photomerge. Mit diesen Funktionen werden Techniken realisiert, mit deren Hilfe Sie mehrere Bilder bzw. ganze Serien strukturell verändern und sogar miteinander verschmelzen können.

Beginnen wir mit den Panoramabildern. Zwar ist die Technik an sich nicht neu, aber die Engine, die im Hintergrund für das gewünschte Ergebnis sorgt, ist im Laufe der Jahre immer leistungsfähiger geworden. War es bis vor ein paar Jahren noch fast unmöglich, Fotos zu verbinden, die nicht akribisch vom Stativ gemacht worden sind, lassen sich heutzutage auch eilig »aus der Hand geschossene« Fotoserien zu eindrucksvollen Panoramen zusammenfügen.

Beispieldateien\Panoramafotos

Hinweise zur Erstellung von Panoramafotos

▸ Für bestmögliche Ergebnisse fotografieren Sie immer vom Stativ!

▸ Verändern Sie nicht die Position der Kamera, während Sie die Bilder einfangen!

▸ Fotografieren Sie zügig! Die Lichtverhältnisse ändern sich sehr schnell. Schalten Sie automatische Belichtungsfunktionen aus!

▸ Lassen Sie die Bildbereiche 15 bis 40 % überlappen!

▸ Zoomen Sie niemals zwischen zwei Aufnahmen!

▸ Verwenden Sie keine Verzerrungslinsen!

Schritt für Schritt: Panoramabild eines Gebäudes erstellen

In diesem Workshop werden wir ein Panorama montieren, dessen Einzelbilder ohne großen Aufwand aus der Hand fotografiert worden sind. Wenn Sie selbst einmal Panoramafotos schießen wollen, können die Regeln im Hinweiskasten jedoch erheblich zur Verbesserung der Ergebnisse beitragen ∎.

1 Dateien bereitstellen

Im Ordner PANORAMAFOTOS der Beispielfotos finden Sie sechs JPEG-Dateien, die ein Gesamtbild ergeben sollen. Die Fotos müssen Sie übrigens nicht unbedingt in Photoshop Elements öffnen.

© Robert Klaßen

▲ **Abbildung 7.19**
Und das sollte irgendwann einmal zusammenpassen?

2   Quelldateien hinzufügen

Wählen Sie DATEI • NEU • PHOTOMERGE-PANORAMA. Achten Sie darauf, dass Sie sich im Bearbeitungsmodus VOLLSTÄNDIG befinden, da der Befehl ansonsten im Menü ausgegraut erscheint und somit nicht anwendbar ist. Im folgenden Dialog widmen Sie sich bitte zunächst dem mittleren Frame, QUELLDATEIEN. Hier haben Sie nämlich jetzt die Möglichkeit, den nächsten Schritt mit einem Klick auf GEÖFFNETE DATEIEN HINZUFÜGEN einzuleiten (sofern Sie die Fotos zuvor schon geladen hatten ■) oder auf DURCHSUCHEN zu klicken, zum Ordner PANORAMAFOTOS zu navigieren und dort die gewünschten Fotos zu markieren. In jedem Fall sollten am Ende links neben den Buttons die Dateinamen der sechs Bilder angezeigt werden.

> **Geöffnete Dateien aussuchen**
>
> Wenn Sie neben den gewünschten Panorama-Fotos noch andere Dateien im Editor geöffnet hatten, können Sie trotzdem auf GEÖFFNETE DATEIEN HINZUFÜGEN klicken, müssten dann aber die nicht zugehörigen Bilder in der Liste markieren und über den Button ENTFERNEN deselektieren, bevor Sie weitermachen.

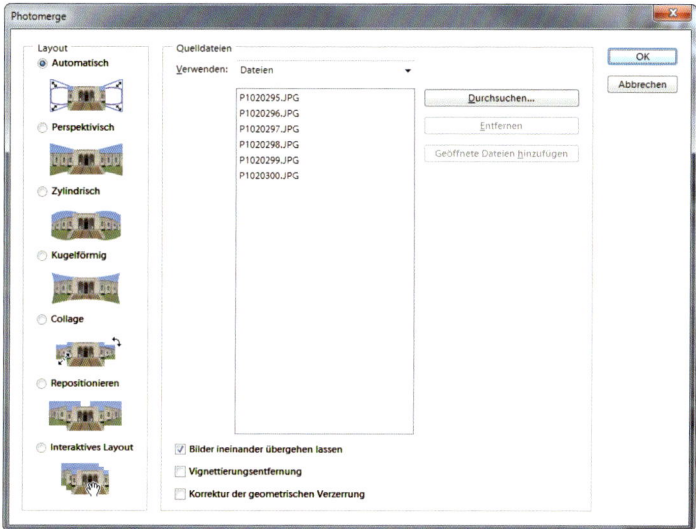

▲ **Abbildung 7.20**
Im Photomerge-Dialog bestimmen Sie, aus welchen Bildern sich Ihr Panorama zusammensetzen soll.

3   Layout auswählen

Nun können Sie bestimmen, wie die einzelnen Bilder angeordnet werden sollen. Schauen Sie sich dazu die Miniaturen im Bereich LAYOUT einmal etwas genauer an. Sie erklären sehr gut, welches Ergebnis bei Anwahl des jeweiligen Radio-Buttons erreicht wird. In unserem Beispiel ist es in Ordnung, wenn Sie den obersten Button, AUTOMATISCH, angewählt lassen, bevor Sie auf OK klicken. Das sorgt beim vorliegenden Material für ein perspektivisches

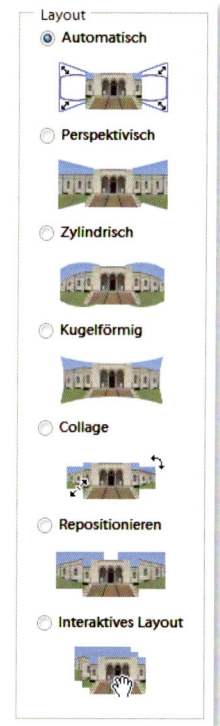

▲ **Abbildung 7.21**
Photomerge bietet verschiedene Panorama-Varianten.

Ergebnis, wie Sie gleich sehen werden. (Im Anschluss an diesen Workshop erfahren Sie mehr zu den Layout-Funktionen.)

Damit haben Sie eine ziemlich umfangreiche Rechenoperation in Gang gesetzt. Aber kurze Zeit später sollte Photoshop Elements bereits ein recht ansprechendes Ergebnis abliefern.

Abbildung 7.22 ▶
Photoshop Elements rechnet eine Weile.

4 Bildfläche automatisch ausfüllen

Photoshop Elements 9 wartet mit einer überaus interessanten Neuerung auf. Seit dieser Version ist die Anwendung nämlich imstande, fehlende Bildbereiche zu ergänzen. Deswegen erscheint auch der Dialog KANTEN BEREINIGEN. Warten Sie bitte noch mit dem Klick auf JA!

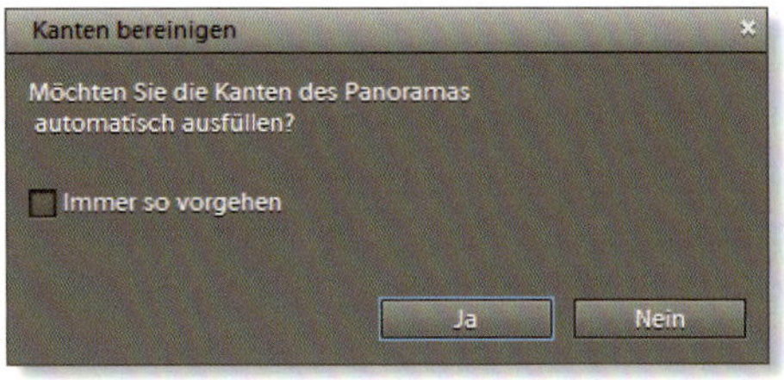

Abbildung 7.23 ▶
Dann kommt ein Dialog ins Bild, der Ihre kühnsten Träume wahr werden lassen wird.

Schauen Sie sich zunächst das Zwischenergebnis an, das im Hintergrund des Dialogs zu sehen ist. Natürlich entstehen an den Bildrändern Transparenzen. Das liegt daran, dass hier nicht mehr genügend Bildmaterial vorhanden ist. Und genau das lässt sich jetzt mithilfe des erwähnten Dialogs ausgleichen. Jetzt dürfen Sie auf JA klicken.

▲ **Abbildung 7.24**
So sieht das Ergebnis vor der Kantenbereinigung aus …

5 Bild freistellen

Das ist wirklich revolutionär, oder? Dennoch sollten Sie das Foto ganz genau prüfen. Es ist nämlich möglich, dass der Anwendung vielleicht doch der eine oder andere Fehler unterlaufen ist. Schauen Sie beispielsweise in die linke obere Ecke ■. Solche »Rechenfehler« können Sie dann nur noch mithilfe einer Freistellung abschneiden. Die Freistellungstechnik kennen Sie ja bereits. Darüber hinaus müssen Sie das Foto noch speichern. Immerhin ist ja aus den sechs Einzelfotos eine komplett neue Datei erzeugt worden.

Schwierig zu montierende Motive

Bei diesem Beispiel handelt es sich zweifellos um ein wirklich schwieriges Unterfangen, wenn es darum geht, die fehlenden Bildbereiche zu ergänzen. Dennoch hat es eigentlich ganz hervorragend geklappt. Wenn Sie bei der Anfertigung von Panoramafotos darauf achten, den Himmel mit aufzunehmen, werden sich derartige Probleme gar nicht ergeben.

◄ **Abbildung 7.26**
Dieser kleine Fauxpas muss noch manuell korrigiert werden.

▲ **Abbildung 7.27**
So sieht dann das fertige Panorama aus. ■

7.4.1   Zylindrisch vs. perspektivisch

Das Ergebnis ist übrigens mit »Panorama_fertig.tif« bezeichnet und befindet sich im ERGEBNISSE-Ordner. Die optisch korrekte Wirkung der Panorama-Funktion erreichen Sie, wenn Sie in das Foto hineinzoomen und den Bildausschnitt mit dem Hand-Werkzeug verschieben. Dann wird erst richtig deutlich, warum im Auto-Modus von Photoshop Elements die zylindrische Verzerrung (oben) zugunsten der perspektivischen (unten) verwendet worden ist.

▲ **Abbildung 7.28**
Zylindrische Verzerrung

▲ **Abbildung 7.29**
Perspektivische Verzerrung

7.4.2   Layout-Einstellungen

Je nachdem, welches Layout Sie im Dialog einstellen, erhalten Sie unterschiedliche Resultate.

▶ AUTOMATISCH: Die Bilder werden von Photoshop Elements analysiert und je nachdem, welches Ergebnis das bessere ist, entweder zylindrisch oder perspektivisch angeordnet.

▶ PERSPEKTIVISCH: Die Einzelbilder werden perspektivisch gedreht und/oder geneigt. Standardmäßig wird ein mittleres Bild als Referenz herangezogen, und alle anderen werden dann auf Grundlage dieses Fotos entsprechend transformiert.

▶ Zylindrisch: Hier werden die Bildinhalte zylindrisch aufgezogen, um möglichst alle Überlappungen zueinander in Deckung zu bringen. Für breite Panoramen wie unser Beispielbild ist diese Option die am besten geeignete. (Dies ist im vorangegangenen Workshop auch durch die Anwahl von Auto erreicht worden.)

▶ Repositionieren: Die Quellbilder werden weder gedreht noch geneigt, sondern lediglich an den überlappenden Stellen übereinandergelegt.

▶ Interaktives Layout: Hier lassen sich die Einzelbilder in einem Dialogfenster öffnen, in dem Sie die Fotos selbst nach Wunsch anordnen können.

7.5 Out-of-Bounds

Zum Ende des Kapitels setzen wir noch eins drauf. Photoshop Elements 9 ist nämlich mit einem Effekt ausgestattet, der seinesgleichen sucht – gemeint ist die Out-of-Bounds-Routine. Dabei werden Ihre Fotos im wahrsten Sinne des Wortes jeden Rahmen sprengen.

Schritt für Schritt: Bildelemente aus dem Rahmen laufen lassen

Das Beispielfoto soll in einen schönen Rahmen gepackt werden. Gleichzeitig wollen wir realisieren, dass der linke Flügel aus dem Bildrahmen hinausragt.

Bounds.jpg

1 **Out-of-Bounds starten**
Für unser Vorhaben benötigen wir den Assistenten. Aktivieren Sie also im Register Bearbeiten den Bereich Assistent, und scrollen Sie in der Bedienfeldspalte ganz nach unten. Klicken Sie auf die Zeile Out-of-Bounds im Segment Kreative Bearbeitungen.

2 **Rahmen einstellen**
Zunächst einmal müssen Sie in der rechten Spalte auf Rahmen hinzufügen klicken. Das hat zur Folge, dass in der Bildmitte ein Freistellungsrahmen erzeugt wird. Ziehen Sie diesen an den

Eckanfassern in Form, bis die Position in etwa mit der folgenden Abbildung übereinstimmt.

© Marion – pixelio.de

Abbildung 7.30 ▶
Versuchen Sie, den Rahmen in etwa so anzuordnen.

3 Perspektive hinzufügen

Klicken Sie jetzt, während Sie `Strg`/`⌘` gedrückt halten, auf den mittleren Anfasser der untersten Linie ❶. Sie müssen das Quadrat anklicken! (Der Kreis gestattet lediglich die Drehung des Rahmens). Halten Sie die Maustaste gedrückt, und schieben Sie das Quadrat ein wenig nach rechts. Das sorgt später für eine leichte Perspektivwirkung.

Abbildung 7.31 ▶
Lassen Sie die Maustaste los, wenn der Rahmen etwas geneigt worden ist.

4 Rahmenform bestätigen

Jetzt müssen Sie die Rahmenform bestätigen. Wie üblich machen Sie das, indem Sie das grüne Häkchen unten rechts am Rahmen anklicken. Der Vorgang kann unter Umständen einen Moment dauern. Kurze Zeit später jedoch wird der Bereich um das Foto herum in Weiß angezeigt. Das ist ein Indiz dafür, dass die Aktion abgeschlossen ist. Machen Sie jetzt bitte nicht den Fehler, noch einmal auf das Häkchen zu klicken.

◄ **Abbildung 7.32**
Bislang ist nur die Form des
Bildausschnitts bestimmt
worden.

5 Rahmen anpassen

Dass jetzt noch immer ein Freistellungsrahmen sowie die dazugehörigen Overlay-Steuerelemente (Häkchen und Halt-Symbol)
angezeigt werden, hat einen einfachen Grund: Bislang ist nur der
Bildausschnitt definiert worden. Jetzt bestimmen Sie, wie groß
der Rahmen werden soll. Wenn Sie einen breiten Rahmen wünschen, sollten Sie die Eckanfasser noch ein wenig nach außen ziehen. Danach bestätigen Sie abermals mit dem Häkchen.

◄ **Abbildung 7.33**
Langsam kann man erkennen,
was es werden soll.

6 Schnellauswahl erzeugen

Scrollen Sie jetzt in der rechten Spalte der Anwendung so weit
nach unten, bis Sie zum Schnellauswahl-Werkzeug gelangen.
Klicken Sie auf den Button ❷. Dabei müssen Sie sich unbedingt
davon überzeugen, dass die Schaltfläche wirklich eingedrückt
dargestellt wird. Ist das nicht der Fall, muss der Mausklick wiederholt werden.

▲ **Abbildung 7.34**
Der Button muss vertieft
dargestellt werden.

Wischen Sie jetzt vorsichtig über den Bereich des linken Flügels. Dadurch wird eine Auswahl erzeugt. Gerne können Sie kurzzeitig absetzen und nach einem erneuten Mausklick weitere Bereiche aufnehmen. Sollten Sie zu viel aufgenommen haben, halten Sie Alt/⌥ gedrückt und entfernen diesen Bereich durch nochmaliges Wischen oder kurze Mausklicks. Wenn an den Flügelspitzen ein wenig vom Hintergrund mit in die Auswahl gelangt ist, macht das gar nichts. Das wird später korrigiert.

Abbildung 7.35 ▶
Wichtig ist, dass vor allem die Teile des Flügels in die Auswahl aufgenommen werden, die sich jenseits des Rahmens befinden.

7 Effekt erstellen

Etwas weiter unten in der rechten Spalte der Anwendung ist die Taste OUT-OF-BOUNDS-EFFEKT ERSTELLEN zu finden. Klicken Sie darauf, und warten Sie, bis die Auswahlkante automatisch gelöscht worden ist. Fügen Sie noch einen mittelgroßen Schatten hinzu, indem Sie die Taste MITTEL anklicken.

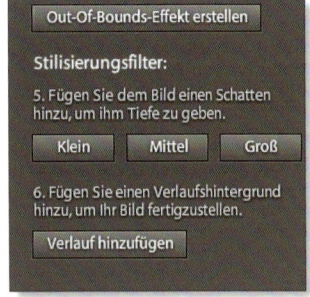

▲ **Abbildung 7.36**
Mit diesen Steuerelementen geht es weiter.

8 Verlauf hinzufügen

Bevor Sie den Assistenten verlassen, sollten Sie noch einen VERLAUF HINZUFÜGEN. Nachdem Sie den gleichnamigen Button angeklickt haben, öffnet sich der Dialog NEUE EBENE. Hier ist in unserem Fall nichts Spannendes zu erledigen, weshalb gleich ein Klick auf OK erfolgen kann. Der daraufhin erscheinende Dialog, VERLAUFSFÜLLUNGEN, ist da schon wesentlich interessanter. In der obersten Zeile wird ein weißgrauer Verlauf angeboten. Da dieser so gar nicht zum Bild passt, setzen Sie einen Mausklick mitten darauf ❶. Dadurch öffnet sich ein zweites Dialogfeld names VERLÄUFE BEARBEITEN.

Die kleinen Quadrate im obersten Feld stellen bereits vordefinierte Verläufe dar. Suchen Sie per Mausklick einen aus, der Ihnen gefällt. Wie wäre es beispielsweise mit ORANGE, GELB, ORANGE ❷? Bestätigen Sie anschließend diesen und den darunter befindlichen Dialog mit OK.

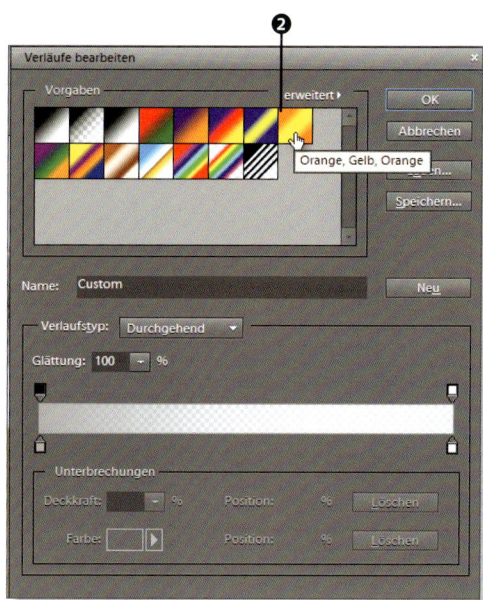

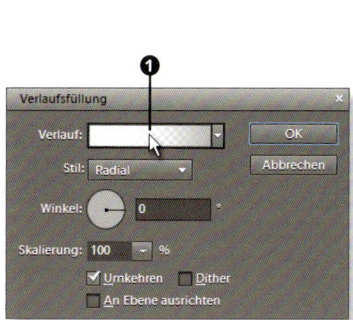

▲ **Abbildung 7.37**
Ein Mausklick sorgt dafür, dass Sie einen anderen Verlauf bestimmen können.

▲ **Abbildung 7.38**
Dieser Verlauf soll es sein.

9 Ebenen-Bedienfeld öffnen

Zuletzt klicken Sie ganz unten auf FERTIG und kehren wieder zur Bearbeitungsansicht VOLLSTÄNDIG zurück. Werfen Sie einen Blick auf das Ebenen-Bedienfeld.

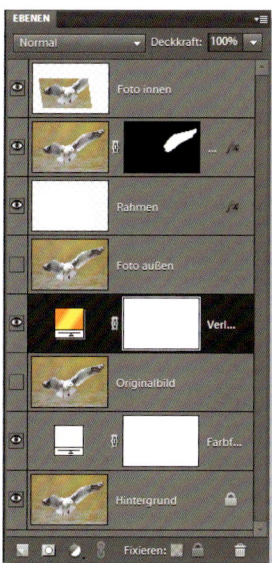

◄ **Abbildung 7.39**
Da hat sich ja ganz schön was getan.

10 Ebenenmaske markieren

Suchen Sie die Ebene, die den Flügel repräsentiert, der aus dem Rahmen hinausragt. Da die Ebene als einzige mit einer schwarz-weißen Maskenminiatur versehen ist, lässt sich diese gut ausfindig machen. Sorgen Sie dafür, dass genau diese Maskenminiatur per Mausklick angewählt wird (sie wird dann weiß umrahmt).

Abbildung 7.40 ▶
Erst wenn diese Miniatur umrahmt ist, dürfen Sie fortfahren.

11 Flügel ausbessern

Sicher ist der linke Flügel noch nicht so optimal gelungen. Zoomen Sie etwas auf die Problemstellen ein, aktivieren Sie den Pinsel, und entfernen Sie mit weißer Vordergrundfarbe die Bereiche, die dem Hintergrund zuzuordnen sind. Stellen, an denen etwas vom Flügel fehlt, lassen sich mit schwarzer Vordergrundfarbe wieder ins Bild hineinmalen. Zur Erinnerung: Zwischen Schwarz und Weiß können Sie mit $\boxed{\text{X}}$ auf Ihrer Tastatur hin- und herspringen. Zudem lässt sich die Pinselspitze schnell mit $\boxed{\#}$ verkleinern sowie mit $\boxed{\Diamond}$+$\boxed{\#}$ vergrößern.

▲ Abbildung 7.41
Jetzt geht es an die Feinarbeit.

▲ Abbildung 7.42
Das ist ein wünschenswertes Ergebnis.

Abbildung 7.43 ▶
Na, wie gefällt es Ihnen?

7.5.1   Editierbarkeit eines Out-of-Bounds-Fotos

Noch ein wichtiger Hinweis zum Schluss: Da sämtliche Schritte automatisch in Form von Ebenen angelegt worden sind, lassen sich auch sämtliche Elemente des Fotos nachträglich noch bearbeiten. Markieren Sie beispielsweise die Ebene RAHMEN, kann der Rahmen über BILD • TRANSFORMIEREN • FREI TRANSFORMIEREN noch verkleinert oder vergrößert werden. Möchten Sie ihn umfärben, erledigen Sie das mit BEARBEITEN • EBENE FÜLLEN. (Vergessen Sie nicht, im folgenden Dialog TRANSPARENTE BEREICHE SCHÜTZEN anzuwählen.) Ebenso haben Sie noch vollen Zugriff auf den Verlauf. Dazu klicken Sie doppelt auf die vordere Miniatur. Diese einmaligen Möglichkeiten offerieren sich ausschließlich dadurch, dass Photoshop Elements auch im Assistenzbereich ebenenbasiert arbeitet. Echt cool, oder?

◄ **Abbildung 7.44**
Ein Doppelklick bringt den Dialog VERLAUFSFÜLLUNG zurück.

Kapitel 8

Farben eindrucksvoll nachbearbeiten

Bilder farbig aufwerten oder verfremden

▸ Wie kann ich ein Bild mit den Farbvariationen verfremden?

▸ Wie kann ich die Farben verbessern?

▸ Wie können bestimmte Bildbereiche umgefärbt werden?

▸ Wie ändere ich die Augenfarbe im Porträt?

▸ Wie lassen sich Farben durch andere ersetzen?

▸ Wie lässt sich ein Farbstich entfernen?

▸ Wie werden Hauttöne optimiert?

▸ Wie werden Schwarzweiß-Bilder erstellt und konvertiert?

8   Farben eindrucksvoll nachbearbeiten

Photoshop Elements rückt korrekturbedürftigen Fotos mit zahlreichen Mitteln zu Leibe. Besonders in Sachen Farbkorrektur ist so einiges möglich. In diesem Kapitel lernen Sie Neues und Bewährtes kennen.

8.1   Farbveränderungen im gesamten Bild

Korrektur und Veränderung von Farbe sind wichtige Bestandteile der digitalen Bildbearbeitung: Nur selten sind die Farben so geraten, wie Sie es sich vielleicht wünschen. Daher bietet Photoshop Elements zahlreiche Werkzeuge und Funktionen, um diesem Umstand Abhilfe zu schaffen.

8.1.1   Fotos farblich verfremden

Wenn Sie ein Foto nicht korrigieren, sondern verfremden wollen, bietet sich FARBVARIATIONEN an. Hierbei können Sie im Gegensatz zur Korrektur richtig schön experimentieren.

Schritt für Schritt: Ein Bild mit den Farbvariationen verfremden

Kugel.jpg

Lassen Sie uns einmal ein wenig experimentieren, was sich mit dem Beispielfoto so alles anstellen lässt.

Abbildung 8.1 ▶
Die Ausgangsdatei soll farblich verändert werden.

1 Farbvariationen-Dialog öffnen

Wählen Sie im Bereich BEARBEITEN • VOLLSTÄNDIG über das Menü ÜBERARBEITEN • FARBE ANPASSEN den untersten Eintrag, FARB-VARIATIONEN. Idealerweise schieben Sie den Dialog etwas zur Seite, damit Sie das Foto gut sehen können.

▼ **Abbildung 8.2**
Das Dialogfenster FARB-VARIATIONEN

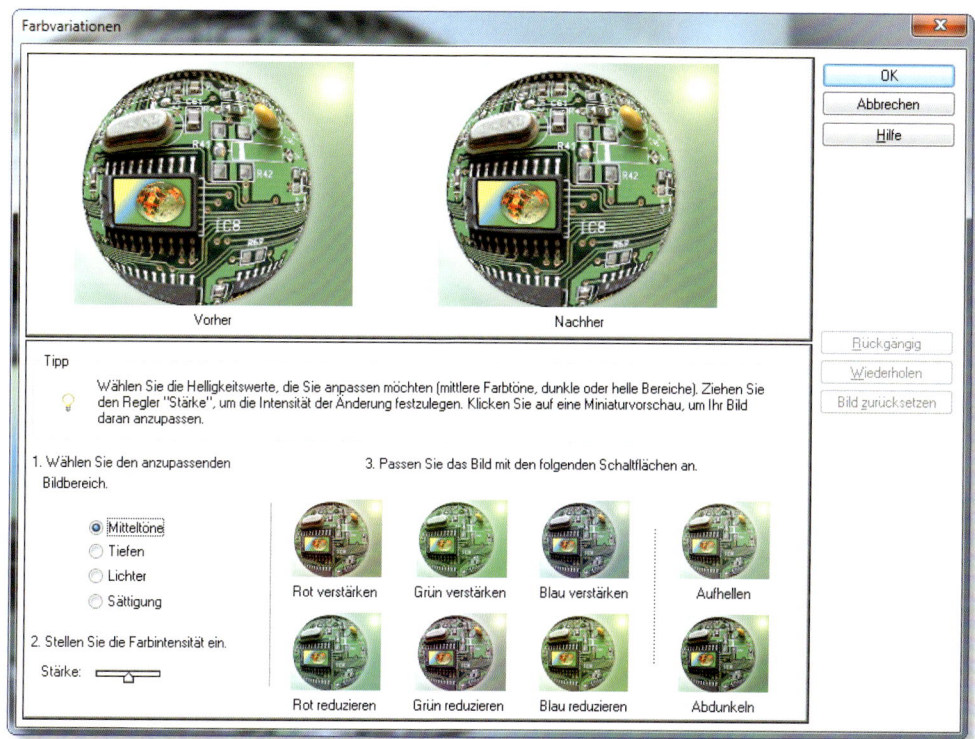

Die beiden großen Bilder im oberen Bereich erlauben den direkten Vorher-nachher-Vergleich, noch bevor die Änderungen letztendlich an die Datei weitergegeben werden. Das heißt: Sie können zunächst in aller Ruhe »ausprobieren«. Natürlich sind beide Miniaturen derzeit noch identisch, da Sie ja noch keine Änderungen vorgenommen haben.

2 Bildbereich auswählen

Achten Sie einmal auf die Radio-Buttons im unteren linken Bereich des Fensters. Hier sollten Sie nämlich vor der nächsten Veränderung stets zuerst festlegen, ob Sie die Mitteltöne, Tiefen, Lichter oder sogar die Sättigung bearbeiten wollen. Aktivieren Sie, sofern er nicht bereits ausgewählt ist, den Radio-Button MITTELTÖNE. ■

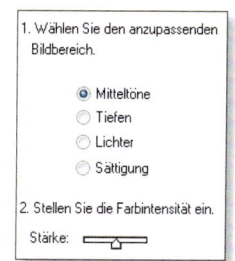

▲ **Abbildung 8.3**
Legen Sie fest, in welchen Bereichen sich die Farbveränderung auswirken soll.

3 Mitteltöne verändern

Die Miniaturen rechts neben den Radio-Buttons präsentieren nicht nur eine kleine Vorauswahl dessen, was hier möglich ist, sondern fungieren obendrein noch als Schaltflächen. Per Mausklick auf eine der Miniaturen leiten Sie schrittweise die gewünschte Änderung ein. Wie stark die Veränderung je Mausklick werden soll, regeln Sie mithilfe des kleinen Schiebers STÄRKE unten links. (Stellen Sie das bitte »vor« dem Klick auf die Miniatur ein!) Je mehr Sie den Regler nach rechts stellen, desto drastischer fallen die Veränderungen aus. Diesen Schieber sollten Sie jetzt aber mittig stehen lassen und danach dreimal auf BLAU VERSTÄRKEN klicken – gefolgt von zweimaligem GRÜN REDUZIEREN ■. Zuletzt klicken Sie ein- bis zweimal auf AUFHELLEN, da das Bild ansonsten zu dunkel wird.

Bildbereiche

Während mit TIEFEN die dunklen Farbbereiche eines Bildes gemeint sind, spiegeln die LICHTER die hellen Töne wider. MITTELTÖNE hingegen beinhalten den Bereich zwischen dunklen und hellen Farbinformationen, also eher die nicht besonders hellen und dunklen Bereiche. Verwechseln Sie diese Tonwerte bitte nicht mit der Sättigung, die nämlich die **Intensität** der Farbe (die Leuchtkraft) verändert.

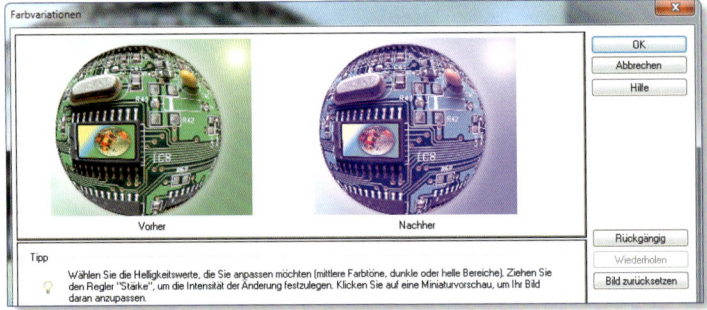

▲ **Abbildung 8.4**
Das Nachher-Bild sieht schon jetzt ganz anders aus als das Original.

Rückgängig und Bild zurücksetzen

Falls Sie mit den Veränderungen nicht zufrieden sind, verwenden Sie den Button BILD ZURÜCKSETZEN auf der rechten Seite. Danach werden alle Veränderungen widerrufen, die Sie vorgenommen haben. Entscheiden Sie sich für RÜCKGÄNGIG, falls Sie nur den letzten Mausklick verwerfen wollen. WIEDERHOLEN (nur verfügbar, wenn zuvor ein Schritt rückgängig gemacht worden ist) hebt den letzten RÜCKGÄNGIG-Schritt wieder auf.

4 Sättigung verringern

Finden Sie nicht auch, dass das Ergebnis jetzt ein wenig zu »bunt« ausfällt? Aktivieren Sie deshalb den Radio-Button SÄTTIGUNG, ziehen Sie den Regler STÄRKE eine Stufe nach links, und klicken Sie anschließend einmal auf WENIGER SÄTTIGUNG. So ist es besser, oder? Bestätigen Sie mit OK. ■

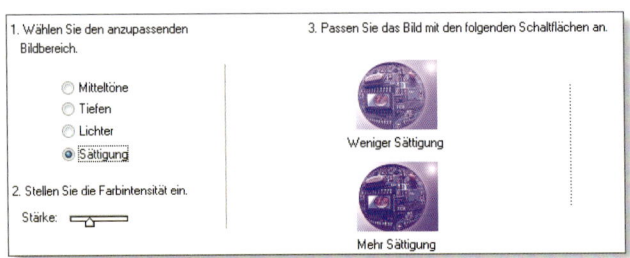

Abbildung 8.5 ▶
So wird die Platine nicht ganz so bunt.

▲ **Abbildung 8.6**
So ist es auch ganz nett. ■

8.1.2 Fotos farblich korrigieren

Im folgenden Workshop werden Sie keine Verfremdung, sondern eine Korrektur durchführen. Das ginge zwar mit den Farbvariationen prinzipiell auch; doch da hat Photoshop Elements etwas viel Effektiveres in petto.

Schritt für Schritt: Farben mit dem Assistenten verbessern

Öffnen Sie das Beispielfoto, und begutachten Sie es. Schöne Aufnahme, nur leider etwas blass, oder? Die Farben wirken ziemlich ausgewaschen, und es mangelt an Leuchtkraft.

© Zlatko Kostic – fotolia.de

Farbe.tif

◄ **Abbildung 8.7**
Na ja, farbenfroh ist irgendwie anders.

1 Farbkorrektur einleiten

Wechseln Sie in der BEARBEITEN-Ansicht zum ASSISTENTEN. Im Bedienfeld FARBKORREKTUR der rechten Spalte entscheiden Sie sich für FARBEN VERBESSERN. Wie Sie das vom Assistenten her kennen, werden jetzt nur die Steuerelemente gelistet, die Sie zur Korrektur benötigen.

2 Farbton ändern

Stimmen Sie zu, wenn ich behaupte, dass das Foto ein wenig grünlastig ist? Dabei meine ich nicht so sehr den Hintergrund wie die Hautfarbe. Dem können Sie entgegenwirken, indem Sie den Regler FARBTON ein wenig nach links schieben. Damit verschieben Sie jedoch das gesamte Farbspektrum des Bildes, was Sie zu erhöhter Vorsicht verleiten sollte. So etwa bei −6 sollte Schluss sein (beachten Sie die QuickInfo).

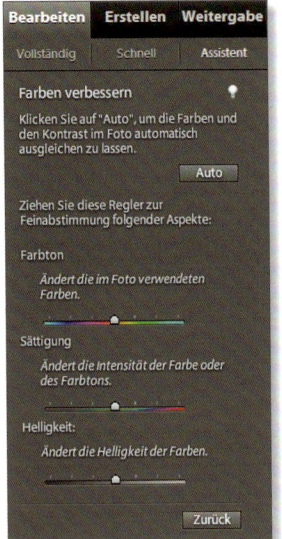

▲ **Abbildung 8.8**
Nicht mehr als nötig. Mit drei Schiebereglern geht es der Tristesse an den Kragen.

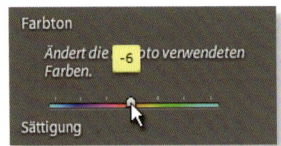

▲ **Abbildung 8.9**
Schauen Sie sich das Nachher-Bild an: Dort wurde das Grün bereits wesentlich reduziert.

3 Sättigung erhöhen

Jetzt geht es der Tristesse an den Kragen. Ziehen Sie dazu den Regler SÄTTIGUNG nach rechts (das erhöht die Intensität, sprich: die Leuchtkraft der Farben). Sie dürfen hier weitaus mehr geben als beim Farbton. Gehen Sie auf 25–30.

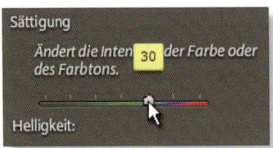

▲ **Abbildung 8.10**
Das Ziehen nach rechts bringt die Leuchtkraft der Farben zurück.

4 Helligkeit reduzieren

Damit das Foto jetzt noch ein wenig mehr Zeichnung bekommt, ziehen Sie den Regler HELLIGKEIT nach links. Hier sollten Sie einen

Wert von ca. –10 anstreben. Das Foto wird zwar dadurch ein wenig abgedunkelt, wirkt jedoch kontrastreicher.

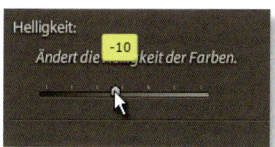

▲ **Abbildung 8.11**
Eine Verringerung der Helligkeit kräftigt das Foto.

5   **Vorher-nachher-Vergleich**

Bestätigen Sie mit FERTIG, und kehren Sie anschließend zum Bearbeitungsmodus VOLLSTÄNDIG zurück. Das ermöglicht den Zugriff auf das Ebenen-Bedienfeld. Deaktivieren Sie kurzzeitig die oberste Ebene, um einen Vorher-nachher-Vergleich zu erhalten. Die Ebenen sind nämlich ganz automatisch während der Korrektur erzeugt worden.

▲ **Abbildung 8.12**
Schalten Sie die Ebene kurzzeitig einmal aus, damit Sie das Foto rückwirkend im Originalzustand beurteilen können.

▲ **Abbildung 8.13**
Im direkten Vergleich wird klar: Diese Korrektur war bitter nötig.

8.1.3   Farbton und Sättigung verändern

Der Dialog FARBTON/SÄTTIGUNG, der mit ÜBERARBEITEN • FARBE ANPASSEN • FARBTON/SÄTTIGUNG ANPASSEN oder $\boxed{\text{Strg}}$/$\boxed{\text{⌘}}$+$\boxed{\text{U}}$ aufgerufen wird, erlaubt zunächst einmal die gleichen Veränderungen, die auch im soeben benutzten Assistenzbereich möglich gewesen sind. Die drei dort beschriebenen Regler sind auch hier zu finden.

Abbildung 8.14 ▶

Abbildung : Der Dialog FARB-TON/SÄTTIGUNG – eine wahre Fundgrube für Bildverfrem-dungen

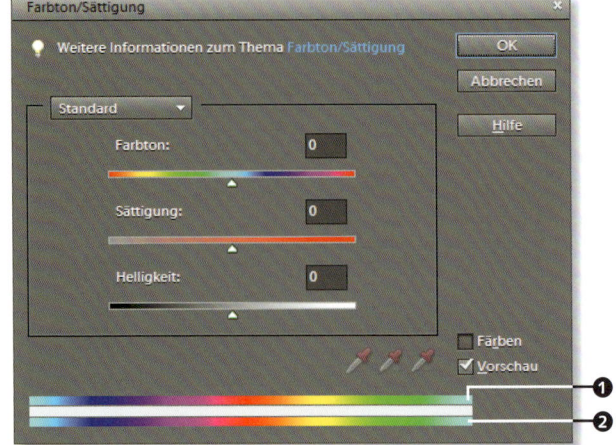

Schwarz und Weiß

Bei dieser Art der Bildmani-pulation werden gewöhnlich reinweiße und schwarze Pixel ausgegrenzt. Geringste Farbanteile bewirken jedoch gleich eine Änderung. An den Augen ist das gut zu erkennen. Setzen Sie diese Technik also behutsam ein. Oft ist es ratsam, mit dem Schieberegler die Sättigung oder Lab-Helligkeit ebenfalls leicht zu korrigieren.

Allerdings existieren hier noch weitere Möglichkeiten: Nehmen Sie ein beliebiges Foto, und lassen Sie sich den Dialog FARBTON/SÄTTIGUNG anzeigen. Bewegen Sie den Schieber FARBTON nach links und rechts. Beobachten Sie dabei, wie sich der untere Farb-umfang ❷ gegenüber dem Standardspektralbereich ❶ verschiebt. Das gelingt mit »jedem« Farbfoto.

Abbildung 8.15 ▶

Farbtöne oben: 60, 120 180; unten: –60, –120, –180

Natürlich werden bei dieser Vorgehensweise alle Bildbereiche verändert – zumindest solange Sie Standard im Pulldown-Menü ❸ stehen lassen. Das kann zwar zu netten Ergebnissen führen, wird jedoch in den seltensten Fällen das sein, was Sie sich wünschen. Wollen Sie einzelne Farbbereiche separiert von den anderen beeinflussen, müssen Sie diese zuvor im erwähnten Pulldown-Menü auswählen. Selektieren Sie dort beispielsweise Gelbtöne, wirken sich die anschließenden Veränderungen nur auf diesen Farbbereich aus.

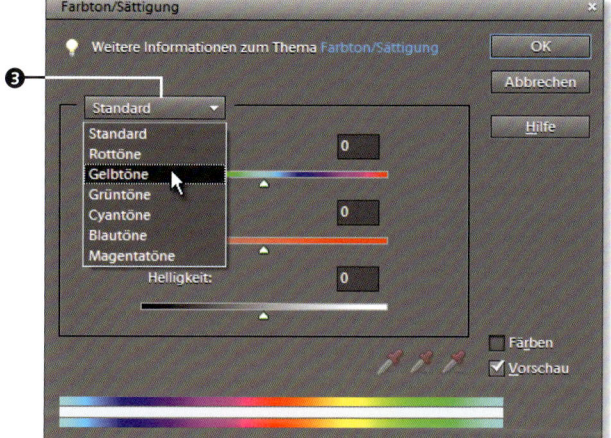

◄ **Abbildung 8.16**
Die Auswirkungen der Korrektur lassen sich vorab auf bestimmte Farbbereiche begrenzen.

8.1.4   Farbstiche entfernen

Bei grellem Sonnenlicht oder Kunstlicht driften Ihre Fotos schnell ins Blaue ab. Hier ist ein gezieltes Entfernen der Farbstiche angesagt. Und das ist viel einfacher, als es auf den ersten Blick scheinen mag. Photoshop Elements hält nämlich eine leicht anzuwendende Funktion bereit, die meist wirklich überzeugende Resultate abliefert.

Schritt für Schritt: Farbstich per Mausklick entfernen

Farbstich.tif

Insbesondere verschneite Landschaften sind geradezu »anfällig« für Farbstiche, wie auch das Beispielfoto zeigt. Das Entfernen dieses Farbstiches ist jedoch eine Sache von wenigen Mausklicks. Auch in diesem Workshop gehen wir noch einen Schritt weiter und bringen das Foto zusätzlich noch zum Leuchten.

Abbildung 8.17 ►
Ein Bild mit leicht erkennbarem
Blaustich.

1 Farbstich-Dialog öffnen

Wenn Sie lieber in der Bearbeiten-Ansicht VOLLSTÄNDIG bleiben,
öffnen Sie die entsprechenden Steuerelemente mit ÜBERARBEI-
TEN • FARBE ANPASSEN • FARBSTICH ENTFERNEN. Wer lieber mit dem
Assistenten arbeitet, der aktiviert ASSISTENT oben rechts, gefolgt
von FARBSTICH ENTFERNEN im Bereich FARBKORREKTUR. Für dieses
Beispiel entscheiden wir uns für den ersten Weg.

Abbildung 8.18 ►
Der Dialog zum Entfernen des
Farbstichs ist recht übersicht-
lich.

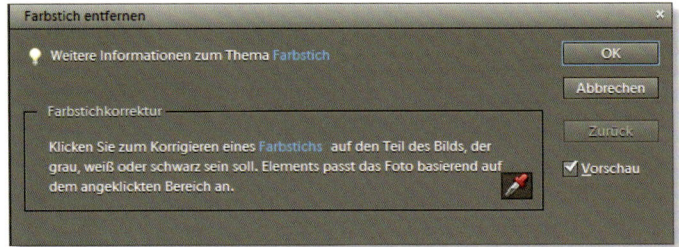

2 Farbstich entfernen (Weißabgleich)

Nun müssen Sie einen Farbbereich innerhalb des Bildes finden,
den Sie als Weiß interpretieren möchten. (Für alle Fotografen: Sie
machen jetzt eigentlich nichts anderes als einen nachträglichen
Weißabgleich.) Klicken Sie irgendwo in den Schnee. Nehmen Sie
jedoch keine zu hellen oder zu dunklen Bereiche. Die Schatten
sind komplett tabu. Klicken Sie mit der automatisch aktivierten
Pipette darauf, und bestätigen Sie mit OK. Voilá, das Bild ist
gerettet ■.

Korrektur verwerfen

Sollten Sie versehentlich
einen Farbstich ins Bild hin-
einprojiziert haben, klicken
Sie auf ZURÜCK, und versuchen Sie es erneut.

---

3   Foto heller machen

Bei diesem Foto bietet es sich geradezu an, die Landschaft zu erhellen (obwohl Belichtung erst im nächsten Kapitel an der Reihe ist). Duplizieren Sie den Hintergrund (Strg/⌘+J oder Ebene • Neu • Ebene durch Kopie). Danach stellen Sie die Füllmethode ➊ von Normal auf Negativ multiplizieren. Verringern Sie zuletzt die Deckkraft ➋ auf etwa 60 %.

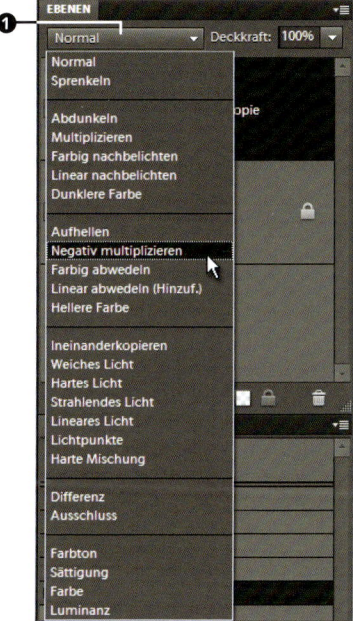

◀◀ **Abbildung 8.19**
Die Füllmethode Negativ multiplizieren sorgt für eine kräftige Erhellung des Fotos.

◀ **Abbildung 8.20**
So sollte das Ebenen-Bedienfeld am Ende aussehen.

◀ **Abbildung 8.21**
Zwei Welten treffen aufeinander. ■

Technisch gesehen, haben Sie jetzt, wie bereits erwähnt wurde, einen Weißabgleich durchgeführt. Beim Mausklick mit der Pipette haben Sie der Anwendung mitgeteilt, dass der angeklickte Punkt weiß dargestellt werden soll. Entsprechend musste Photoshop Elements daraufhin lediglich die Werte für die vorhandenen Farbkanäle korrigieren.

8.2 Punktuelle Farbveränderungen

Die im letzten Workshop vorgenommene Korrektur hat sich auf das gesamte Foto ausgewirkt. Das ist auch in Ordnung soweit – zumindest wenn auch das gesamte Foto korrigiert werden soll. Oftmals ist das aber in der digitalen Bildbearbeitung nicht so. Was ist zu tun, wenn nur bestimmte Bereiche eines Fotos korrigiert werden müssen?

Schritt für Schritt: Einen Leuchtturm umfärben

Leuchtturm.jpg

Wir werden diesem schönen Leuchtturm jetzt eine neue Farbe verpassen. Dabei soll verhindert werden, dass sich auch der Rest des Fotos verändert.

Abbildung 8.22 ▶
Rot-weiß ist zwar typisch für einen Leuchtturm, doch soll uns nicht daran hindern, ihm einen neuen Anstrich zu verpassen.

© Hans Peter Dehn – pixelio.de

1 **Ebene duplizieren**

Sorgen Sie bitte dafür, dass Sie sich im Modus BEARBEITEN • VOLLSTÄNDIG befinden, da der erste Schritt im Ebenen-Bedienfeld zu erfolgen hat. Duplizieren Sie den Hintergrund. Dazu gibt es mehrere Möglichkeiten: Entweder Sie wählen EBENE • NEU • EBENE

DURCH KOPIE, oder Sie drücken Sie [Strg]/[⌘]+[J]. Die dritte Option: Klicken Sie auf die Hintergrundebene, und ziehen Sie diese mit gedrückter Maustaste auf die Schaltfläche NEUE EBENE ERSTELLEN. Dort angekommen, lassen Sie los.

◄ **Abbildung 8.23**
Auch Ziehen und Fallenlassen (links) ist eine Option. Am Ende sollte die Ebene zweimal vorhanden sein (rechts).

2   Farbton verändern

Als Nächstes muss die Farbe verändert werden. Wie Sie ja bereits wissen, geht das mit ÜBERARBEITEN • FARBE ANPASSEN • FARB-TON/SÄTTIGUNG ANPASSEN. Stellen Sie das Pulldown-Menü von STANDARD auf ROTTÖNE um. Mithilfe des Reglers FARBTON legen Sie danach die gewünschte Zielfarbe fest. Dabei richten Sie Ihr Augenmerk bitte ausschließlich auf den Leuchtturm. Dass dabei Teile der Umgebung ebenfalls mit eingefärbt werden, soll hier vernachlässigt werden. Im Buchbeispiel ist der FARBTON-Regler übrigens ganz nach links gezogen worden (−180). Bestätigen Sie mit OK.

◄ **Abbildung 8.24**
Dass sich die Farbe auch in anderen Bereichen ändert, soll uns an dieser Stelle nicht weiter stören.

3 Ebenenmaske erzeugen

Die große Kunst ist es nun, Bereiche, die nicht mit eingefärbt werden sollen, wieder in den Originalzustand zurückzuversetzen. Dazu benötigen Sie eine Ebenenmaske. Klicken Sie deswegen auf das gleichnamige Symbol in der Fußleiste im Ebenen-Bedienfeld ❷. Die Folge: Es wird eine Ebenenmaskenminiatur ❶ hinzugefügt.

4 Maske invertieren

Schauen Sie sich die Ebenenmaskenminiatur genau an. Sie ist weiß. Das bedeutet: Alles auf der oberen Ebene ist sichtbar. Das können Sie umstellen. Drücken Sie dazu die Tastenkombination ⌨Strg/⌘+I. Jetzt ist die Maske schwarz, und das Bild befindet sich optisch wieder im Originalzustand.

Abbildung 8.25 ▶
Ohne Ebenenmaske geht es nicht.

Abbildung 8.26 ▶▶
Bei schwarzer Ebenenmaske ist die obere Ebene komplett unsichtbar.

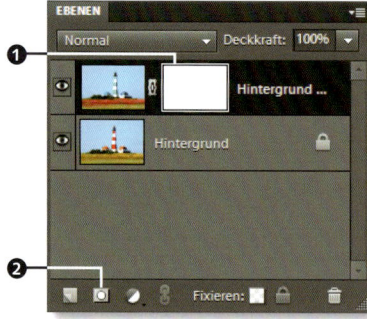
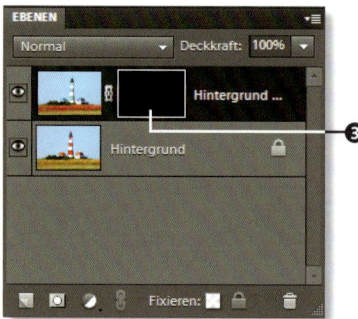

5 Pinsel einstellen

Zuletzt müssen Sie noch dafür sorgen, dass Teile der obersten Ebene wieder freigelegt werden. Das machen Sie am besten mit einem weichen Pinsel und einer Größe von etwa 120 Px.

Abbildung 8.27 ▶
Jetzt wird gepinselt.

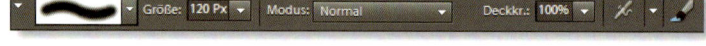

6 Leuchtturm übermalen

Sorgen Sie dafür, dass Weiß als Vordergrundfarbe eingestellt ist. (Sollte dort Schwarz eingestellt sein, drücken Sie X auf der Tastatur.) Prüfen Sie, ob die Ebenenmaske aktiviert ist ❸, und malen Sie jetzt von oben nach unten über den Leuchtturm. Achten Sie aber darauf, dass Sie die benachbarten Häuser nicht versehentlich mit erwischen. Sollte das passieren, Stellen Sie wieder Schwarz als Vordergrundfarbe ein und pinseln damit erneut über die Häuser.

◀ **Abbildung 8.28**
Während des Pinselns setzt sich
die gewünschte Farbe durch.

Am Ende dieses Workshops ist es sinnvoll, die obere Ebene aufzu-
lösen. Das machen Sie, wie Sie ja bereits wissen, im Fenstermenü
des Ebenen-Bedienfelds oder über das EBENEN-Menü (AUF HIN-
TERGRUNDEBENE REDUZIEREN). – Das Endergebnis finden Sie auch
im Ergebnisordner. Hier sind allerdings zur besseren Anschauung
die Ebenen erhalten geblieben.

▼ **Abbildung 8.29**
Das ist doch einmal ein poppi-
ger Leuchtturm, oder?

8.2.1 Mit dem Smartpinsel arbeiten

Eventuell werden Sie sich an dieser Stelle fragen, warum wir die
letzte Aktion nicht mit einem Smartpinsel durchgeführt haben.
Immerhin kann damit ja ebenfalls gefärbt werden. Leider werden
mit dem Smart Pinsel die Ergebnisse nicht immer ganz zufriedenstellend. Besonders am Leuchtturm-Beispiel sieht man das sehr

gut. Für Korrekturen »auf die Schnelle« ist das Werkzeug geeignet – doch sind die Ergebnisse leider nicht immer so präzise, wie man sich das wünscht.

8.2.2   Anspruchsvollere Farbveränderungen

Immer dann, wenn keine Farben mehr im Spiel sind (Schwarz, Weiß, Grau) ist eine reale Farbmanipulation prinzipiell unmöglich. Manchmal kommen Sie deshalb nicht umhin, mit einer Kombination aus manuell erzeugten Auswahlbereichen und Farbveränderungen zu arbeiten. Der folgende Workshop zeigt, welche grundsätzlichen Möglichkeiten es gibt. Diese Technik sollten Sie sich unbedingt zunutze machen, da sich diese für fast alle punktuellen Farbveränderungen nutzen lässt – unabhängig davon, mit welchen Motiven auch immer Sie es zu tun haben.

Frau_mit_Schirm.tif

Schritt für Schritt: Die Augenfarbe ändern

Öffnen Sie doch einmal die Datei »Frau_mit_Schirm.tif«. Die Augenfarbe soll jetzt geändert werden. Möchten Sie sich auch einmal davon überzeugen, wie sich blaue Augen machen würden?

© Miodrag Gajic – fotolia.de

◄ **Abbildung 8.31**
Das Model in der Ausgangsdatei mit braunen Augen

1 Ausschnitt vergrößern

Aktivieren Sie zunächst die Lupe Z, und klicken Sie mehrfach
auf das rechte Auge. Es sollte gut und gerne mit 800–1.200 %
Vergrößerung dargestellt werden.

2 Ellipsen-Werkzeug einstellen

Jetzt müssen die Augen mithilfe zweier Auswahlen eingegrenzt
werden. Aktivieren Sie deshalb das Auswahlellipse-Werkzeug.
Geben Sie dem Tool eine harte Kante (genauer gesagt, eine
Weiche Kante von 0 px), und wählen Sie den Modus Normal.
Schalten Sie außerdem bereits jetzt die Funktion Der Auswahl
hinzufügen ein. Wenn Sie nämlich Neue Auswahl stehen ließen,
würde die erste Auswahl beim Erzeugen der zweiten aufgehoben.
Es wäre also nicht möglich, »beide Augen« einzugrenzen.

▲ **Abbildung 8.32**
Stellen Sie das Auswahlellipse-Werkzeug richtig ein.

3 Erste Auswahl erzeugen

Setzen Sie das kleine Kreuz, das jetzt das Ellipse-Werkzeug repräsentiert, genau auf die Mitte der Pupille. Führen Sie einen Mausklick aus, und halten Sie die Maustaste gedrückt. Jetzt drücken
Sie zusätzlich noch Alt/⌥ und ⇧ ■ und halten auch diese
beiden Tasten fest. Danach ziehen Sie die Maus vom Klickpunkt

**Nützliche Tasten für
Auswahlen**

Mit Alt/⌥ erreichen Sie,
dass sich die Auswahl beim
Aufziehen nach allen Seiten
gleichmäßig ausdehnt. Sie
wird also aus der Mitte heraus erzeugt. ⇧ bewirkt,
dass Sie anstelle einer Ellipse
einen geometrisch exakten
Kreis erzeugen.

weg und lassen los, wenn Sie die Umrisse der Pupille erreicht haben. Danach dürfen Sie auch die Tastatur wieder freigeben.

Abbildung 8.33 ▶
So sollte Ihre Auswahl jetzt aussehen.

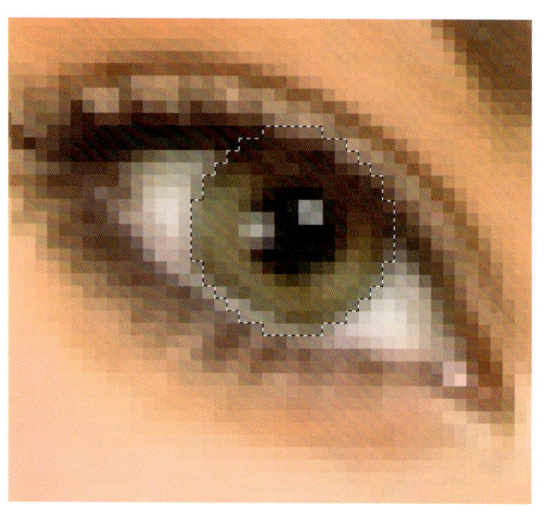

4 Optional: Auswahl korrigieren

Falls Sie die Auswahl im Umfang noch korrigieren müssen, entscheiden Sie sich für AUSWAHL • AUSWAHL VERÄNDERN und im folgenden Untermenü entweder für ERWEITERN oder VERKLEINERN. In dem Dialog, der sich daraufhin öffnet, sollten Sie einen möglichst kleinen Wert angeben (1 px), da der Korrekturbedarf ja sicher nicht besonders groß sein wird. Diesen Befehl können Sie so oft wiederholen, bis der korrekte Durchmesser erreicht ist. Die Position der Auswahl verändern Sie über die Pfeiltasten Ihrer Tastatur.

Die Tasten reagieren nicht wie gewünscht?

Die Tastenkombination ⌂+Alt/⌦ bewirkt leider nicht nur, dass ein exakter Kreis aus seiner Mitte heraus erzeugt wird, sondern führt unter Umständen auch eine Umschaltung von der deutschen auf die amerikanische Tastaturbelegung durch. Das bedeutet: Wenn die Tastatur nicht mehr auf Ihre Befehle reagiert, liegt es daran, dass jetzt die US-Shortcuts gültig sind. Da Sie aber damit bestimmt nicht weiterarbeiten wollen, drücken Sie abermals ⌂+Alt/⌦. Die Tastenkombinationen sollten dann wieder korrekt interpretiert werden.

5 Zweite Auswahl erzeugen

Halten Sie nun die Leertaste gedrückt (das aktiviert das Hand-Werkzeug), und schieben Sie den Bildausschnitt mit gedrückter Maustaste so weit herüber, bis das andere Auge sichtbar wird. Lassen Sie die Leertaste los, und ziehen Sie, wie zuvor beschrieben, die Auswahl für das zweite Auge auf. Hier müssen Sie allerdings recht genau arbeiten, da Sie diese zweite Auswahl nicht mehr separiert von der ersten verschieben können. Wenn Durchmesser oder Position noch nicht in Ordnung sind, drücken Sie Strg/⌘+Z (das macht den letzten Schritt rückgängig) und versuchen es erneut. Wenn Sie zufrieden sind, drücken Sie Strg/⌘+−, um wieder etwas aus dem Bild herauszuzoomen ■.

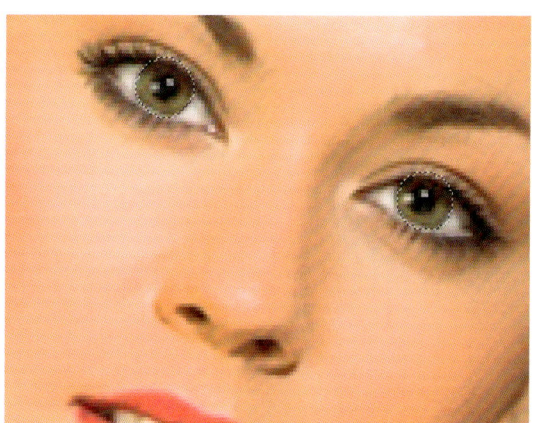

6 **Auswahl verfeinern**

Nun sind die Auswahlen längst noch nicht so exakt, wie sie
eigentlich sein sollten. Gerade oben an den Lidern müsste noch
etwas entfernt werden. Aktivieren Sie dazu am besten das Lasso
(weder das Magnetische noch das Polygon-Lasso!), und grenzen
Sie diesen Bereich mit gedrückter Maustaste aus. Dazu müssen
Sie aber in der Optionsleiste vorher auf VON AUSWAHL ABZIEHEN
umschalten. Kreisen Sie danach den Bereich ein, der ausgespart
werden soll. (Zuvor können Sie übrigens mit Strg/⌘+ + wieder auf die Augen zoomen und die Position des Ausschnitts abermals mit dem Hand-Werkzeug korrigieren.) Wenn der Lasso-Kreis
geschlossen ist, lassen Sie die Maustaste los. Wiederholen Sie den
Vorgang gegebenenfalls, und verfeinern Sie auf die gleiche Weise
auch die andere Auswahl.

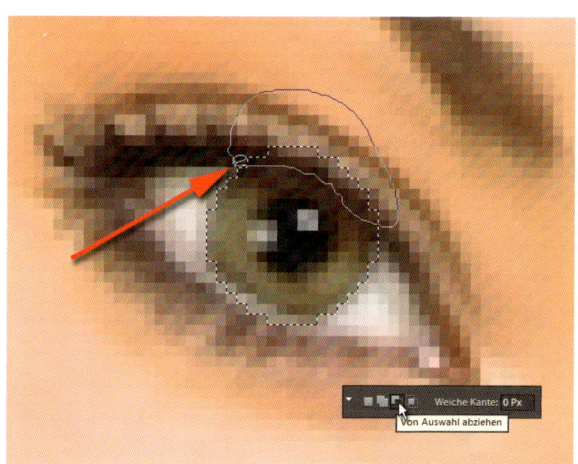

◀ **Abbildung 8.35**
Einige Bereiche in der Auswahl
müssen wieder entfernt werden, hier ein Teil des Augenlids.

7 **Weiche Auswahlkante erzeugen**

Der nächste Schritt besteht darin, die Auswahlkante etwas »abzu-soften«, damit der Übergang zwischen Korrekturbereich und Original nicht so hart wird. Rufen Sie deshalb den Menübefehl Auswahl • Weiche Auswahlkante auf, und vergeben Sie einen Radius von 1 Pixel, bevor Sie den Dialog mit OK verlassen.

Abbildung 8.36 ▶
Eine weiche Auswahlkante sorgt für einen sanften Über-gang vom Korrekturbereich zum Original.

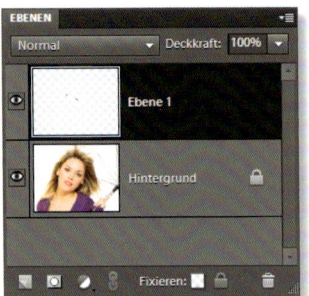

▲ **Abbildung 8.37**
Fast nicht zu erkennen: Auf Ebene 1 liegt die Auswahl der beiden Pupillen.

8 **Neue Ebene erzeugen**

Sie könnten gleich eine Veränderung des Farbtons vornehmen, da sich Änderungen jetzt nur auf den ausgewählten Bereich aus-wirken würden. Damit versperren Sie sich aber die Möglichkeit, nach Zugabe der Farbveränderungen noch weitere Korrekturen anwenden zu können. Deshalb sollten Sie vorab eine neue Ebene erzeugen, die sich dann auch separat bearbeiten lässt. Drücken Sie dazu ⌈Strg⌉/⌈⌘⌉+⌈J⌉, oder entscheiden Sie sich für Ebene • Neu • Ebene durch Kopie. Die Auswahl verschwindet, und im Ebenen-Bedienfeld wird oberhalb von Hintergrund jetzt Ebene 1 ange-zeigt. Diese Ebene enthält nur das, was sich zuvor innerhalb der Auswahl befunden hat. Falls erforderlich, vergrößern Sie die Mini-aturen über das Bedienfeldmenü und die Bedienfeldoptionen.

9 **Farbton anpassen**

Das bedeutet auch: Alle Veränderungen, die Sie jetzt auf Ebene 1 anwenden, werden auch nur dort wirksam, nicht aber auf dem Hintergrund. Na, dann mal los: Öffnen Sie den Dialog Farbton/Sättigung anpassen (im Menü Überarbeiten • Farbe anpassen), oder drücken Sie vergnügt ⌈Strg⌉/⌈⌘⌉+⌈U⌉. Regeln Sie den Farb-ton auf etwa –160. Wenn Sie wollen, können Sie auch die Sätti-

GUNG (d. h. die Leuchtkraft, Intensität) noch etwas anheben. Hier sollten Sie allerdings gemäßigt vorgehen, da die Augenfarbe sonst schnell unnatürlich wirkt. Bestätigen Sie mit OK.

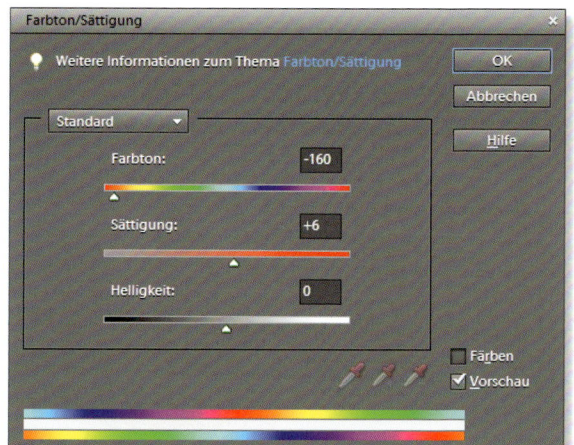

◀ **Abbildung 8.38**
Hier legen Sie die neue Augenfarbe fest.

10 Optional: Deckkraft korrigieren

Sollte die Farbe noch zu intensiv sein, könnten Sie jetzt die Deckkraft von EBENE 1 noch etwas herabsetzen. Dadurch würde die Intensität der Augenfarbe natürlich abnehmen. Hätten Sie zuvor keine separate Ebene erzeugt, wäre diese Art der Korrektur jetzt nicht mehr möglich. Das Endergebnis ist mit »Blaue_Augen_fertig.tif« betitelt.

▲ **Abbildung 8.39**
Von Braun zu Blau dank Photoshop Elements ■

8.2.3 Farben ersetzen

Eine weitere interessante Funktion, die Veränderungen auf bestimmte Farbbereiche beschränkt, ist FARBE ERSETZEN. Hier werden die zu korrigierenden Bereiche des Bildes nicht mit einer Einstellungsebene, sondern über die Farbe selbst bestimmt.

Kleidung.tif

Schritt für Schritt: Die Farbe der Kleidung ersetzen I

Verwenden Sie die Datei »Kleidung.tif« als Grundlage. Gefällt Ihnen das rote Hemd? Falls ja, sind Sie mit dem Workshop bereits fertig. Glückwunsch! Das hat ja prima geklappt. Für alle anderen geht's jetzt erst richtig los. Das Hemd muss eine andere Farbe bekommen.

1   Smartpinsel einsetzen

Versuchen Sie es zunächst einmal mit dem Smartpinsel. Dazu müssen Sie jetzt allerdings die Einstellungen ändern. Nachdem Sie das Werkzeug aktiviert haben, entscheiden Sie sich im Pull-down-Menü für FARBE. Als eigentliche Farbe legen Sie LIMONE fest (oder eine Farbe, die Ihnen mehr zusagt).

Abbildung 8.40 ▶
Der Smartpinsel wird für die Farbumwandlung eingestellt.

Abbildung 8.41 ▶▶
Das ist trendy – Herrenoberbekleidung in Limone.

2   Hemd färben

Malen Sie jetzt über das Hemd, und achten Sie darauf, dass weder der Hintergrund noch die Hände oder gar der Kopf in Mitleidenschaft gezogen werden. Um den Bereich innerhalb der linken Handfläche mit umzufärben, müssen Sie ganz dicht heranzoomen, den Pinsel verkleinern und dann auch diesen Bereich mit aufnehmen.

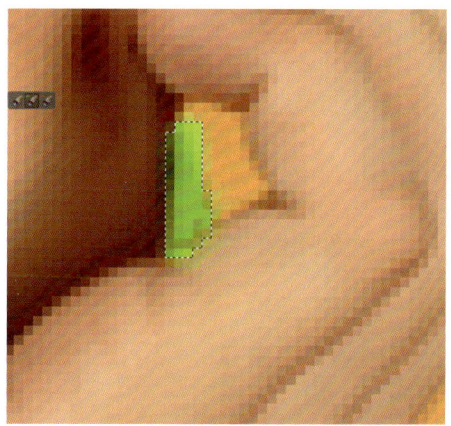

◄ **Abbildung 8.42**
Die Details müssen sehr vorsichtig herausgearbeitet werden.

Das Problem ist nur, dass die Übergänge nicht besonders sauber sind. Das Ganze ist also eher etwas für den Hausgebrauch. Zusätzlich lässt sich bemängeln, dass sich die Farbe auf diese Art und Weise nicht frei wählen lässt. Machen Sie am besten sämtliche Schritte wieder rückgängig, und verwenden Sie das Verfahren aus dem nächsten Workshop.

◄ **Abbildung 8.43**
Der Smartpinsel arbeitet recht unsauber und eignet sich nur, wenn es ganz schnell gehen muss. ■

245

Kleidung.tif

Schritt für Schritt: Die Farbe der Kleidung ersetzen II

1 Ebene duplizieren

Zuallererst ist es sinnvoll, eine neue Ebene aus dem Hintergrund zu erstellen (EBENE • NEU • EBENE DURCH KOPIE). Falls im Anschluss an die Farbersetzung doch noch Korrekturen erforderlich werden, können Sie so immer wieder auf das Original zurückgreifen.

2 Dialog »Farbe ersetzen« auswählen

Öffnen Sie den Dialog FARBE ERSETZEN (ÜBERARBEITEN • FARBE ANPASSEN). Ein Fenster mit einer Fülle von Steuerelementen wartet auf Ihre Aktionen.

▲ Abbildung 8.44
Das rote Hemd des freundlichen Herrn soll ersetzt werden.

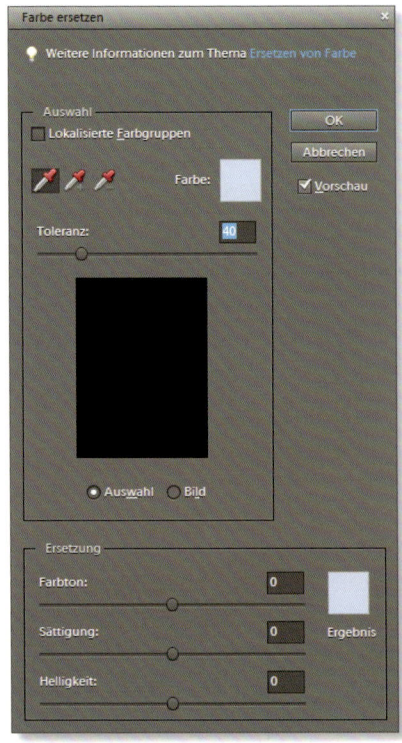

▲ Abbildung 8.45
Der FARBE ERSETZEN-Dialog

3 Optional: Lokalisierte Farbgruppen aktivieren

Wenn Sie die Funktion LOKALISIERTE FARBGRUPPEN aktivieren, bezieht Photoshop Elements nur die Farben in die Auswahl mit ein, die an die Aufnahmestelle angrenzen. So können Sie ähnliche

Farben ausgrenzen, die an einer ganz anderen Stelle des Bildes auftauchen. Da dies aber im Beispielbild nicht der Fall ist, können Sie diese Checkbox vernachlässigen.

4 Bildansicht einstellen

In der Mitte des Dialogfensters befindet sich eine Maskenansicht (die schwarze Fläche). Falls hier eine farbige Miniatur des Bildes angezeigt wird, befinden Sie sich im BILDMODUS. Schalten Sie in diesem Fall unterhalb der Ansicht auf den Radio-Button AUSWAHL um.

5 Zu verändernde Farbe auswählen

Aktivieren Sie die linke Pipette ❷, und klicken Sie im Bild selbst auf die gewünschte Stelle, deren Farbe verändert werden soll – also auf das Hemd. Wie wäre es mit dem linken Unterarm? Als Folge des Klicks sollte sich die schwarze Vorschau des FARBE ERSETZEN-Dialogs mit weißen Pixeln füllen. Weiße Stellen zeigen dabei auch hier die ausgewählten Bereiche an.

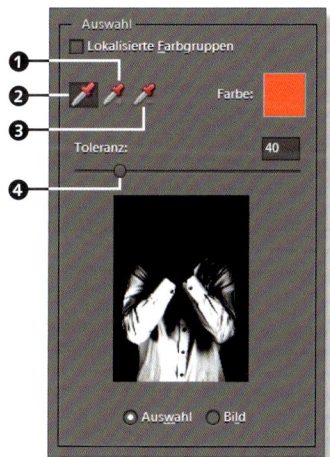

◄ **Abbildung 8.46**
Die Auswahl des Hemdes ist noch nicht perfekt.

6 Weitere Farbwerte hinzufügen

Die erste Pipette ❷ sollte stets nur einmal verwendet werden. Klicken Sie mit ihr auf eine andere Stelle, werden die zuerst ausgewählten Pixel womöglich wieder abgewählt. Schalten Sie deshalb jetzt um auf die mittlere Pipette ❶ (die mit dem Plus-Symbol). Damit ist es möglich, weitere Farben aufzunehmen, ohne bereits aufgenommene Farbbereiche zu verlieren. Klicken Sie auf verschiedene Stellen des Hemdes, wobei Sie helle und dunkle Bereiche gleichermaßen berücksichtigen sollten.

⁊ Farbbereiche entfernen

Falls Sie einen Bereich in unmittelbarer Nähe ausgewählt haben, den Sie nicht einfangen wollten (z. B. Hintergrund), aktivieren Sie die Entfernen-Pipette ❸ und klicken erneut auf diesen Bereich. Wenn Teile des Gesichts aufgenommen worden sind, missachten Sie das ruhig. Darum kümmern wir uns später. Es ist übrigens nicht sonderlich tragisch, wenn noch nicht alle Stellen des Hemdes vollständig aufgenommen worden sind.

⁸ Toleranz einstellen

Verändern Sie die TOLERANZ ❹ über den Schieberegler. Leider kann man nicht genau sagen, ob Sie die Toleranz erhöhen oder verringern müssen. Dies hängt nämlich vom Zustand Ihrer eigenen Auswahl ab. Die Devise lautet: Je höher der Toleranzwert ist, desto mehr Pixel mit ähnlichem Farbwert werden aufgenommen. (Eine Auswahl wie oben zu sehen wäre durchaus in Ordnung.)

⁹ Zielfarbe einstellen

Wenn Sie mit der Auswahl zufrieden sind, stellen Sie über den Schieberegler FARBTON ❺ einen Ockerton ein. Das ist etwas dezenter als Rot und passt darüber hinaus auch besser zum Hintergrund. Wenn Sie den Regler auf etwa +30 stellen, dürfte sich die Kleidung wunschgemäß verfärben. Auch jetzt dürfen Sie noch mit der Toleranz arbeiten. Schimmern noch rote Bereiche durch, erhöhen Sie die Toleranz. Sollte sich der Hintergrund bereits mitfärben, muss die Toleranz verringert werden.

▲ **Abbildung 8.47**
So sollte Ihre Auswahl in etwa aussehen.

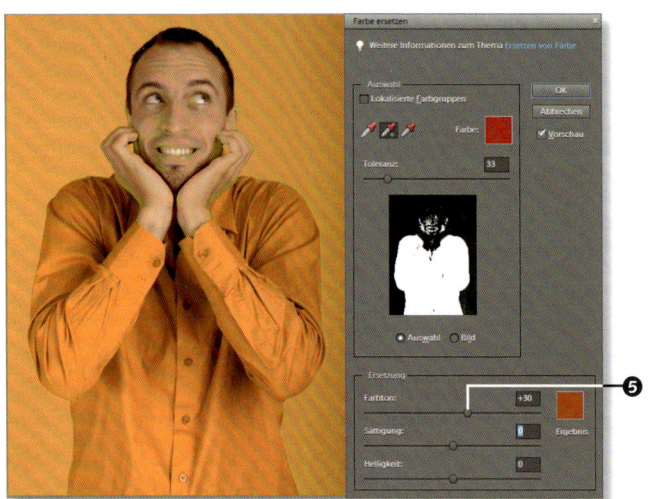

Abbildung 8.48 ▶
Das sieht doch schon ganz gut aus.

🔟 Optional: Sättigung und Helligkeit verändern

Falls Sie jetzt generell noch Änderungen an der Leuchtkraft oder der Helligkeit des aufgenommenen Bereichs vornehmen wollen, können Sie das mit den beiden unteren Schiebereglern (SÄTTI-GUNG und HELLIGKEIT) machen. Für dieses Beispiel sollte es allerdings nicht erforderlich sein. Bestätigen Sie mit OK.

1️⃣1️⃣ Ebene maskieren

Grundsätzlich könnten Sie den Befehl FARBE ERSETZEN erneut zur Anwendung bringen. Das ist immer dann sinnvoll, wenn bestimmte Bereiche noch nicht eingefärbt worden sind. Hier ist es allerdings der Fall, dass das Gesicht in Mitleidenschaft gezogen worden ist. Dieser Bereich muss jetzt noch maskiert werden. Sie wissen ja: in der Fußleiste des Ebenen-Bedienfelds auf EBE-NENMASKE HINZUFÜGEN klicken und mit schwarzer Farbe über die Bereiche wischen, die fälschlicherweise mitgefärbt worden sind. Reduzieren Sie das Foto am Ende auf den Hintergrund (EBENE • AUF HINTERGRUNDEBENE REDUZIEREN).

▲ **Abbildung 8.49**
Ocker macht sich besser als Rot. ■

8.2.4 Hauttöne korrigieren

Mitunter werden Hauttöne im Foto wenig realistisch dargestellt. Die Kamerahersteller haben dieses Problem längst erkannt und sorgen dafür, dass die Aufnahmegeräte derartige Schwächen schon beim Ablichten beheben. Aber auch nach dem Drücken des Auslösers ist es noch nicht zu spät.

Hautton.tif

Schritt für Schritt: Hauttöne korrigieren

Eines vorweg: Sollte die Haut reinweiß sein (zum Beispiel hervorgerufen durch Direktblitz), werden diese weißen Stellen bei der folgenden Vorgehensweise nicht mit Farbe versehen. Ein Hauch Farbe muss vorab schon da sein.

1 Anpassen-Dialog öffnen

Sie haben jetzt wieder die Wahl, ob Sie den Assistenten oder das Menü ÜBERARBEITEN nutzen wollen. Beim Assistenten entscheiden Sie sich für HAUTTON KORRIGIEREN im Feld FARBKORREKTUR. Der klassische Weg ist jedoch ÜBERARBEITEN • FARBE ANPASSEN • FARBE FÜR HAUTTON ANPASSEN.

2 Farbe aufnehmen

Bei den drei Farbbalken, die Sie im Folgedialog sehen (BRÄUNUNG, RÖTUNG und TEMPERATUR), handelt es sich in der Tat um Schieberegler. Aber wo sind die Anfasser?

Diese kommen erst dann zum Vorschein, wenn Sie einmal auf das Bild geklickt haben. Das sollten Sie aber nicht willkürlich tun. Suchen Sie vielmehr einen recht hellen Bereich des Gesichts, und klicken Sie an dieser Stelle auf das Bild. (Ich habe mich für das Kinn entschieden.) Danach sollten Sie auch die Regler sehen. Zudem dürfte bereits eine Farbveränderung im Bild sichtbar geworden sein.

© Zdenka Micka – fotolia.de

Abbildung 8.50 ▲
Der Teint wird bald frischer wirken.

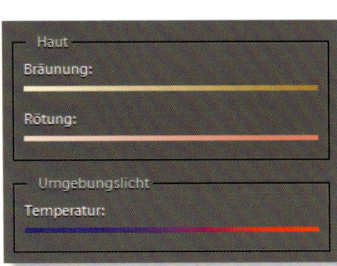

Abbildung 8.51 ▶
Unterschiedliche Regler für eine möglichst sanfte Korrektur der Hauttöne

3   Bräunung anheben

Verstärken Sie jetzt die Bräunung des Gesichts, indem Sie den gleichnamigen Regler nach rechts schieben. Ob hingegen die Rötung angehoben werden sollte, ist fraglich und im Einzelfall zu entscheiden. Bei diesem Foto bringt das nicht allzu viel.

4   Temperatur verändern

Interessanter ist da schon die Temperatur. Sie bewegt sich zwar mit, wenn Sie den Regler Bräunung verschieben, lässt sich aber anschließend noch isoliert nach rechts ziehen. Damit sorgen Sie im gesamten Bild für wärmere Farben und nicht nur bei den Hauttönen. Eine Verschiebung nach links würde die Farben hingegen abkühlen (Blau). Gehen Sie bei diesem Regler sehr vorsichtig zu Werke, da er von allen drei Reglern den größten Einfluss auf das gesamte Bild nimmt – also auch auf den Hintergrund.

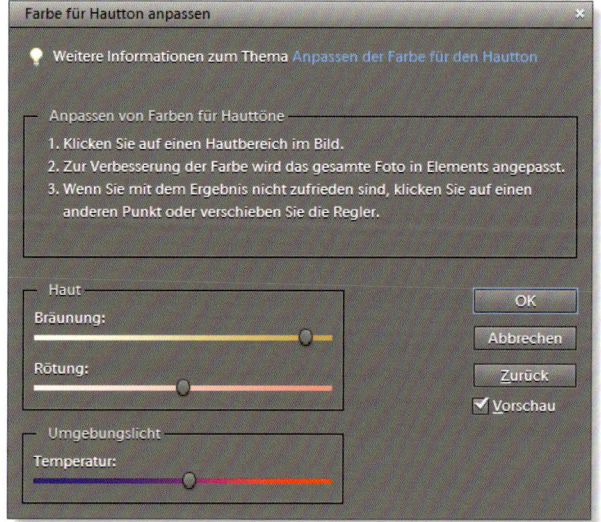

◄ **Abbildung 8.52**
Gehen Sie bei der Korrektur äußerst vorsichtig vor.

5   Bilder vergleichen

Mitunter ist man geneigt, zu viel des Guten zu tun. Das liegt unter anderem daran, dass Sie jetzt das Original schon zu lange nicht mehr gesehen haben. Wenn Sie jedoch vorübergehend die Vorschau deaktivieren, werden Sie gewaltige Veränderungen feststellen, da Sie dann das Bild wieder in der Vorher-Ansicht präsentiert bekommen. Also gilt auch bei der Hauttonanpassung: Weniger ist mehr; und der OK-Button wartet auf Ihren finalen Klick! Das Ergebnis ist mit »Hautton_fertig.tif« betitelt.

Abbildung 8.53 ▶
Das waren mindes-
tens fünf Stunden
Solarium.

Betrachten Sie das Bild noch einmal etwas genauer. Natürlich ist Photoshop Elements nicht wirklich imstande, das Gesicht separat zu bearbeiten. Sie sehen, dass auch die Haare eine Veränderung erfahren haben. Wenn Sie das nicht wollen, müssten Sie leider etwas mehr Arbeit in Kauf nehmen. Aber es macht Spaß, wie der folgende Workshop zeigt.

Schritt für Schritt: Haut kolorieren

Hautton.tif

Jetzt werden Sie erfahren, wie Sie ausschließlich den Teint bearbeiten können, ohne dass andere Bildbereiche auch nur im Geringsten verändert werden. Außerdem können Sie viel freier bestimmen, wie die Färbung aussehen soll.

1 Vorbereitungen treffen

Sie brauchen noch einmal das unbearbeitete Originalfoto »Hautton.tif«. Machen Sie deshalb eventuell die letzten Schritte (aus dem vorangegangenen Workshop) rückgängig. Erzeugen Sie danach eine neue Ebene mit `Strg`/`⌘`+`⇧`+`N` oder EBENE • NEU • EBENE), und klicken Sie in der Werkzeugleiste auf das Symbol für die Vordergrundfarbe. Im Folgedialog entscheiden Sie sich für die Farbe, die Sie dem Teint zuweisen wollen (im Beispiel: R = 225, G = 190, B = 160). Verlassen Sie den Dialog mit OK.

2   Ebene färben

Aktivieren Sie den Pinsel B, und suchen Sie eine weiche Spitze
aus. Die Größe sollte etwa 40 px bei 100 % Deckkraft betragen.
Malen Sie jetzt über alle Bereiche, die gefärbt werden sollen. Achten Sie aber darauf, dass Sie Haare, Augen, Wimpern und Mund
nach Möglichkeit nicht zu sehr übermalen.

3   Optional: Färbung korrigieren

Sollte das dennoch passieren, machen Sie entweder den letzten Schritt rückgängig oder aktivieren den Radiergummi E, mit
dessen Hilfe Sie dann die übermalten Stellen wieder entfernen.
Auch der Radiergummi sollte eine weiche Kante haben, wobei
der Durchmesser idealerweise kleiner ist als der des Pinsels.

4   Maske verfeinern

Ändern Sie die Pinselgröße auf 10–20 px Durchmesser, und verfeinern Sie den Farbauftrag. Sie müssen so dicht wie möglich an
Augen, Mund usw. herankommen, ohne diese Bereiche jedoch
zu übermalen.

5   Modus und Deckkraft ändern

Gefällt es Ihnen? Noch nicht? Na, dann müssen wir noch einen
Schritt weiter gehen. Wenn Sie jetzt nämlich den Modus ❶ der
oberen Ebene auf Multiplizieren stellen und zudem noch die
Ebenendeckkraft ❷ reduzieren (auf ca. 40 bis 45 %), dürften Sie
schon eher zufrieden sein.

▲ **Abbildung 8.55**
Nicht erschrecken, so bleibt das
Bild nicht ;-)

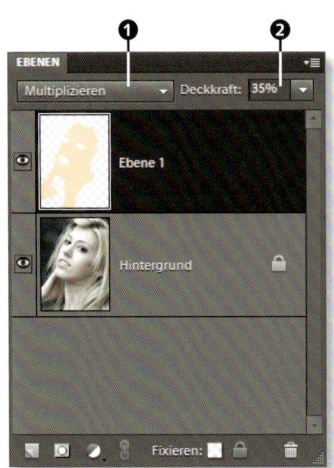

Abbildung 8.56 ▶
Die Deckkraft muss herabgesetzt werden.

Abbildung 8.57 ▶▶
Erst durch eine verringerte Deckkraft der Ebene wirkt der Hautton natürlich. (Das Ergebnis nennt sich »Hautton_Maske.tif«.)

6 Optional: Hautfarbe erneut ändern

Wissen Sie, was das wirklich Gute an dieser Methode ist? Wenn Ihnen jetzt der Hautton noch nicht gefällt und Sie doch lieber eine andere Farbe zuweisen wollen, können Sie das auch jetzt noch machen. Dazu klicken Sie einfach erneut auf das Symbol für die Vordergrundfarbe (in der Werkzeugleiste) und stellen den gewünschten Ton ein. Danach gehen Sie auf BEARBEITEN • EBENE FÜLLEN und stellen dort unter FÜLLEN MIT ❸ den Eintrag VORDERGRUNDFARBE ein. Achtung! Jetzt aktivieren Sie TRANSPARENTE BEREICHE SCHÜTZEN ❹, damit ausschließlich die Bereiche der oberen Ebene mit Farbe gefüllt werden, die auch zuvor von Ihnen gefärbt worden sind, und bestätigen mit OK. Praktisch, oder?

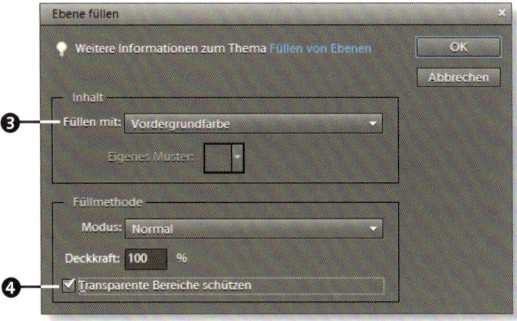

Abbildung 8.58 ▶
Der Hautton kann auch nachträglich verändert werden – ganz ohne Auswahlkante.

7 Optional: Maske noch einmal korrigieren

Beim »Finishing« des Fotos achten Sie auf Haare, Augen und Hintergrund. Hier hat sich nicht die geringste Veränderung ergeben.

Und was außerdem wirklich von Nutzen ist: Selbst wenn Sie jetzt noch immer kleine Fehler in der Maskierung entdecken, können Sie diese noch mit Pinsel und Radiergummi korrigieren. Versuchen Sie es! Der Farbauftrag wird jetzt nämlich ebenfalls »multipliziert« und nicht, wie zuvor, als Vollton aufgetragen.

◄ **Abbildung 8.59**
Vergleichen Sie das Ergebnis mit dem Original, um den neuen Hautton beurteilen zu können.

Sie finden das ebenenbasierte Resultat dieses Workshops, wie üblich, im Ordner ERGEBNISSE. Die Datei heißt »Hautton_color_fertig.tif«. ■

8.3 Schwarzweiß-Bilder erstellen

Schwarzweiß-Bilder haben ihren ganz eigenen Reiz: Sie lenken den Blick auf das Wesentliche und schaffen oft eine ganz neue Bildwirkung. Natürlich soll die beliebte Schwarzweiß-Umwandlung deshalb auch Thema dieses Buches sein ■.

8.3.1 Bilder schnell entfärben

Im Menü ÜBERARBEITEN • FARBE ANPASSEN findet sich auch die Funktion FARBE ENTFERNEN. Hiermit weisen Sie allen Farbwerten schwarze, weiße oder graue Pixel zu. Klar, dass sich auf diese Art schnell einem Farbbild die Farbe entziehen lässt. Aber Vorsicht! Dabei müssen Sie eine Kleinigkeit beachten, wie der folgende Workshop zeigt.

Schwarzweiß oder Graustufen?

Im Allgemeinen spricht man ja bei einem Bild, das ohne Farben auskommen muss, von Schwarzweiß-Aufnahmen. Genau genommen, sind das aber Graustufenbilder, da neben Schwarz und Weiß ja auch graue Pixel enthalten sind. Echte Schwarzweiß-Bilder bestehen tatsächlich nur aus schwarzen und weißen Pixeln (z. B. Strichzeichnungen).

Schritt für Schritt: Bilder schnell entfärben und konvertieren

1 Bild entfärben

Markt.tif

Nehmen Sie doch einmal die Datei »Markt.tif«. Entscheiden Sie sich für Überarbeiten • Farbe anpassen • Farbe entfernen, oder drücken Sie Strg/⌘+⇧+U.

© Steffi Ehrentraut

Abbildung 8.60 ▶
Schwarzweiß-Umwandlung auf die Schnelle

2 Optional: Modus kontrollieren

Gehen Sie danach doch einmal auf Bild • Modus, und schauen Sie nach, wo das Häkchen angezeigt wird. Die Datei ist noch immer eine Farbdatei (RGB). Das bedeutet, Sie könnten jetzt auch wieder Farbe auftragen, beispielsweise um eine einzelne Obstsorte oder vielleicht die Personen im Hintergrund wieder einzufärben. Bei einem Graustufenbild wäre ein nachträglicher Farbauftrag nicht mehr möglich.

3 Optional: Farbinformationen verwerfen

Prinzipiell spricht auch nur ein Argument dagegen, die Datei in RGB zu belassen: der Speicherplatz. Ein RGB-Bild benötigt nämlich fast dreimal so viel Platz wie ein Graustufenbild. Wenn Sie also Festplattenkapazität erhalten wollen, sollten Sie eine Modusänderung vornehmen (Bild • Modus • Graustufen). Den Folgedialog können Sie, nachdem Sie Nicht mehr anzeigen akti-

▲ Abbildung 8.61
Photoshop Elements warnt Sie vor der endgültigen Umwandlung des Bildes.

viert haben, mit OK bestätigen. Die Meldung bleibt in diesem Fall künftig außen vor. ■

8.3.2 Bilder alternativ entfärben

Sie haben in Photoshop Elements die Möglichkeit, bei der Umwandlung in Graustufen individuelle Entscheidungen zu treffen. Diese Funktion ist wirklich sehr interessant, da die Wirkungsweise des Graustufenbildes direkt beeinflusst wird.

Schritt für Schritt: Bilder in Schwarzweiß konvertieren

Zunächst sollten Sie sämtliche Schritte des vorangegangenen Workshops wieder rückgängig machen. Danach geht es an die Entfärbung per Dialog.

1 **Dialog öffnen**

Die Zauberformel heißt nämlich ÜBERARBEITEN • IN SCHWARZWEISS KONVERTIEREN. Die rasant wachsende Gemeinde der Befürworter von Tastenkombinationen lässt es sich natürlich nicht nehmen, an dieser Stelle Strg/⌘ + Alt/⌥ + B zu drücken.

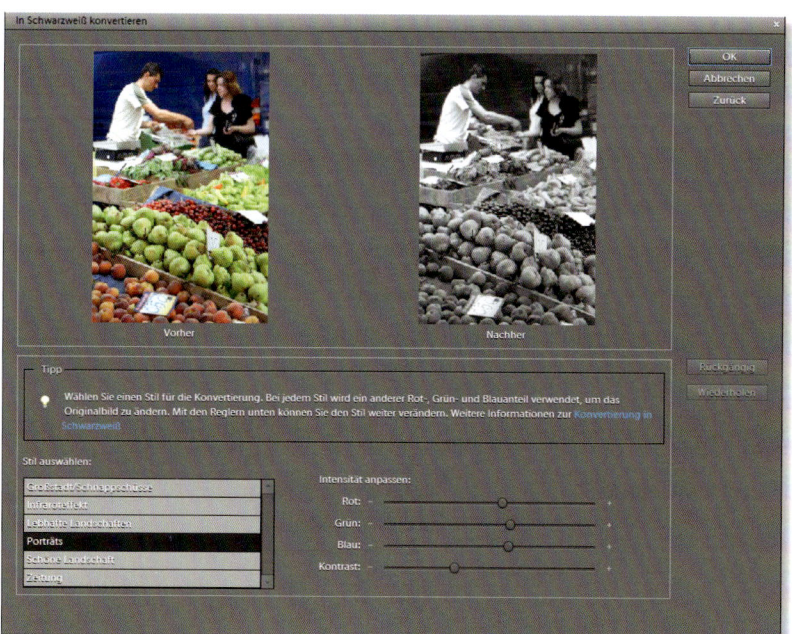

◄ **Abbildung 8.62**
Ein umfangreicher Dialog zur Schwarz-weiß-Umwandlung des Bildes

2   Stil und Intensität festlegen

Zunächst einmal sollten Sie in dem Bereich unten links festlegen, welcher STIL zu Ihrer Vorlage passt. Im konkreten Beispiel verwenden Sie beispielsweise LEBHAFTE LANDSCHAFTEN oder GROSS-STADT/SCHNAPPSCHÜSSE. Legen Sie anschließend rechts daneben die Intensität über INTENSITÄT ANPASSEN fest. Hier bestimmen Sie, wie stark sich die Änderungen auf das Bild auswirken sollen.

3   Kanäle bearbeiten

Auf den ersten Blick ist es vielleicht etwas befremdlich, dass ein Graustufenbild in den Kanälen ROT, GRÜN oder BLAU intensiviert werden soll. Aber immerhin bleiben die Farbkanäle auch bei dieser Methode erhalten (wie schon zuvor bei FARBE ENTFERNEN). Außerdem hat das den Vorteil, dass Sie über die Farbkanäle bestimmen können, wie sich das Schwarzweiß-Foto darstellen soll. Bei Porträts kann es je nach gewünschtem Ergebnis sinnvoll sein, den Rot-Kanal zu verändern, um so mehr oder weniger Zeichnung in das Gesicht zu bekommen. In Landschaftsaufnahmen bietet sich oftmals die Zugabe von Grün an, um Bildbereiche heller erscheinen zu lassen.

4   Kontrast erhöhen

Überaus interessant ist hier auch, dass Sie die Kontraste anheben können. Gehen Sie dabei jedoch gemäßigt vor, und schieben Sie auch den Kontrastregler nur leicht nach rechts, bevor Sie mit OK bestätigen.

▲ **Abbildung 8.63**
Passen Sie in die Entwicklung des Schwarzweiß-Fotos mithilfe der Schieberegler an.

Abbildung 8.64 ▶
Die Unterschiede nach einer Kontrastanhebung (rechts) im Vergleich zu FARBE ERSETZEN (links) sind unverkennbar.

8.3.3   Farbkurven anpassen

Mit der Bearbeitung der Kanäle Rot, Grün und Blau haben Sie verschiedene Wirkungen innerhalb der Schwarzweiß-Fotografie erzielen können. Damit allein ist es aber noch nicht getan. Denn nicht nur die Kanäle, auch die Tiefen- und Lichter-Korrekturen sind ausgesprochen gern gesehene Gestaltungsmittel. Wenn Sie beispielsweise ein Foto mit einer der zuvor genannten Methoden in Schwarzweiß umwandeln, können Sie ÜBERARBEITEN • FARBEN ANPASSEN • FARBKURVEN ANPASSEN wählen und auch hier einen Stil auswählen bzw. die rechts daneben befindlichen Regler verstellen. Gehen Sie hier aber bitte mit Bedacht vor, da bereits geringfügige Verschiebungen ein drastisches Ergebnis produzieren können. Mehr zur grundsätzlichen Vorgehensweise in Sachen Farbkurven finden Sie im folgenden Kapitel.

▼ **Abbildung 8.65**
Bei der Schwarzweiß-Technologie sind auch Veränderungen an den Tiefen und Lichtern interessant.

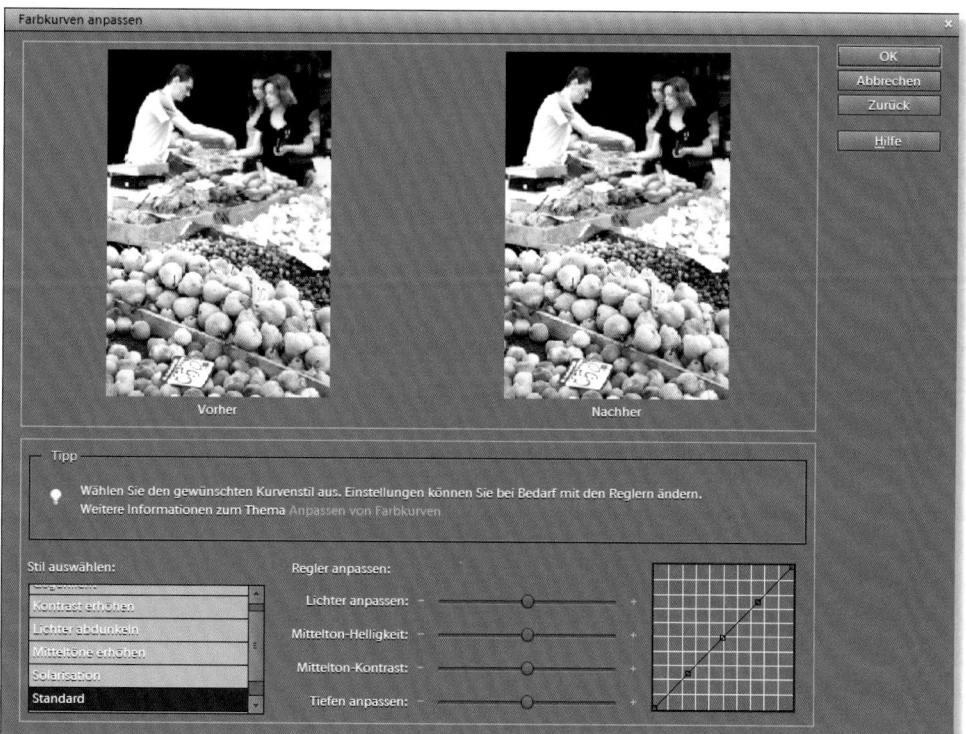

8.3.4   Zu guter Letzt: Graustufenmodus einstellen

Auch bei der zuletzt vorgestellten Methode, IN SCHWARZWEISS KONVERTIEREN, bleibt das Bild als RGB-Datei erhalten. Die

Bezeichnung »konvertieren« ist also in diesem Zusammenhang nicht ganz glücklich gewählt. Sie müssen somit zusätzlich abwägen, ob Sie das Bild real in Graustufen konvertieren wollen. Das spart Platz, wie Sie ja bereits erfahren haben. Und bei späteren Montagen gibt es auch keine Probleme; denn auch nach einer »echten« Konvertierung ist es durchaus legitim, ein Graustufenbild per Drag & Drop auf ein RGB-Bild zu ziehen. Versuchen Sie das aber in umgekehrter Richtung, wird das herübergezogene Farbbild in Graustufen umgewandelt. Außerdem können Sie ein echtes Graustufenbild jederzeit wieder in RGB umwandeln (BILD • MODUS • RGB-FARBE) und dann wieder Farben ins Spiel bringen. Die Originalfarben bekommen Sie natürlich dadurch nicht mehr zurück.

Kapitel 9

Belichtung und Schärfe korrigieren

Tiefen/Lichter, Tonwerte & Co.

- ▸ Wie werden zu dunkle Bilder aufgehellt?
- ▸ Wie kann ich Bilder stellenweise abdunkeln und aufhellen?
- ▸ Wie kann ich zu helle Bilder abdunkeln?
- ▸ Wie wird der Teint im Porträt abgedunkelt?
- ▸ Wie funktionieren Abwedeln und Nachbelichten?
- ▸ Wie erzeuge ich eine Tonwertspreizung?
- ▸ Wie werden Bilder geschärft?
- ▸ Wie werden Bilder korrekt weichgezeichnet?
- ▸ Wie verändere ich die Tiefenunschärfe?
- ▸ Wie erzeuge ich eine Bewegungsunschärfe?

9 Belichtung und Schärfe korrigieren

Mitunter macht Ihnen die Kamera einen gewaltigen Strich durch die Rechnung. Da werden Bilder zu dunkel oder zu hell; andere sind leicht verwackelt, wieder andere haben nicht die richtige Tiefenschärfe. Aufnahmen mit diesen Mängeln sind aber durchaus noch zu retten – wenn Sie Tricks kennen, die auf beeindruckende Weise für Abhilfe sorgen.

9.1 Dunkle Bilder aufhellen

Was tun Sie, wenn ein Bild zu dunkel ist? »Es aufhellen!« Vollkommen richtig. Doch wie wird das am effektivsten geregelt? Lassen Sie uns dazu mit zwei verschiedenen Methoden an das Problem herangehen. Allerdings sind die Unterschiede der beiden Vorgehensweisen im Ergebnis recht deutlich.

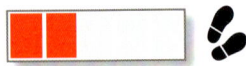

Schritt für Schritt: Helligkeit/Kontrast erhöhen

Tiefen_Lichter.tif

Zunächst wählen wir die Methode, die sich vom Namen her sofort anbietet, nämlich die Veränderung von Helligkeit und Kontrast.

1 **Datei duplizieren**

Öffnen Sie die Datei »Tiefen_Lichter.tif«. Da wir ja, wie bereits erwähnt wurde, zwei unterschiedliche Wege einschlagen wollen, benötigen wir auch zwei Fotos. Duplizieren Sie die Bilddatei deshalb, indem Sie sich im Menü für DATEI • DUPLIZIEREN entscheiden. Vergeben Sie im Folgedialog den Namen »Helligkeit«, bevor Sie mit OK bestätigen.

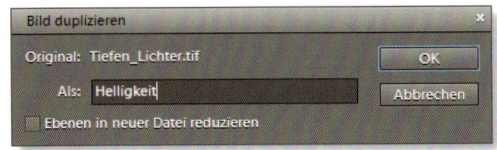

Abbildung 9.1 ▶
Die Datei wird dupliziert.

2   Helligkeit anpassen

Gehen Sie ins Menü, und wählen Sie ÜBERARBEITEN • BELEUCH-
TUNG ANPASSEN • HELLIGKEIT/KONTRAST. Erhöhen Sie die HELLIG-
KEIT, indem Sie den Schieber weit nach rechts stellen. Mit der Hel-
ligkeit der Statue werden Sie sicher erst so ab 130 zufrieden sein.

    Senken Sie zudem den KONTRAST etwas ab, damit die beson-
ders dunklen Bereiche der Statue noch etwas aufgehellt werden.
Wie wäre es mit einem Wert von etwa –30? Klicken Sie auf den
OK-Button.

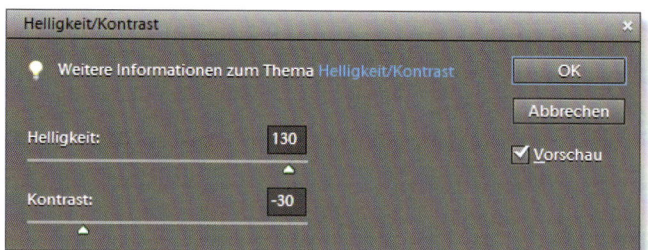

◄ **Abbildung 9.2**
Der Korrekturbedarf ist nicht
unerheblich.

3   Bilder vergleichen

Da das Ursprungsbild ja noch nicht bearbeitet ist, können Sie
jetzt Original und Ergebnis gut miteinander vergleichen. Sind Sie
zufrieden mit den Auswirkungen der Korrektur? Aber lassen Sie
uns den zweiten Workshop machen.

© Renate Klaßen

▲ **Abbildung 9.3**
So ist die Statue einigermaßen hell. Aber was ist mit dem
Hintergrund los? ■

Schritt für Schritt: Mit Tiefen/Lichter aufhellen

Lassen Sie die Datei »Helligkeit.tif« aus dem vorangegangenen Workshop unangetastet. Stellen Sie stattdessen das Ursprungsfoto (»Tiefen_Lichter.tif«) nach vorn.

1 Tiefen/Lichter-Dialog öffnen

Gehen Sie noch einmal in das Menü ÜBERARBEITEN • BELEUCHTUNG ANPASSEN. Diesmal klicken Sie allerdings auf den Menüeintrag TIEFEN/LICHTER. (Wer lieber mit Assistenz korrigiert, der wählt ASSISTENT • BELEUCHTUNG UND BELICHTUNG • AUFHELLEN ODER ABDUNKELN.) Wie Sie sehen, hat Photoshop Elements allein durch das Öffnen des Dialogs bereits mit der Korrektur begonnen. Das liegt daran, dass der Wert TIEFEN AUFHELLEN (oberster Schieberegler) dabei automatisch auf 25 % gesetzt wird.

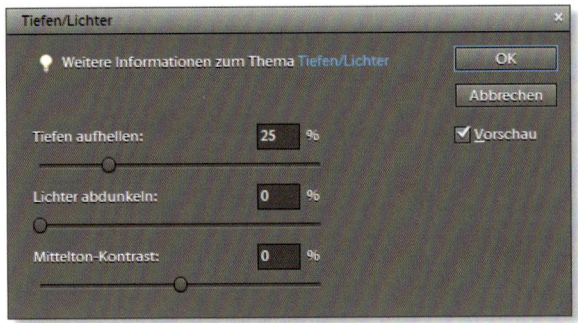

Abbildung 9.4 ▶
Standardmäßig schlägt Photoshop Elements eine Aufhellung von 25 % vor.

2 Tiefen weiter anheben

Das reicht aber noch nicht, weshalb Sie TIEFEN AUFHELLEN bis auf einen Wert von etwa 70 % hochziehen sollten. Für diesen Workshop wollen wir es dabei belassen und bestätigen mit OK. Was die anderen Schieberegler bewirken, wird im nächsten Workshop noch vertieft.

3 Ergebnisse vergleichen

Ergebnisse/Helligkeit.tif

Vergleichen Sie beide Resultate noch einmal miteinander sowie mit dem Original. (Falls Sie den vorangegangenen Workshop nicht gemacht haben, öffnen Sie zusätzlich »Helligkeit.tif« aus dem Ordner ERGEBNISSE.) Achten Sie besonders auf das Geäst in den hellen Bereichen oberhalb des Kopfes. Dort sind viele Details verloren gegangen.

9.1.1 Helligkeit/Kontrast vs. Tiefen/Lichter

Was zeichnet nun dafür verantwortlich, dass beide Resultate so unterschiedliche Ergebnisse bringen? Nun, bei einer Erhöhung der Helligkeit werden alle Pixel eines Bildes gleichmäßig erhellt; also auch die, die eigentlich gar nicht zu dunkel sind. Das ist bei TIEFEN/LICHTER anders. Hier gilt: Je dunkler ein Pixel ist, desto mehr wird es bei der Korrektur erhellt. Je heller ein Bildpixel ist, desto weniger wird es dabei berücksichtigt – ein klarer Punkt also für die TIEFEN/LICHTER-Methode. Deshalb sollte für Sie gelten: Verwenden Sie HELLIGKEIT/KONTRAST nur dann, wenn die Unterschiede zwischen hellen und dunklen Bildbereichen nicht allzu hoch sind – wenn also der Korrekturbedarf eher gering ist. Dann (und nur dann) ist die HELLIGKEIT/KONTRAST-Korrektur optimal.

Schritt für Schritt: Beleuchtung komplett korrigieren

Für die folgenden Schritte benötigen Sie »Aufhellen.tif«. Zweifellos handelt es sich hierbei um eine Aufnahme, die einiger Korrektur bedarf. Das Foto ist zweifelsohne zu dunkel.

1 **Dunkle Bildbereiche aufhellen**
Der erste Schritt lautet: ÜBERARBEITEN • BELEUCHTUNG ANPASSEN • TIEFEN/LICHTER. Der Regler TIEFEN AUFHELLEN steht wieder bei 25 %. Für unser Beispielfoto reicht das noch nicht aus, weshalb Sie auf ca. 80 % gehen sollten. Lassen Sie den Dialog noch geöffnet.

▲ **Abbildung 9.5**
Das mittlere Bild (Workshop 1) ist zwar im Vergleich zum Original (links) besser, hat aber Mängel in den hellen Bildbereichen im Hintergrund. Das ist rechts ausgewogen (Workshop 2). ■

Aufhellen.tif

© Steffi Ehrentraut

▲ Abbildung 9.6
Das Bild wird um 80% aufgehellt, wirkt aber noch immer etwas flau.

2 **Optional: Helle Bildbereiche abdunkeln**

Wenn Sie jetzt noch besonders helle Bildbereiche abdunkeln wollten, könnten Sie den Regler LICHTER ABDUNKELN nach rechts schieben. Dabei würden besonders helle Bildinformationen abgedunkelt (Weiß bleibt davon ausgenommen). Unser Foto benötigt das allerdings nicht. Gestatten Sie sich während Ihrer Arbeit immer wieder einen Vorher-nachher-Vergleich, indem Sie die Checkbox VORSCHAU kurzzeitig deaktivieren.

3 **Mittelton-Kontrast erhöhen**

Mit Erhöhung des Schiebers MITTELTON-KONTRAST verändern Sie Pixel, die nicht eindeutig hell oder dunkel sind. Dieser Möglichkeit sollten Sie sich bedienen, wenn das Bild nach der Tiefen/Lichter-Veränderung flau oder in der Helligkeit insgesamt zu ebenmäßig wirkt, wie das hier der Fall ist. Ziehen Sie den untersten Schieberegler deshalb auf etwa 25%, bevor Sie den Dialog mit OK verlassen.

Abbildung 9.7 ▶
Das finale Bild ist erheblich heller.

9.1.2   Mit Füllmethoden aufhellen und abdunkeln

TIEFEN/LICHTER ist eine wirklich feine Sache, oder? Aber es gibt noch eine zweite Methode, mit der Sie sogar noch schneller zum Ziel kommen. Voraussetzung ist hier allerdings, dass Sie es mit Fotos zu tun haben, die insgesamt zu dunkel (oder zu hell) sind.

Schritt für Schritt: Fotos schnell aufhellen

Werfen Sie einen Blick auf »Papageien_01.tif«. Die Aufnahme könnte eine generelle Aufhellung vertragen. Das werden Sie jetzt ruck, zuck mit der Füllmethoden-Technik realisieren.

Papageien_01.tif

1 Ebene duplizieren

Grundsätzlich benötigen Sie dazu zwei deckungsgleich übereinander angeordnete Ebenen. Die erste (Hintergrund) haben Sie ja bereits, wie das Ebenen-Bedienfeld verrät. Und eine Kopie dieses Hintergrunds erhalten Sie, indem Sie die Ebene HINTERGRUND auf das Symbol NEUE EBENE ERSTELLEN ziehen und dort fallen lassen (wobei EBENE • NEU • EBENE DURCH KOPIE oder Strg/⌘+J genauso gut funktionieren würde).

▲ **Abbildung 9.8**
Die Ebene ist kopiert worden.

2 Füllmethode ändern

Jetzt müssen Sie den Modus der oberen Ebene (HINTERGRUND KOPIE) ändern. Stellen Sie im Pulldown-Menü FÜLLMETHODE FÜR DIE EBENE EINSTELLEN (oben links im Ebenen-Bedienfeld) von NORMAL auf NEGATIV MULTIPLIZIEREN um. (Diese Technik kennen Sie ja bereits aus dem vorangegangenen Kapitel.)

Kurz etwas zur Technik, die dahintersteckt: Die Farbinformationen der beiden überlagernden Ebenen (innerhalb der einzelnen Kanäle) werden jetzt miteinander verrechnet – und zwar so, dass im Resultat immer eine hellere Farbe herauskommt (im Gegensatz zu MULTIPLIZIEREN, das stets ein dunkleres Ergebnis zutage fördert). Schwarz und Weiß werden dabei aber nicht verändert. Deshalb ist die Methode auch für Bildkorrekturen interessant.

3 Optional: Korrektur fortsetzen

Nach einer derartigen Aktion gibt es nun drei Möglichkeiten:

▶ Sie sind mit dem Bild zufrieden. Dann ist Ihre Arbeit an dieser Stelle beendet.

▶ Das Bild ist noch immer zu dunkel. In diesem Fall kopieren Sie die oberste Ebene noch einmal. Drücken Sie einfach Strg/⌘+J, und das gegebenenfalls mehrfach. (Durch das erneute negative Multiplizieren wird das Bild abermals aufgehellt.) Die Füllmethode muss in der neu kopierten Ebene übrigens grundsätzlich nicht geändert werden, da sie beim Kopieren übertragen wird.

▶ Das Bild ist jetzt zu hell. Dann heißt es für Sie: Runter mit der Deckkraft der obersten Ebene. (Die Einstellung für die Deckkraft finden Sie rechts neben dem Pulldown-Menü für die Füllmethodenänderung.)

▲ Abbildung 9.9
Durch das Kopieren der Ebene wird die Wirkung der Füllmethode verstärkt.

Zurück zum Beispiel: Das Bild ist noch immer zu dunkel. Sorgen Sie also für eine weitere Ebenenkopie, indem Sie ⎡Strg⎤/⎡⌘⎤+⎡J⎤ drücken. Danach korrigieren Sie die Deckkraft der obersten Ebene noch etwas nach unten, bis Sie vollends zufrieden sind. Ich würde es so bei 80–90 % bewenden lassen.

4 **Ebenen reduzieren**

Eines sollten Sie aber noch erledigen: nämlich sämtliche Ebenen auf einen Hintergrund reduzieren. Das hat zwar keinen Einfluss auf die Ergebniskorrektur, aber Ihre Festplatte freut sich über derartige Aktionen. Die Dateigröße wächst nämlich mit jeder Ebene beträchtlich an. Und fertig korrigierte Fotos mit zahllosen Ebenen sind nutzloser Ballast für Ihren Datenfundus. Wählen Sie deshalb aus dem Menü EBENE • AUF HINTERGRUNDEBENE REDUZIEREN. Alternativ können Sie auch die Fenstermenü-Schaltfläche in der Kopfleiste des Ebenen-Bedienfelds anklicken und im Flyout-Menü den gleichen Eintrag aussuchen. (Zur besseren Ansicht sind die Ebenen allerdings im Ergebnis-Foto «Papageien_01_fertig.tif» erhalten geblieben.)

© Renate Klaßen

Abbildung 9.10 ▲
Das aufgehellte Bild im Vergleich mit dem zu dunklen Original ▪

9.1.3 Tiefen/Lichter- oder Füllmethoden-Korrektur?

Haben Sie schon eine Methode für sich entdeckt? Ich möchte Ihnen Folgendes empfehlen: Wenn Sie Licht und Schatten im Wesentlichen erhalten und nur das Licht insgesamt anheben wollen (so wie im letzten Workshop), dann werden Sie mit der Füllmethodenänderung bestens zurechtkommen. Haben Sie allerdings das Ziel, eine Szene möglichst ebenmäßig auszuleuchten, ist TIEFEN/LICHTER die allererste Wahl. Machen Sie doch einmal die Schritte des letzten Workshops rückgängig, und versuchen Sie es mit TIEFEN/LICHTER. Das Ergebnis sehen Sie hier:

◄ **Abbildung 9.11**
Das gleiche Foto nach einer
TIEFEN/LICHTER-Korrektur

9.2 Kontraste bearbeiten

In diesem Abschnitt geht es um die Kontraste, also um die Spannbreite zwischen dem hellsten und dem dunkelsten Punkt eines Bildes.

9.2.1 Farbkurven einstellen

Das Thema »Farbkurven einstellen« ist ja bereits im vorangegangenen Kapitel zur Sprache gekommen. Allerdings war dort das Thema Schwarzweiß-Fotografie an der Reihe. Jetzt werden Sie sich vielleicht fragen, was das Thema Farbkurven im Kapitel zur Belichtung macht. Nun ja, die Manipulation der Farbkurven bietet sich an, wenn es um Aufnahmen geht, die nicht gerade durch optimale Ausleuchtung glänzen. Immerhin haben Sie hier direkten Einfluss auf Tiefen, Mitteltöne und Lichter.

Schritt für Schritt: Kontraste verbessern

Der Dialog erlaubt eine schnelle Korrektur in verschiedenen Helligkeitsbereichen. Eigentlich können Sie damit auch zu dunkle Fotos ruck, zuck aufhellen. In diesem Workshop bekommen Sie

Statue_01.tif

es jedoch mit einem zu hellen, fast schon flauen Foto zu tun. Nehmen Sie dazu »Statue_01.tif«.

© Renate Klaßen

Abbildung 9.12 ►
Das Bild ist zu hell und wirkt durch mangelnden Kontrast ein wenig langweilig.

1 Stil auswählen

Öffnen Sie den Farbkurven-Dialog, indem Sie Überarbeiten • Farbe anpassen • Farbkurven anpassen aktivieren. Danach wählen Sie durch Auswahl des Stils unten links, in welche Richtung die Nachbearbeitung gehen soll. Da das Foto keine wirklich ansprechenden Kontraste aufweist, klicken Sie einmal auf den Eintrag Kontrast erhöhen. Beachten Sie, dass sich dadurch sofort Änderungen in der Nachher-Ansicht ergeben.

Abbildung 9.13 ▼
Mit der Vorgabe Kontrast erhöhen wirkt das Bild bereits etwas besser.

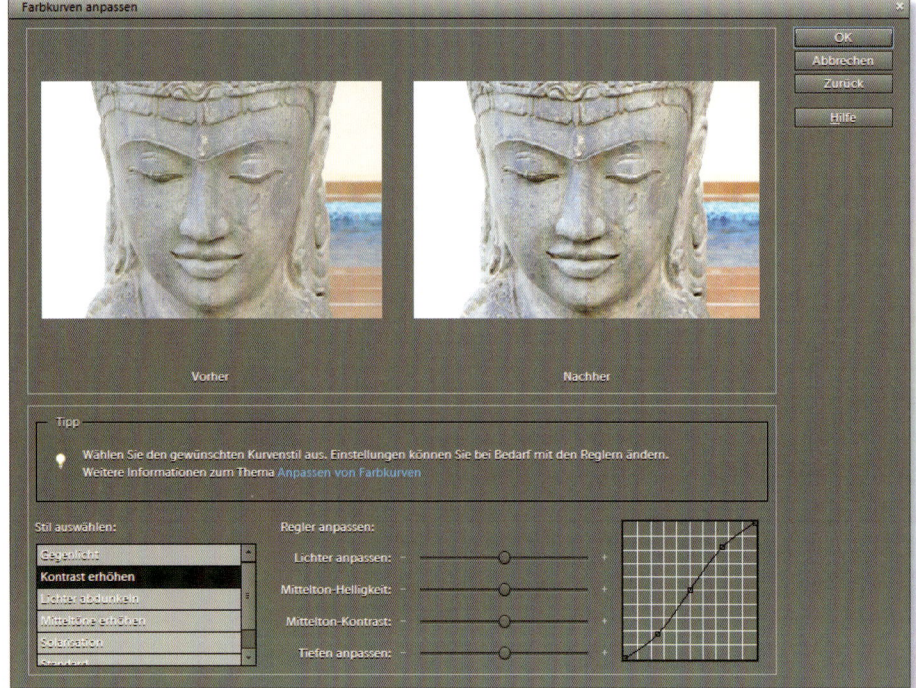

2 **Stil wählen**

Bei näherer Betrachtung ist festzustellen, dass die Veränderung im Bild noch nicht ausreicht. Mithilfe des Stils greifen Sie nämlich lediglich auf eine Vorauswahl zu – die allerdings für unsere Statue noch etwas zu dezent ist. Deshalb sollten Sie den Regler MITTELTON-KONTRAST noch ein wenig nach rechts schieben. Da tut sich doch etwas, oder?

3 **Tiefen einstellen**

Aber Sie können noch mehr erreichen, und zwar indem Sie den Schieberegler TIEFEN ANPASSEN vorsichtig nach links ziehen. Die Änderungen werden sich übrigens auch auf das Diagramm auswirken, das sich rechts neben den Reglern befindet. Bevor Sie mit OK bestätigen, ziehen Sie LICHTER ANPASSEN noch ganz behutsam nach rechts.

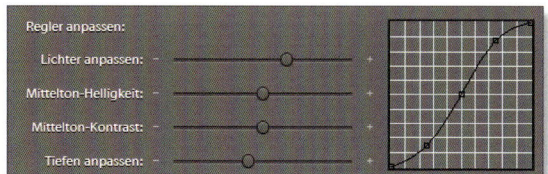

◄ **Abbildung 9.14**
Vergleichen Sie die Stellung Ihrer Schieber mit der Abbildung.

4 **Optional: Mitteltöne einstellen**

Noch etwas zu den Reglern MITTELTON-HELLIGKEIT und MITTELTON-KONTRAST. Damit werden prinzipiell nur die Bereiche verändert, die weder besonders hell noch besonders dunkel sind: die Mitten eben. Und die lassen Sie hier besser unangetastet.

▲ **Abbildung 9.15**
Die Kontrasterhöhung hat aus einem eher flauen Bild eine spannende Aufnahme gemacht. ■

9.3 Helle Bilder abdunkeln

Jetzt wird es wirklich spannend! Zwar ist das Abdunkeln eines Bildes an sich nichts Besonderes, doch werden Sie im weiteren Verlauf dieses Abschnitts eine Möglichkeit kennenlernen, bei der Sie allein bestimmen können, »wo« eine Veränderung stattfinden soll und wo nicht. Hört sich das nicht gut an?

9.3.1 Mit Füllmethoden abdunkeln

Während Sie im letzten Abschnitt noch zu dunkle Bildbereiche mithilfe von NEGATIV MULTIPLIZIEREN aufgehellt haben, werden Sie nun ein Bild abdunkeln – und zwar mit der umgekehrten Methode.

Schritt für Schritt: Teint abdunkeln

Was Sie für diesen Workshop benötigen, ist ein zu helles Bild. Sie haben gerade keines zur Hand? Macht nichts – greifen Sie einfach auf »Abdunkeln.tif« zurück.

Abdunkeln.tif

© Jiang Jingjie – fotolia.de

Abbildung 9.16 ▶
Dieses Bild ist leider viel zu hell.

1 **Ebene kopieren**

Kopieren Sie den Hintergrund, indem Sie ⌞Strg⌟/⌘+⌞J⌟ drücken. Wandeln Sie die Füllmethode in MULTIPLIZIEREN um. Da tut sich doch schon was. Dennoch schlage ich vor, noch ein weiteres Mal ⌞Strg⌟/⌘+⌞J⌟ zu drücken, damit das Bild noch dunkler wird.

▲ **Abbildung 9.17**
Allein durch die Füllmethode der kopierten Ebenen wird das Bild im Handumdrehen dunkler.

▲ **Abbildung 9.18**
Durch die dritte Ebene wird das Foto fast schon zu dunkel.

2 **Deckkraft reduzieren**

Reduzieren Sie die DECKKRAFT der obersten Ebene auf etwa 50 %. Dann kann man sicher von einem ansprechend abgedunkelten Teint sprechen. Das Resultat finden Sie unter dem Namen »Abdunkeln_fertig.tif« im ERGEBNISSE-Ordner.

▼ **Abbildung 9.19**
Das Bild im Vorher-nachher-Vergleich: Die Haut wirkt wesentlich realistischer.

Bis hierhin ist das ganz nett. Aber durch die Multiplikation haben die Haare sehr gelitten, da sie jetzt eigentlich zu dunkel sind; vergleichen Sie mal. Auch der Hintergrund sollte wieder in alter Helligkeit zur Verfügung stehen. Spätestens an dieser Stelle wird es interessant, Bereiche zu maskieren.

Schritt für Schritt: Teint abdunkeln, ohne die Haare zu verändern

Als Grundlage benötigen Sie »Abdunkeln.tif« mit den zwei im vorangegangenen Workshop multiplizierten Ebenen. Sollten Sie den Workshop nicht gemacht haben, benutzen Sie einfach »Abdunkeln_fertig.tif« aus dem ERGEBNISSE-Ordner.

1 Ebene erneut duplizieren

Alle Ebenen oberhalb des Hintergrunds sind mit der Füllmethode MULTIPLIZIEREN versehen. Das bedeutet: Sie entfalten ihre Eigenschaft nur, wenn sich unterhalb eine Ebene befindet, mit der auch multipliziert werden kann (im Modus NORMAL). Das Ziel dieses Schrittes ist aber, zwei deckungsgleiche Ebenen übereinanderzulegen, die einmal das Original und einmal die verdunkelte Kopie darstellen – ohne Multiplikation. Andernfalls würde nämlich das Maskieren nicht gelingen. Markieren Sie deshalb HINTERGRUND im Ebenen-Bedienfeld, und duplizieren Sie ihn, indem Sie Strg/⌘ + J drücken. Ihr Ebenen-Bedienfeld sollte jetzt so aussehen:

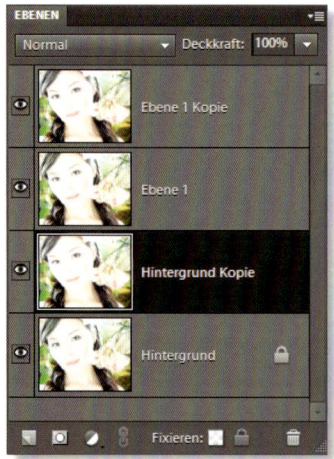

> **Miniaturgröße verändern**
>
> Sollten Ihnen die Miniaturen im Ebenen-Bedienfeld zu klein sein, können Sie diese vergrößern. Dazu klicken Sie oben rechts im Bedienfeld auf die Bedienfeldmenü-Schaltfläche und wählen BEDIENFELDOPTIONEN aus. Im oberen Bereich können Sie dann die Größe der Vorschaubildchen per Klick auf das entsprechende Symbol bestimmen, bevor Sie den Dialog mit OK verlassen.

Abbildung 9.20 ▶
Die beiden oberen Ebenen haben die Füllmethode MULTIPLIZIEREN, die neu hinzugefügte (HINTERGRUND KOPIE) steht auf NORMAL.

2 Ebenen verbinden

Klicken Sie danach auf das Auge-Symbol der Ebene HINTERGRUND. Achten Sie aber darauf, dass die Ebene selbst dabei nicht markiert wird. HINTERGRUND KOPIE sollte weiter aktiv (d. h. schwarz hinterlegt) bleiben, da die folgende Operation ansonsten nicht gelingt.

Öffnen Sie anschließend das Bedienfeldmenü des Ebenen-Bedienfelds, und entscheiden Sie sich für SICHTBARE AUF EINE EBENE REDUZIEREN (Alternativ: $\boxed{\text{Strg}}$/$\boxed{\text{⌘}}$+$\boxed{\text{⇧}}$+$\boxed{\text{E}}$). Der Befehl ist nur dann anwendbar, wenn eine der noch sichtbaren Ebenen aktiv ist. Deshalb durfte zuvor HINTERGRUND nicht ausgewählt sein.

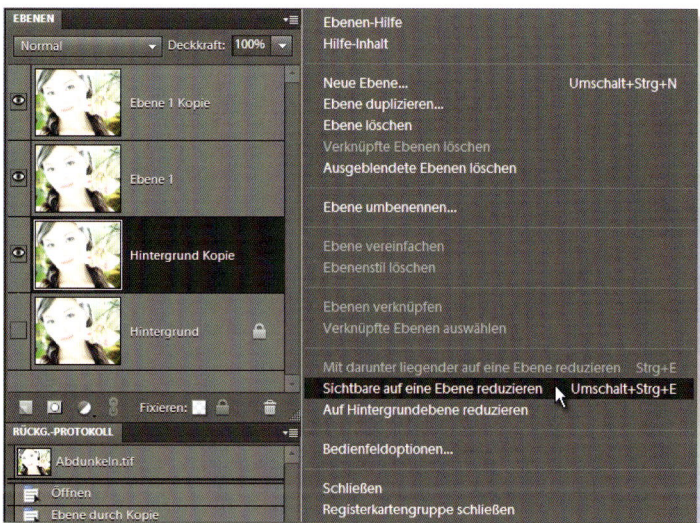

◄ **Abbildung 9.21**
Der Befehl verbirgt sich im Fenstermenü des Ebenen-Bedienfelds.

Schalten Sie jetzt die Sichtbarkeit der untersten Ebene (HINTERGRUND) über das Auge-Symbol wieder ein. Das Ebenen-Bedienfeld besteht jetzt aus zwei Ebenen. Unten befindet sich das Original und darüber der Zusammenschluss aller multiplizierten Ebenen – aber im Füllmodus NORMAL. Genau das ist die Vorarbeit, die Sie leisten mussten, um dieses Bild maskieren zu können.

◄ **Abbildung 9.22**
Das Dokument besteht aus zwei Ebenen, genauer gesagt, aus einem Hintergrund und der Ebene HINTERGRUND KOPIE. Die unterste Ebene ist wieder eingeschaltet.

Abbildung 9.23 ▲
So einfach geht die Maskierung seit der Version 9 von Photoshop Elements.

3 Ebene maskieren

Wie lange haben wir darauf gewartet: Photoshop Elements 9 ist, genauso wie der große Bruder Photoshop, in der Lage, Ebenenmasken zu erzeugen. Im Vorgänger-Versionen musste hier noch ein umständlicher Weg beschritten werden. Diese Zeiten sind glücklicherweise vorbei. Klicken Sie auf EBENENMASKE HINZUFÜGEN in der Fußleiste des Ebenen-Bedienfelds.

4 Maske umkehren

Es ist einfacher, diejenigen Bereiche nachzumalen, die dunkel dargestellt werden sollen. Wie Sie aber am Bild selbst erkennen können, ist derzeit alles dunkel. Deshalb wandeln Sie die Maske jetzt um, indem Sie [Strg]/[⌘]+[I] drücken. Dadurch passiert Folgendes: Alles, was auf der Maske schwarz ist, wird in Bezug auf die oberste Ebene unsichtbar, während weiße Bereiche der Maske sichtbar sind. Das Bild wird daraufhin übrigens wieder komplett hell, da die obere (die abgedunkelte) Ebene jetzt komplett maskiert, also unsichtbar, ist.

▲ **Abbildung 9.24**
Die Maske lässt bisher noch keinen einzigen Bereich aus dem dunklen Bild durch.

▲ **Abbildung 9.25**
Durch das Abdunkeln der Maskenminiatur ist die obere Ebene unsichtbar geworden.

5 Pinsel einstellen

Sie müssen aber jetzt keinesfalls befürchten, dass Ihre gesamte bisherige Arbeit umsonst gewesen wäre. Aktivieren Sie den Pinsel [B], und stellen Sie eine weiche Spitze mit einer GRÖSSE von etwa 80 Px im Modus NORMAL bei 100 % Deckkraft ein.

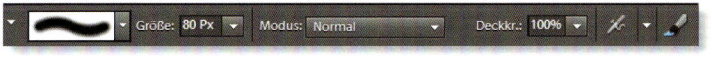

◄ **Abbildung 9.26**
Die benötigten Pinseleinstellungen

6   Obere Ebene freilegen

Drücken Sie D auf Ihrer Tastatur. Das macht Weiß zur Vorder-
und Schwarz zur Hintergrundfarbe. Jetzt malen Sie über das
Gesicht der jungen Dame. Achten Sie darauf, dass Sie nicht die
Haare erwischen. Sie sehen, dass die abgedunkelte Ebene dabei
Stück für Stück zum Vorschein kommt – und zwar nur da, wo Sie
mit weißer Farbe malen. Cool, oder?

◄ **Abbildung 9.27**
Mit dem weißen Pinsel legen
Sie die gewünschten Stellen der
Maske frei: Das dunkle Bild
scheint durch.

7   Optional: Maske korrigieren

Wenn Sie versehentlich die Haare mit übermalen, machen Sie
den letzten Schritt mit Strg/⌘+Z rückgängig und versuchen
es erneut. Noch eleganter ist es aber, wenn Sie kurzzeitig auf
Schwarz umschalten, indem Sie X drücken. Danach können Sie
nämlich bereits freigelegte Bereiche wieder maskieren, also die
fälschlicherweise sichtbar gewordenen Stellen wieder unsichtbar machen. Wenn die Stelle korrigiert ist, drücken Sie abermals
X und setzen die Demaskierung fort. Achten Sie stets auf die
aktuelle Vordergrundfarbe. Weiß macht sichtbar, Schwarz macht
unsichtbar!

▲ **Abbildung 9.28**
Mit X wechseln Sie schnell
zwischen Schwarz und Weiß.

   Wenn Sie mögen, können Sie auch die Blumen im Vordergrund
noch freilegen. Hintergrund und Haare lassen Sie aber unangetastet. Hätten Sie gedacht, dass sich aus diesem Bild noch so viel
herausholen lässt? Falls Sie die Datei im Vorher-nachher-Vergleich
sehen wollen, reicht es, wenn Sie zwischenzeitlich das Auge der
obersten Ebene deaktivieren.

▲ **Abbildung 9.29**
Vergleichen Sie das Ergebnis auch mit dem auf Seite 273. Welches gefällt Ihnen besser?

Falls dieser Workshop nicht ganz so funktioniert hat, wie Sie es sich gewünscht hätten (immerhin war das ja auch eine ganze Menge), öffnen Sie doch einmal »Abdunkeln_fertig.tif« aus dem Ordner ERGEBNISSE. In dieser Datei sind alle Ebenen erhalten geblieben. Sie können die Maskierung also auch hier noch einmal nachvollziehen.

9.3.2 Teilmaskierungen erzeugen

Für alle, die es noch genauer wissen möchten: Sie können Bereiche auch zum Teil nachdunkeln. Dazu müssten Sie die betreffende Stelle also nicht ganz maskieren und auch nicht ganz freilegen. Vielleicht sagen Sie ja: »Ich möchte die Haare noch ein wenig abdunkeln, aber nicht so intensiv wie den Teint.« Auch dazu bieten sich wieder zwei Möglichkeiten an:

▸ die **Graumaskierung**: Sie schalten die Vordergrundfarbe auf Grau. Je heller das Grau ist, desto stärker ist die Wirkung, die beim Demaskieren erreicht wird. (Bitte denken Sie immer daran, dass dazu vorab die Ebenenmaskenminiatur aktiv sein muss!)

▸ die **Deckkraft-Maskierung**: Sie reduzieren die Deckkraft des Pinsels in der Optionsleiste und zeichnen wie bisher mit Schwarz oder Weiß weiter. Je geringer die Deckkraft ist, desto weniger reagiert der Pinsel. Je öfter Sie jetzt mit Weiß über eine maskierte Stelle malen, desto kräftiger wird die Abdunklung. Dieses Ergebnis haben Sie bei der Graumaskierung natürlich nicht.

9.4 Abwedeln und Nachbelichten

Mit Photoshop Elements ist es ganz leicht, die Lichtverhältnisse Ihrer Fotos auf einfache Art und Weise nachträglich zu beeinflussen. Pinsel spielen auch hier wieder eine wesentliche Rolle.

Schritt für Schritt: Fassade aufhellen

Das Ziel dieses Workshops ist es, helle und dunkle Bildbereiche gezielt nachzubearbeiten. Die Techniken werden gemeinhin mit **Abwedeln** und **Nachbelichten** bezeichnet. ■

Öffnen Sie die Datei »Licht.tif«, und begutachten Sie das Bild. Die Aufnahme ist zwar bei strahlendem Sonnenschein gemacht worden, aber dennoch versinkt die Fassade des Schlosses im Dunkeln.

© Robert Klaßen

> **Begriffe: Abwedeln und Nachbelichten**
>
> In der traditionellen Fotografie nennt man das Aufhellen von Bildbereichen **Abwedeln**. Dabei wird die auf das Bild treffende Belichtungsdauer reduziert; das Bild wird heller. Mit **Nachbelichten** bezeichnet man eine erhöhte Belichtungsdauer, die eine Abdunklung des Bildes zur Folge hat.

◄ **Abbildung 9.30**
Trotz strahlenden Sonnenscheins ist das Gebäude zu dunkel geraten.

1 **Neue Ebene erstellen**
Zunächst wird eine neue Ebene benötigt. In dieser soll aber der Modus verändert werden. Halten Sie also Alt/⌥ gedrückt, während Sie auf das Symbol NEUE EBENE ERSTELLEN (im Ebenen-Bedienfeld) klicken. Alternativ wählen Sie EBENE • NEU • EBENE.

2 **Füllmethode ändern**
Den Namen der Ebene können Sie getrost vernachlässigen. Ändern Sie aber den Inhalt des Flyout-Menüs MODUS von NOR-

MAL auf INEINANDERKOPIEREN. Dies hat zur Folge, dass unterhalb des Flyout-Menüs ein weiteres Steuerelement anwählbar wird. Es trägt die kurze und knappe Bezeichnung MIT NEUTRALER FARBE FÜR MODUS »INEINANDERKOPIEREN« FÜLLEN (50 % GRAU). Setzen Sie einen Haken in das Kästchen, und bestätigen Sie mit OK.

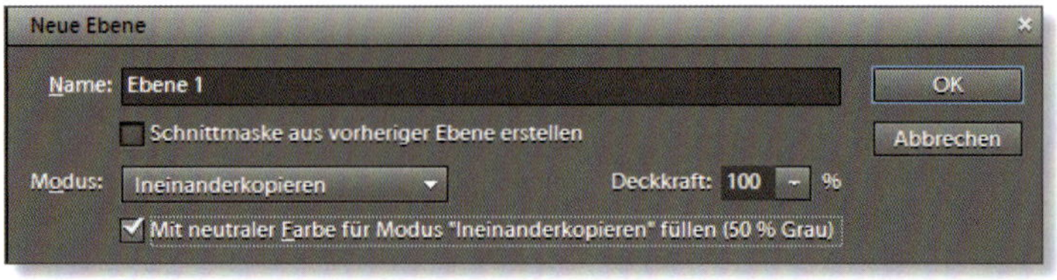

Abbildung 9.31 ▶
Schon beim Erstellen der neuen Ebene können Sie den Modus festlegen.

Die neue Ebene ist nun mit einem neutralen Grauton gefüllt, von dem seltsamerweise im Bild nichts zu sehen ist. Obwohl – so außergewöhnlich ist das gar nicht, denn die Modusänderung (INEINANDERKOPIEREN) zeichnet dafür verantwortlich. Neutrales Grau bewirkt dabei nämlich keinerlei Veränderungen. Erst wenn Sie ein dunkleres oder helleres Grau auftragen, wird sich das auch auf das Bild auswirken. Aber der Reihe nach …

3 **Werkzeug einstellen**

Aktivieren Sie das Pinsel-Werkzeug (B), und stellen Sie eine weiche Spitze mit einem Durchmesser von etwa 150 Px ein. Den Modus belassen Sie bei NORMAL, wobei Sie aber die Deckkraft auf 15 % reduzieren sollten. Das sorgt dafür, dass der Pinsel nicht so heftig reagiert, wenn Sie das Bild damit übermalen.

Abbildung 9.32 ▼
Die benötigten Pinseleinstellungen

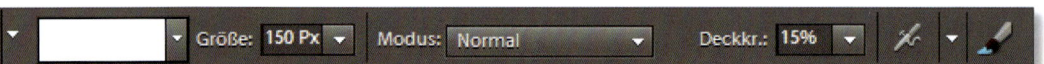

Stellen Sie die Standardfarben (Schwarz und Weiß) in der Werkzeugleiste ein. Dazu reicht ja, wie Sie wissen, ein Druck auf D Ihrer Tastatur. Die zweite wichtige Taste, auch das kennen Sie bereits, ist X. Sofern Sie den vorangegangenen Workshop nicht gemacht haben: Drücken Sie die Taste mehrmals, und beobachten Sie dabei, wie Schwarz und Weiß im Farbwähler der Werkzeugleiste bei jedem Druck ausgetauscht werden.

4 **Werkzeugtechnik**

Beim **Abwedeln** werden Bildbereiche aufgehellt, während das **Nachbelichten** für Abdunklung sorgt. Mit der hier zum Einsatz kommenden Ebenentechnik hellen Sie auf, wenn Weiß in der Optionsleiste als Vordergrundfarbe eingestellt ist. Möchten Sie hingegen nachbelichten (also abdunkeln), stellen Sie über ⊠ einfach Schwarz nach vorn.

5 Abwedeln

Zeichnen Sie zunächst mit gedrückter Maustaste (während Weiß Vordergrundfarbe ist) über die Fassade des Schlosses. Wischen Sie so oft darüber, bis Ihnen die Helligkeit gefällt. Wischen Sie auch kurz (!) über den Rasen und die Bäume. Achten Sie aber darauf, dass Sie nicht den Himmel mit erwischen, da dieser ansonsten schnell weiß wird. Je öfter Sie über eine Stelle wischen, desto heller wird diese.

◄ **Abbildung 9.33**
Beim Abwedeln werden Bildbereiche aufgehellt.

6 Nachbelichten

Drücken Sie einmal ⊠. Schwarz sollte jetzt zur Vordergrundfarbe geworden sein. Dunkeln Sie den Himmel etwas ab – aber vorsichtig, bitte. Tun Sie hier nicht zu viel. Wenn Ihnen für diese Arbeit eine sensibler reagierende Pinselspitze mehr liegt, reduzieren Sie deren Deckkraft vorab in der Optionsleiste. Achten Sie auch einmal auf die Maskenminiatur im Ebenen-Bedienfeld. Hier werden die Bereiche des Himmels immer dunkler, während die Fläche entlang der Fassade immer heller wird.

Zum Schluss werden Sie sehen, dass sich die Lichtverhältnisse in Ihrem Bild vollkommen verändert haben. Einen Vorher-nachher-Vergleich erhalten Sie über das Auge-Symbol der obersten Ebene.

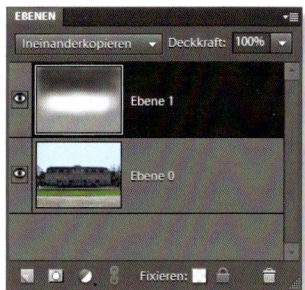

▲ **Abbildung 9.34**
Durch das Nachbelichten mit schwarzer Vordergrundfarbe werden Bildbereiche abgedunkelt.

▲ **Abbildung 9.35**
Im Vergleich fallen die Mängel
des Originals besonders
auf. ■

9.4.1 Was ist zu tun, wenn der Pinsel nicht mehr reagiert?

Bei sehr dunklen oder hellen Bildbereichen werden Sie möglicherweise an einen Punkt kommen, an dem Sie noch mehr aufhellen oder abdunkeln müssen, wobei aber keine Veränderung mehr im Bild eintritt. Woran liegt das? Schauen Sie sich doch einmal die dazugehörende Maske im Ebenen-Bedienfeld an. Hier tragen Sie ja bei einer Aufhellung Weiß auf. Aber wenn die Fläche erst einmal zu 100% mit Weiß gefüllt ist, geht nichts mehr. Wenn Sie aber dennoch weiter aufhellen wollen, bleibt Ihnen nur der bereits bekannte Weg: Sie müssen dann die oberste Ebene duplizieren (⌃Strg/⌘+J). Danach wird die Änderung aber wesentlich zu stark sein. Das wiederum gleichen Sie aus, indem Sie die DECKKRAFT der neu hinzugewonnenen Ebene entsprechend reduzieren.

Abbildung 9.36 ▼
Wenn Sie die Ebene duplizieren, wird der Effekt wesentlich verstärkt.

Danach kommt noch etwas ganz Wichtiges: Bevor Sie weiterarbeiten, sollten Sie vorab sämtliche Ebenen miteinander verschmelzen. Anderenfalls wären die Änderungen, die Sie ab jetzt
vornehmen, erheblich zu schwach. Sie müssten dann mit der
Deckkraft der Pinselspitze variieren – und das kann ja nun wirklich
niemand von Ihnen verlangen. Verbinden Sie die Ebenen, indem
Sie Auf Hintergrundebene reduzieren aus dem Fenstermenü
des Ebenen-Bedienfelds wählen. Danach müssen Sie erneut eine
Ebene mit der Füllmethode Ineinanderkopieren erzeugen (siehe
Schritt 2, »Füllmethode ändern«).

9.4.2 Abwedler und Nachbelichter

Der Vollständigkeit halber sei erwähnt, dass die Toolbox über entsprechende Werkzeuge verfügt, mit denen Bilder nachbelichtet
oder abgewedelt werden können. Sie finden sowohl den Abwedler als auch den Nachbelichter zusammen mit dem Schwamm
in einem Tool-Set in der Werkzeugleiste. Dazu müssen Sie jedoch
vor deren Benutzung in der Optionsleiste einstellen, ob Tiefen,
Mitteltöne oder Lichter bearbeitet werden sollen. Die zuvor
beschriebene Methode ist aber wesentlich effektiver. Wenn Sie
jedoch nur »mal eben« einzelne kleine Flächen aufwerten müssen, können Sie natürlich Abwedler und Nachbelichter vorziehen.

▲ **Abbildung 9.37**
Werkzeuge zum Nachbelichten
und Abwedeln

9.5 Tonwerte korrigieren

Zu helle oder zu dunkle Bilder erstrecken sich meist nicht über
den gesamten zur Verfügung stehenden Tonwertbereich. Tonwertbereich? Was ist denn das nun schon wieder? Das schauen
Sie sich am besten einmal anhand eines Diagramms an. Ach, was
sage ich. Lassen Sie uns doch gleich einen Workshop dazu ansehen. Auch wenn dieser eher theoretischer Natur ist.

Schritt für Schritt: Grauschleier entfernen

Tonwert.tif

Die Früchte im Bild »Tonwert.tif« wirken etwas flau. Das liegt
daran, dass sich das Bild nicht über das gesamte eigentlich zur
Verfügung stehende Tonwert-Spektrum ausdehnt (bei 8-Bit-Bil-
dern reicht dieses Spektrum von 0 bis 255).

Tonwertkorrektur anpassen

Bei einem optimal belichteten bzw. eingestellten Foto wird der gesamte Tonwertumfang genutzt. Dies lässt sich am besten mit einer Einstellungsebene für Tonwertkorrektur erreichen.

1. Klicken Sie auf "Einstellungsebene Tonwertkorr.", um die Ebene zu erstellen und das Dialogfeld "Tonwertkorrektur" zu öffnen.

Einstellungsebene Tonwertkorr.

2. Im Histogramm des Dialogfelds "Tonwertkorrektur" sollten die dargestellten Pixel sich über die gesamte Breite erstrecken, also von den schwarzen Pixeln auf der linken bis hin zu den weißen Pixeln auf der rechten Seite. Wenn Pixel sich an einem Ende häufen, gehen möglicherweise Details in den schwarzen oder weißen Bereichen unwiederbringlich verloren.

Dieses Histogramm lässt erkennen, dass die dunkleren Tonwerte korrekt eingestellt sind. Es befinden sich zu viele Pixel im höchsten Wertebereich, was auf einen Detailverlust in den hellen Bildbereichen hinweist.

Dieses Histogramm lässt erkennen, dass das Foto nicht den vollen

Fertig   Abbrechen

▲ **Abbildung 9.39**
Im Assistenten sind zahlreiche Infos zum Thema Tonwertkorrektur vermerkt.

▲ **Abbildung 9.38**
Das Bild wirkt flau, weil weder reines Weiß noch reines Schwarz vorhanden sind.

1 **Tonwertkurve interpretieren**

Das wird verständlicher, wenn Sie sich dazu eine Grafik ansehen. Entscheiden Sie sich für Überarbeiten • Beleuchtung anpassen • Tonwertkorrektur, oder drücken Sie [Strg]/[⌘]+[L] (L steht übrigens für Luminanz) ■.

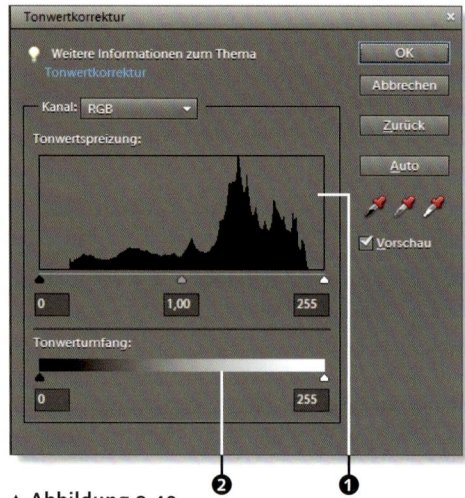

▲ **Abbildung 9.40**
Das Histogramm zeigt, warum das Bild flau wirkt.

Schauen Sie einmal auf den unteren Bereich. Da sehen Sie, dass der Tonwertumfang ❷ von 0 bis 255 geht. Das bedeutet: Das Bild kann 256 verschiedene Abstufungen haben – und das pro Kanal. Das macht bei drei Kanälen (Rot, Grün und Blau) 256^3, also rund 16,8 Millionen mögliche Farbabstufungen. Das haben Sie ja auch bereits in Kapitel 5, »Grundlegende Arbeitstechniken«, erfahren.

Achten Sie jetzt auf das oberhalb angeordnete Histogramm ❶. Ganz links finden Sie die dunklen Tonwerte. Je weiter Sie nach rechts gehen, desto heller werden die Tonwerte. Ganz rechts ist also Weiß. Die jeweilige Höhe innerhalb des Diagramms sagt nun etwas darüber aus, wie oft der jeweilige Tonwert im Bild vorhanden ist. Daraus ist Folgendes abzuleiten: Es sind keine wirklich dunklen und ebenso wenig helle Tonwerte im Bild, da sich das Histogramm nicht über die komplette ihm zur Verfügung stehende Breite erstreckt. Es fehlen demnach Tiefen und Höhen.

Tonwert-Assistent

Sollten Sie sich noch nie mit der Tonwertkorrektur beschäftigt haben, können Sie auch einen Assistenten verwenden. Sie finden ihn im Bereich ASSISTENT unter BELEUCHTUNG UND BELICHTUNG. Wenden Sie in diesem Bedienfeld TONWERTKORREKTUR ANPASSEN an. Von dort aus geht es allerdings mit einer sogenannten Einstellungsebene weiter. Mehr dazu im Abschnitt 9.5.1.

❷ Tonwerte verändern

Gleich unterhalb des Histogramms finden sich drei nach oben weisende Spitzen. Das sind Schieberegler. Mit dem linken ❸ können Sie nun die Tiefen verändern, mit dem rechten ❺ die Lichter, und der graue Regler in der Mitte ❹ spiegelt die Mitteltöne wider. Um ein ansprechendes Ergebnis zu erhalten, sollten Sie nun die Schieber ❸ und ❺ zur Mitte hin bewegen, und zwar bis zu der Position, an der ein Anstieg der Histogrammkurve zu verzeichnen ist. Das müsste der Fall sein, wenn unterhalb des schwarzen Schiebers ein Wert von etwa 27 gelistet wird, während unterhalb des weißen Schiebereglers 240 ausgewiesen wird. Für den letzten Schliff sorgen Sie, indem Sie die Mitteltöne etwas in Richtung Dunkel verschieben. Bewegen Sie dazu den grauen Schieber etwas nach links. Wenn Sie einen Wert um 0,85 erreichen, sollte aber Schluss sein. Danach bestätigen Sie mit OK.

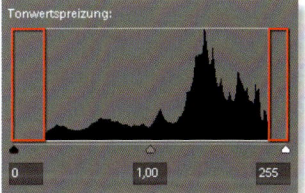

▲ **Abbildung 9.41**
Die rot markierten Bereiche zeigen, wo Tonwerte fehlen.

❸ Optional: Tonwertspreizung kontrollieren

So sieht das Bild doch schon besser aus, oder? Nun wollen Sie sicher auch wissen, was geschehen ist – technisch gesehen. Öffnen Sie dazu erneut den TONWERTKORREKTUR-Dialog, und begutachten Sie das Histogramm (siehe Abbildung 9.43).

Sie haben soeben eine **Tonwertspreizung** vorgenommen. Denn jetzt erstreckt sich das Histogramm über die gesamte ihm zur Verfügung stehende Breite. Aber wo kommen plötzlich diese seltsamen weißen Linien her? Hier zeigt das Histogramm unmissver-

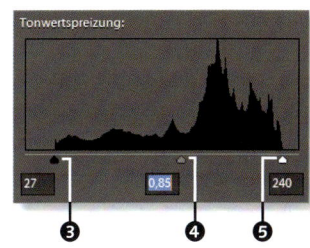

▲ **Abbildung 9.42**
Ziehen Sie die beiden äußeren Regler nach innen bis an den Rand der Histogrammkurve.

ständlich an, wo Tonwerte fehlen. Vereinfacht gesagt: Dadurch, dass Sie das Histogramm in die Breite gezogen haben, sind in der Mitte Lücken entstanden. Und das bedeutet Verlust von Bildinformationen. Rein mathematisch gesehen, ist Ihr Bild also dramatisch schlechter geworden. Aber das werden Sie zugunsten einer optischen Verbesserung sicher gern in Kauf nehmen.

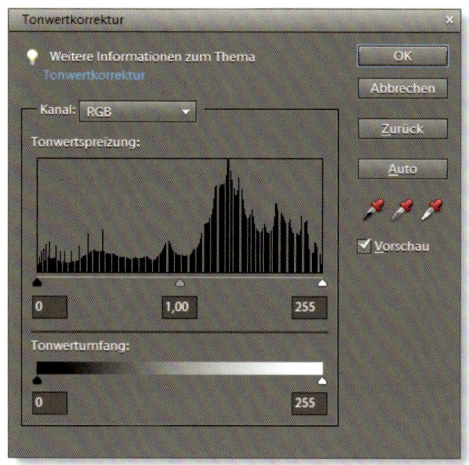

▲ **Abbildung 9.43**
Eine Tonwertspreizung wird durch weiße Linien im Histogramm sichtbar.

Abbildung 9.44 ▲
Das korrigierte Bild wirkt
wesentlich kontrastreicher.

9.5.1   Tonwertkorrektur mit Einstellungsebenen

Was würde passieren, wenn Sie jetzt abermals eine Tonwertkorrektur anwenden würden? Das bereits korrigierte Foto würde noch weitergehend korrigiert – und zwar auf Grundlage der ersten Korrektur. Das ist generell nicht zu empfehlen, da ja jetzt bereits Bildinformationen fehlen. Dieser Makel würde sich von Mal zu Mal vergrößern. Deshalb gilt Folgendes: Gehen Sie den zuvor beschriebenen Weg nur dann, wenn sicher ist, dass die Korrektur damit beendet ist.

Wenn Sie hingegen noch nicht genau wissen, ob Sie später noch einmal nachkorrigieren müssen (beispielsweise weil Sie experimentieren oder das Ergebnis erst noch mit jemand anderem besprechen wollen), sollten Sie einen anderen Weg gehen. Klicken Sie im Ebenen-Bedienfeld auf das Symbol Neue Füll- oder Einstellungsebene erstellen. Das ist die Schaltfläche mit dem schwarz-weißen Kreis ❶. In der Liste wählen Sie nun eine Operation aus, die Sie durchführen wollen. Im vorliegenden Fall wäre das die Tonwertkorrektur.

Daraufhin öffnet sich ein neues Bedienfeld namens Korrekturen. Dort können Sie Ihre Einstellungen wie gewohnt vornehmen. Das Ganze sieht hier zwar etwas anders aus als im eingangs erwähnten Tonwertkorrektur-Dialog, doch werden Sie im Bedienfeld die gleichen Steuerelemente vorfinden.

Eine Bestätigung nach erfolgter Korrektur (wie Sie das vom Dialog her kennen) entfällt hier. Wie eingangs bereits erwähnt, wird die Einstellung ja nicht direkt an das Bild übergeben. Wie dem auch sei: Im Ebenen-Bedienfeld finden Sie eine weitere Ebene, die sogenannte Einstellungsebene.

▲ **Abbildung 9.45**
Erzeugen Sie eine Einstellungsebene.

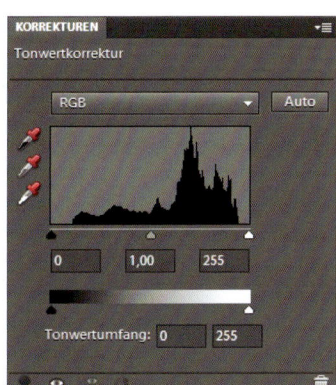

▲ **Abbildung 9.46**
Das Korrekturen-Bedienfeld gibt es seit Photoshop Elements 8.

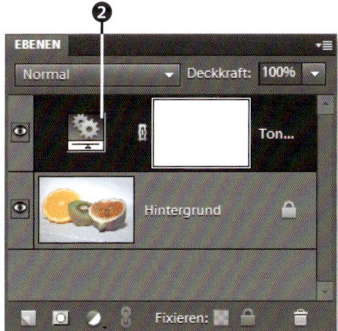

▲ **Abbildung 9.47**
Das Bild ist um eine Einstellungsebene bereichert worden.

▲ **Abbildung 9.48**
Korrekturen auf Grundlage des Originals – mit Einstellungsebenen

Das allein ist aber noch nicht spektakulär genug. Richtig interessant wird es nämlich erst dann, wenn Sie die Tonwertkorrektur noch einmal berichtigen wollen. Das können Sie nämlich jederzeit mithilfe des Korrekturen-Bedienfelds tun. Sollten Sie das Bedienfeld bereits geschlossen haben, erreichen Sie es jederzeit wieder über FENSTER • KORREKTUREN oder indem Sie auf die Miniatur der Ebene (die beiden Zahnräder ❷) doppelklicken.

Hier werden Sie dann auch feststellen, dass das Histogramm nicht (wie im vorangegangenen Workshop) gestreckt worden ist. Die Einstellungen sind ja schließlich nicht direkt auf das Foto, sondern auf eine darüber befindliche Einstellungsebene angewendet worden. Das bedeutet: Sie können die Regler verstellen, ohne dass das Ergebnis direkt an die Bildebene übergeben wird. Das heißt wiederum, dass Sie (auf Grundlage des Originals – und eben nicht auf Grundlage des vorangegangenen Ergebnisses) so oft korrigieren können, wie Sie wollen. Das ist doch ein überzeugendes Argument, oder?

9.5.2 Tonwerte mit Pipetten korrigieren

Wenn Sie ein Bild haben, das über eindeutige schwarze und weiße Bildbereiche verfügt, können Sie die Tonwertspreizung auch von Photoshop Elements übernehmen lassen. Wie das funktioniert, zeigt der folgende Workshop.

Pipette.tif

Schritt für Schritt: Bilder mit der Pipette aufhellen

Stellen Sie die Datei »Pipette.tif« zur Verfügung. Hier ist kaum noch etwas zu verbessern, sagen Sie? Dann schauen Sie mal ...

1 Weißpunkt setzen

Erzeugen Sie zunächst eine Einstellungsebene. Sie wissen ja: Dazu klicken Sie im Ebenen-Bedienfeld auf den schwarz-weißen Kreis und wählen im Flyout-Menü TONWERTKORREKTUR.

2 Weißpunkt aufnehmen

Auf der linken Seite finden Sie drei Pipetten. Mit der obersten könnten Sie den Schwarzpunkt des Bildes setzen. Das machen Sie dann, wenn die Tiefen eher grau als schwarz aussehen. Das ist aber hier nicht der Fall. Klicken Sie deshalb auf die unterste Pipette ❸ und dann mit deren Spitze auf eine besonders helle Stelle im Bild.

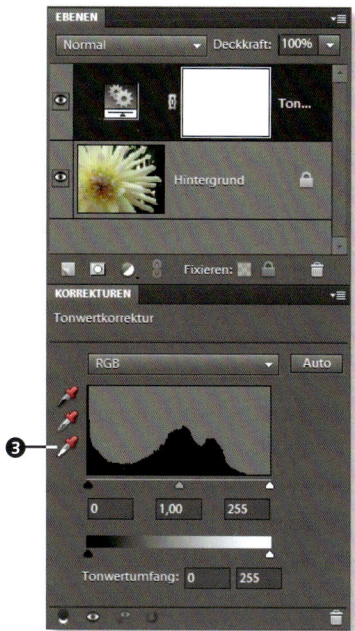

▲ **Abbildung 9.49**
Das Korrekturen-Bedienfeld ist
eine echte Bereicherung.

▲ **Abbildung 9.50**
Durch das Setzen des Weißpunktes bestimmen Sie die weißen
Stellen im Bild selbst.

9.5.3   Schwarz- und Weißpunkt setzen

Sie können den Schwarz- und den Weißpunkt in einem Arbeits-
gang setzen. Aktivieren Sie in diesem Fall zunächst die Schwarz-
Pipette, und suchen Sie einen Punkt innerhalb des Bildes, der als
Schwarz interpretiert werden soll. Danach schalten Sie auf die
Weiß-Pipette um und markieren den hellsten Punkt des Bildes.

▲ **Abbildung 9.51**
So lassen sich wesentlich dyna-
mischere Fotos erzeugen.

Lassen Sie dabei allerdings extreme Glanzlichter wie zum Beispiel den Mittelpunkt einer Lichtquelle oder starke Reflexionen außen vor. Andernfalls würde das Bild zu dunkel.

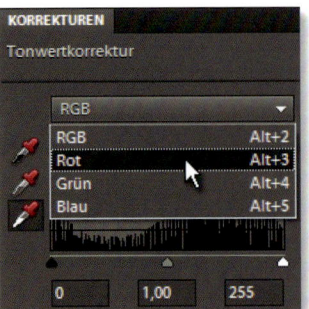

Abbildung 9.52 ▶
Die Tonwerte lassen sich auch kanalweise korrigieren.

Sollten Sie eine falsche Stelle markiert haben, könnte es sein, dass Sie einen Farbstich in das Bild hineinprojizieren. Wiederholen Sie in diesem Fall die Farbaufnahme. Innerhalb der Tonwertkorrektur können Sie sogar einzelne Kanäle bearbeiten, wenn Sie im Pulldown-Menü einen Farbkanal auswählen.

9.6   Bilder scharfzeichnen

Mittlerweile verfügt jede halbwegs gescheite Kamera über einen Autofokus. Unscharfe Bilder gehören deshalb schon seit Langem der Vergangenheit an – sollte man meinen. Leider sieht die Realität anders aus. Gerade in nicht ausreichend beleuchteten Umgebungen, wenn die Blende länger geöffnet bleiben muss, kommt es schnell zu »Verwacklern«. Wenn die Unschärfe nicht zu gewaltig ist, kann Photoshop Elements das aber prima reparieren.

9.6.1   Unscharf maskieren

Auch in Sachen Scharfzeichnung gibt es mehrere Möglichkeiten, ans Ziel zu gelangen. Die beste ist nach wie vor UNSCHARF MASKIEREN. Wenn man zum ersten Mal auf diesen Begriff stößt, drängt sich die Vermutung auf, dass durch den Einsatz dieser Methode erst eine Unschärfe erzeugt würde. Das ist jedoch nicht der Fall. Der Begriff sagt vielmehr aus, dass Sie unscharfe Bereiche mit einer Maske versehen – also die Unschärfe teilweise »abdecken«. So passt es, oder?

Schritt für Schritt: Bilder schärfen

Unscharf.tif

Schauen Sie sich die Beispieldatei »Unscharf.tif« an. Das ist ein typisches Unschärfe-Motiv. Stundenlang liegt der Knabe regungslos in der Sonne, und just, als der Auslöser gedrückt wird, schickt er sich an, seinen Platz zu wechseln. Na klar! Aber das kriegen wir wieder hin.

© Robert Klaßen

◀ **Abbildung 9.53**
Besonders in der Mitte ist das Tier unscharf.

1 **Schärfe-Dialog öffnen**

Der Dialog, den Sie für diesen Workshop benötigen, ist im ÜBERARBEITEN-Menü zu finden, und zwar unter ÜBERARBEITEN • UNSCHARF MASKIEREN ■.

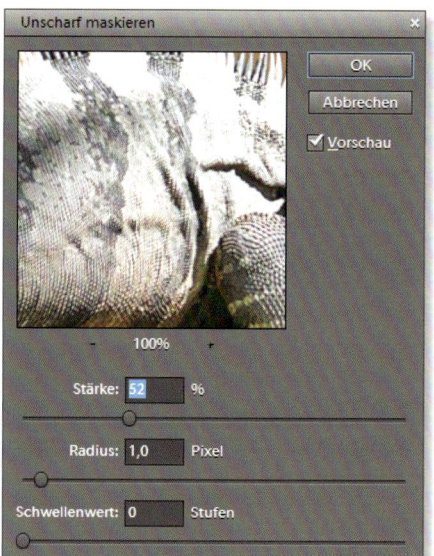

◀ **Abbildung 9.54**
Dieser Dialog lässt mehr Möglichkeiten zu als der Assistent.

Schärfe-Assistent

Auch für das Schärfen gibt es einen Assistenzbereich (GRUNDLEGENDE FOTOBEARBEITUNGEN • FOTO SCHÄRFEN). Hier steht Ihnen allerdings nur ein einziger Regler zur Verfügung. In vielen Fällen reicht das zur Korrektur nicht aus.

Abbildung 9.55 ▶
Bei 100 % lässt sich die Unschärfe am besten beurteilen.

2 Miniaturvorschau bewegen und skalieren

Der angezeigte Ausschnitt im oberen Bereich dieses Fensters lässt sich verschieben und skalieren. Stellen Sie den Mauszeiger auf das Vorschaubild, und schieben Sie es mit gedrückter Maustaste in die gewünschte Richtung, um den Ausschnitt zu wählen ■. Mit den unterhalb befindlichen Buttons + und – kann die Vorschau zudem skaliert werden. Ein Tipp: Schärfungen lassen sich am besten bei 100 %-Darstellung beurteilen. Dies gilt übrigens nicht nur für die Voransicht in Dialog, sondern auch für das Foto selbst.

3 Stärke festlegen

Die Anwendung gibt Ihnen jetzt drei Werte vor, die mit Schiebereglern beeinflusst werden können. Dabei hat aber nicht etwa eine Berechnung stattgefunden, wie man vielleicht meinen könnte. Vielmehr handelt es sich um Standardwerte. (Wenn Sie den Befehl zum zweiten Mal anwenden, werden die Einstellungen der ersten Schärfung erneut angeboten.) Zunächst sollten Sie die STÄRKE der Schärfung bestimmen. Dieser Wert stellt die Intensität dar, um die das gesamte Bild letztendlich geschärft dargestellt wird ■. Je höher der Wert ist, desto schärfer kontrastiert das Ergebnis. Hier gehen Sie auf etwa 130 %.

4 Radius einstellen

Der zweite Schieberegler definiert jenen Bereich, der zur Bildung der Schärfe herangezogen werden soll. Je größer der Wert ist, desto härter ist die eigentliche Schärfung. Im Beispielbild sollte der RADIUS etwa 2,0 Pixel betragen.

5 Schwellenwert einstellen

Vereinfacht gesagt, bestimmen Sie mit diesem Steuerelement, was überhaupt eine Kante ist! Sind die Unterschiede zwischen angren-

zenden Pixeln im Bild sehr gering, wird dies nicht als Kante interpretiert und somit auch nicht geschärft. Das bedeutet: Je höher
der Wert ist, desto weniger Kontrastbildung findet letztendlich
statt. Wenn Sie den SCHWELLENWERT erhöhen, bleiben glatte Flächen, an denen eine Unschärfe ja nicht sonderlich ins Gewicht
fällt, weiterhin glatt. Das trägt natürlich dazu bei, dass das Bild
zum Schluss nicht zu hart wirkt. Heben Sie deshalb den SCHWEL-
LENWERT um 10 bis 12 Stufen an, und bestätigen Sie mit OK.

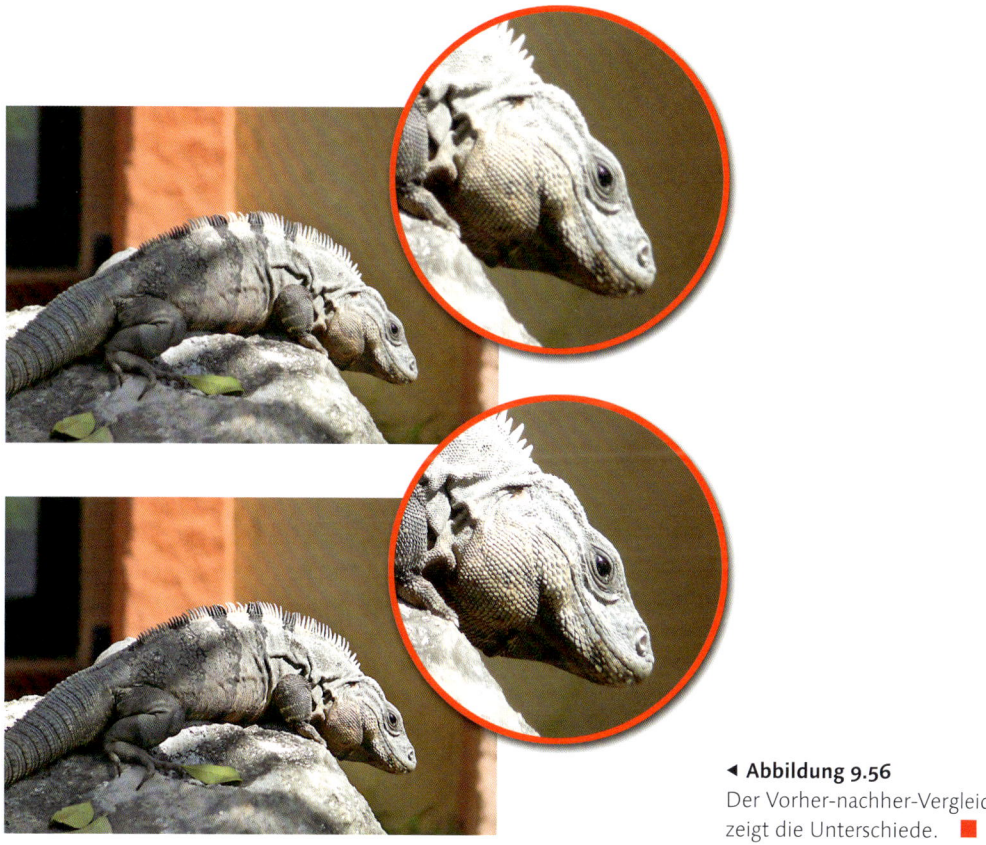

◀ **Abbildung 9.56**
Der Vorher-nachher-Vergleich
zeigt die Unterschiede. ■

9.6.2 Schärfe einstellen

Das Fenster SCHÄRFE EINSTELLEN finden Sie ebenfalls im Menü
ÜBERARBEITEN. Hier haben Sie noch umfangreichere Möglichkeiten als beim Dialogfeld UNSCHARF MASKIEREN – müssen aber leider dabei auf den SCHWELLENWERT-Regler verzichten.

© Renate Klaßen

Abbildung 9.57 ▲
Dieser Dialog erlaubt weitreichende Einstellmöglichkeiten in Sachen Schärfe.

Was bei der Veränderung von STÄRKE und RADIUS passiert, haben Sie ja bereits im vorangegangenen Workshop in Erfahrung bringen können. Aber in diesem Fenster gesellen sich noch drei weitere Steuerelemente hinzu:

▶ ENTFERNEN: Hiermit legen Sie die Methode fest, mit der das Bild bearbeitet werden soll. Wenn Sie GAUSSSCHER WEICHZEICHNER stehen lassen, wird der gleiche Algorithmus verwendet, der auch bei UNSCHARF MASKIEREN zur Anwendung kommt. VERWACKELN gestattet eine recht detaillierte Scharfzeichnung; das Ergebnis wird von der Struktur her feiner. Sollte die Kamera beim Fotografieren bewegt worden sein, bietet sich möglicherweise auch BEWEGUNGSUNSCHÄRFE an. Dieser Algorithmus eignet sich besonders bei starken Unschärfen, die durch Verwacklung beim Fotografieren oder starke Bewegung des abgelichteten Objekts hervorgerufen wurden.

▶ WINKEL: Dieses Steuerelement steht nur dann zur Verfügung, wenn unter ENTFERNEN die BEWEGUNGSUNSCHÄRFE gewählt worden ist. Sie können damit bestimmen, in welcher Richtung die Bewegungsunschärfe ausgeglichen werden soll. Tragen Sie den gewünschten Wert in das Eingabefeld ein, oder bewegen Sie die schwarze Linie des Rädchens mit der Maus.

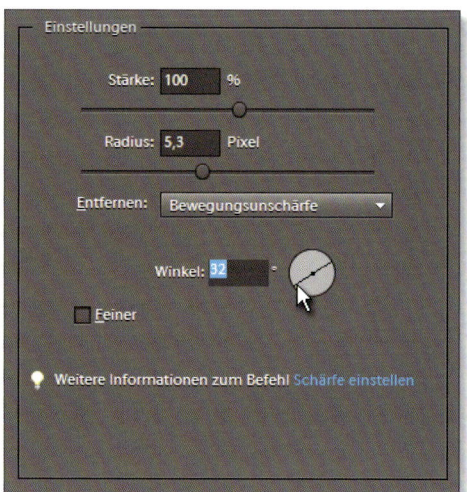

◄ **Abbildung 9.58**
Bestimmen Sie, in welche Richtung geschärft werden soll.

▶ FEINER: Aktivieren Sie diese Checkbox, um eine präzisere Scharfzeichnung zu erreichen. Das Ergebnis wird im Detail besser sein.

9.7   Bilder weichzeichnen

Nun können aber auch gerade unscharfe Elemente im Foto für interessante Effekte sorgen. Durch das Zusammenspiel von weichen und scharfen Elementen eines Bildes können Sie wirklich tolle Stimmungen erzeugen.

9.7.1   Tiefenschärfe erzeugen

Das Verändern der Tiefenschärfe ist gerade in der Fotografie ein ganz besonderes Gestaltungsmittel. Sie haben so beispielsweise die Möglichkeit, die Aufmerksamkeit des Betrachters noch mehr auf das Hauptobjekt zu legen. Professionelle Fotografen wissen, wie weit sie die Blende öffnen müssen, damit das jeweilige Objekt scharf gestellt ist, während der Hintergrund in Unschärfe verschwimmt. Wenn das aber nicht gleich beim Schnappschuss gelingt, müssen Sie die Tiefenschärfe später am Rechner künstlich erzeugen. Und wie das geht, erfahren Sie im folgenden Workshop.

Weichzeichner.tif

Schritt für Schritt: Einen unscharfen Hintergrund erzeugen

Bevor Sie loslegen, noch ein Hinweis zu diesem Workshop: Es wird wieder einmal eine Maske erforderlich sein. Da dieses Thema jedoch bereits mehrfach aufgegriffen worden ist, werde ich mich beim Erzeugen der Maske auf eine Kurzanleitung beschränken. Wenn Sie dieses Buch chronologisch durchgearbeitet haben, wird Ihnen das auch gar nichts ausmachen, da Sie ja mittlerweile schon Masken-Profi sind.

1 Ebene duplizieren

Öffnen Sie zunächst die Datei »Weichzeichner.tif«. Der freundliche Herr steht direkt vor der Wand, was natürlich schon beim Fotografieren zu erheblichen Problemen in Sachen Tiefenschärfe führt. Damit dieser Mangel an Tiefenschärfe jedoch in Photoshop Elements ausgeglichen werden kann, benötigen Sie wieder ein deckungsgleiches Duplikat des Hintergrunds. Drücken Sie deshalb ⌴Strg⌴/⌘+⌴J⌴.

© poco_bw – fotolia.de

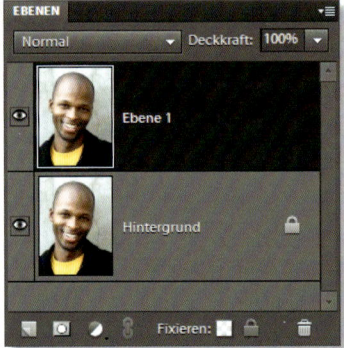

Abbildung 9.59 ▶
Der Mann soll mittels Weichzeichnung vom Hintergrund freigestellt werden.

Abbildung 9.60 ▶▶
Aller Anfang ist wieder einmal ein Ebenenduplikat.

2 Tiefenschärfe erzeugen

Öffnen Sie das Menü FILTER • WEICHZEICHNUNGSFILTER, und entscheiden Sie sich in der Liste für GAUSSSCHER WEICHZEICHNER. Stellen Sie den Radius auf 3,0 bis 3,5 Pixel, indem Sie den Schieberegler entsprechend verstellen und mit OK bestätigen.

◄ **Abbildung 9.61**
Die kopierte Ebene wird
extrem weichgezeichnet.

Betrachten Sie die Veränderungen auch im Bild, wobei Sie ausschließlich auf den Hintergrund achten sollten. Dass der freundliche Herr mehr und mehr verschwimmt, spielt keine Rolle. Übrigens ist der Grad der Weichzeichnung noch nicht für alle Zeiten
verbindlich. Sie können nachträglich noch Änderungen vornehmen, wie der anschließende Mini-Workshop zeigen wird.

3 Maske erzeugen

Jetzt geht es an die Erzeugung der Maske. Aber das kennen Sie ja
schon. Sie erreichen das mit einem Klick auf Ebenenmaske hinzufügen ❶ in der Fußleiste des Ebenen-Bedienfelds. Es sollte jetzt
genauso aussehen, wie in der folgenden Abbildung gezeigt.

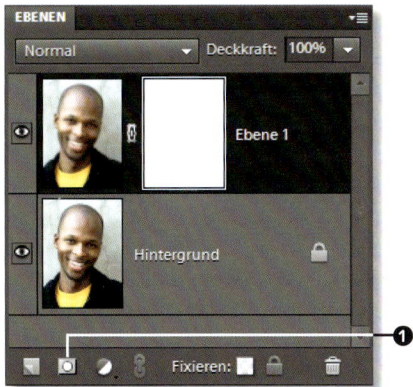

◄ **Abbildung 9.62**
So sollte Ihr Ebenen-Bedienfeld
jetzt aussehen.

4 Ebene maskieren

Aktivieren Sie zunächst den Pinsel B , und stellen Sie eine weiche
Spitze mit einem Durchmesser von etwa 30 bis 40 px im Modus

NORMAL bei 100% Deckkraft ein. Stellen Sie die Standardfarben für Vorder- und Hintergrund auf Schwarz und Weiß ⌈D⌉, und sorgen Sie dafür, dass Schwarz als Vordergrundfarbe ausgewählt ist ⌈X⌉. Zeichnen Sie zuerst die Kontur der Person nach. Das gelingt übrigens ganz hervorragend, wenn Sie zuvor die Sichtbarkeit der Hintergrundebene deaktivieren. Dann tauchen nämlich überall dort, wo Bildbereiche entfernt werden, Transparenzen auf. Wenn Sie in den Hintergrund geraten sind, drücken Sie ⌈X⌉ und malen noch einmal über diese Stelle (drücken Sie danach wieder ⌈X⌉).

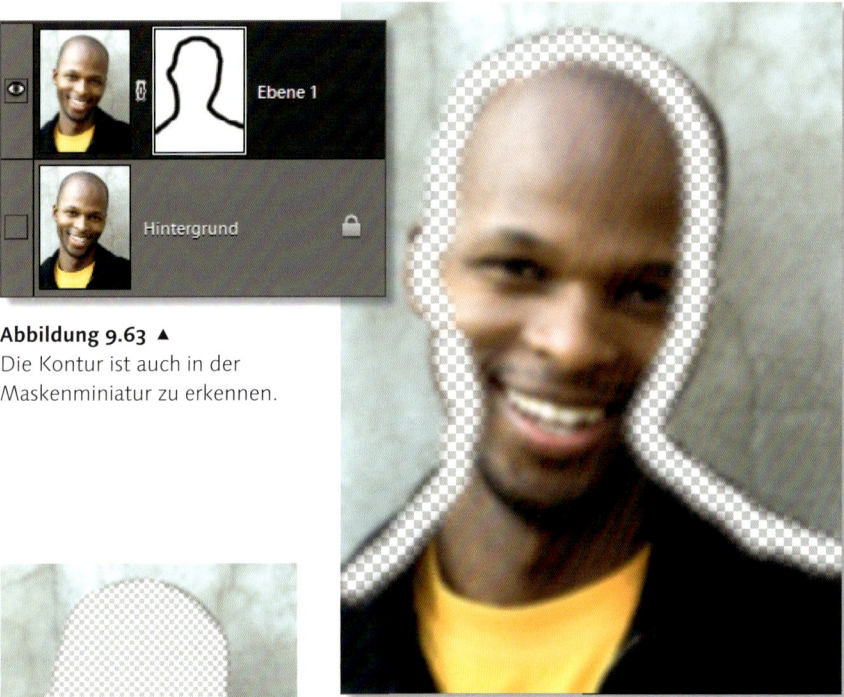

Abbildung 9.63 ▲
Die Kontur ist auch in der Maskenminiatur zu erkennen.

▲ **Abbildung 9.64**
So sehen Sie besser, was noch entfernt werden muss.

5 Maske komplettieren

Wenn die Ränder sauber ausgearbeitet sind, aktivieren Sie eine etwas größere, harte Pinselspitze und entfernen damit alles mit Ausnahme des Hintergrunds. Die Person soll also am Ende komplett verschwunden sein.

Zuletzt schalten Sie die unterste Ebene wieder ein. Gestatten Sie sich einen Vorher-nachher-Vergleich, indem Sie die Farbfüllungsebene mithilfe des Auge-Symbols kurzzeitig deaktivieren.

▲ **Abbildung 9.65**
Am Ende bleibt nur noch der Hintergrund übrig.

◄ **Abbildung 9.66**
Im Vorher-nachher-Vergleich
können Sie gut sehen, wie der
verschwommene Hintergrund
wirkt. ■

Schritt für Schritt: Weichzeichnung des Hintergrunds ändern

Ergebnisse/Weich-
zeichner_fertig.tif

Falls Sie diesen Workshop einmal ausprobieren wollen, ohne den vorangegangenen nachgebaut zu haben, greifen Sie jetzt auf die Datei »Weichzeichner_fertig.tif« zu. Wenn Sie mit der Weichzeichnung aus dem soeben erzeugten Ergebnis zufrieden sind, können Sie das Bild über das Fenstermenü AUF HINTERGRUND-EBENE REDUZIEREN und abspeichern. Möchten Sie jedoch noch Änderungen vornehmen, sollten Sie folgendermaßen vorgehen:

1   Optional: Weichzeichnung erhöhen
Schalten Sie die Ebene HINTERGRUND über das Auge-Symbol ein. Jetzt müssen Sie beurteilen, ob Ihnen die Weichzeichnung zu gering oder zu kräftig ist. Wenn Sie den Hintergrund noch stärker weichzeichnen wollen, wenden Sie den Gaußschen Weichzeichner erneut auf die aktive (oberste) Ebene an (FILTER • WEICHZEICH-NUNGSFILTER • GAUSSSCHER WEICHZEICHNER). Beachten Sie dabei aber, dass auch die Kanten erneut weichgezeichnet werden und somit der Übergang zwischen Vorder- und Hintergrund ebenfalls etwas an Schärfe verliert.

2   Optional: Weichzeichnung verringern
Sollten Sie zu viel des Guten getan haben und die Weichzeichnung als zu stark empfinden, reduzieren Sie die DECKKRAFT der

obersten Ebene einfach über das Ebenen-Bedienfeld. Das bringt dann Stück für Stück die Schärfe des Hintergrunds wieder zum Vorschein. ■

9.7.2   Bewegungsunschärfe

Ein weiteres, nicht zu unterschätzendes Gestaltungsmittel ist die Bewegungsunschärfe. Jetzt geht es aber nicht darum, die Bewegungsunschärfe aus einem Bild herauszubekommen, sondern darum, diese bewusst zu erzeugen.

Schritt für Schritt: Einen stehenden Zug zum Fahren bringen

Zug.tif

Die Datei »Zug.tif« zeigt eine Bahn der Metro Parisienne, die gerade in eine Station eingefahren ist. Es wäre aber sicher auch ganz interessant gewesen, einmal einen mit voller Geschwindigkeit durchfahrenden Zug zu fotografieren, oder?

Abbildung 9.67 ▶
Diesen Zug wollen Sie in Fahrt bringen.

Nun gibt es zwei Möglichkeiten. Möglichkeit 1: Sie bitten die Leitstelle der Pariser Metro , sämtliche Züge für mindestens eine Stunde mit 160 km/h durch die U-Bahn-Schächte rasen zu lassen. In dieser Zeit haben Sie sich an die Geschwindigkeit gewöhnt und werden sicher den einen oder anderen effektvollen Schnapp-schuss erzeugen. Möglichkeit 2: Sollte dieser bescheidenen Bitte (aus welchen Gründen auch immer) nicht entsprochen werden, bleibt Ihnen nichts anderes übrig, als wieder einmal Photoshop Elements zu bemühen.

1 Ebene duplizieren

Der erste Schritt lautet wieder einmal: Ebene duplizieren. Machen Sie das, indem Sie ⌈Strg⌉/⌈⌘⌉+⌈J⌉ drücken oder EBENE • NEU • EBENE DURCH KOPIE wählen.

2 Filter anwenden

Gehen Sie auf FILTER • WEICHZEICHNUNGSFILTER • BEWEGUNGSUN-SCHÄRFE. Ziehen Sie zunächst den Regler DISTANZ so weit nach rechts, bis etwa 80 Pixel angezeigt werden. Dieser Wert stellt das Ausmaß der Verzerrung dar. Je höher der Wert ist, desto größer ist die Verzerrung. Danach können Sie über WINKEL noch eine Verzerrungsrichtung eingeben, die natürlich mit dem Zug mitlau-fen soll. Wenn Sie es ganz genau machen wollen, stellen Sie dieses Steuerelement auf 1° und bestätigen mit OK.

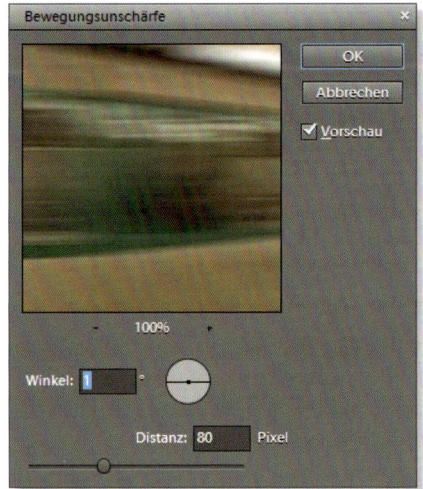

◄ **Abbildung 9.68**
Der Dialog BEWEGUNGS-UNSCHÄRFE

3 Maske erstellen

Erzeugen Sie abermals eine Ebenenmaske auf der obersten Ebene. Auch hier muss im Anschluss wieder sichergestellt sein, dass die Ebenenmaskenminiatur aktiviert ist. Der einzige Unter-schied zu den bisherigen Workshops ist folgender: Drücken Sie

▲ **Abbildung 9.69**
Die unscharfe EBENE 1 ist
zunächst nicht mehr zu sehen.

jetzt ⌊Strg⌋/⌊⌘⌋+⌊I⌋, um die Maske mit Schwarz zu füllen. Damit
wird die oberste Ebene zunächst komplett unsichtbar, und die
Ebenenmaskenminiatur stellt sich schwarz dar.

4 Ebene demaskieren

Stellen Sie Weiß als Vordergrundfarbe ein, und aktivieren Sie den
Pinsel. Verwenden Sie eine weiche, 35 px große Spitze im Modus
NORMAL bei DECKKRAFT 100%. Malen Sie jetzt vorsichtig entlang
dem Zugdach, und versuchen Sie dabei, so wenig wie möglich von
der Beleuchtung mit einzubeziehen. Überpinseln Sie den gesamten Zug bis zu den Gleisen. Die Gleise selbst übermalen Sie aber
nicht.

Abbildung 9.70 ▶
Langsam kommt Bewegung
ins Spiel.

5 Bild verwischen

Nun sieht der Übergang zwischen erstem und zweitem Waggon
noch nicht wirklich gut aus. Aktivieren Sie deshalb den Wischfinger, den Sie ziemlich weit unten in der Toolbox finden. Er ist in der
gleichen Gruppe zu finden wie der Weichzeichner.

Mit dem Wischfinger können Sie im wahrsten Sinne des Wortes Pixel verwischen. Wählen Sie eine 80 px große weiche Spitze.
Setzen Sie den MODUS auf NORMAL und die STÄRKE auf 30%.
Aktivieren Sie die oberste Ebene, und malen Sie bei gedrückter
Maustaste über die zu reparierende Stelle. Ziehen Sie dabei von
links nach rechts und von rechts nach links, bis der Übergang zwischen den Waggons fließend ist.

▲ **Abbildung 9.71**
Zur Perfektionierung sollten
Sie die Übergänge noch
verwischen.

▲ **Abbildung 9.72**
Nur weil die Metro-Jungs so
uncool sind, mussten wir uns
so viel Arbeit antun. ■

9.7.3 Zu guter Letzt: Weich- und Scharfzeichnen mit Werkzeugen

Bestimmt haben Sie längst die Werkzeuge Weichzeichner und
Scharfzeichner entdeckt, die sich mit dem Wischfinger in einer
Gruppe der Toolbox befinden. Während der Weichzeichner noch
recht gute Ergebnisse zutage fördert, führt der Scharfzeichner in
vielen Fällen zu recht harten Effekten – selbst dann, wenn Sie dessen Stärke in der Optionsleiste verringern. Keine Frage: Für gering
korrekturbedürftige Stellen, die »mal eben« mit einem Wisch
gemacht sind, eignen sich beide Tools. Wenn es aber um größere
Veränderungen geht, sollten Sie stets auf die Ebenenmethode
zurückgreifen. Hier sind die Angleichungsmöglichkeiten nämlich
wesentlich vielfältiger.

Kapitel 10

Retusche nicht nur für Profis

Klonen, retuschieren und korrigieren
mit allen Schikanen

▸ Wie retuschiere ich mit dem Kopierstempel und den Reparatur-Pinseln?

▸ Wie gelingt eine komplette Porträt-Retusche?

▸ Wie werden Zähne wieder richtig weiß?

▸ Wie lassen sich Gesichter austauschen?

10   Retusche nicht nur für Profis

Was lange Zeit ausschließlich DTP-Profis vorbehalten schien, ist durchaus auch mit Photoshop Elements realisierbar: Kopier- und Korrekturfunktionen, mit denen Ihre Fotos zu wahren »Eye Catchern« werden. Jetzt gelingt sogar jede Porträt-Retusche im Handumdrehen. Dem Assistenten sei Dank. Holen Sie aus Ihren Fotos das Maximum heraus.

10.1   Der Kopierstempel

Die wichtigsten Werkzeuge in diesem Kapitel werden der Reparatur-Pinsel und der Kopierstempel sein. Mit Letzterem soll es auch gleich losgehen. Auch hier gibt es zwei grundsätzliche Vorgehensweisen. Der Kopierstempel dient

- ▸ zum **Retuschieren**: Beim Retuschieren werden Bildbereiche überdeckt, die Ihnen nicht so sehr zusagen.
- ▸ zum **Klonen**: Beim Klonen duplizieren Sie Bildbereiche, die Sie dann an anderer Stelle erneut integrieren können.

Beides funktioniert im Übrigen auch bildübergreifend. Das bedeutet: Es ist möglich, Elemente eines Bildes auf ein anderes zu projizieren. In den meisten Fällen werden Sie aber geneigt sein, auf »einem« Bild zu arbeiten.

10.1.1   Bildbereiche klonen

Die Bezeichnung Kopierstempel (zu aktivieren über S) trifft recht genau seine Arbeitsweise. Denn das Werkzeug wird wie ein herkömmlicher Stempel bedient. Ein Druck auf das Stempelkissen – ein erneuter Druck auf das Papier – fertig ist die exakte Kopie. Genauso läuft das auch in Photoshop Elements ab.

10.1.2 Überlagerung anzeigen

ÜBERLAGERUNG ANZEIGEN ist eine Funktion, die auf die Wirkungsweise des Stempels selbst keinen Einfluss hat – wohl aber auf die Anzeige.

Dadurch wird ein teiltransparentes Bild (Overlay) des zu klonenden Bereichs angezeigt. Die Funktion ist standardmäßig aktiviert und verbirgt sich hinter der letzten Schaltfläche ❶ innerhalb der Optionsleiste.

◀ **Abbildung 10.1**
Öffnen Sie die Überlagerungsoptionen.

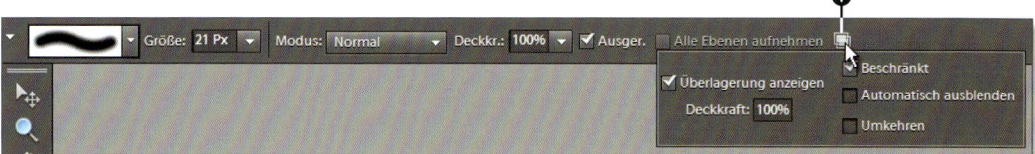

Wenn Sie von der Funktion keinen Gebrauch machen wollen, muss ÜBERLAGERUNG ANZEIGEN manuell deaktiviert werden. Allerdings können Sie mit dieser Funktion besser beurteilen, welche Stelle Sie gerade reproduzieren. Generell muss man sagen, dass die Anzeige mitunter wirklich hilfreich sein kann, während man sie bei bestimmten Arbeiten als störend empfinden könnte. Deshalb ist auch Folgendes eine Überlegung wert: Sie können ÜBERLAGERUNG ANZEIGEN inaktiv lassen, und wann immer Sie das Overlay sehen wollen, [Alt]/[⌥]+[⇧] gedrückt halten. Sobald Sie die Tasten wieder loslassen, verschwindet auch das Überlagerungsbild.

In Sachen Overlay lassen sich aber noch weitere Funktionen hinzuschalten. Wenn Sie AUTOMATISCH AUSBLENDEN anwählen, wird das Overlay während des Stempelns stets kurz ausgeblendet. Das ist im Moment der Reproduktion auch wesentlich angenehmer.

◀ **Abbildung 10.2**
Die zu stempelnde Stelle präsentiert ein teiltransparentes Overlay.

Die Anwahl der Checkbox UMKEHREN hat zur Folge, dass die Farbkanäle umgekehrt werden – sich also so darstellen wie bei einem Foto-Negativ. (Wählen Sie BESCHRÄNKT an, wirken sich die Overlay-Einstellungen nur auf den aktuell gewählten Pinsel aus.)

Was es genau mit der Overlay-Funktion ÜBERLAGERUNG ANZEIGEN auf sich hat, können Sie im folgenden Workshop gleich einmal selbst ausprobieren.

Repro.tif

Schritt für Schritt: Einen Schmetterling klonen

Schmetterlinge abzulichten gehört sicher zu den anspruchsvollsten Herausforderungen des ambitionierten Fotografen. Und wenn man schon einmal das Glück hat, den Falter scharf und zudem noch komplett im Bild zu haben, dann könnte man doch eigentlich auch gleich dessen Einsamkeit beenden, oder? Benutzen Sie für dieses eigenwillige Vorhaben die Datei »Repro.tif«.

© Helmut J. Salzer – pixelio.de

▲ **Abbildung 10.3**
So allein soll der Schmetterling nicht bleiben.

Musterstempel

Der Musterstempel trägt ein über die Optionsleiste wählbares Muster auf. Im Pulldown-Menü AUSWAHLLISTE FÜR MUSTER (rechts neben DECKKRAFT) können Sie sich das Muster aussuchen, das übertragen werden soll. Bei Anwendung dieses Tools entfällt die vorherige Aufnahme einer Struktur mithilfe der ⏎Alt⏎/⏎⌥⏎-Taste.

---

1 **Kopierstempel aktivieren**
Der erste Schritt besteht wieder einmal darin, das richtige Werkzeug auszusuchen. Aktivieren Sie daher den Kopierstempel ⏎S⏎. Achten Sie darauf, dass Sie nicht versehentlich den Musterstempel erwischen ■!

2 **Kopierstempel einstellen**
Jetzt stellen Sie den Stempel in der Optionsleiste ein. Wählen Sie eine weiche Spitze mit einer GRÖSSE von etwa 80 px. Die weiche

Spitze sorgt dafür, dass die Übergänge zwischen Originalbild und geklontem Bereich fließend werden. Der MODUS des Stempels bleibt auf NORMAL, und die DECKKRAFT soll 100 % betragen.

3 Ausrichtfunktion aktivieren

Aktivieren Sie, falls sie nicht bereits angehakt ist, die Funktion AUSGERICHTET (mit AUSGER. abgekürzt). Dann nämlich »wandert« der Kopierstempel während der Reproduktion mit. Bei jedem Mausklick werden neue Pixelansammlungen aufgenommen. Ist die Funktion inaktiv, werden die Pixel stets von der gleichen Stelle aufgenommen. Das ist zum Reproduzieren größerer Bereiche jedoch ungeeignet. Ob ALLE EBENEN AUFNEHMEN markiert ist, spielt hier keine Rolle ■.

4 Overlay einschalten

Zum Schluss aktivieren Sie noch ÜBERLAGERUNG ANZEIGEN, indem Sie auf das letzte Steuerelement der Optionsleiste klicken und die gleichnamige Checkbox des Pulldown-Menüs einschalten.

> **Alle Ebenen aufnehmen**
>
> Die Funktion ALLE EBENEN ist dann interessant, wenn Sie mit mehreren Bildebenen arbeiten. Sie können dadurch entscheiden, ob Sie Pixel aus allen übereinander angeordneten Ebenen aufnehmen wollen oder nur aus der gerade aktiven Ebene. Letzteres erreichen Sie, indem Sie das Häkchen entfernen.

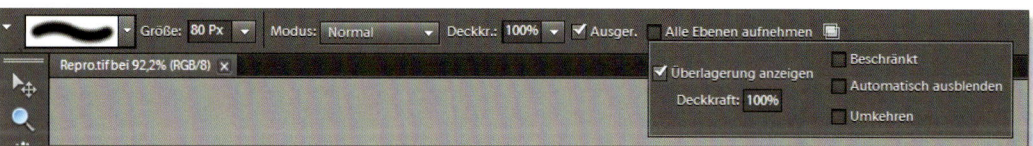

5 Pixel aufnehmen

Zuerst müssen Sie (sinngemäß) den Stempel in das Kissen drücken. Das machen Sie hier, indem Sie [Alt]/[⌥] gedrückt halten und an eine Stelle klicken, die Sie reproduzieren wollen. Ich empfehle, von oben anzufangen und die obere linke Ecke des Falters zu verwenden. Wenn Sie die Maus über diese Stelle gesetzt haben, markieren Sie diese mit einem Mausklick.

▲ **Abbildung 10.4**
Diese Kopierstempel-Optionen sollten Sie einstellen.

◄ **Abbildung 10.5**
Kopieren Sie zunächst die linke obere Ecke des Flügels.

6   Pixel reproduzieren

Jetzt können Sie die ⟨Alt⟩/⟨⌥⟩-Taste wieder loslassen. Fahren Sie mit der Maus weiter nach links und etwas nach oben. Orientieren Sie sich an der folgenden Abbildung. Durch die Overlay-Funktion sehen Sie jetzt ganz genau, wo die Reproduktion am besten angeordnet werden kann. Setzen Sie jetzt einen weiteren Mausklick an (ohne ⟨Alt⟩/⟨⌥⟩!). Die aufgenommene Stelle wird nun genau dorthin kopiert.

Abbildung 10.6 ▶
Durch die Overlay-Funktion sehen Sie, wohin Sie den Schmetterling kopieren sollten.

Damit ist aber natürlich noch nicht der gesamte Falter kopiert, denn das teiltransparente Bild dient ja lediglich der Orientierung. Die einzige Stelle, die bislang wirklich kopiert worden ist, ist die Flügelspitze. Setzen Sie unterhalb der neu hinzugewonnenen Stelle weitere, kurze Mausklicks an – und Sie werden sehen, dass langsam der zweite Falter entsteht. Wenn das Overlay stört, schalten Sie es wieder aus. Sie wissen ja jetzt, wo Sie weiterstempeln müssen.

Auf den Untergrund achten

Bedenken Sie, dass eine derartige Manipulation nicht mit jedem Foto gelingt. Voraussetzung ist nämlich, dass Sie einen möglichst gleichmäßigen Untergrund haben (wie das bei dem Stein der Fall ist). Wenn im Hintergrund prägnante Muster auszumachen sind (z. B. ein Zaun, Tiere, Pflanzen), funktioniert es nicht – es sei denn, Sie erwischen beim Stempeln wirklich nur das Objekt selbst. Dann ist allerdings außerordentliche Filigranarbeit angesagt.

▲ Abbildung 10.7
Klick für Klick entsteht nun eine 1:1-Kopie des Schmetterlings.

Achten Sie während des Stempelns auch einmal auf den Aufnahmebereich (also die Position des Originalfalters). Dort ist nämlich bei jedem Mausklick ein Fadenkreuz zu sehen, das sich entsprechend Ihren Mausbewegungen über der Originalstelle mitbewegt. Das ist so, weil Sie zuvor die AUSGERICHTET-Funktion aktiviert haben. Hätten Sie das Häkchen entfernt, wäre die Aufnahme der Pixel jetzt immer von der oberen linken Ecke genommen worden.

7 Maustaste gedrückt halten

Wenn Sie es sich zutrauen, können Sie den Schmetterling auch »in einem Rutsch« kopieren. Das machen Sie dann, indem Sie die Maustaste gedrückt halten und vorsichtig hin- und hermalen. So »pinseln« Sie quasi das Objekt auf das Foto ■.

▲ **Abbildung 10.8**
Aus eins mach zwei. ■

10.1.3 Mit Ebenen klonen

Bei schwierigen Kopien empfiehlt es sich, den Klon auf eine separate Ebene zu setzen. Sie können das Duplikat dann wesentlich besser angleichen. Dazu gehen Sie folgendermaßen vor: Nehmen Sie zunächst die Pixel auf, die Sie reproduzieren wollen (mit Alt/⌥), und erzeugen Sie danach eine neue Ebene (Strg/⌘+⇧+N oder EBENE • NEU • EBENE). Im Anschluss wird der Klon isoliert vom Hintergrund auf die neue Ebene reproduziert (das geht ganz automatisch). Wenn Sie mit dem Kopieren fertig sind, können Sie die Kanten und Übergänge noch mit einem weichen Radiergummi bearbeiten – und wenn Sie wollen, das gesamte Objekt nach Wunsch verschieben V.

Photomerge-Gesichter

Oft will man zwei Bilder zu einem kombinieren. Besonders bei Porträtaufnahmen mit mehreren Personen schauen selten alle auf einem einzigen Foto gut aus. Wie Sie die Funktion Photomerge-Gesichter für diese Aufgabe nutzen, lesen Sie im Zusatzangebot auf der Website *www.galileo-design.de/ bonus-seite*.

10.2 Retusche

Damit sind Sie also imstande, Bereiche eines Bildes zu verdoppeln. Im zweiten Teil dieses Kapitels beschäftigen wir uns aber damit, Bildelemente verschwinden zu lassen. Möglicherweise wollen Sie ein Straßenschild, das den harmonischen Gesamteindruck stört, aus Ihrem Bild verbannen. Vielleicht haben Sie ja auch ein nettes Familienfoto, auf dem sich Onkel Eberhard ohne Aufforderung ins Bild gedrängt hat. Dann können Sie dem Onkel nicht nur mit dem Kopierstempel, sondern auch mit den Reparatur-Werkzeugen die Rote Karte zeigen. Dafür sind die Werkzeuge zuständig, die sich in der Toolbox direkt oberhalb des Kopierstempels befinden.

10.2.1 Der Reparatur-Pinsel

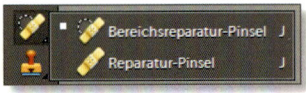

▲ **Abbildung 10.9**
Photoshop Elements wartet mit zwei Reparatur-Pinseln auf.

Wenn Sie die Taste J drücken, aktivieren Sie einen der Pinsel, die zur Reparatur bereitgestellt werden. Der **Reparatur-Pinsel** selbst funktioniert genauso wie der Kopierstempel, sorgt aber im Gegensatz zum Kopierstempel für besser strukturierte Übergänge im geklonten Bereich. Sie müssen auch hier zunächst Pixel aufnehmen, indem Sie Alt/⌥ gedrückt halten, und diese Pixel dann auf die zu flickende Stelle setzen. Auch der Reparatur-Pinsel verfügt über ein kleines Menü, mit dessen Hilfe Sie die Overlay-Funktion aktivieren und anpassen können.

10.2.2 Der Bereichsreparatur-Pinsel

Dieses kleine Tool ist wirklich ein Highlight – zumal es für die Version Elements 9 noch einmal verbessert worden ist. Im Übrigen lässt sich das Werkzeug viel intuitiver bedienen – und sorgt für verblüffende Ergebnisse, wie die folgenden Workshops beweisen.

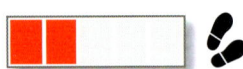

Schritt für Schritt: Störende Bildelemente verschwinden lassen

Retusche.tif

»Retusche.tif« zeigt die Detailaufnahme eines Bootsstegs. Leider machen sowohl die Grashalme als auch Reflexionen des Gewässers das Bild etwas unruhig – und das ist dem Gesamteindruck des Fotos nicht unbedingt zuträglich.

1   Pinsel einstellen

Aktivieren Sie den Bereichsreparatur-Pinsel $\boxed{\text{J}}$, und stellen Sie die Größe der Spitze auf 20 px. Die voreingestellte harte Spitze ist vollkommen in Ordnung; sie bringt generell bessere Ergebnisse als eine weiche. Beim Typ schalten Sie um auf den Radio-Button Näherungswert, da Photoshop Elements dann intuitiv entscheidet, wie die Pixel im Verhältnis zum Rand der Flickstelle ersetzt werden müssen. Ein weiterer Unterschied zum Bereichsreparatur-Pinsel und Kopierstempel: Sie müssen vorher keine Pixel aufnehmen, sondern können gleich mit gedrückter Maustaste über die zu reparierende Stelle »malen«.

2   Stellen retuschieren

Nehmen Sie sich jetzt sämtliche Stellen (einzeln!) vor, die im Bild einen Störfaktor darstellen, und übermalen Sie diese Elemente. Lassen Sie aber die Sonnenreflexionen außen vor. Die sollen natürlich erhalten bleiben. Wenn Sie wollen, können Sie vorher etwas einzoomen. Kleine Stellen, die vom Durchmesser des Pinsels vollkommen umschlossen werden, reparieren Sie mit einem einzelnen Mausklick, größere Stellen, indem Sie darüberwischen.

◄ **Abbildung 10.10**
Malen Sie über die zu retuschierenden Stellen.

© Robert Klaßen

3   Optional: Retusche verbessern

Nun kann es aber vorkommen, dass einzelne Retusche-Stellen sich einmal nicht so reparieren lassen, wie Sie sich das wünschen. Anstelle der beabsichtigten glatten Korrektur entsteht ein meist unscharfer Mischmasch aus vorher und nachher. In diesem Fall

Größenänderungen der Spitzen mithilfe der Tastatur

Um Pinselgrößen während der Arbeit zu verändern, müssen Sie nicht jedes Mal die Optionsleiste bemühen. Drücken Sie einfach die Tasten ⌗ und ⌂+⌗. Dann verändern sich die Durchmesser in Schritten von jeweils 10 px bis zu einer Größe von 100. Ab 100 Pixeln wird die Größenänderung in 25er-Schritten vorgenommen und ab 200 Pixeln in 50er-Schritten. Bei einer Spitzengröße ab 300 Pixeln werden nur noch 100er-Schritte eingestellt. Bei 2.500 Pixeln ist dann das Ende der Fahnenstange erreicht.

überwischen Sie die Stelle einfach erneut (etwas großflächiger) oder machen den Schritt rückgängig und versuchen es erneut.

4 Probleme beim Retuschieren

Seien Sie bitte vorsichtig, wenn Sie sich Bereichen nähern, die nicht retuschiert werden dürfen, wie z. B. dem Tau. Hier dürfen Sie nicht zu dicht herankommen. Falls erforderlich, zoomen Sie noch weiter heran und verkleinern die Werkzeugspitze. Und wenn gar nichts mehr geht, können Sie immer noch auf den Reparatur-Pinsel zurückgreifen. Sie wissen ja: Dieser funktioniert wie der Kopierstempel (mit einer Aufnahme- und Reproduktionsstelle).

Abbildung 10.11 ▶
Zoomen Sie bei schwierigen Stellen ruhig etwas heran, um die Auswirkungen besser beurteilen zu können.

Abbildung 10.12 ▼
Das Wasser ist spiegelglatt.

Am Schluss sollte das Foto so aussehen wie »Retusche_fertig.tif« im ERGEBNISSE-Ordner.

10.2.3 Inhaltssensitive Retusche

Nicht immer gelingen Retuschen mit dem Bereichsreparatur-Pinsel so einfach wie im vorangegangenen Workshop. Gerade, wenn Sie größere Bereiche mit unregelmäßigen Hintergründen retuschieren wollen, versagt das Werkzeug in der Einstellung NÄHERUNGSWERT.

Glücklicherweise gibt es für den Bereichsreparatur-Pinsel in Photoshop Elements 9 nun den Radio-Button INHALTSSENSITIV. Und der hat es wirklich in sich, wie die folgenden Steps beweisen.

Schritt für Schritt: Komplexe Strukturen retuschieren

Sensitiv.tif

Schauen Sie sich das Foto in Ruhe an. Na, klar. Was zuallererst ins Auge fällt, ist eine wunderschöne Landschaft. Zu dumm nur, dass die Fotografin nicht gewartet hat, bis die beiden Strandspaziergänger vorbeigezogen sind.

© Renate Klaßen

◄ **Abbildung 10.13**
Wir wollen den Strand für uns alleine haben.

1 Näherungswert anwenden

Entscheiden Sie sich für einen Bereichsreparatur-Pinsel mit einer Größe von etwa 45 Px. Lassen Sie zunächst den Radio-Button NÄHERUNGSWERT aktiv. Das funktioniert zwar nicht so gut, wird aber auf eindrucksvolle Weise demonstrieren, was mit »Inhaltssensitivität« gemeint ist. Setzen Sie den Pinsel am vorderen Spaziergänger an, halten Sie anschließend die Maustaste gedrückt, und überfahren Sie den kompletten Bereich. Vergessen Sie auch den Schatten nicht! Sie müssen darauf achten, dass wirklich der komplette Bereich übermalt ist. Danach lassen Sie die Maustaste los.

Abbildung 10.14 ►
Das Ergebnis ist wenig überzeugend.

Abbildung 10.14 ►
Das Ergebnis ist wenig überzeugend.

2 Inhaltssensitiv entfernen

Zugegeben – der Wanderer ist zwar entfernt worden, aber man
sieht, dass hier retuschiert worden ist – wenig überzeugend.
Machen Sie den Schritt deswegen rückgängig (⎡Strg⎤/⌘+⎡Z⎤).
Schalten Sie danach um auf INHALTSSENSITIV und versuchen Sie es
erneut. Das sieht doch schon wesentlich besser aus, oder?

Abbildung 10.15 ►
Photoshop Elements hat die
Stelle recht eindrucksvoll
ersetzt.

3 Weitere Retuschen

Nehmen Sie sich jetzt noch den zweiten Spaziergänger vor. Jede
Stelle, die Sie retuschieren wollen, sollte in einem Wisch übermalt
werden. Und bitte die Schatten nicht vergessen. Was meinen Sie?
Darf das Gefieder bleiben? Na klar darf es das. – Sollten einige
Bereiche unter der Retusche gelitten haben, können Sie hier mit

dem Kopierstempel noch ein wenig aushelfen. Wie der funktioniert, haben Sie ja bereits selbst ausprobiert.

▲ **Abbildung 10.16**
Weg sind sie. Der Strand gehört uns.   ■

10.3   Hautnah – Porträts korrigieren

Bei der Retusche von Porträts sind Einsteiger oft zögerlich. Wenn ein Einsteiger die Wahl hat, retuschiert er wesentlich lieber das Bild einer alten Landstraße als ein Gesicht. Viel zu groß ist die Unsicherheit, ob man hier auch wirklich alles richtig macht.

Doch diese Zeiten sind jetzt endgültig vorbei. Photoshop Elements 9 wartet nämlich mit einem ausgesprochen cleveren Assistenten auf, der Sie durch eine komplette Retusche begleitet.

Schritt für Schritt: Porträtretusche mit dem Assistenten

Bei keiner Art der Bildbearbeitung muss man so aufpassen wie bei der Porträtretusche. Wie schnell hat man einen Effekt überzogen oder falsch angewendet. Die Folge: Das Ergebnis wirkt unnatürlich. Deswegen ist äußerste Vorsicht geboten. Doch mit dem neuen Assistenten ist die halbe Miete schon eingefahren.

Porträt.jpg

1   **Assistenten öffnen**
Öffnen Sie den Assistenzbereich, und scrollen Sie ganz nach unten. Aktivieren Sie PERFEKTES PORTRAIT.

Abbildung 10.17 ▶
Dieser Assistent hat wirklich
etwas drauf.

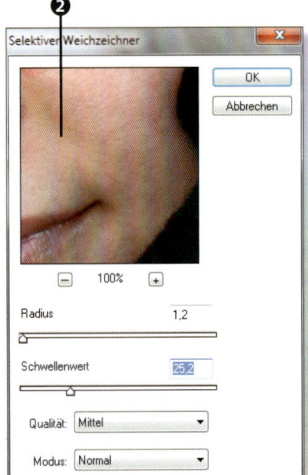

▲ **Abbildung 10.18**
Zuallererst wird die Haut
weichgezeichnet.

Werkzeuge einstellen

Wer es gewohnt ist, in der
Standardoberfläche von
Photoshop Elements zu
arbeiten, der wird vielleicht
die eine oder andere Option
vermissen. Es ist aber eigentlich alles Wesentliche da.
Selbst die Optionsleiste zur
Werkzeugeinstellung steht
zur Verfügung.

---

② Weichzeichnung einstellen

Der erste Schritt besteht darin, die Haut ein wenig weichzuzeich-
nen. Dadurch werden Poren und kleinste Untereinheiten verdeckt;
die Haut wird glatter. Nachdem Sie auf SELEKTIVEN WEICHZEICH-
NER ANWENDEN ❶ geklickt haben, öffnet sich der gleichnamige
Dialog. Klicken Sie darin auf die Vorschauminiatur ❷, und schieben Sie sich diese so zurecht, dass sich eine größere Hautpartie
erkennen lässt. Der angebotene RADIUS von 1,5 ist etwas hoch.
Gehen Sie auf etwa 1,2 zurück. Auch der SCHWELLENWERT kann
auf ca. 25 abgesenkt werden. Einen direkten Vorher-nachher-
Vergleich erhalten Sie, wenn Sie noch einmal auf die Vorschauminiatur klicken und die Maustaste kurz gedrückt halten. Wenn Sie
zufrieden sind, bestätigen Sie mit OK.

③ Weichzeichnung maskieren

Dummerweise ist bei der vorangegangenen Option das gesamte
Foto weichgezeichnet worden. Das kann so natürlich nicht bleiben. Deswegen klicken Sie jetzt auf ORIGINAL EINBLENDEN ❸ (das
macht die Weichzeichnung unsichtbar). Danach aktivieren Sie den

Weichzeichnerpinsel ❹ in der rechten Spalte. Sie können jetzt mit weißer Vordergrundfarbe (siehe Mini-Werkzeugleiste oben links) über all die Bereiche malen, die weichgezeichnet werden sollen. Zoomen Sie, falls erforderlich, stark auf das Gesicht ein.

Sollten Sie versehentlich einmal zu viel übermalt haben (beispielsweise Augen, Augenbrauen, Lippen oder Haare), drücken Sie ganz einfach X. Sie wissen ja: Mit schwarzer Vordergrundfarbe lassen sich demaskierte Bereiche wieder maskieren ■. Überfahren Sie dann diesen Bereich erneut, und wechseln Sie durch erneutes Drücken von X wieder zur weißen Vordergrundfarbe. Auch wenn es zunächst nicht so aussehen mag: Sie arbeiten hier mit einer ganz normalen Maskierung. Und noch ein Tipp: Denken Sie daran, dass sich auch die Größe der Pinselspitze mit # bzw. ⇧+# jederzeit vergrößern und verkleinern lässt ■.

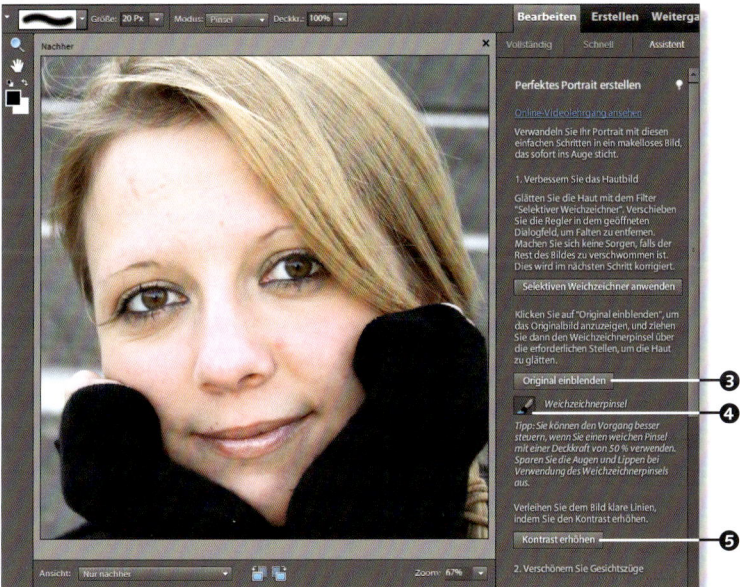

▲ **Abbildung 10.19**
Jetzt wirkt die Weichzeichnung nur noch auf die Haut. So soll es sein.

4 Kontrast erhöhen

Klicken Sie anschließend auf die Schaltfläche KONTRAST ERHÖHEN ❺, grenzen sich die Konturen stärker voneinander ab. Diese Funktion können Sie wiederholt anwenden, wobei Sie die Funktion im Beispielfoto nur einmal verwenden sollten.

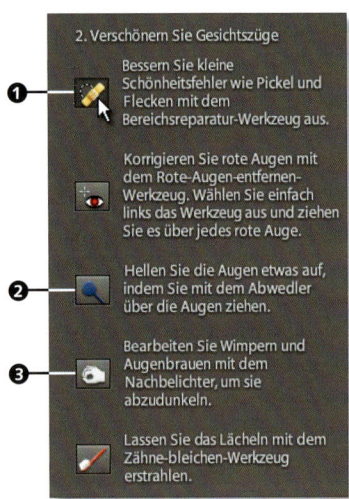

▲ Abbildung 10.20
Es ist an der Zeit, punktuelle
Ausbesserungen vorzunehmen.

5   Hautstellen retuschieren

Im nächsten großen Abschnitt geht es darum, kleine, aber feine Ausbesserungen am Foto vorzunehmen. Scrollen Sie dazu in der rechten Spalte ein wenig nach unten. Danach aktivieren Sie zunächst den Bereichsreparatur-Pinsel ❶.

Stellen Sie Spitze die dieses Werkzeugs ein. Es empfiehlt sich eine Größe von etwa 20 Px. Danach übermalen Sie größere Stellen mit gedrückter Maustaste. Kleinere Bereiche wie Pickel klicken Sie hingegen nur kurz an.

6   Augen aufhellen

Da unser Model keine roten Augen hat, dürfen Sie das nächste Werkzeug überspringen. Aktivieren Sie stattdessen das dritte Tool (Abwedler ❷). Bevor Sie es anwenden, werfen Sie einen Blick auf die Optionsleiste. Eine BELICHTUNG von 50 % ist vielleicht etwas zu stark. Das würde nämlich bedeuten, dass das Werkzeug sofort extrem reagiert. Setzen Sie die Belichtung daher auf 25 % herunter. (Eine Größe von ca. 65 Px ist hingegen in Ordnung). Wischen Sie jetzt zweimal hintereinander mit gedrückter Maustaste über jedes Auge. Das linke Auge kann vielleicht sogar noch einen dritten Wisch vertragen, da es etwas dunkler ist.

Abbildung 10.21 ▶
Das Aufhellen der Augen macht
eine Menge aus.

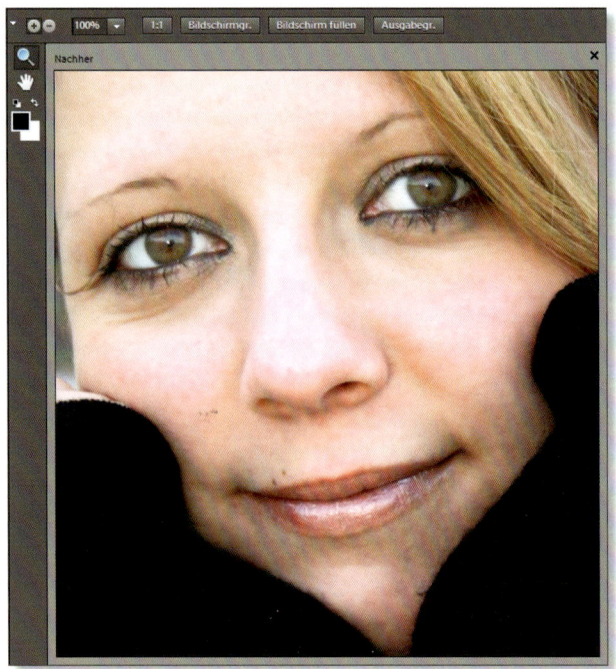

7 **Wimpern und Augenbrauen abdunkeln**

Während der Abwedler für Erhellung entsorgt, kann mit dem Nachbelichter abgedunkelt werden. Klicken Sie daher auf den vierten Button ❸ im Bereich VERSCHÖNERN SIE GESICHTSZÜGE, und wischen Sie mit einer 30 Px großen Pinselspitze über die Wimpern. Ein einzelner Wisch pro Stelle sollte reichen. Wenn Sie mit dem Werkzeug noch nicht so versiert sind, kann es hilfreich sein, die BELICHTUNG vorab herunterzusetzen. Dann reagiert das Tool nicht so stark. – Zuletzt verkleinern Sie das Werkzeug auf etwa 15 Px bei einer BELICHTUNG von ca. 30 % und fahren einmal kurz über jede Augenbraue.

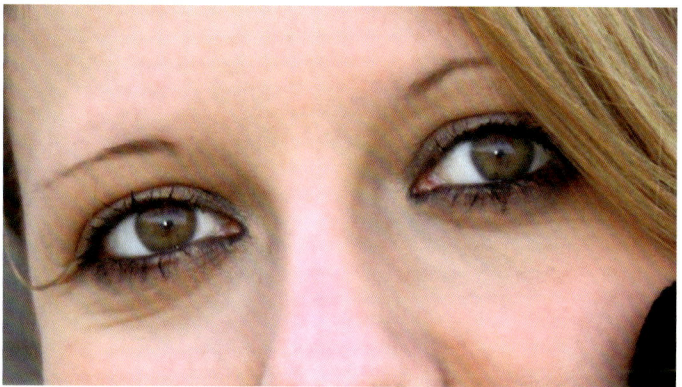

▲ **Abbildung 10.22**
Das Nachbelichten lässt Wimpern und Augenbrauen dunkler und somit kräftiger erscheinen.

8 **Optional: Glanz hinzufügen**

Auch das unterste Werkzeug muss nicht eingesetzt werden, da die Zähne hier nicht sichtbar sind (dazu gibt es weiter unten noch einen separaten Workshop). Klicken Sie stattdessen auf GLANZ HINZUFÜGEN. Damit gelangen Sie in den Filterbereich der Anwendung (auch zu erreichen über FILTER • FILTERGALERIE). Beim Hinzufügen von Glanz handelt es sich prinzipiell um den Verzerrungsfilter WEICHES LICHT. Das Foto lässt sich mit und ohne diesen Effekt betrachten, indem Sie kurzzeitig das Augen-Symbol ❹ deaktivieren. Zudem lässt sich die Wirkungsweise des Effekts noch mithilfe der darüber befindlichen Steuerelemente einstellen. Entscheiden Sie selbst, ob dieser Effekt für Sie infrage kommt. Wenn ja, bestätigen Sie am Schluss mit OK, wenn nicht, klicken Sie auf ABBRE-CHEN. Ich würde den Effekt hier lieber weglassen.

> **Weniger ist mehr**
>
> Bitte machen Sie hier nicht zu viel. Muttermale und dergleichen gehören nicht retuschiert! Denken Sie immer daran: Es geht nicht darum, eine Cyber-Figur zu erschaffen. Mit zu großem Perfektionismus würden Sie das Gesicht nur entfremden.

Abbildung 10.23 ▲
Um die Natürlichkeit des Gesichts zu erhalten, sollte dieser Effekt nicht angewendet werden.

9 **Optional: Schlanker machen**

Auch die darunter befindliche Taste, SCHLANKER MACHEN, ist im konkreten Fall nicht erforderlich. Dennoch kurz etwas zu ihrer Wirkungsweise: Bei Anwendung dieser Funktionen wird das Foto horizontal ein wenig gestaucht. Dadurch sollen Gesicht und Körper etwas schlanker aussehen. Im vorliegenden Beispiel ist das jedoch zu vernachlässigen.

Abbildung 10.24 ▶
Mit einem Wisch sind alle hinzugefügten Ebenen deaktiviert.

10 Auswirkungen begutachten

Am Ende klicken Sie auf Fertig und wechseln wieder in den Bearbeitungsmodus Vollständig. Wenn Sie das Foto jetzt noch einmal im ursprünglichen Zustand sehen wollen, müssen alle Ebenen mit Ausnahme des Hintergrunds deaktiviert werden. Dazu ein kleiner Trick: Klicken Sie auf das oberste Augen-Symbol, halten Sie die Maustaste gedrückt, und fahren Sie bis zur vorletzten Ebene durch. So lassen sich die Ebenen im Übrigen auch schnell wieder einschalten.

◄ **Abbildung 10.25**
Der Vorher-nachher-Vergleich ■

10.3.1 Zahnkosmetik

Ab und an müssen auch Zähne nachbearbeitet werden. Zwar bietet Photoshop Elements für derartige Vorhaben Einstellmöglichkeiten innerhalb des Smartpinsel-Werkzeugs, allerdings ist dieses Tool nicht individuell genug, um hier zum gewünschten Ergebnis zu verhelfen. Nehmen Sie sich doch noch einmal »Zähne.tif« vor. Danach aktivieren Sie den Smartpinsel und stellen ihn in der Auswahlliste der Optionsleiste auf Perlweiss. Dazu müssen Sie allerdings im Pulldown-Menü zunächst Portrait aussuchen. (Perlweiss extra ist übrigens erheblich zu stark!).

Jetzt müssen Sie mit gedrückter Maustaste über die Zähne des freundlichen Herrn fahren, bis sich eine Auswahl gebildet hat. Die Weißung übernimmt die Anwendung von selbst.

▲ **Abbildung 10.26**
Photoshop Elements verfügt über Einstellungen zur Zahnkosmetik.

Abbildung 10.27 ▶
Das Ergebnis könnte besser
sein.

Zähne.tif

**Der Detail-Smartpinsel ist
keine Alternative!**

Wenn Sie es mit dem Detail-Smartpinsel versuchen, wird
das ebenfalls erfolglos sein.
Dieser lässt sich zwar punktuell besser anwenden,
gestattet aber aufgrund der
unterschiedlichen Gelb-Färbungen im Beispielfoto nicht
genug Freiheiten. Und bei
genauer Betrachtung entfärbt er ebenfalls das Zahnfleisch mit.

Aber wirklich beeindruckend ist das Resultat nicht, oder? Nicht
nur, dass die Backenzähne immer noch gelb sind; die Schneidezähne wirken jetzt einen Tick zu weiß. Aber noch viel schlimmer
ist, dass ein Teil des Zahnfleisches mit in die Auswahl geraten ist.
Und dort soll ja ganz bestimmt keine Umfärbung bzw. Entfärbung stattfinden. Deshalb ist die Anwendung dieses Tools nicht
zu empfehlen ■. Machen Sie die letzten Schritte am besten wieder rückgängig, und befolgen Sie die Anweisungen des folgenden
Workshops.

Zähne.tif

Schritt für Schritt: Zähne wieder weiß machen

Wir wissen natürlich nicht, ob der freundliche junge Herr Raucher
ist. Das spielt auch keine Rolle – wir machen ihn kurzerhand zum
Nichtraucher – per Zahnkosmetik à la Photoshop Elements am
Objekt »Zähne.tif«.

1 Werkzeug einstellen

Zoomen Sie zunächst in den Bereich der Zähne. Danach aktivieren Sie den Schwamm. Stellen Sie die GRÖSSE auf 8 Px und den
FLUSS auf etwa 35%. Letzteres sorgt auch hier dafür, dass das
Werkzeug nicht so empfindlich reagiert. Die wichtigste Einstellung ist aber: SÄTTIGUNG VERRINGERN im Pulldown-Menü MODUS.

Abbildung 10.28 ▶
Schwamm-Einstellungsoptionen

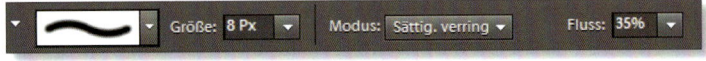

2   Zähne entfärben

Jetzt können Sie mit dem Schwamm die Sättigung herausnehmen. Dazu sollten Sie mit kreisförmigen Bewegungen über die Zähne gehen – wie beim Polieren eben. Achten Sie dabei aber auf zwei Dinge: Zum einen sollten Sie versuchen, nicht allzu sehr über das Zahnfleisch zu wischen, zum anderen dürfen die Zähne selbst nicht zu sehr entfärbt werden. Das sieht dann ebenfalls nicht mehr natürlich aus. Reinweiße Zähne gibt es nicht – außer vielleicht in Hollywood.

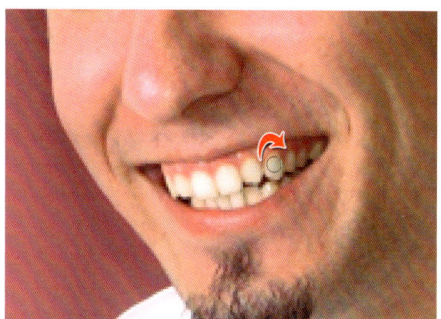

◄ **Abbildung 10.29**
Ein bisschen wie beim Zahnarzt: Mit dem Schwamm polieren Sie die Zähne sauber.

3   Optional: Mit einer Auswahl arbeiten

Sie dürfen die Ansätze des Zahnfleischs durchaus minimal mit entfärben. Falls Sie jedoch an eine Stelle gelangen, die sich als schwierig erweist (z. B. in den Mundwinkeln), verkleinern Sie kurzzeitig die Spitze oder legen vorab eine Auswahl an. Dabei werden Sie allerdings mit dem Magnetischen Lasso nicht sehr erfolgreich sein. Zahnfleisch und Zähne lassen sich einfach über kontrastierende Kanten nicht gut trennen. Verwenden Sie stattdessen lieber das Lasso oder das Polygon-Lasso.

▼ **Abbildung 10.30**
Die Zähne im Vorher-nachher-Vergleich

Kapitel 11

Camera-Raw-Dateien bearbeiten
Ihr virtuelles Fotolabor

- ▸ Was ist Camera Raw?
- ▸ Wie werden Dateien als Digital-Negativ gespeichert?
- ▸ Wie passe ich Beleuchtung und Farbe an?
- ▸ Was muss ich bei der Druckvorbereitung beachten?
- ▸ Wie können mehrere Fotos gleichzeitig bearbeitet werden?
- ▸ Wie lassen sich andere Formate (z. B. TIFF oder JPG) in Camera Raw bearbeiten?

11   Camera-Raw-Dateien bearbeiten

Camera Raw gestattet Ihnen, direkt Einfluss auf das Bildergebnis zu nehmen – wie in einer Dunkelkammer. Und das geschieht, noch bevor Kompressoren die Datei »kleinrechnen«, mit Bildern, die unverfälscht von der Kamera kommen. Und das Schönste ist: Das Ganze können Sie ohne jegliche Qualitätsverluste bewerkstelligen.

11.1   Bevor Sie mit Camera Raw arbeiten

In der professionellen Fotografie ist Camera Raw längst ein unverzichtbarer Standard geworden. Bei diesem Verfahren werden die Rohdaten (engl. *raw,* dt. *roh*) des aufgenommenen Bildes gespeichert. Die Daten sind in diesem Zustand noch nicht komprimiert worden (wie z. B. JPEG oder TIFF). Aber das herausragende Merkmal ist: Sie können beim Öffnen der Datei direkten Einfluss auf die Entwicklung nehmen – ohne Qualitätsverlust. Das liegt daran, dass die Einstellungen separat zur Datei gespeichert, aber nicht direkt und unwiderruflich auf das Bild angewendet werden. Das kann man sich so vorstellen wie bei den Einstellungsebenen. Das eigentliche Bild bleibt unverändert (so, wie es die Kamera eingefangen hat). Durch Veränderung der Bildeinstellungen verändern Sie lediglich die Darstellung des Fotos, nicht jedoch das Original – daher die Verlustfreiheit bei der Einstellung.

11.1.1   Unterschiedliche Raw-Formate

Es gibt leider kein allgemeingültiges Raw-Format. Vielmehr verwendet jeder Kamerahersteller seine eigenen Verfahren. Deshalb werden Sie (je nach Kameratyp) auch auf unterschiedliche Dateiendungen stoßen. Da kursieren z. B. CRW, JPE, NEF, RAF oder CR2, um nur einige zu nennen. Trotz dieses Umstands lassen sich heutzutage die meisten Formate mit Photoshop Elements bearbeiten. Wenn Sie nicht genau wissen, ob Ihr Format unterstützt wird, einfach ausprobieren! Beachten Sie dazu die beiden folgenden Workshops.

Schritt für Schritt: Raw-Routine dauerhaft mit Photoshop Elements verknüpfen

Im folgenden Workshop erfahren Sie, welche Möglichkeiten es gibt, ein Raw-Foto zu öffnen. Besonders bequem ist natürlich oft der Rechtsklick in einem Bildarchiv, gefolgt von ÖFFNEN MIT. Das funktioniert aber unter Umständen nicht von vornherein. Was Sie tun können, um diese Funktion dennoch zu nutzen, erfahren Sie hier. – Nehmen Sie beispielhaft ein auf Ihrem Rechner befindliches Raw-Foto. Wenn Sie gerade keines zur Hand haben, benutzen Sie die Beispieldatei.

DSCF0513.RAF

1 **Foto auswählen**

Klicken Sie mit rechts auf das Foto, und entscheiden Sie sich im Kontextmenü für ÖFFNEN MIT. Nun gibt es zwei Möglichkeiten: Entweder wird Ihnen bereits die korrekte Software angeboten (nämlich Photoshop Elements 9), oder Sie müssen nach der Software suchen lassen.

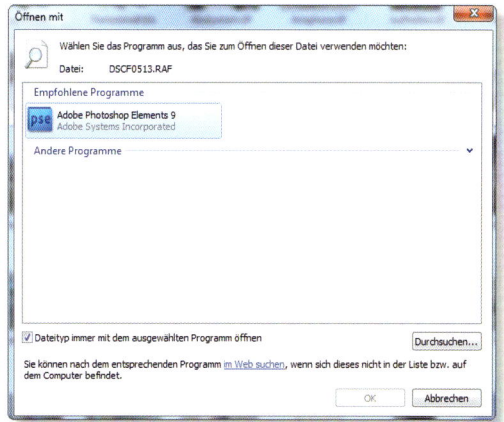

▲ **Abbildung 11.1**
Hier ist das Betriebssystem bereits fündig geworden.

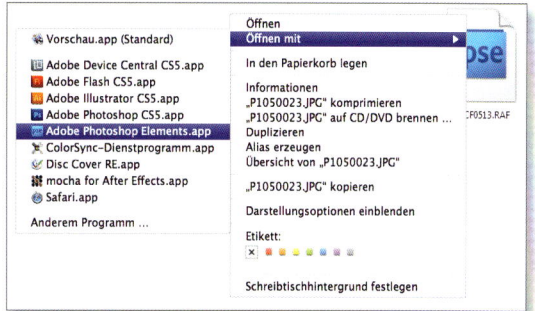

▲ **Abbildung 11.2**
Auf dem Mac taucht ein zweites Menü auf.

329

2 **Foto öffnen**

Wenn die gewünschte Anwendung im Angebot ist, klicken Sie diese an (unter Windows müssen Sie anschließend noch mit OK bestätigen) und werden das Foto kurze Zeit später in einem speziell für die Raw-Bearbeitung zur Verfügung gestellten Fenster vorfinden.

3 **Optional: Programm einstellen**

Für den Fall, dass Photoshop Elements 9 nicht zur Verfügung gestellt wird, muss auf einem Windows-Rechner auf DURCHSUCHEN geklickt werden, während Mac-User ANDEREM PROGRAMM wählen. Stellen Sie jetzt den Pfad zu Photoshop Elements her. Sie müssen nicht unbedingt das Raw-Plug-in verknüpfen. Vielmehr reicht es, wenn Sie dem Betriebssystem mitteilen, wo sich der Editor befindet.

▶ **Windows:** [LAUFWERKSBUCHSTABE]/PROGRAMME/ADOBE/PHOTOSHOP ELEMENTS 9/PHOTOSHOPELEMENTSEDITOR.EXE.

▶ **Mac:** [FESTPLATTENBEZEICHNUNG]/PROGRAMME/ADOBEPHOTOSHOP ELEMENTS 9/ADOBE PHOTOSHOP ELEMENTS.APP.

Sie müssen bei dieser Vorgehensweise nicht befürchten, dass das Foto im Editor geöffnet wird. Die Anwendung »weiß« natürlich, dass es sich hierbei um eine Raw-Datei handelt, und stellt den entsprechenden Dialog zur Verfügung. ■

11.2 Der DNG-Converter

Bitte bedenken Sie bei der gesamten Arbeit mit Raw-Dateien, dass nicht alle Anwendungen mit den unterschiedlichen Formaten zusammenarbeiten. Wollen Sie also ein entsprechendes Foto weitergeben, kann es sein, dass Ihr Empfänger sich das Foto gar nicht ansehen kann. Für diesen Fall wird seitens des Software-Herstellers Adobe ein offenes Archivformat zur Verfügung gestellt. Ist der Empfänger im Besitz des Converters, kann er das Foto auch betrachten – egal, auf welcher Plattform er sich befindet. Und noch ein wichtiger Punkt: Adobe verspricht mit dem DNG-Converter Archivierungssicherheit für die Zukunft. Es ist also nicht uninteressant, seinen Raw-Fundus zusätzlich auch als DNG zu sichern. Weitere Informationen erhalten Sie auf der

Seite *http://www.adobe.com/de/products/dng/*. Hier ist auch der Download des Converters möglich.

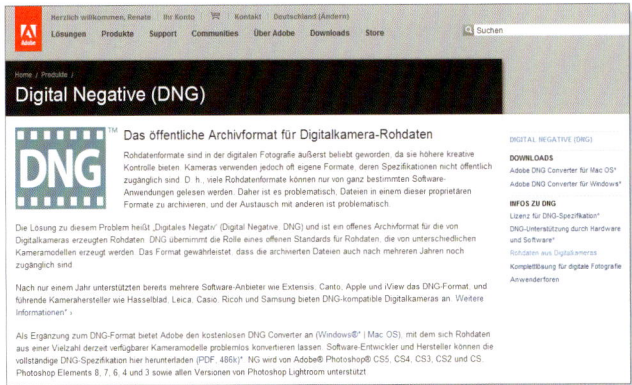

◄ **Abbildung 11.3**
Der DNG-Converter kann kostenlos heruntergeladen werden.

Wenn Sie Photoshop Elements 9 im Einsatz haben, müssen Sie den Converter nicht unbedingt installieren. Trotzdem gibt es die Möglichkeit, ein Foto im Raw-Dialog zu bearbeiten und anschließend als DNG, also im Prinzip als »Digitales Negativ«, zu speichern. Dafür ist die Anwendung bereits ausgelegt. Der folgende Workshop zeigt, wie das geht.

11.3   Erste Schritte mit Camera Raw

Falls Sie selbst keine eigenen Raw-Dateien haben, können Sie den folgenden Workshop dennoch bearbeiten. Benutzen Sie in diesem Fall die beiliegende Beispieldatei.

Schritt für Schritt: Farbtemperatur korrigieren und das Bild als Digital-Negativ speichern

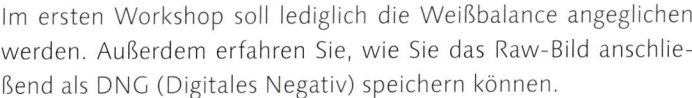

Im ersten Workshop soll lediglich die Weißbalance angeglichen werden. Außerdem erfahren Sie, wie Sie das Raw-Bild anschließend als DNG (Digitales Negativ) speichern können.

DSCF0513.RAF

1   **Raw-Datei öffnen**
Gewissermaßen nehmen Sie beim Öffnen der Datei »DSCF0513. RAF« die eigentliche Filmentwicklung vor und haben so ungeahnte Möglichkeiten in Bezug auf die Qualität des Bildes. Klicken

Sie die Datei deshalb im Beispielordner mit der rechten Maustaste an, entscheiden Sie sich im Kontextmenü für ÖFFNEN MIT, und wählen Sie ADOBE PHOTOSHOP ELEMENTS 9. Sollte dieser Eintrag nicht im Kontextmenü aufgeführt sein, ziehen Sie das Foto mit gedrückter Maustaste auf die Anwendungsoberfläche von Photoshop Elements. Alternativ können Sie natürlich auch direkt aus dem Editor heraus DATEI • ÖFFNEN einstellen. Das Foto wird daraufhin automatisch in der Raw-Umgebung geöffnet.

Abbildung 11.4 ▼
Die Raw-Umgebung – ein kleines, aber feines »Fotolabor«

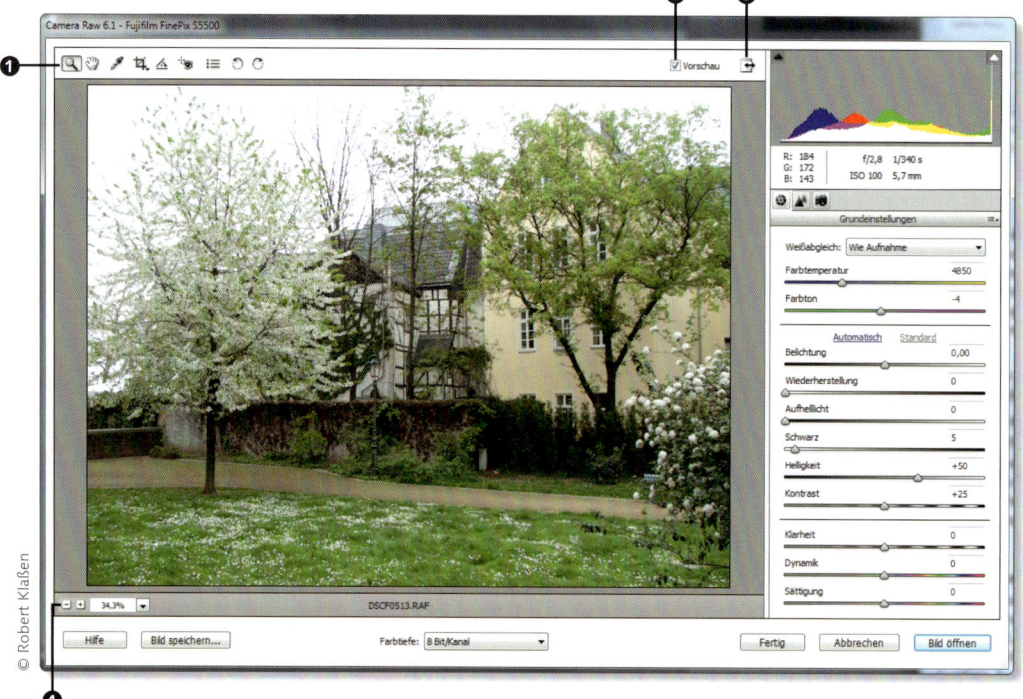

© Robert Klaßen

2 Bild skalieren

Die Ansicht der Datei können Sie verändern, indem Sie die Steuerelemente + und – unterhalb des Bildes nutzen ❹. Ein Doppelklick auf die Lupe ❶ zeigt die Datei stets in 100 % ihrer Größe an. Danach werden Sie nur noch einen Ausschnitt des Bildes sehen – ein Indiz dafür, wie großformatig Raw-Bilder tatsächlich sind.

3 Vorschauaktivierung prüfen

Achten Sie zudem darauf, dass VORSCHAU ❷ aktiviert ist, damit Sie die Auswirkungen Ihrer weiteren Arbeiten direkt im Bild sehen können. Sie können das Häkchen von Zeit zu Zeit kurz deaktivieren, um sich einen Vorher-nachher-Vergleich zu genehmigen. Gleich daneben finden Sie übrigens einen Button ❸, mit dessen Hilfe Sie den Vollbildmodus einschalten können.

4 Weißabgleich einstellen

Prinzipiell lässt sich ein Weißabgleich in Camera Raw so durchführen, wie Sie das bereits zuvor gemacht haben. Dazu aktivieren Sie die Pipette oben links in der Toolbox des Raw-Dialogs und klicken auf eine weiße oder neutral graue Fläche. In diesem Workshop wollen wir jedoch einen anderen Weg beschreiten, der Ihnen weit mehr Toleranz bei der Einstellung lässt: Zunächst einmal ist auf der rechten Seite des Fensters das Flyout-Menü WEISSABGLEICH ❺ erwähnenswert. Stellen Sie hier WIE AUFNAHME ein, werden die Gegebenheiten berücksichtigt, die zur Entstehungszeit des Bildes vorgeherrscht haben. Wenn Sie aber bereits hier Einfluss nehmen wollen, wählen Sie aus dem Pulldown-Menü einen anderen Eintrag. TAGESLICHT wäre hier angebracht. Das sorgt dafür, dass die Farben insgesamt etwas erwärmt werden. Betrachten Sie dieses Steuerelement gewissermaßen als Voreinstellung in Sachen Farbtemperatur.

Einstellungen verwerfen

Um bereits angewendete Einstellungen widerrufen zu können, halten Sie [Alt]/[⌥] gedrückt. Der Button ABBRECHEN wird dadurch zur ZURÜCKSETZEN-Schaltfläche. Wenn Sie daraufklicken, bevor Sie [Alt]/[⌥] wieder loslassen, werden alle vorgenommenen Änderungen verworfen.

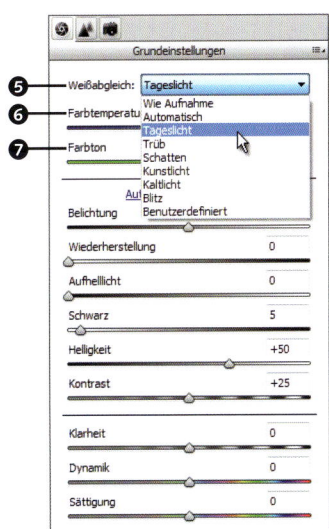

◀ **Abbildung 11.5**
Photoshop Elements bietet einige vordefinierte Beleuchtungssituationen an.

5 Temperatur verändern

Aber irgendwie könnten die Farben noch etwas wärmer sein, finden Sie nicht auch? Regeln Sie deshalb den Schieber FARBTEMPERATUR ❻ etwas nach rechts. Zwar wird dadurch die Einstellung

TAGESLICHT wieder verworfen (die Steuerelemente reagieren in Abhängigkeit voneinander), aber Sie können für eine weitere Verbesserung der Farbstimmung sorgen. Die Werte sind hier übrigens in Kelvin angegeben. Gehen Sie auf etwa 6.000. Grundsätzlich werden die Farben nach rechts hin wärmer, während sie nach links hin kühler werden.

6 Farbton verändern

Der Regler FARBTON ❼ kann wie eine Feinabstimmung der Weißbalance genutzt werden. Gehen Sie nach rechts, um mehr Magenta ins Spiel zu bringen. Nach links wird das Bild mit mehr Grün versetzt. Setzen Sie den Schieber auf etwa +15.

7 Datei speichern

Ihr nächster Schritt sollte sein, die Einstellungen zu speichern, die Sie gerade am Bild vorgenommen haben. Normalerweise würden Sie das mit dem Button FERTIG unten rechts machen. Damit würde das Bild wieder geschlossen, und die getroffenen Veränderungen würden parallel dazu mit der Bilddatei gespeichert. Das erneute Öffnen des Bildes hätte zur Folge, dass es mit den aktuellen Einstellungen angezeigt würde. In diesem Workshop wollten wir allerdings einen Schritt weiter gehen und die Datei als DIGITAL-NEGATIV (Dateiendung ».dng«) abspeichern. Entscheiden Sie sich daher für den Button BILD SPEICHERN unten links, und bestimmen Sie danach, in welchem Ordner das Negativ abgelegt werden soll. Wenn Sie hingegen wollen, dass es den gleichen Speicherort wie das Raw-Original bekommt, müssen Sie hier nichts ändern.

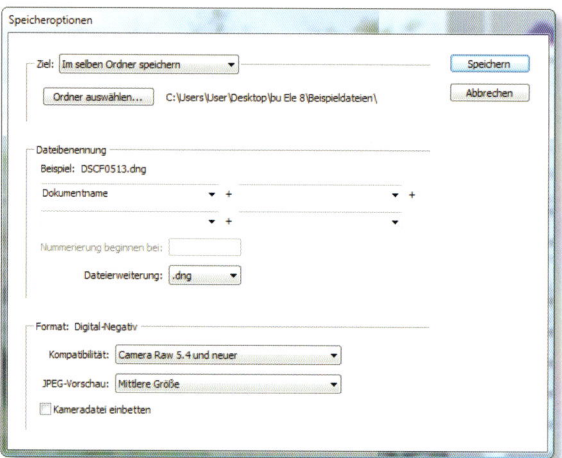

Abbildung 11.6 ▸
Die Datei wird als digitales Negativ gespeichert.

8 Datei benennen

Nun haben Sie die Möglichkeit, einen Namen zu vergeben. Das machen Sie über das erste Pulldown-Menü im Frame DATEIBENEN-NUNG. Wenn Sie die Liste allerdings öffnen, werden Sie feststellen, dass lediglich Dokumentname, Seriennummer, Folgebuchstaben oder das Datum festgelegt werden können. Nein, nicht ganz. Sie können das Feld (in dem standardmäßig DOKUMENTNAME steht) per Mausklick komplett markieren und dann anstelle des angegebenen Titels Ihre bevorzugte Bezeichnung eingeben.

9 Format festlegen

Treffen Sie jetzt im untersten Frame noch Entscheidungen in Bezug auf das Format für das digitale Negativ. Prinzipiell müssen Sie hier nichts verändern. Allerdings gibt der Converter Ihnen hier die Möglichkeit, ältere Camera-Raw-Versionen zu selektieren. KAMERADATEI EINBETTEN sorgt dafür, dass die Ursprungsdatei (Raw) mit in die DNG-Datei eingebettet wird.

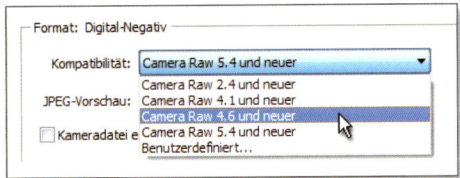

◄ **Abbildung 11.7**
Änderungen an der Kompatibilität

10 JPEG-Vorschau erzeugen

Damit Sie auch in anderen Anwendungen sehen, um welches Bild es sich handelt, sollten Sie eine JPEG-Vorschau integrieren. Das hat keinen Einfluss auf die Qualität der eigentlichen Datei, sondern liefert lediglich eine Datei zur Ansicht mit. Stellen Sie hier OHNE ein, wird keine Vorschau abgespeichert.

Das fertige Dokument finden Sie im Ordner ERGEBNISSE unter dem Namen »Raw_01_fertig.dng«.

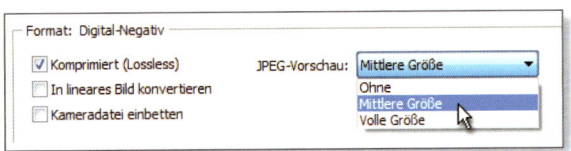

◄ **Abbildung 11.8**
Die mittlere Vorschaugröße kann stehen bleiben.

11 Optional: Bild öffnen

Wenn Sie anstelle von BILD SPEICHERN jedoch auf BILD ÖFFNEN klicken, wird das Bild, wie gewohnt, im Editor zur Verfügung gestellt. Bedenken Sie aber, dass bereits jetzt die vollzogenen Änderungen wirksam werden. Jetzt könnten Sie das Bild auch beispielsweise als TIFF oder PSD speichern. Aber noch einmal zur Erinnerung: Die Einstellungen werden innerhalb der Raw-Datei gespeichert, aber nicht unmittelbar auf das Bild angewendet. Das macht ja unter anderem die Klasse einer Raw-Datei aus, auf die Sie verzichten müssen, wenn Sie das Bild in ein anderes Format als DNG konvertieren.

Abbildung 11.9 ▼
Mit der richtigen Weißbalance wirkt das Bild natürlicher und farbgetreuer.

11.4 Beleuchtung und Farbe in Camera Raw angleichen

Natürlich lassen sich Bilder, die in der Beleuchtung nicht ganz stimmig sind, im Raw-Dialog anpassen. Allerdings haben Sie auch die Möglichkeit, Ihre Einstellungen von Photoshop Elements überprüfen zu lassen. Das ist besonders dann wichtig, wenn Sie ein Raw-Foto für die Ausgabe auf einem Drucker vorbereiten wollen.

Schritt für Schritt: Raw-Bilder für den Druck nachbearbeiten

IMG_1418.CR2

Die Datei »IMG_1418.CR2« zeigt eine zwar sehr hübsche, aber leider etwas zu dunkle Fassade. Hier sollte Einfluss auf die Beleuchtung genommen werden. Öffnen Sie das Bild, und widmen Sie sich dem Raw-Dialog.

1 Optional: Kameradaten ablesen

Sie können übrigens jetzt auch eine Menge über die verwendete Kamera, die Blendenöffnung, Belichtungszeit und Ähnliches in Erfahrung bringen. Schauen Sie doch dazu einmal auf die rechte Seite des Dialogs. Gleich unterhalb des Histogramms ❶ finden Sie relevante Einträge zur Kameraeinstellung. Das Objektiv war demzufolge (aufgrund des Gegenlichts) nur eine fünfhundertstel Sekunde geöffnet.

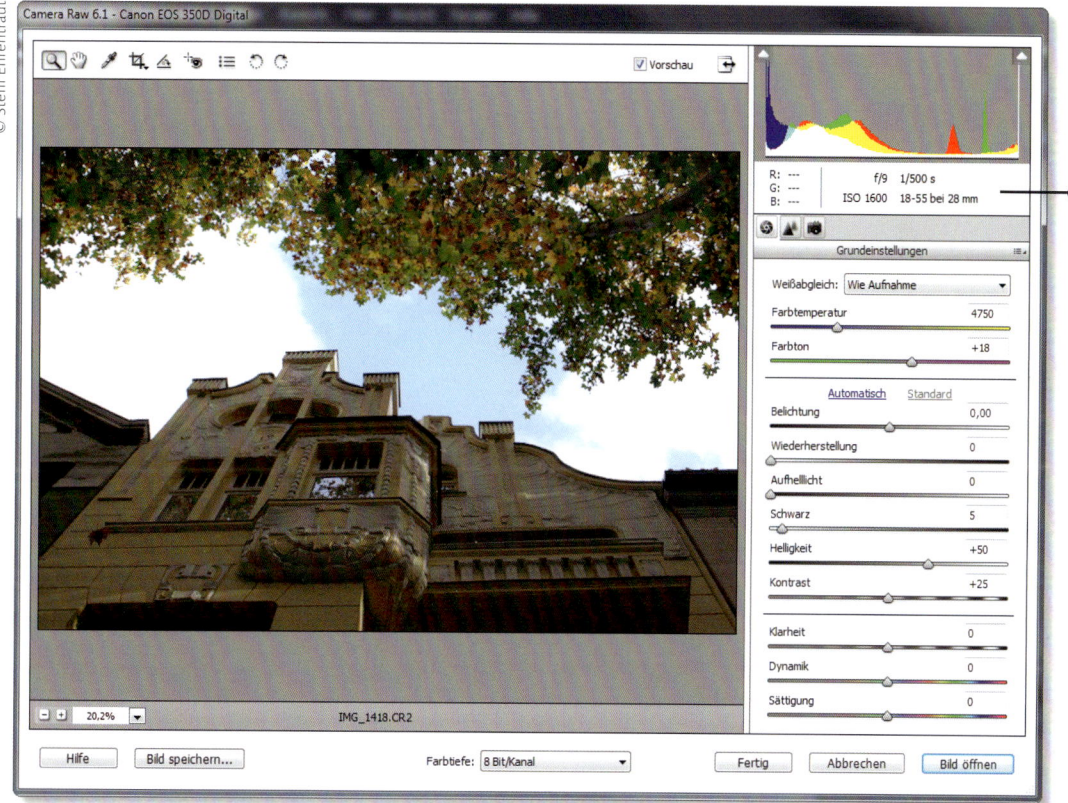

2 Belichtungszeit erhöhen

Leider haben Sie hier nicht die Möglichkeit, Tiefen aufzuhellen, wie Sie das aus dem Tiefen/Lichter-Dialog des Standard-Editors kennen. Sie können aber die Belichtungszeit erhöhen. Schieben Sie deshalb den Regler BELICHTUNG etwas nach rechts. So bei etwa +0,50 sollte die Fassade in einer annehmbaren Helligkeit erstrahlen. ■

▲ **Abbildung 11.10**
Der Raw-Converter gibt auch Aufschluss über die Datei-Informationen.

3 **Lichterwarnung aktivieren**

Allerdings haben Sie jetzt ein Problem. Die Wolken am Himmel sind nämlich zu hell geworden – genauer gesagt: fast schon rein-weiß. Das kann sich nicht nur beim Ausdruck des Fotos als problematisch erweisen. (Zu helle Bereiche werden beim Druck nicht mit Farbe versehen. Das sieht dann unter Umständen im Ergebnis löchrig aus.) Sie können sich die entsprechenden Problembereiche von Photoshop Elements anzeigen lassen. Aktivieren Sie doch einmal den Button WARNUNG ZUR LICHTERBESCHNEIDUNG oben rechts im Histogramm, oder drücken Sie ⓪ auf Ihrer Tastatur ■.

Jetzt präsentiert Photoshop Elements alle Bereiche des Bildes in Rot, die eigentlich zu hell sind. Das ist natürlich nur eine optische Warnung und wirkt sich nicht auf das Bild selbst aus. Ein erneuter Klick auf die Schaltfläche WARNUNG ZUR LICHTERBE-SCHNEIDUNG würde die Anzeige übrigens deaktivieren.

Auto-Belichtung verwenden

In Sachen Beleuchtungskorrektur lassen sich meist ganz gute Resultate erzielen, wenn Sie gleich oberhalb des Reglers BELICHTUNG auf AUTOMATISCH klicken. Damit passt Photoshop Elements die Lichtverhältnisse im Bild automatisch an. Im hier verwendeten Bildbeispiel ist diese Methode jedoch nicht geeignet, da es sich um eine Gegenlichtaufnahme handelt. Auto-Korrekturfunktionen sind für solche Fotos kein probates Mittel, weshalb sie manuell korrigiert werden sollten.

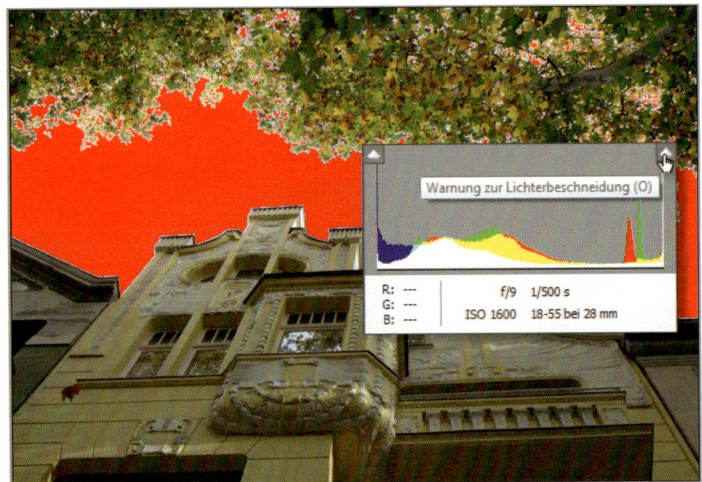

▲ **Abbildung 11.11**
Problematische Bereiche werden im Bild in Rot angezeigt ■.

Tiefen- und Lichterwarnung

Photoshop Elements kennzeichnet solche Bereiche im Bild mit Rot, in denen es nicht mehr zum Farbauftrag und somit zu unnatürlichem Weiß kommt. Wenn Sie die TIEFENWARNUNG einschalten (die Schaltfläche oben links innerhalb des Histogramms), werden problematische (d. h. zu dunkle) Stellen in Blau angezeigt. Dort wird dann zu viel Farbe aufgetragen, und die Stelle wirkt möglicherweise im Ergebnis wie ein Klecks.

4 **Werte zurücksetzen**

Zurück zur Einstellung: Da das Verstellen der Belichtung zwar die Fassade aufgehellt hat, aber dadurch am Himmel echte Farbverluste aufgetreten sind, müssen wir auf einem anderen Weg zum Erfolg kommen. Verwerfen Sie die Änderungen, die Sie vorgenommen haben. Öffnen Sie dazu das FENSTER-Menü ❶, und entscheiden Sie sich für VORHERIGE KONVERTIERUNG.

◄ **Abbildung 11.12**
Zurück zur vorherigen Konvertierung

5 Blitz simulieren

Was bei der Aufnahme vergessen worden ist, kann in Camera Raw prima nachträglich noch integriert werden – der Blitz. Wählen Sie im Pulldown-Menü Weissabgleich den Listeneintrag Blitz. Dabei bleibt die Farbtemperatur innerhalb der Grundeinstellungen verhältnismäßig weit unten, was es Ihnen wiederum möglich macht, die Helligkeit zu erhöhen, ohne dass es zur Lichterwarnung in den hellen Bildbereichen kommt.

6 Aufhelllicht erhöhen

Ziehen Sie jetzt den Regler Aufhelllicht auf etwa 75. Das wirkt auf den ersten Blick zu stark. Das muss aber sein, damit Sie die roten Flächen am Himmel wieder loswerden. Und das wiederum erledigen Sie über den Regler Belichtung. Gehen Sie hier auf etwa –1,30. Das Rot der Lichterwarnung verabschiedet sich, und die Fassade ist ebenfalls ausreichend hell. Deaktivieren Sie das Kontrollkästchen Lichterwarnung zum Schluss wieder.

▲ **Abbildung 11.13**
Die Fassade ist aufgehellt, der Himmel aber trotzdem noch blau. ■

11.4.1   Weitere Raw-Grundeinstellungen im Überblick

▶ BELICHTUNG – verändert nachträglich die Blendenöffnung, um die Belichtung des Bildes anzupassen.

▶ WIEDERHERSTELLUNG – Hiermit wird versucht, verschwindende Details in hellen Bereichen wiederherzustellen. Dabei wird mindestens ein Farbkanal abgeschnitten und weiß dargestellt.

▶ AUFHELLLICHT – Hierdurch werden Details in dunklen Bereichen besser herausgestellt. Dabei wird mindestens ein Farbkanal abgeschnitten und schwarz dargestellt.

▶ SCHWARZ – Hiermit legen Sie fest, welche Tonwertbereiche schwarz dargestellt werden sollen. Dunkle Bildbereiche werden weiter abgedunkelt, wenn Sie den Regler weiter nach rechts stellen. (Wenn Sie den Regler bedienen, während Sie Alt/⌘ gedrückt halten, und diesen dann langsam nach rechts schieben, sehen Sie, wo im Bild die ersten Konzentrationen schwarzer Pixel zu finden sind.)

▶ HELLIGKEIT – verändert die Helligkeit des Bildes insgesamt.

▶ KONTRAST – verändert das Gefälle zwischen hellen und dunklen Bereichen des Bildes. Die Einstellungen wirken sich somit vorwiegend auf die Mitten aus.

▶ KLARHEIT – Hierbei werden die Konturen klarer dargestellt. Sie können dadurch dem Verlust an Schärfe entgegenwirken, der mit der eigentlichen Bildkorrektur einhergehen kann.

▶ DYNAMIK – verhindert, dass kräftige Farben übersättigen (überstrahlen) können.

▶ SÄTTIGUNG – hebt die Leuchtkraft der Farben an.

11.5   Stapelverarbeitung

Natürlich muss nicht jedes Foto einzeln geöffnet, bearbeitet und anschließend wieder geschlossen werden. Es besteht durchaus die Möglichkeit, mehrere Raws gleichzeitig in den Dialog zu bringen. Der einfachste Weg: Sie markieren alle Fotos, die Sie öffnen wollen, während Sie Strg/⌘ gedrückt halten, klicken danach eins erneut an, halten die Maustaste gedrückt und ziehen das gesamte Paket auf die Editor-Oberfläche. Im Raw-Dialog wird daraufhin links eine Miniaturspalte erzeugt, in der Sie per Klick aussuchen können, welches Foto Sie nachbearbeiten wollen.

▲ **Abbildung 11.14**
In der linken Spalte befinden sich Miniaturen aller geöffneten Fotos.

Prinzipiell steht aber auch einer Bearbeitung mehrerer Fotos gleichzeitig nichts im Wege – zumindest solange alle mit der gleichen Korrektur versehen werden sollen. Dazu markieren Sie ganz einfach die gewünschten Fotos, während Sie $\boxed{\text{Strg}}$/$\boxed{\text{⌘}}$ gedrückt halten. Lassen Sie danach die Korrektur folgen. Dass ein Bild bereits korrigiert worden ist, sieht man sehr schön an dem kleinen Kreis-Symbol ❶.

Auch eine sofortige Bewertung des Fotos ist möglich, indem eines der fünf kleinen Kreuzchen ❷ angeklickt wird. Diese mutieren dann zu Sternen ❸. Aber das kennen Sie ja bereits vom Organizer.

Bereits zugewiesene Sterne lassen sich löschen, indem der Mauszeiger vor den ersten Stern gestellt wird. Dadurch erscheint ein kleines Halt-Symbol ❹. Einmal daraufgeklickt, und die Sterne sind Geschichte.

Abbildung 11.15 ▲
Warum nicht gleich mehrere
Fotos in einem Arbeitsgang
bearbeiten?

11.6 Andere Formate im Raw-Dialog bearbeiten

Noch etwas Interessantes zum Schluss: Der Camera-Raw-Dialog
hat ja so einiges zu bieten. Allzu schnell gewöhnt man sich an
diese tolle Arbeitsumgebung. Zu schade nur, dass man nicht alle
Fotos in dieser Umgebung bearbeiten kann. – Oder doch? – Ja,
das geht. Begeben Sie sich dazu in den Editor, und wählen Sie auf
einem Windows-Rechner DATEI • ÖFFNEN ALS. Im folgenden Dialogfenster müssen Sie nun nichts weiter tun, als das gewünschte
Foto per Mausklick zu selektieren und die Liste ÖFFNEN ALS aus-
zuklappen. Zuletzt klicken Sie noch auf die Schaltfläche ÖFFNEN.

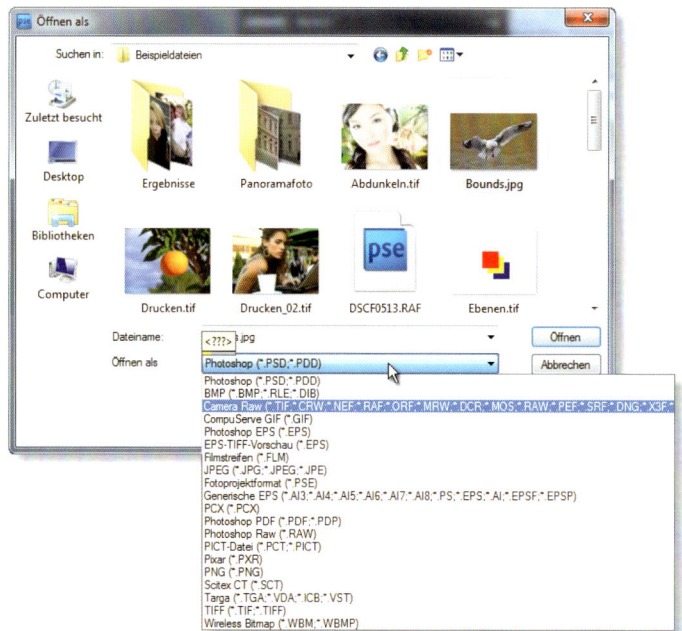

Mit dieser Liste bestimmen Sie, in welchem Format das Foto weiterverarbeitet werden soll.

Mac-User wählen hingegen Datei • Öffnen. Danach markieren Sie das Foto, das geöffnet werden soll (es können natürlich auch mehrere sein), und stellen dann unter Format den Eintrag Camera Raw ein. Der nächste Schritt heißt auch hier Öffnen.

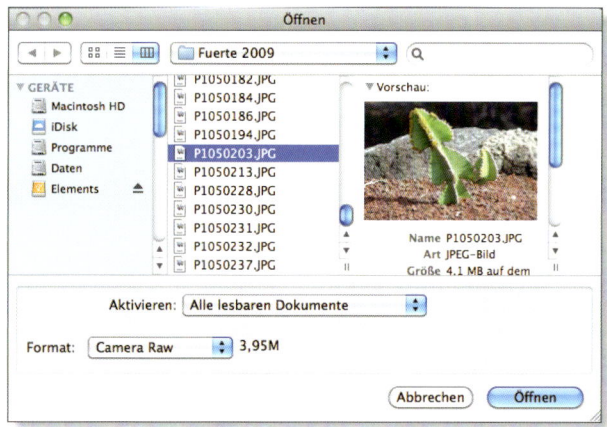

◄ **Abbildung 11.17**
Auf dem Mac muss das Format umgestellt werden.

Kapitel 12

Bilder ausgeben

Bilder drucken und präsentieren

- ▶ Wie bereite ich Dateien zum Druck vor?
- ▶ Wie kann ich vor dem Druck die Auflösung ändern?
- ▶ Wie drucke ich direkt aus dem Organizer heraus?
- ▶ Wie drucke ich Passfotos und Miniaturen?
- ▶ Wie erstelle ich eine Online-Fotogalerie?
- ▶ Wie erzeuge ich eine Diashow?

12   Bilder ausgeben

Niemand verzichtet gern auf altbewährte Papierabzüge. Der Beweis kreativen Schaffens liegt nirgendwo so schön »auf der Hand« wie beim Druckerzeugnis. Doch trotzdem kommt auch der Internetauftritt oder die DVD nicht mehr wirklich ohne Bilder, Fotogalerien und Diashows aus. Welche Möglichkeiten es da gibt, zeigt dieses Kapitel.

12.1   Bilder drucken

12.1.1   Auflösung checken

Zu Beginn einer jeden Druckarbeit sollten Sie die Auflösung prüfen. Das ist sehr wichtig, denn niedrigauflösende Bilder (wie z.B. 72-dpi-Dateien aus dem Internet) sind für einen Qualitätsdruck ungeeignet.

Vor allem kommt es natürlich darauf an, ob Sie Ihre Datei in Originalgröße zum Ausdruck bringen wollen. Ab **150 dpi** erreichen Sie bereits gute Standardergebnisse – mehr ist jedoch besser. In der professionellen Druckvorbereitung werden **300 dpi** verwendet, jedoch reichen für einen sehr guten Ausdruck auf dem heimischen Tintenstrahldrucker meist **220 dpi** vollkommen aus – auf Fotopapier, versteht sich. Die Auflösung können Sie normalerweise unten links ablesen ❷. Sollte hier eine andere Anzeige präsentiert werden, klicken Sie auf die kleine Dreiecksschaltfläche ❶ und entscheiden sich für den Eintrag DOKUMENTMASSE ■.

Wenn Sie Änderungen vornehmen wollen, stellen Sie BILD • SKALIEREN • BILDGRÖSSE ein. Gerade bei Kameradaten sind ja die Abmessungen des Bildes meist recht hoch, wobei die Auflösung (ppi und dpi) eher gering ist. Eine 4-Megapixel-Aufnahme (4:3) ist beispielsweise 80 × 60 cm groß, während die Auflösung nur 72 Pixel pro Zoll ausweist. Letzterer Wert ist eigentlich zu gering, um für ein anständiges Druckergebnis zu sorgen, wobei aber die recht ansprechenden Abmessungen (die natürlich nicht auf einen DIN-A4-Bogen passen würden) dieses Manko locker wieder wettma-

---

dpi und ppi

In der Anzeige wird die Einheit ppi (= pixels per inch) angeboten, da es sich hierbei um ein Maß für die Bildschirmdarstellung handelt. Im Druck spricht man jedoch von dpi (= dots per inch), da hier einzelne Punkte gedruckt werden. Zur rechnerischen Ermittlung der Auflösung sind beide Werte jedoch identisch.

Drucken.tif

chen. Bei Dateien ab dieser Größe müssen Sie also nichts ändern – wohl aber bei kleineren wie unserem Beispielbild »Drucken.tif«.

◀ **Abbildung 12.1**
Lassen Sie sich die gewünschten Informationen in der Fußleiste des Bildes anzeigen.

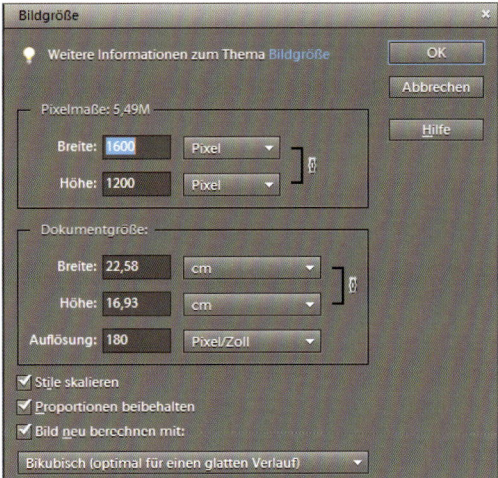

◀ **Abbildung 12.2**
Der BILDGRÖSSE-Dialog lässt Änderungen in den Abmessungen und der Auflösung zu.

12.1.2 Bildgröße oder Auflösung ändern

Über den Dialog lässt sich nun die Auflösung ändern. Vielleicht ist die Bildfläche selbst ja auch zu klein, und Sie möchten diese erhöhen. Bitte bedenken Sie dabei aber, dass jede Größenänderung auch Qualitätseinbußen zur Folge hat ■.

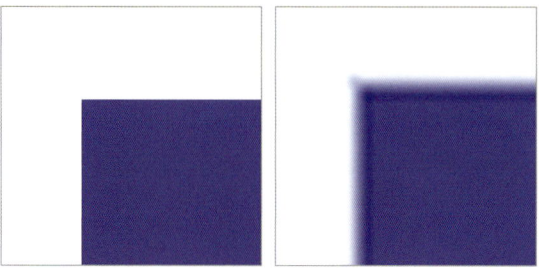

▲ **Abbildung 12.3**
Die vergrößerte Datei (rechts) wird an der Kante unscharf.

Wenn die Differenz zum Zielmaß aber nicht zu hoch ist, können Sie das machen. Geben Sie die neuen Abmessungen nach Wunsch ein. Ganz wichtig: Kontrollieren Sie vor dem Verlassen des Dialogs, ob das Häkchen vor BILD NEU BERECHNEN MIT aktiv ist. Wenn das nämlich nicht der Fall ist, wird es nichts mit der Neuberechnung! Das Bild bleibt dann im Originalformat.

12.1.3 Qualitätsverluste minimieren

Sollten Sie eine Datei vergrößern müssen, möchte ich Ihnen einen Trick verraten, bei dessen Anwendung die Qualitätsverluste durchaus hinnehmbar sind. Die Frage, ob Sie mit dieser Technik von einer Briefmarke auch gleich ein Poster machen können, muss ich allerdings verneinen.

Nehmen wir an, Sie möchten ein Bild (Auflösung 72 dpi) für den Druck vorbereiten, ohne die Größe des Bildes selbst zu ändern: Öffnen Sie dazu den BILDGRÖSSE-Dialog im Editor über BILD • SKALIEREN • BILDGRÖSSE. Tragen Sie unter AUFLÖSUNG ❶ 80 dpi ein, und bei BILD NEU BERECHNEN MIT ❷ verwenden Sie BIKUBISCH GLATTER. Bestätigen Sie mit OK.

Wiederholen Sie den Vorgang, indem Sie jedes Mal die Auflösung um 10 bis 15 Pixel bikubisch glatter heraufsetzen. Viel Arbeit? Stimmt – aber für Ihr Lieblingsfoto ist das nicht »zu« viel Arbeit, oder? ■

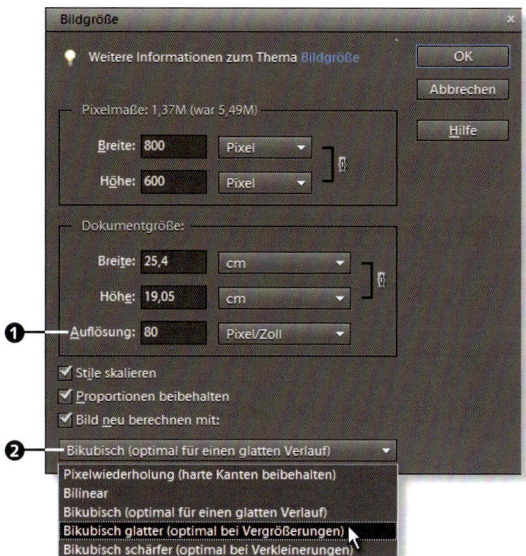

Sie möchten die Auflösung erhalten und die **Bildfläche erhöhen**? Öffnen Sie, wie zuvor beschrieben, den BILDGRÖSSE-Dialog. Setzen Sie auch hier BILD NEU BERECHNEN MIT auf BIKUBISCH GLATTER. Ändern Sie die Maßeinheit im Frame DOKUMENTGRÖSSE auf PROZENT, und tragen Sie in eines der vorangestellten Eingabefelder (BREITE oder HÖHE) einen Wert zwischen 110 und 115 ein. Kleinere Rundungsfehler beim Parallelmaß sind zu vernachlässigen. Auch diesen Vorgang wiederholen Sie, bis die gewünschte Größe erreicht ist.

12.2   Dateien drucken

Grundsätzlich haben Sie die freie Wahl, das Foto aus dem Editor oder aus dem Organizer heraus zu drucken. Beim Organizer-Druck müssen Sie lediglich darauf achten, dass sich das Foto nicht noch in Bearbeitung im Editor befindet. Zwar können Sie es auch dann drucken, doch werden noch nicht gespeicherte Änderungen beim Druck nicht berücksichtigt.

▲ **Abbildung 12.5**
Dass die Datei noch im Editor geöffnet ist, wird im Organizer entsprechend ausgewiesen.

12.2.1   Einzelne Fotos drucken

Markieren Sie ein Bild, und drücken Sie ⌨Strg/⌘+P, oder wählen Sie DATEI • DRUCKEN, um in den DRUCKEN-Dialog zu gelangen.

Drucken.tif

Abbildung 12.6 ▼
Das ausgewählte Foto im Menü
für die Druckvorbereitung in
der Windows-Umgebung

Standardmäßig zeigt Photoshop Elements in der Mitte eine DIN-A4-Seite an. Wenn Sie den Editor verwenden, wird das Seitenformat automatisch angepasst. Das ist beim Windows-Organizer anders, da hier davon auszugehen ist, dass Sie mehrere Fotos auf einem Druckbogen unterbringen wollen.

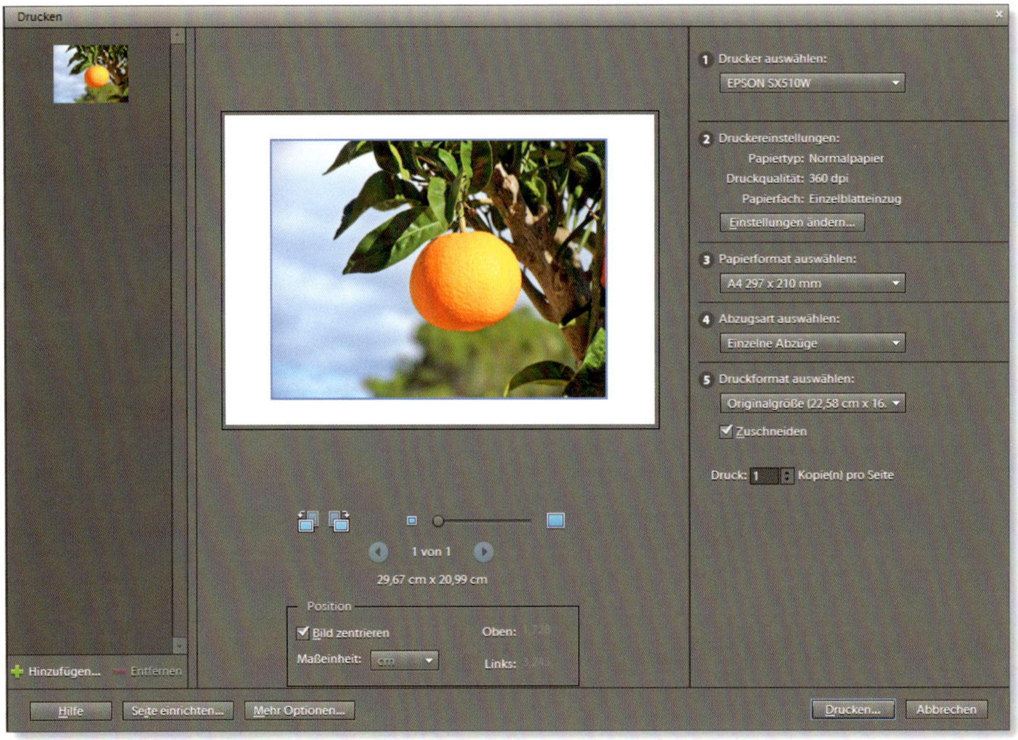

Am Mac stellt sich diese Problematik nicht, da der dortige Organizer gar keinen eigenständigen Druckdialog mitbringt. Schicken Sie aus dem Organizer heraus einen Druckauftrag ab, werden Sie mit einer Hinweistafel darauf aufmerksam gemacht. Auf dem Mac muss also ein zu druckendes Foto zuerst an den Editor übergeben werden.

Abbildung 12.7 ▶
Die Mac-Version des Organizers schickt Fotos zum Druck an den Editor.

Zurück zum Editor-Druck: Sie müssen die angebotene Vorgabe nicht hinnehmen, sondern können durch einen Klick auf Seite einrichten im Fuß des Dialogs von Hochformat auf Querformat (oder umgekehrt) umstellen, wenn Sie hochformatige Fotos zu Papier bringen wollen.

Stellen Sie zunächst im Flyout-Menü Drucker auswählen ❶ Ihren Drucker ein. Klicken Sie darunter auf Einstellungen ändern ❷ (nur Windows), wenn Sie druckerspezifische Änderungen vornehmen wollen. Da Sie den Drucker-Dialog aber auch nach dem Klick auf Drucken ohnehin noch erreichen, können Sie das an dieser Stelle ruhigen Gewissens vernachlässigen.

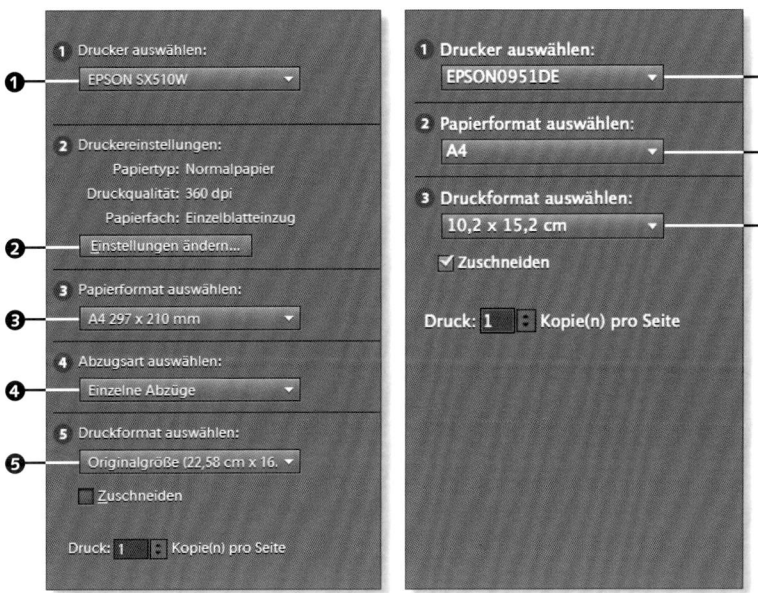

◀ **Abbildung 12.8**
Die Punkte ❷ und ❹ fehlen auf dem Mac (rechts).

Danach stellen Sie das Papierformat ❸ ein, das standardmäßig mit A4 angegeben ist. Legen Sie im Anschluss die weiteren Optionen fest, die sich auf die Art und Beschaffenheit des verwendeten Papiers beziehen. Abzugsart auswählen ❹ (nur Windows) ist erst interessant, wenn Sie mehrere Bilder ausgewählt haben.

Mit Druckformat auswählen ❺ haben Sie die Möglichkeit, Bilder zu vergrößern oder zu verkleinern. So können Sie beispielsweise bestimmen, dass das Foto auf Seitengröße gestreckt wird. Dabei kommt aber möglicherweise die zuvor bereits einmal angesprochene Problematik der zu geringen Auflösung zum Tragen. Photoshop Elements gibt in diesem Fall einen Warnhinweis aus.

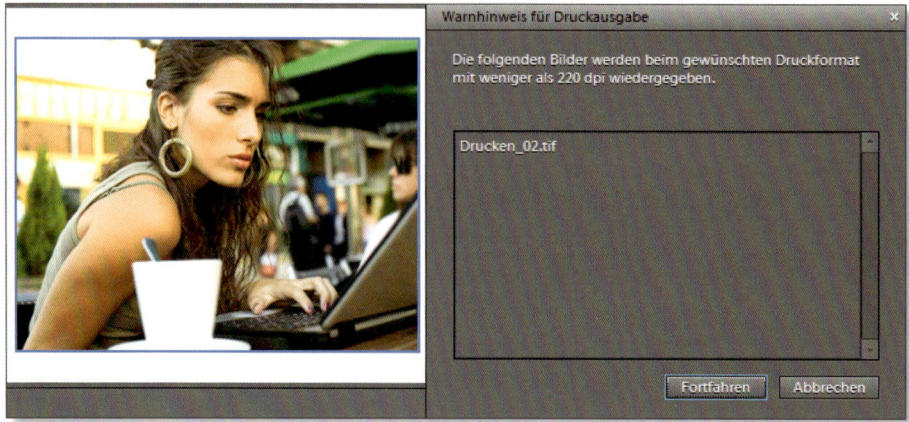

Abbildung 12.9 ▲
Photoshop Elements bemängelt, dass die Auflösung für den Druck bei dieser Bildgröße zu gering ist.

Es ist möglich, Fotos auch an dieser Stelle des Workflows noch zu skalieren und zu drehen. Das machen Sie mit den Steuerelementen, die sich unterhalb der Vorschaufläche befinden. Nachdem Sie einen Ausschnitt gewählt haben (Schieberegler verstellen!), können Sie die Maus sogar noch auf das kleine Vorschaubild stellen und den Ausschnitt selbst mit gedrückter Maustaste korrigieren.

Abbildung 12.10 ▶
Selbst Bildausschnitte lassen sich zu diesem Zeitpunkt noch beeinflussen.

12.2.2   Mehrere Fotos drucken

Unten links im Druckdialog lassen sich zudem noch weitere Fotos hinzufügen. Hierbei ist allerdings zu berücksichtigen, dass jedes Foto auf einem eigenen Druckbogen ausgegeben wird. Wenn Sie also fünf Fotos verwenden, werden auch fünf Seiten ausgegeben. Jedes Foto befindet sich zudem auf einem eigenen Bogen. Wenn

Sie das nicht wollen, müssen Sie die Abzugsart ändern (siehe den folgenden Abschnitt).

Sollten hingegen mehrere Fotos innerhalb des Editors geöffnet sein, müssen Sie bei Aktivierung von DATEI • DRUCKEN bedenken, dass nicht automatisch alle geöffneten Fotos gedruckt werden. Ebenso wird auch nicht automatisch das derzeit zur Bearbeitung vorne stehende gedruckt. Na, welches denn dann? Immer das, das im Projektbereich aktiviert ist, sprich: das mit einem blauen Rahmen ausgezeichnet ist.

> **Passfotos und Miniaturen**
>
> Sie benötigen Passfotos, Miniaturen oder Sätze, an denen sich alle Anverwandten erfreuen können? Dann lesen Sie im Zusatzangebot unter *www.galileodesign.de/bonus-seite*, wie Sie dazu vorgehen müssen.

◄ **Abbildung 12.11**
Bei dieser Anwahl wird das linke Foto gedruckt, obwohl das rechte gerade im Editor bearbeitet wird.

12.2.3 Erweiterte Funktionen

Sollten die hier angebotenen Einstellungen nicht ausreichen, können Sie den Button MEHR OPTIONEN in der Fußleiste des Druckdialogs anklicken. Hierüber haben Sie dann z. B. die Möglichkeit, Datum oder Bildtitel mit auszugeben, die Seite zu spiegeln, einen Rand oder sogar Schnittmarken hinzuzufügen.

▼ **Abbildung 12.12**
Die erweiterten Druckoptionen sind eine kleine Schatzkiste.

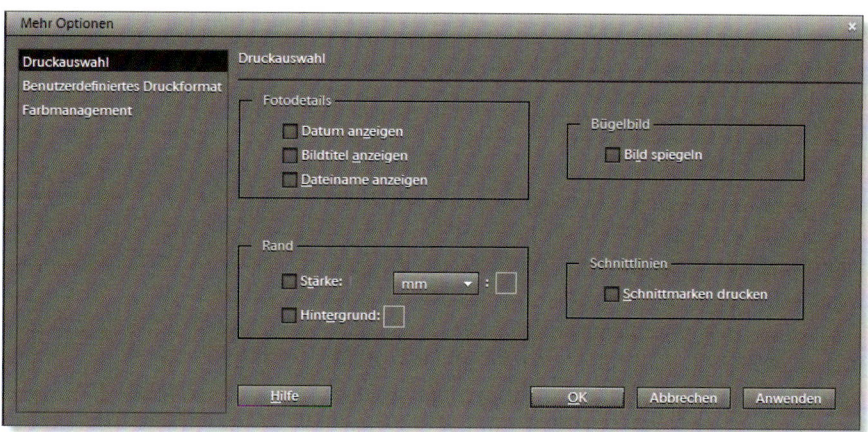

Markieren Sie doch links auf der Seite des Dialogs einmal den zweiten Eintrag, BENUTZERDEFINIERTES DRUCKFORMAT. (Sie erreichen den Dialog übrigens auch, wenn Sie in DRUCKFORMAT AUS-

WÄHLEN auf BENUTZERDEFINIERT klicken.) Danach können Sie auch hier noch Einfluss auf das Format nehmen. Wenn Sie die Checkbox AUF MEDIENGRÖSSE SKALIEREN anwählen, wird das Foto an das eingestellte Papierformat angepasst. Doch Vorsicht: Die etwas weiter unten angegebene Druckauflösung (hier: 266 ppi) wird zu diesem Zeitpunkt nicht aktualisiert. Sie müssen also zunächst einmal selbst darauf achten, dass die Druckauflösung nicht zu gering wird. Erst wenn Sie im Anschluss auf DRUCKEN klicken, kommt es bei Bedarf zu der Meldung, dass das Foto mit weniger als 220 ppi gedruckt wird.

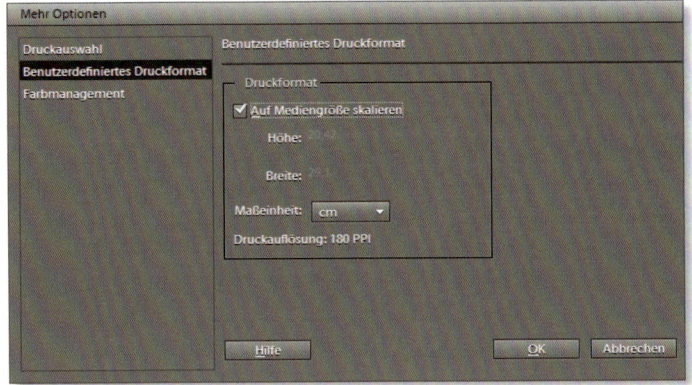

Abbildung 12.13 ▶
Die angezeigte Druckauflösung wird auf dieser Tafel nicht aktualisiert!

12.2.4 Farbmanagement

Abschließend noch ein Wort zum Farbmanagement: Lassen Sie hier bitte grundsätzlich FARBHANDHABUNG: DURCH DRUCKER stehen, und füttern Sie Ihren Drucker mit Dateien im Modus RGB. Da Printer grundsätzlich ein eigenes, integriertes Farbmanagement mitbringen, sollten Sie hier keine Änderungen vornehmen.

12.3 Karten ausdrucken

In dem folgenden Abschnitt können Sie sich besonders über die vielen Neuerungen in Photoshop Elements 9 freuen. Es geht um die Erstellung einer Grußkarte und die damit verbundenen Vorlagen-Elemente, die sich ganz individuell zusammenstellen lassen. Es kann noch eine Vielzahl anderer Medien ausgegeben werden, wie z. B. ein Bildband oder ein Kalender. Da die Vorgehensweise prinzipiell identisch ist, wählen wir hier stellvertretend eine Grußkarte.

Schritt für Schritt: Eine Grußkarte erstellen

1 Effektstil einstellen

Zunächst verwenden wir einen vordefinierten Effektstil. Dazu wählen Sie im Bedienfeldbereich die Registerkarte ERSTELLEN. Schalten Sie anschließend gleich unterhalb auf GRUSSKARTE um.

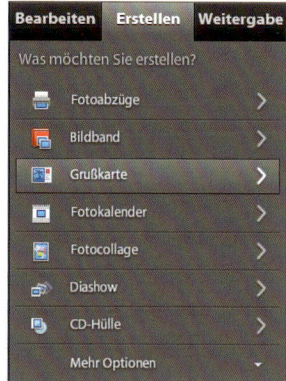

◄ **Abbildung 12.14**
Der erste Schritt zur virtuellen Postkarte

2 Thema wählen

Anschließend widmen Sie sich der linken Spalte, GRÖSSEN, und aktivieren die Zeile 200.00 × 100.00 MM (FLACH, QUERFORMAT). In der mittleren Spalte, THEMEN, suchen Sie REISEN aus und verlassen den Dialog anschließend mit OK.

▼ **Abbildung 12.15**
Damit ist das Thema festgelegt.

3 Layout wählen

Schauen Sie jetzt einmal oben rechts in den Bereich unterhalb der Registerkarte ERSTELLEN. Hier ist derzeit SEITEN aktiv. Da es für den von uns gewählten Stil nur eine Seite gibt, klicken Sie gleich auf LAYOUTS. Die Folge: Die Spalte wird mit fünf potenziellen Layouts gefüllt, von denen Sie das erste mit einem Doppelklick aktivieren sollten.

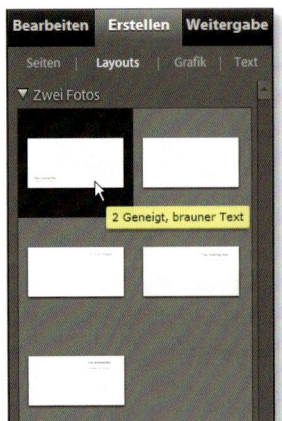

Abbildung 12.16 ►
Das Layout wird mit einem Doppelklick zugewiesen.

4 Grafik hinzufügen

Gehen Sie jetzt auf den nächsten Eintrag, GRAFIK, und entscheiden Sie sich für die Miniatur EUROPAKARTE. Kein Zweifel; wir könnten diesen Hintergrund jetzt ebenfalls per Doppelklick zuweisen. Gehen Sie aber jetzt einmal einen alternativen Weg, indem Sie die Miniatur mit gedrückter Maustaste auf die Karte ziehen. Dort angekommen, lassen Sie los.

Abbildung 12.17 ▼
Die Grafik kann auch per Drag & Drop zugewiesen werden.

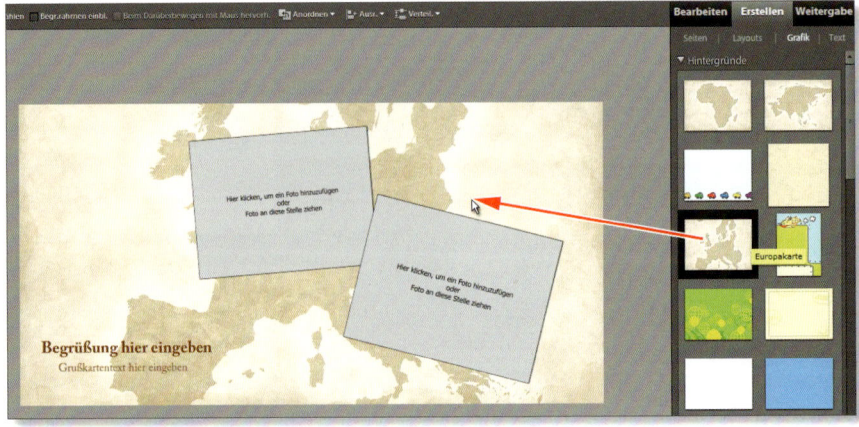

5 Text ändern

Wechseln Sie in die Rubrik TEXT und setzen Sie einen dreifachen Mausklick auf den bereits in der Karte vorhandenen Text, BEGRÜSSUNG HIER EINGEBEN. Das Erscheinungsbild des Textes könnten Sie jetzt rechts in der Spalte noch bearbeiten. Ein neuer Stil ließe sich ebenfalls noch zuweisen, indem Sie eines der Beispiele (AA) doppelt anklickten ■. Das alles soll allerdings jetzt vernachlässigt werden. Wichtig ist lediglich, dass der Text markiert ist.

<table>
<tr><td>

Textblock hinzufügen

Mithilfe des Steuerelements TEXTBLOCK HINZUFÜGEN lässt sich ein weiterer Textrahmen auf der Karte platzieren. Dieser kann danach ebenfalls mit Text gefüllt und nach Wunsch platziert werden.

</td></tr>
</table>

◄ **Abbildung 12.18**
Der Text muss markiert sein.

Tippen Sie die Nachricht ein, die Sie den Daheimgebliebenen übermitteln wollen. Wenn der Textrahmen übrigens nicht groß genug für den gewünschten Text ist, können die Anfasser wie beim Freistellungsrahmen in Form gezogen werden. Nach Abschluss der Texteingabe klicken Sie auf einen anderen Bereich der Karte.

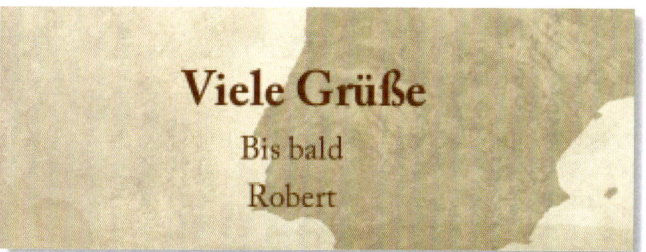

◄ **Abbildung 12.19**
Auf Ihrer Karte dürfen Sie natürlich viel mehr schreiben.

6 Fotos hinzufügen

Jetzt fehlt noch die letzte Aktion, nämlich das Platzieren der Fotos. Dazu müssen Sie aber wieder in den Bereich GRAFIK zurückkehren (im Textbereich funktioniert es nicht) und anschließend einen Mausklick auf eine der grauen Flächen setzen. Setzen Sie im folgenden Dialog das gewünschte Bild ein. Verfahren Sie mit der zweiten grauen Fläche entsprechend. Nehmen Sie zwei beliebige Fotos aus den Beispieldateien.

Abbildung 12.20 ▶
So kinderleicht lassen sich
Fotos integrieren.

7 Fotos anordnen

Das Schöne ist, dass Sie jetzt sogar noch auf die Fotos klicken und
diese mit gedrückter Maustaste nach Wunsch anordnen können.
Auch die Reihenfolge lässt sich über das Menü ANORDNEN gleich
über der Karte noch verändern.

8 Foto skalieren

Setzen Sie einen Doppelklick auf eines der Bilder. Dadurch werden einige äußerst interessante Overlay-Steuerelemente sichtbar. Oben links finden Sie einen kleinen Schieberegler ❶, der die
Vergrößerung des Fotos gestattet. Ziehen Sie ihn vorsichtig nach
rechts oder links, um ein Foto zu vergrößern oder zu verkleinern.
Das Verschieben des Bildinhalts gelingt im Übrigen durch Anklicken und Ziehen des Fotos.

Abbildung 12.21 ▶
Das Foto kann noch nach
Wunsch geschoben und skaliert
werden.

9 Optional: Foto weiterbearbeiten

Mithilfe der Overlay-Steuerelemente könnten Sie das Bild zudem
noch drehen ❷ (das funktioniert auch mit Drehen des kleinen

Kreises ❹ unterhalb des Overlay-Rahmens) oder – falls Sie an dieser Stelle doch lieber ein anderes Foto hätten – ganz einfach austauschen ❸. Anschließend bestätigen Sie diesen Vorgang mit einem Klick auf das Häkchen.

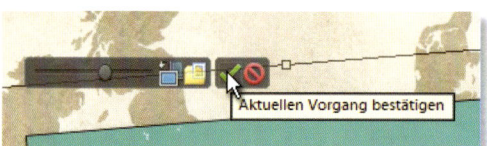

◀ **Abbildung 12.22**
Am Schluss wird die Einstellung mit Klick auf das Häkchen bestätigt.

🔟 In erweiterten Modus wechseln

Eine überaus interessante Neuerung ist die Möglichkeit, zu jeder Zeit der Projektarbeit auf die Werkzeuge und Bedienfelder zurückzugreifen zu können. Dazu müssen Sie nichts weiter tun, als unten links auf IN ERWEITERTEN MODUS WECHSELN zu klicken. Der Aufbau kann einen Augenblick dauern. Sobald aber Werkzeuge und Bedienfelder angezeigt werden, können Sie fortfahren.

▲ **Abbildung 12.23**
Hier lässt sich die Arbeitsumgebung noch anpassen.

🔟🔟 Karte drucken oder speichern

Wenn Sie eine solche Karte drucken wollen, müssen Sie jetzt nur auf DRUCKEN unten rechts gehen, um Zugang zum Druckdialog zu bekommen. Sicher wollen Sie das gute Stück aber auch speichern, oder? Dazu wählen Sie den Pfad DATEI • SPEICHERN UNTER. Beachten Sie, dass hierbei standardmäßig das Format ».pse« angelegt wird. Hierbei handelt es sich um ein Photoshop-Projektformat, das nicht unbegrenzt weiterverarbeitet werden kann. Außerdem kann jemand, der Photoshop Elements 9 nicht im Einsatz hat, mit dieser Datei gar nicht viel anfangen. Wollen Sie das gute Stück also weitergeben, empfiehlt es sich, davon ein PDF zu machen ■.

> **PDF**
>
> PDF ist ein Seitenbeschreibungsformat, das zum Austausch geradezu prädestiniert ist. Zum Öffnen von PDFs muss der Empfänger lediglich den kostenlos unter *www.adobe.com/de* erhältlichen Adobe Reader installieren.

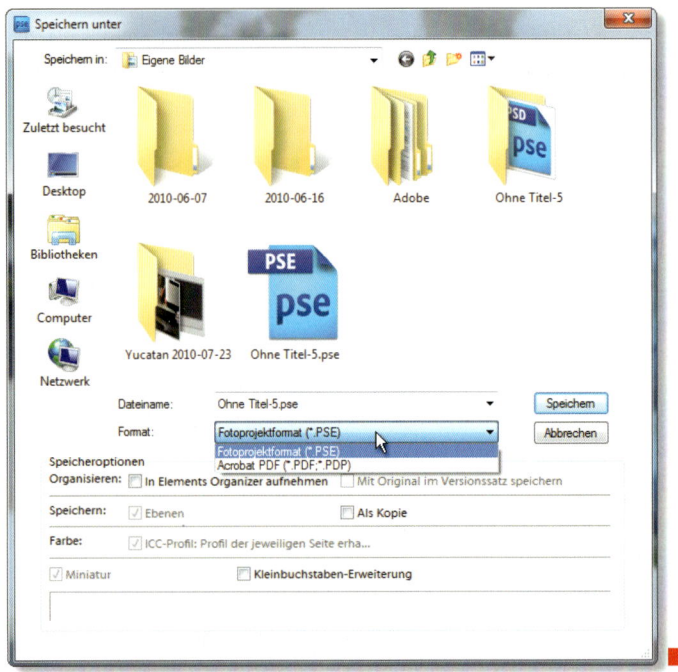

Abbildung 12.24 ▶
Zwei Speichermöglichkeiten
gibt es: entweder PSE oder
PDF.

12.4 Diashow (nur Windows)

Eine Webgalerie erstellen

Sie möchten Ihre Bilder der
Öffentlichkeit präsentieren?
Dann empfiehlt sich ein
Online-Album. Weitere Infos
erhalten Sie auf der Bonus-
Seite zum Buch unter *www.
galileodesign.de/bonus-seite*.

Mac-User haben leider nur die Möglichkeit, eine Diashow in
Form einer PDF-Ausgabe oder einer Webgalerie zu erstellen. Der
direkte filmische Aspekt, der in der Windows-Version mithilfe des
Organizers realisiert werden kann, ist hier leider nicht möglich.

Windows-User haben es hier besser. Sie können ihre Diashow
(fast schon wie in einer Videoschnitt-Applikation) gestalten und
entsprechend ausgeben. Hier steht der Kreativität letztlich gar
nichts mehr im Wege. Dazu müssen Sie allerdings noch die vor
Ihnen liegenden Workshops bewältigen. Aber es lohnt sich.

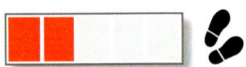

Schritt für Schritt: Eine eigene Diashow erstellen I (Vorbereitungen)

1 **Vorbereitung zur Diashow**
Markieren Sie (während Sie $\boxed{\text{Strg}}$ gedrückt halten) sämtliche Bilder innerhalb des Organizers, die Sie in die Diashow aufnehmen
wollen. Wählen Sie danach ERSTELLEN oben rechts, und entschei-

den Sie sich unterhalb für den Listeneintrag Dɪᴀꜱʜᴏᴡ. (Übrigens: Die Buttons Dɪʀᴇᴋᴛꜰɪʟᴍ und DVD ᴍɪᴛ Mᴇɴü funktionieren nur, wenn Sie zusätzlich auch Premiere Elements auf Ihrem Rechner installiert haben.)

2 Foliendauer bestimmen

Bereits hier können Sie die typischen Parameter setzen, die in Ihrer fertigen Diashow Verwendung finden sollen. Bestimmen Sie mit Sᴛᴀᴛɪꜱᴄʜᴇ Dᴀᴜᴇʀ, wie lange jedes Bild (das hier übrigens »Folie« genannt wird) stehen bleiben soll. Legen Sie darüber hinaus eine Art der Überblendung zwischen zwei Folien fest (Üʙᴇʀ-ɢᴀɴɢ) sowie deren Dauer. Bestätigen Sie noch nicht mit OK.

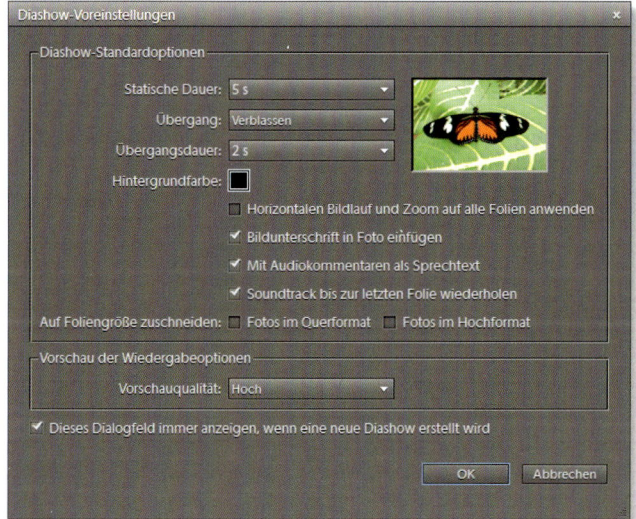

◄ **Abbildung 12.25**
Diashow-Optionen

3 Weitere Parameter vergeben

Wenn Sie sich für Hᴏʀɪᴢᴏɴᴛᴀʟᴇɴ Bɪʟᴅʟᴀᴜꜰ ᴜɴᴅ Zᴏᴏᴍ ᴀᴜꜰ ᴀʟʟᴇ Fᴏʟɪᴇɴ ᴀɴᴡᴇɴᴅᴇɴ entscheiden, können Sie interessante Kamerafahrten realisieren. Setzen Sie deshalb jetzt dort ein Häkchen, sofern Sie diese Funktion nutzen wollen. ■ Mɪᴛ Aᴜᴅɪᴏᴋᴏᴍᴍᴇɴ-ᴛᴀʀᴇɴ ᴀʟꜱ Sᴘʀᴇᴄʜᴛᴇxᴛ bedeutet: Falls Sie Ihre Bilder im Organizer mit Audiokommentaren versehen haben, werden diese abgespielt, sobald die Folie erscheint. Falls die Musik, die Sie Ihrer Diashow hinzufügen möchten, kürzer ist als die Gesamtdauer der Bildpräsentation, wird der Sound einfach erneut abgespielt – sofern Sie Sᴏᴜɴᴅᴛʀᴀᴄᴋ ʙɪꜱ ᴢᴜʀ ʟᴇᴛᴢᴛᴇɴ Fᴏʟɪᴇ ᴡɪᴇᴅᴇʀʜᴏʟᴇɴ angewählt lassen.

Einstellungen bleiben editierbar

Falls Sie im weiteren Verlauf Ihrer Arbeiten an der Diashow Änderungen an den getroffenen Voreinstellungen vornehmen wollen, erhalten Sie jederzeit Zugriff auf den nebenstehenden Dialog, indem Sie Bᴇᴀʀʙᴇɪᴛᴇɴ • Dɪᴀ-ꜱʜᴏᴡ-Vᴏʀᴇɪɴꜱᴛᴇʟʟᴜɴɢᴇɴ wählen.

4 Bilder auf Foliengröße zuschneiden

In den seltensten Fällen liegen Ihre Bilder in dem Format vor, in dem sie später auch angezeigt werden sollen. So werden hochformatige Bilder beispielsweise links und rechts mit einem schwarzen Rand versehen. Falls Sie das nicht wollen, wählen Sie im Bereich Auf Foliengrösse zuschneiden die Formate an, die Sie anpassen wollen. Fotos im Querformat sollten Sie insbesondere dann anwählen, wenn Sie Ihre Diashow später im zeitgemäßen 16:9-Format ausgeben wollen (siehe dazu auch den letzten Workshop dieses Kapitels ab Seite 371).

5 Vorschauqualität einstellen

Mit Vorschauqualität wird lediglich bestimmt, in welcher Güte Ihnen die Bilder während der weiteren Erstellung der Diashow angezeigt werden. Wenn Sie umfangreiche Diashows planen, sollten Sie hier keinen zu hohen Wert wählen. Mit der finalen Bildqualität hat diese Einstellung im Übrigen nichts zu tun. Zum Schluss bestätigen Sie mit OK. ■

Schritt für Schritt: Eine eigene Diashow erstellen II (Medien integrieren)

1 Medien hinzufügen

Nachdem Sie diese Parameter gesetzt haben, können Sie die eigentliche Diashow erzeugen. Sie könnten jetzt noch weitere Bilder hinzufügen. Darüber hinaus lassen sich aber auch Sound-Dateien integrieren, indem Sie zunächst auf Medien hinzufügen ❶ klicken. Um Sounds hinzuzufügen, können Sie ebenfalls Medien hinzufügen wählen und lassen dann den Eintrag Audio aus Ordner folgen. Allerdings reicht auch ein Klick auf die Fläche unterhalb der Bildminiaturen ❷. Diese Aneinanderreihung von Miniaturen ist übrigens die sogenannte »Timeline«.

Beim Hinzufügen der Bilder über den Listeneintrag Medien hinzufügen • Fotos und Videos aus Elements Organizer präsentiert die Anwendung den Dialog Medien hinzufügen. Markieren Sie alle Dateien, die Sie in die Diashow aufnehmen möchten, indem Sie das vorangestellte Häkchen aktivieren. Wenn Sie danach auf Fertig klicken, wird der Dialog geschlossen. Falls Sie

aber noch weitere Bilder aus anderen Verzeichnissen hinzufügen
möchten, wählen Sie AUSGEWÄHLTE MEDIEN HINZUFÜGEN.

◀ **Abbildung 12.26**
So präsentiert sich Ihre
Diashow zu Beginn.

◀ **Abbildung 12.27**
Auch nachträglich können der
Diashow noch Bilder hinzu-
gefügt werden.

2 **Diashow speichern**

Spätestens jetzt sollten Sie erstmals Ihr Projekt speichern. Klicken Sie dazu auf die gleichnamige Schaltfläche in der Symbolleiste, oder entscheiden Sie sich für Datei • Speichern unter. Vergeben Sie einen aussagekräftigen Namen, und lassen Sie einen Klick auf Speichern folgen. Denken Sie bitte auch daran, Ihr Meisterwerk von Zeit zu Zeit erneut zu sichern. Als Tasten-Profi machen Sie das logischerweise mit ⌊Strg⌋+⌊S⌋ und würden deshalb niemals den Button Projekt speichern in der Symbolleiste verwenden, oder irre ich mich?

3 **Diashow erneut öffnen**

Das Diashow-Fenster selbst können Sie jederzeit nach einem erneuten Speichern schließen. Sie erhalten sogar einen Hinweis dazu. Wann immer Sie an der Diashow weiterarbeiten wollen, doppelklicken Sie auf das dazugehörige Vorschaubild (es ist jetzt weiß umrandet).

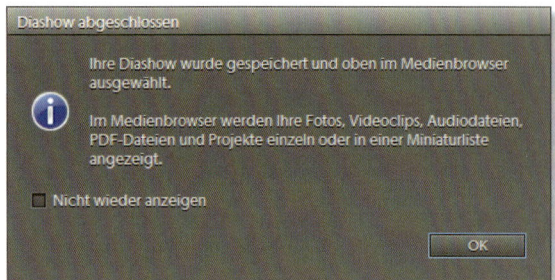

▲ **Abbildung 12.28**
Photoshop Elements meldet: »Alles im Griff!«

▲ **Abbildung 12.29**
Die Diashow selbst taucht in Form einer Vorschauminiatur im Organizer-Katalog auf.

Allerdings müssen Sie bedenken, dass als Miniatur immer das erste Bild der Diashow verwendet wird. Das bedeutet: Zunächst einmal sieht das Diashow-Icon genauso aus wie das Foto-Icon. Damit Sie wissen, welche Miniatur nun das Foto und welche die Diashow ist, schauen Sie in die obere rechte Ecke. Dort deutet ein kleines Symbol ❶ darauf hin.

4 **Folien sortieren**

Zurück zur Bearbeitung der Diashow: Möchten Sie die Bilder sortieren, dann können Sie das problemlos per Drag & Drop in der

Timeline machen. Ziehen Sie eine Folie einfach zwischen zwei andere, und lassen Sie sie an der gewünschten Stelle fallen. Die nachfolgenden Folien machen artig Platz.

▼ **Abbildung 12.30**
Folien per Drag & Drop sortieren

Alternativ klicken Sie auf den Button SCHNELL NEU ORDNEN ❷ links über der Timeline. Auch in dieser Ansicht können Sie die Folien nach Belieben umsortieren. Arbeiten Sie mit vielen Folien, ist diese Ansicht die bessere, da Sie hier wesentlich mehr Übersicht haben als in der Timeline. Wenn Sie fertig sind, klicken Sie auf die Schaltfläche ZURÜCK ❸.

▼ **Abbildung 12.31**
Auch in umfangreichen Diashows behalten Sie hier gut den Überblick.

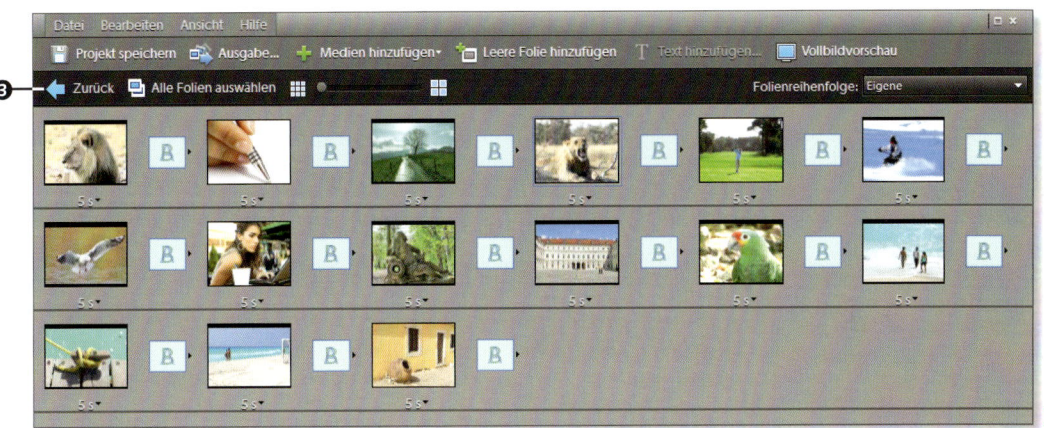

Schritt für Schritt: Eine eigene Diashow erstellen III (Überblendungen bearbeiten)

1   **Überblendungsart ändern**
Falls Sie die vorab eingestellten Überblendungen noch bearbeiten möchten, markieren Sie eines der kleinen Rechtecke, die sich innerhalb der Timeline zwischen den Bildern befinden ❺, und entscheiden sich im Flyout-Menü ÜBERGANG ❹ für einen anderen Effekt. Im Übrigen funktioniert das auch, wenn Sie das kleine Dreieck ❼ neben der Blende in der Bildleiste anklicken.

Bitte machen Sie dabei aber nicht den typischen Einsteigerfehler, die Überblendungen inflationär einzusetzen. Denken Sie immer daran: Sie zeigen Ihre Fotos – nicht die Anzahl Ihrer Überblendungen! Weniger ist auch hier mehr!

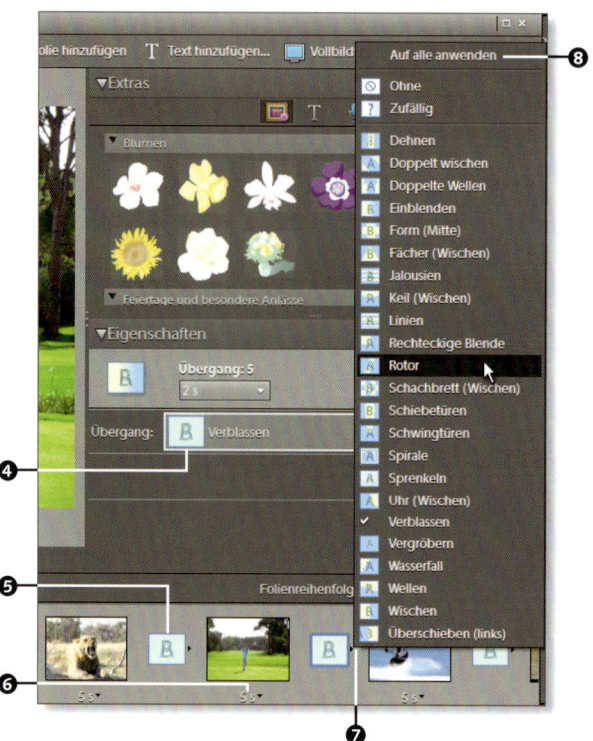

2   Alle Überblendungen ändern

Vielleicht entscheiden Sie sich im weiteren Verlauf Ihrer Arbeiten dafür, doch alle Überblendungen zu ändern. Dann käme es natürlich einer Strafarbeit gleich, diese alle manuell öffnen und das geänderte Format aus der Liste wählen zu müssen. Erledigen Sie das in einem Arbeitsgang, indem Sie auf eines der schwarzen Dreieckssymbole klicken und die Blende zunächst einstellen. Danach klicken Sie erneut auf das Dreieck und stellen Auf alle anwenden ❽ ein.

3   Foliendauer ändern

Definieren Sie anschließend, falls gewünscht, eine andere Foliendauer, indem Sie die Zeitangabe unterhalb der Blendenminiatur ❻ markieren. Dort steht eine vordefinierte Liste zur Verfügung, die Bildlängen zwischen drei und sieben Sekunden zulässt. Wollen Sie hingegen eine andere Länge, stellen Sie dies über EIGENE ein. Legen Sie die Zeit mit maximal einer Nachkommastelle fest. Andernfalls wird gerundet. Öffnen Sie das gleiche Menü erneut, und stellen Sie ALLE FOLIEN AUF [X SEKUNDEN] EINSTELLEN ein. ■

Schritt für Schritt: Eine eigene Diashow erstellen IV (Sound bearbeiten)

1 **Sound einbinden**

Was ist ein Bild ohne Musik? Klicken Sie, sofern das noch nicht geschehen ist, auf die Fläche unterhalb der Folienminiaturen, um nach einer Sound-Datei zu suchen, die die Präsentation untermalen soll.

2 **Foliendauer an Audio anpassen**

Nachdem alle Bilder eingebunden sind, können Folien und Sound angeglichen werden. Der Button, der diese wundersame Errungenschaft der Technik zugänglich macht, heißt FOLIEN AN AUDIO ANPASSEN.

▼ **Abbildung 12.33**
Foliendauer und Audio werden aufeinander abgestimmt.

Wenn Sie allerdings denken, dadurch würden Übergänge im Rhythmus der Musik erfolgen, muss ich Sie leider enttäuschen. Über diesen Button wird nämlich nur die Anzeigedauer der einzelnen Folien gleichmäßig verändert, sodass Musik und Präsentationslänge zueinander passen. Wenn Sie also, sagen wir einmal, sechs Bilder an eine Wagner-Oper angleichen möchten, werden die Folien jeweils so etwa eine halbe Stunde lang stehen bleiben.

3 **Audio an Foliendauer anpassen**

Aber auch der umgekehrte Weg ist möglich. Sie können den Sound auch verkürzen, indem Sie seine Länge im Bereich EIGENSCHAFTEN individuell festlegen. Ziehen Sie einfach die kleinen Symbole

ANFANG und/oder ENDE nach innen, um nur einen bestimmten Bereich des Musikstücks abspielen zu lassen. Dabei sollten Sie aber zwei Werte im Auge behalten: Erstens die Gesamtlänge der Diashow und zweitens die Länge des Sounds ❶. Diese sollen ja meist zusammenpassen.

Abbildung 12.34 ▶
Der umgekehrte Weg: Die Länge der Musik wird gekürzt.

Navigation durch die Folien

Sie ahnen es bestimmt … Jetzt kommen wieder die geliebten Tastenbefehle an die Reihe. Aber wenn Sie bequem von einer Folie zur nächsten bzw. vorhergehenden springen möchten, machen Sie das ultracool mit ← und →. Die Tastatur ist etwas Wunderbares, finden Sie nicht auch? Sollten Sie jedoch über ein Scrollrad verfügen, können Sie auch damit zwischen den Folien hin- und herspringen.

---

4   Text einsprechen

Ist Ihnen danach, einzelne Folien zu kommentieren? Nichts leichter als das: Wählen Sie auf dem Bedienfeld EXTRAS (oberhalb der Eigenschaften) den Button SPRECHTEXT an. Das ist dieses kleine, lustige Mikrofon ❷.

Die Aufnahme beginnt, nachdem Sie auf den Aufnahme-Button geklickt haben. Achten Sie aber stets darauf, dass zuvor die richtige Folie innerhalb der Timeline markiert worden ist ■.

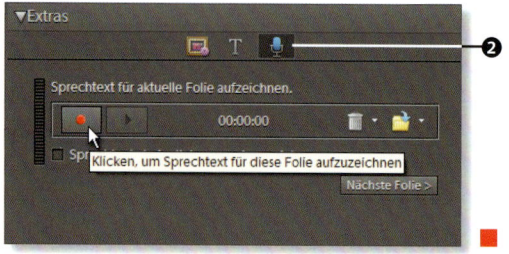

Abbildung 12.35 ▶
Kommentar aufzeichnen

 Schritt für Schritt: Eine eigene Diashow erstellen V (Cliparts und Text hinzufügen)

1   Extras hinzufügen

Auf der Registerkarte EXTRAS werden noch weitere Möglichkeiten zur Verfügung gestellt. Dort können Sie sich aus einem Fundus an Cliparts, Rahmen und Ähnlichem bedienen. Aktivieren Sie dazu den Button GRAFIKEN ❸. Weisen Sie die Objekte zu, indem Sie sie auf den Vorschaumonitor ziehen und bei Bedarf das Bild mit den quadratischen Anfassern des Rahmens skalieren (mit ⌂ gelingt das sogar proportional). Durch Markieren und einen Druck auf ⌷Entf⌷ werden Sie die Dinger sogar wieder los – nur für den Fall, dass die Ente im Atlantik dann doch etwas zu kitschig wirkt.

▼ **Abbildung 12.36**
Selbst der Wunsch, ein kitschiges Blümchen zu integrieren, kann mit Photoshop Elements real werden.

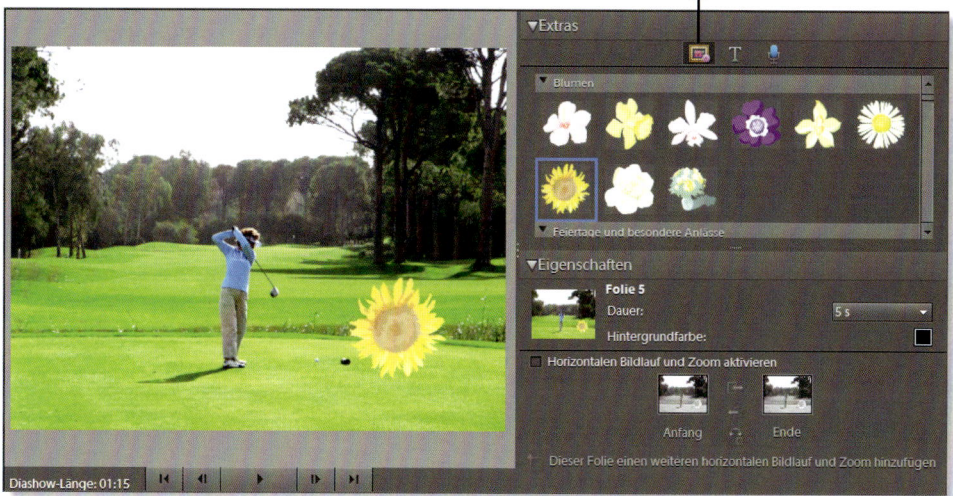

2 Text hinzufügen

Wenn Sie die Folien beschriften wollen, aktivieren Sie zunächst den mittleren Button, TEXT ❹. Doppelklicken Sie auf einen der Buchstaben. Danach können Sie jene Botschaft eingeben, die in !hrer Diashow auf gar keinen Fall fehlen darf. Und über die EIGEN-SCHAFTEN auf der rechten Seite des Diashow-Editors lassen sich die Textoptionen anschließend noch anpassen.

▼ **Abbildung 12.37**
Falls Sie nicht alles aufsprechen wollen, reicht auch einfacher Text auf den Folien.

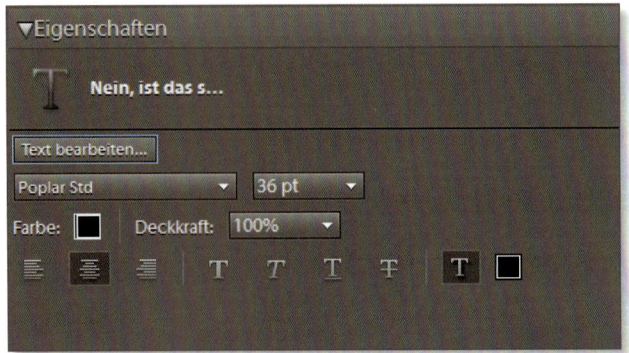

Schritt für Schritt: Eine eigene Diashow erstellen VI (Kamerafahrten erzeugen)

Dann wären da noch die Kamerafahrten, die sich ebenfalls prima verändern lassen. Nein, ich habe das nicht vergessen und bringe es jetzt noch fast zum Schluss unter. Vielmehr sollten Sie diesen Schritt wirklich zum Ende hin machen, wenn Sie abschätzen können, wie Ihre Diashow wirkt, und wenn Sie die Standardbewegungen bereits einmal begutachtet haben. Zu viel Bewegung tut nämlich auch einer Diashow nicht gut. Weniger ist ja mehr, wie Sie nur zu gut wissen.

1 Kamerafahrten verändern

Wenn Sie etwas ändern möchten, geht das so: Markieren Sie eine der Folien in der Timeline, und widmen Sie sich den EIGENSCHAFTEN in der Liste rechts neben dem Vorschaumonitor. Schalten Sie HORIZONTALEN BILDLAUF UND ZOOM AKTIVIEREN ❶ ein. (Sollten Sie ganz zu Anfang bereits in den Voreinstellungen zur Diashow Entsprechendes veranlasst haben, ist die Funktion bereits aktiv.) Die beiden Miniaturen ANFANG und ENDE lassen sich per Mausklick anwählen. Auf dem Vorschaumonitor sehen Sie dann einen Rahmen (grün für den Anfang, rot für das Ende der Kamerafahrt), der ebenfalls an den Ecken skaliert werden kann – wie zuvor die Cliparts. Richten Sie damit den Bildausschnitt für Anfang und Ende der Bewegung ein. Den kompletten Rahmen verschieben Sie, indem Sie die Maus in die Begrenzung bringen und ihn mit gedrückter Maustaste verschieben ■.

Kamerafahrt deaktivieren

Falls Sie sich nun doch dazu durchgerungen haben, keine Bewegungssimulation anzuwenden, deaktivieren Sie das Kontrollkästchen HORIZONTALEN BILDLAUF UND ZOOMEN AKTIVIEREN ❶.

▲ **Abbildung 12.39**
Über den Auswahlrahmen
legen Sie den Anfang und das
Ende der Kamerafahrt fest.

2   **Anfangs- und Endpunkte kopieren und vertauschen**

Mit den drei mittleren Punkten schließlich wird der Endpunkt der Folie mit dem aktuellen Anfangspunkt ❷ und der Anfangspunkt der Folie mit dem aktuellen Endpunkt synchronisiert ❸, und Anfangs- und Endpunkt werden miteinander vertauscht ❹.

3   **Kamerafahrt erweitern**

Die Bewegungssimulation lässt sich bis ins Unermessliche ausdehnen. Klicken Sie auf Dieser Folie einen weiteren horizontalen Bildlauf und Zoom hinzufügen ❺, um die Folie wiederholt in der Timeline anzuordnen. Praktischerweise ist der Endpunkt der alten Folie der Startpunkt der neuen, die sich danach weiterbearbeiten lässt. So wird das Ruckeln beim Übergang zwischen alter und neuer Folie gänzlich eliminiert. ∎

Schritt für Schritt: Eine eigene Diashow erstellen VII (Diashow ausgeben)

1   **Diashow kontrollieren**

Mit den Buttons unterhalb der Bildvorschau lässt sich die Präsentation zur finalen Kontrolle abspielen. Oder möchten Sie lieber das Ganze im Vollbildmodus betrachten? Drücken Sie dazu einfach F11, oder klicken Sie in der Symbolleiste auf Vollbildvorschau. Zum Verlassen der Vollbilddarstellung drücken Sie Esc.

Drücken Sie noch einmal ⌈Strg⌉+⌈S⌉, um den aktuellen Stand Ihrer Diashow zu sichern.

2 Diashow für die Ausgabe vorbereiten

Was jetzt noch fehlt, ist die Ausgabe. Schließlich muss sie dem ungeduldig wartenden Publikum ja auch zur Ansicht gebracht werden. Ob Sie dazu DATEI • DIASHOW AUSGEBEN oder die Schaltfläche AUSGABE innerhalb der Symbolleiste benutzen, ist dabei gänzlich unerheblich. Sie werden sich hier für FILMDATEI (.WMV) entscheiden, wenn Sie das Werk später am PC oder TV ansehen wollen. (WMV steht übrigens für »Windows Media Video«.) ∎

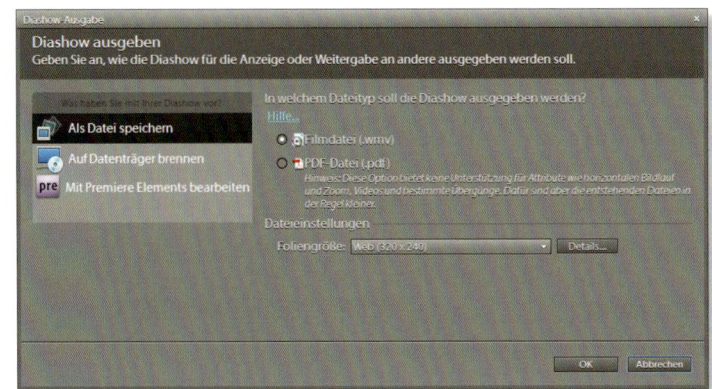

Abbildung 12.40 ▶
Ausgabeeinstellungen für die Diashow

3 Foliengröße einstellen

Jetzt müssen Sie sich entscheiden, was mit dem guten Stück geschehen soll. Das legen Sie links im grau schattierten Feld fest. ALS DATEI SPEICHERN sorgt dafür, dass die Ausgabe für den PC vorbereitet wird. Wenn Sie eine VCD oder DVD brennen möchten, entscheiden Sie sich für den zweiten Eintrag. Beachten Sie aber, dass auch auf einer DVD nur VCD-Qualität erzeugt wird. In jedem Fall müssen Sie aber, sofern Sie eine WMV-Filmdatei erzeugen wollen, die Sie später auch in einer Videoschnitt-Software verwenden können, jetzt noch für die richtige Foliengröße sorgen.

Wenn Sie den Film später am heimischen TV ausgeben wollen, müssen Sie DVD-PAL einstellen. Das ist der europäische Standard. Erbtante Paula in Massachusetts bekommt aber eine Ausgabe in DVD-NTSC, weil sie die Scheibe andernfalls dort nicht abspielen kann ∎.

4 **Seitenverhältnis und Auflösung ändern**

Wie Sie sehen, werden im Menü FOLIENGRÖSSE nicht allzu viele Formate gelistet. Wenn Sie die WMV-Datei für eine spätere Verwendung im TV ausgeben wollen, bliebe Ihnen lediglich DVD-PAL (720 × 576). Das ist nicht mehr zeitgemäß. Was tun Sie aber, wenn Sie den Film in 16:9 und/oder auf einem HD-Bildschirm betrachten wollen? In diesem Fall entscheiden Sie sich für den Eintrag WEITERE SUCHEN.

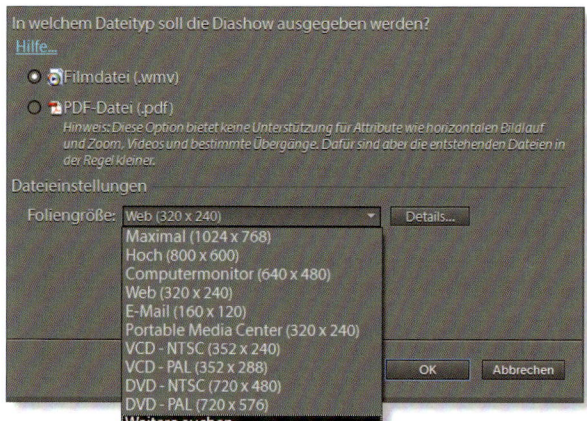

◄ **Abbildung 12.41**
Erweitern Sie das Angebot in dieser Liste.

Wählen Sie den folgenden Pfad: [LAUFWERKSBUCHSTABE] • PROGRAMME • ADOBE • PHOTOSHOP ELEMENTS 9 • ELEMENTS 9 ORGANIZER • ASSETS • LOCALE • DE _ DE • TV _ PROFILES. Hier werden weitere überaus nützliche Profile zur Verfügung gestellt, die in der Standardansicht nicht enthalten sind. Klicken Sie das gewünschte Format an. WIDESCREEN STANDARD DEFINITION (PAL).PRX ist das Gleiche wie DVD-PAL, nur mit dem Seitenverhältnis 16:9. Für High Definition verwenden Sie WIDESCREEN HIGH DEFINITION. PRX. Die neu hinzugewonnene Foliengröße wird im Anschluss übrigens auch im Dialog angezeigt.

◄ **Abbildung 12.42**
Etwas versteckt, aber überaus nützlich – die zusätzlichen Ausgabeformate

Abbildung 12.43 ▶
Das gewählte Format ist übernommen worden.

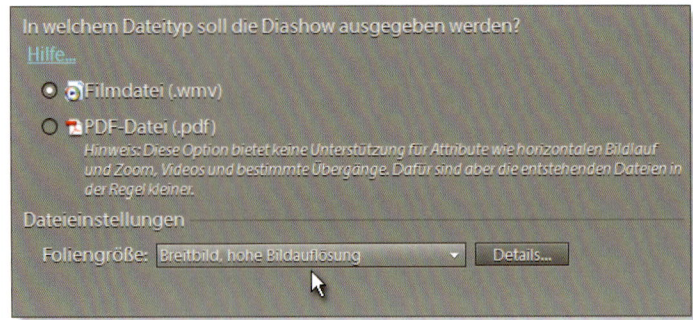

5 Diashow als WMV speichern

Zuletzt bestätigen Sie mit OK und vergeben den gewünschten
Speicherort für die WMV-Datei. Je nach Umfang und Rechnerleis-
tung müssen Sie jetzt mehr oder weniger Geduld aufbringen. Am
Ende verarbeiten Sie die WMV-Datei in Ihrer DVD-Software nach
Wunsch weiter (z. B. mit Premiere Elements, Nero oder jeder
anderen Software, die imstande ist, Film-DVDs zu erzeugen).

Abbildung 12.44 ▶
Nur noch wenige Augenblicke,
und die Diashow ist fertig.

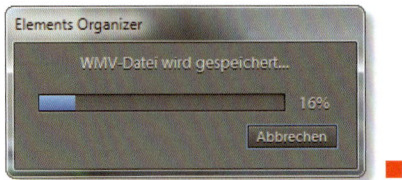

12.4.1 Andere Formate einstellen

Für die Wiedergabe am 4:3-TV reicht es ja, wenn Sie DVD-PAL
mit einer Auflösung von 720 × 576 Pixel einstellen. Was bei 16:9
zu tun ist, haben Sie im vorangegangenen Workshop erfahren.
Wenn Sie jedoch den Film auf Ihre Website bringen wollen, sollten Sie hier ein geringer auflösendes Format wählen, damit die
Datenraten nicht zu hoch werden (z. B. WEB (320 × 240)). Die
Einzelheiten zu sämtlichen Einstellungen können Sie sich übrigens
anzeigen lassen, indem Sie DETAILS markieren. Grundsätzlich gilt
aber: Wenn Sie eine Diashow für unterschiedliche Medien vorgesehen haben, müssen Sie auch mehrere unterschiedliche Formate
ausgeben. Ein durchgängiges Format für alle Verwendungsfor-
men gibt es nicht.

12.4.2 Datei für Premiere Elements vorbereiten

Erstellen Sie eine DVD mit interaktiven Menüs, sofern Sie in Besitz von Premiere Elements sind. Bedenken Sie aber, dass Sie Diashows natürlich auch direkt in Premiere Elements erzeugen können. Aus dem Organizer heraus wählen Sie im Register ERSTELLEN • DVD MIT MENÜ.

12.4.3 Abspann hinzufügen

Sie können Ihrer Diashow auch sogenannte Schwarzfolien hinzufügen. Diese eignen sich besonders für den Vor- oder Abspann. Um einen statischen Abspann zu erzeugen, markieren Sie zunächst die letzte Folie und klicken dann in der Symbolleiste auf LEERE FOLIE HINZUFÜGEN ❶. Achten Sie auf die Timeline. Das Schwarzbild wird als letzte Folie integriert. Geben Sie Text ein, wie zuvor beschrieben. Verwenden Sie die Zeilenschaltung, indem Sie am Zeilenende ⏎ drücken.

▼ **Abbildung 12.45**
Erzeugen Sie einen mehrzeiligen Abspann.

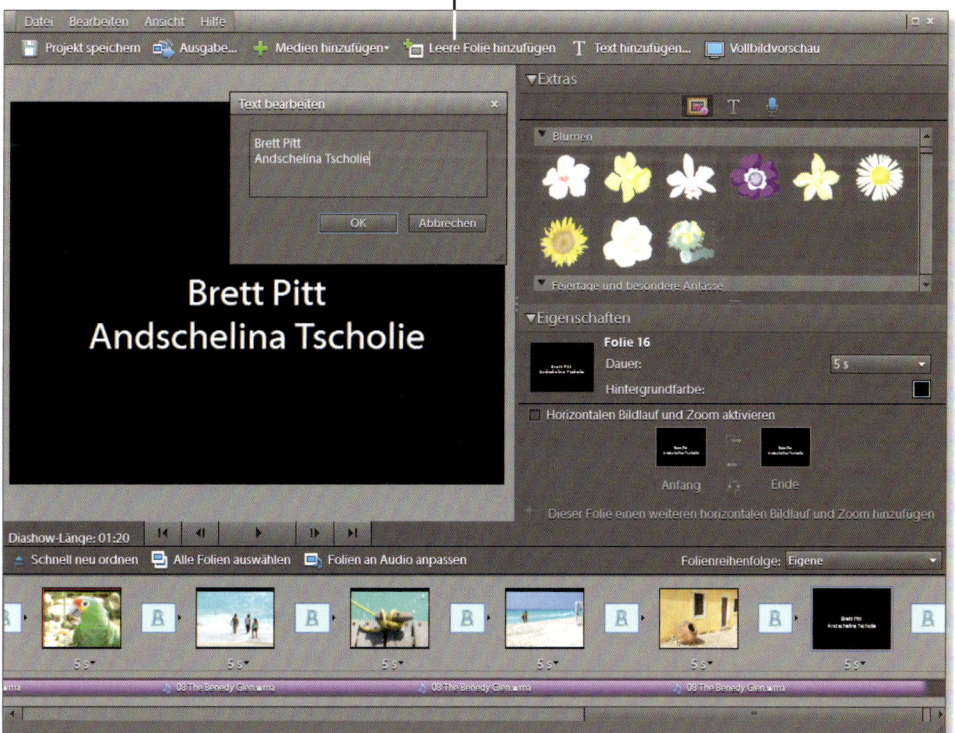

Richten Sie den Text noch aus, und erhöhen Sie gegebenenfalls die Dauer dieser Folie. Maßstab: Das Bild sollte so lange stehen bleiben, bis Sie den Text zweimal bequem gelesen haben. Und danach? Schalten Sie den Computer doch einmal aus, und lassen Sie sich von den jubelnden Zuschauern gebührend feiern. Denn Sie haben es wirklich verdient!

Die DVD zum Buch

Die DVD zum Buch ist eine wahre Fundgrube, die Ihnen viel Freude bei der Arbeit mit Ihren Digitalfotos bereiten wird. Sie setzt sich aus folgenden Verzeichnissen zusammen:

▶ Beispieldateien
▶ Testversion Elements 9
▶ Video-Lektionen

Beispieldateien

Das Verzeichnis enthält alle im Buch genannten Beispieldateien im Format TIF oder JPEG. Auf der obersten Ebene finden Sie die Ausgangsbilder. In den einzelnen Workshops wird auf die jeweils verwendete Datei verwiesen. Dann finden Sie noch einen Ordner ERGEBNISSE, in dem die finalen Fassungen der Beispieldateien zu finden sind. Diese können Sie dann mit Ihren eigenen Ergebnissen vergleichen.

Im Ordner PANORAMAFOTOS sind zudem sechs Dateien integriert, die Sie für den Panorama-Workshop benötigen.

Testversion Photoshop Elements 9

Das Verzeichnis beherbergt eine 30-Tage-Vollversion von Photoshop Elements 9 in deutscher Sprache für Windows und Mac.

Um das Programm zu installieren, kopieren Sie bitte zunächst den entsprechenden Ordner MAC oder WINDOWS auf Ihren Computer. Unter Windows klicken Sie danach die .exe-Datei doppelt, die sich im Ordner befindet. Am Mac müssen Sie entsprechend die dmg-Datei doppelklicken. Sollten Sie bereits einmal eine Demoversion von Photoshop Elements 9 auf Ihrem Rechner installiert gehabt haben, so ist die erneute Installation einer Testversion leider nicht mehr möglich.

Video-Lektionen

In diesem Ordner finden Sie ein attraktives Special: Aus unserem Video-Training »Adobe Photoshop Elements 9. Das Video-Training für Einsteiger«, ebenfalls von Robert Klaßen (ISBN 978-3-8362-1700-2) haben wir für Sie relevante Lehrfilme ausgekoppelt. So haben Sie die Möglichkeit, dieses neue Lernmedium kennenzulernen und gleichzeitig Ihr Wissen zu vertiefen. Sie schauen dem Trainer bei der Arbeit zu und verstehen intuitiv, wie man die erklärten Funktionen anwendet.

Training starten

Um das Training zu starten, gehen Sie auf der Buch-DVD in den Ordner VIDEO-LEKTIONEN und klicken dort als Windows-Benutzer die Datei »start.exe« auf der obersten Ebene an (als Mac-Anwender die Datei »start.app«). Alle anderen Dateien können Sie ignorieren.

Das Video-Training startet und Sie finden sich auf der Oberfläche wieder.

Inhalt des Trainings

Zum Starten einer Lektion klicken Sie im rechten Bereich auf den entsprechenden Namen. Sie finden folgende Filme:

Kapitel 1: Korrigieren und retuschieren
1.1 Kameraverzerrungen korrigieren (07:22 Min.)
1.2 Belichtungskorrektur mit Photomerge (07:19 Min.)
1.3 Gruppenbilder bearbeiten (09:43 Min.)

Kapitel 2: Mit Ebenen arbeiten
2.1 Ebenen verstehen (12:24 Min.)
2.2 Ebenenfüllmethoden einsetzen (09:24 Min.)
2.3 Eine Fotomontage mit Ebenenmasken (10:30 Min.)

Kapitel 3: Fotos präsentieren und ausgeben
3.1 Ein Online-Album erstellen (11:18 Min.)
3.2 Fotoabzüge erstellen (09:07 Min.)

Index